FLENSBURGER HEFTE

Die Christengemeinschaft heute

Anspruch und Wirklichkeit

Aus dem Inhalt

Die Christengemeinschaft heute

Anspruch und Wirklichkeit

INTERVIEW MIT WOLFGANG GÄDEKE

von Klaus-Dieter Neumann und Wolfgang Weirauch

Anspruch und Wirklichkeit der Christengemeinschaft heute – fast sämtliche Lebensbereiche der Religionsgemeinschaft Christengemeinschaft werden im vorliegenden Heft in Gesprächsform aufgegriffen. Das Spektrum reicht vom innersten Wesenskern der Christengemeinschaft, dem Kultus und der Transsubstantiation, über Fragen des Rechtslebens bis hin zum aktuellen Auftreten der Christengemeinschaft in der Öffentlichkeit.

Wolfgang Gädeke, Lenker der Christengemeinschaft in Norddeutschland, stellte sich unseren Fragen siebzehn Stunden lang, verteilt auf drei Tage. Daß es dabei nicht immer ganz sanft zuging, wird dem aufmerksamen Leser kaum verborgen bleiben. Es kam uns allen aber, die wir das Gespräch geführt haben, bewußt auch darauf an, das Interview in einigen Punkten kontrovers zu führen. So mögen manch scharfe Töne enthalten sein. Trotz allem war das Gespräch in jeder Phase freundschaftlich, oft sogar humorvoll, denn allen Beteiligten ging es immer darum, die Christengemeinschaft und ihr eigentliches Wesen zu begreifen, näher zu beschreiben, aber auch Schwachstellen herauszuschälen, um denjenigen Lesern, denen die Christengemeinschaft auch am Herzen liegt, Möglichkeiten aufzuzeigen, diese Schwachstellen einer Besserung zuzuführen.

Das Interview führten Klaus-Dieter Neumann und Wolfgang Weirauch – beide auch Mitglieder der Anthroposophischen Gesellschaft und der Ersten Klasse der Freien Hochschule für Geisteswissenschaft – bewußt nicht nur als Redakteure der FLENSBURGER HEFTE, sondern auch als Mitglieder der Christengemeinschaft, denen eine moderne Christengemeinschaft ein Anliegen ist. Zu Gast war Judith Pehrs, ebenfalls Mitglied der Anthroposophischen Gesellschaft und der Christengemeinschaft.

Manche Themenkomplexe haben wir schon in älteren Ausgaben der FLENSBURGER HEFTE aufgegriffen, etwa in den Heften *Erneuerung der Religion* (FH 14), *Erkenntnis und Religion* (FH 22) und *Partnerschaft und Ehe* (Sonderheft 1), Teilaspekte finden sich auch in den Heften *Tod und Sterben* (FH 11) und *Sexualität, AIDS, Prostitution* (FH 20). Eine Ergänzung zu diesem Interview sind auch die Gädeke-Studie, *Anthroposophie und die Fortbildung der Religion*, sowie unser Sonderheft 9.

Weil das vorliegende Interview nicht das kürzeste ist und an drei Tagen geführt wurde, haben sich manchmal kleinere Wiederholungen und Überschneidungen ergeben, die wir bewußt belassen haben, um den lebendigen Fluß des Gespräches nicht zu stören.

Daß Wolfgand Gädeke allen unseren Fragen – sowohl den keineswegs einfachen inhaltlicher Natur als auch den kritischen – standgehalten hat, ist keinesfalls gewöhnlich, und verdient daher unsere volle Anerkennung. Wir sind durchaus der Meinung, daß ähnliche Gespräche, beispielsweise mit Vertretern der Anthroposophischen Gesellschaft oder der Waldorfschulbewegung, häufiger geführt werden sollten, damit wir alle, die wir irgendwo innerhalb der anthroposophischen Bewegung für die Anthroposophie tätig sind, klarer erkennen, wo wir stehen und wo unsere Sache verbesserungsbedürftig ist. Denn nur, wenn man vollbewußt und ehrlich in den Spiegel schaut, wird man dem Ganzen, der Anthroposophie, dienen können.

I. DAS WESEN DER RELIGION

Wolfgang Weirauch: Können Sie bitte zu Beginn den menschenkundlichen Ansatz der Religion darstellen?

Wolfgang Gädeke: Der Begriff der Religion ist nicht sonderlich bekannt und geklärt, aber wenn man überschaut, was Rudolf Steiner dazu geäußert hat, kann man es doch verhältnismäßig leicht zusammenfassen. Der Religion als eine der drei Tätigkeiten im Geistesleben liegt zugrunde, daß jeder Mensch mit seiner Seele, mit seinem Astralleib, vor der Geburt und in der Nacht während des Schlafes in der geistigen Welt mit geistigen Wesen unbewußt zusammenlebt und von diesem Zusammenleben in das Wachleben eine Art Gefühlserinnerung, einen Nachklang mitbringt. Der Inhalt dieses Gefühlslebens ist die Gewißheit: Es gibt geistige Wesen, es gibt Götter, es gibt Engel, oder wie auch immer man diese Wesen in der jeweiligen Kultur nennen mag. Die Gefühlsgewißheit von geistigen Wesen kann man Glauben nennen. Sich nun aufgrund dieser Gefühlsgewißheit den geistigen Wesen mit Taten bzw. Handlungen zuzuwenden, durch Gebet, Kultus, Opfer, Riten, das ist dann Religion.

„Dann könnte einen auch der Oberförster bestatten"

W.W.: Zunehmend bemerkt man einen immer stärkeren Bezug sehr vieler Menschen zu religiösen Fragen, auch wenn dies oftmals sehr diffus und indifferent auftritt. Nun wird aber nicht alles Religion sein, was als Religion bezeichnet wird. Betrachten wir einen Grundbestandteil der Religion: die unbedingte Voraussetzung der Existenz geistiger Wesen. Ich wähle zwei verschiedene Beispiele: Erstens ein Medium, das in Kontakt mit einer inneren Stimme ist – sei es ein Ätherleibrest, sei es ein Elementarwesen, das sich durch diese Stimme kundtut, auf jeden Fall ist es ein geistiges Wesen –, und zweitens die Naturstimmung, das Erleben einer Geistigkeit der Natur, was auch ein Erleben eines geistigen Wesens ist. Beides wird hie und da als Religion bezeichnet, aber ist es Religion?

W. Gädeke: Die Naturstimmung führt zur Religion hin, denn es ist ein Kennzeichen aller Religionen, daß die geistigen Wesen als allem Dasein der Natur zugrunde liegend gefühlt werden, als die alleinige Ursache aller Wirklichkeit. Diese Naturstimmung ist insofern ein berechtigtes Ausgangsgefühl für Religion, da der Natur nicht nur Elementarwesen zugrunde liegen, denn hinter diesen und durch sie hindurch wirken die Schöpferwesen, also die geistigen Wesen der höheren Hierarchien. So kann die Naturstimmung ein echter Weg zur Religion sein, was ja auch in vielen Religionen der Fall ist. Das andere Beispiel, das Sie nannten, kann auch Ausgangspunkt für Religion sein, zum Beispiel die Ahnenreligion, also daß Verstorbene die wesentliche Brücke der Beziehung zur geistigen Welt sind.

Es ist aber heute in unseren Kulturkreisen kaum ein positiver Ausgangspunkt, wenn man einen Waldspaziergang gleich als Religion bezeichnete. Sonst könnte man sich natürlich auch vom Oberförster bestatten lassen. Wenn man bei diesem Naturge-

Wolfgang C. Gädeke

*1943 in Bremen, Studium am Priesterseminar der Christengemeinschaft, Stuttgart, und Studium der evangelischen und katholischen Theologie, Geschichte und Psychologie in Marburg und Tübingen. 1968 Priesterweihe. Pfarrer der Christengemeinschaft in Ulm, Kiel, Hamburg und seit 1982 wieder in Kiel. Dozent am Priesterseminar der Christengemeinschaft in Stuttgart. Tätigkeit als Eheberater. Kurse über Ehe für Jugendliche und Erwachsene. Mitglied der Anthroposophischen Gesellschaft seit 1968 und der Freien Hochschule für Geisteswissenschaft seit 1970. Seit 1990 Lenker der Christengemeinschaft in Norddeutschland.

Veröffentlichungen: „Anthroposophie und die Fortbildung der Religion", Flensburg 1990 (zusammen mit Rudolf und Wilhelm Gädeke). Beiträge und Interviews in den FLENSBURGER HEFTEN, besonders im Sonderheft Nr. 1: Partnerschaft und Ehe.

fühl stehenbleibt, ist es keine Religion. Das andere Beispiel, die Beziehung zu Ätherleib-Leichnamen, Astralleib-Leichnamen oder zu geistigen Wesen niederer Natur, kann den Menschen eher auf Abwege bringen. Weil Menschen diese Dinge immer mehr an den Grenzen ihres Bewußtseins erleben, ist es für die heutige Zeit wichtig, daß sich Religion nicht allein auf das Gefühl stützt, sondern von einem klaren Denken begleitet wird.

W.W.: Beide von mir genannten Beispiele sind also höchstens ein Weg zur Religion, nicht aber Religion selber. Wie ist es nun aber, wenn ein Mensch Kontakt zu einem Verstorbenen hat, er muß keine Wahrnehmungen von ihm haben, aber er liest ihm zum Beispiel anthroposophische Texte vor. Ist das Religion?

W. Gädeke: Das war immer ein Bestandteil der Religion, man denke dabei nur an die Totenrituale aller Religionen. Mit Hilfe der Archäologie kann man heute über die Bestattungsarten auf die jeweilige Religion vergangener Kulturen schließen. Die Verbindung zu den Verstorbenen war immer ein wesentlicher Bestandteil aller Religionen. Im eigentlichen Sinne, also in der Zuwendung zu Gott, ist dies aber noch keine Religion, denn es handelt sich nicht um göttliche geistige Wesen, sondern um Menschen.

Deswegen würde ich es nicht Religion nennen, denn es ist nur ein Bestandteil einer umfassenderen Tätigkeit, die man dann natürlich Religion nennen kann. Aber wenn nur vorliegt, daß ein Mensch sich einem ihm bekannten Verstorbenen geistig zuwendet, so ist dies noch keine Religion.

Religion beginnt bei der Zuwendung zu den Engeln

W.W.: Jemand betet für einen anderen Menschen, indem er sich an dessen Engel wendet. Ist das Religion?

W. Gädeke: Ja, denn hier kommt ein objektives drittes Wesen in Betracht, das nicht ein menschliches ist.

W.W.: Religion beginnt also bei der individuellen Zuwendung eines Menschen, wenn er sich dabei an ein Wesen wendet, das der Stufe der Angeloi angehört?

W. Gädeke: Ja, so könnte man es sagen, das nehme ich jetzt aber auf meine eigene Kappe.

W.W.: Es ist ja schwierig, diese Hinwendung zu geistigen Wesen zu differenzieren, denn genau wie die Engel und andere höhere Wesenheiten sind auch Verstorbene, Elementarwesen oder Ätherleibreste geistige Wesen.

W. Gädeke: So ist es, daher muß man zur Definition der Religion noch hinzunehmen, daß die geistigen Wesen, an die man sich wendet, höher als der Mensch stehende sein müssen.

Heute sucht jeder Mensch seine eigene Religion

W.W.: Ein wichtiger Gesichtspunkt für den Religionsbegriff scheint mir noch die Differenzierung des Erkenntnisinhaltes und der Lebenssubstanz der einzelnen Religionen zu sein. Rudolf Steiner drückt das folgendermaßen aus:

„Der Mensch muß aus dem Gebiete des Geistes, in dem er bisher drinnen lebte, heraus, damit er nicht auch noch esse von dem Baume des Lebens. – Aber fortwährend wird dem Menschen der Christus zu essen geben von dem Baume des Lebens, und erlebt müssen werden die Ideen, die aus dem Geistgebiete in die Menschenseelen unmittelbar hereindringen. Sie können aber nur erlebt werden, wenn die Menschenseele den Christus in sich aufnimmt. Und dann haben wir etwas ganz anderes als den Erkenntnisbegriff, da bekommen wir den Lebensbegriff ... Und wenn wir von diesem Lebensstandpunkte aus die einzelnen Religionen der Welt betrachten, dann werden wir weit, weit entfernt sein davon, diese Religionen zu untersuchen darauf, ob sie mit unserer Weltanschauung übereinstimmen oder nicht. Nur den Erkenntnisbegriff auf sie anzuwenden, ist gar nicht unsere Aufgabe, sondern den Lebensbegriff.

In der Menschheit gibt es bestimmte Religionsformen. Sehen sollten wir nicht darauf, ob wir sie für wahr halten, sondern ob sie geeignet sind, den Menschen durch das, was in ihrem Kultus lebt, Seelennahrung zu bringen und ihre Seelen zu beleben. Und so kann selbstverständlich, da es verschiedene Menschenseelen gibt, es auch verschiedene Nahrung geben, die ihnen zum Leben dient. Wenn wir das begreifen, dann werden wir einsehen, daß wir uns niemals einlassen können darauf, irgendeine religiöse Form zu bekämpfen, sondern wir müssen uns bemühen, sie zu verstehen, insofern sie die Lebensnahrung ist für Seelen, denen sie gegeben ist als Leben; nicht nur zur Erkenntnis, sondern als Leben. Dann werden wir auch merken, daß der Standpunkt ganz verschoben ist, wenn die Religion anfängt mit einer Wissenschaft zu streiten über ihren Inhalt.“ (Rudolf Steiner: Die okkulte Bewegung im 19. Jahrhundert und ihre Beziehung zur Weltkultur. GA 254, Dornach 1969, 01.11.1915, S.231 f.)

Kann man daraus folgern, daß jede Religion, jede Religionsgemeinschaft dem Menschen, der ihr angehört, gleichwertige Lebensnahrung bringt?

W. Gädeke: Ich glaube schon, daß es Unterschiede zwischen den einzelnen Religionsgemeinschaften gibt. Allerdings denke ich, daß auch diejenigen Religionsgemeinschaften, die keinen ausgeprägten Kultus besitzen, den ihnen angehörigen Menschen eine Lebensnahrung geben können, und zwar dadurch, daß sie in ihrer Seele gestärkt werden.

Ich kann da ein Beispiel nennen: Ein Konfirmand der Christengemeinschaft rutschte im Laufe des dritten Jahrsiebts in Richtung einer Psychose und war in dem religiösen Milieu der Menschenweihehandlung eigentlich nicht richtig aufgehoben. Er schlüpfte dann für einige Jahre bei der Pfingstbewegung unter, dieser etwas ekstatischen Gruppierung. Ich habe mir das des öfteren angeschaut, und es war ganz eindrucksvoll. Nach einigen Jahren hatte der junge Mann seine Krise überwunden, war wieder ganz bei sich, besuchte auch wieder Tagungen der Christengemeinschaft usw. Aber in der Zwischenzeit pflegte er dieses ekstatische Element, und ich hatte den Eindruck, daß das für diesen Menschen ganz richtig war, daß das in dieser Zeit für seine Seele die entsprechende Nahrung war. Und die Pfingstbewegung konnte den jungen Mann auch halten, weil die Menschen dort mit diesen Phänomenen ganz anders umgehen können.

Insofern glaube ich, daß es verschiedene Seelennahrung gibt. Wenn man sich zum Beispiel die Zeugen Jehovas oder die Neuapostoliker anschaut, dann kann man feststellen, daß sie eine ganz besondere moralische Festigkeit haben, man kann es natürlich auch Verhärtung nennen. Aber wenn man zum Beispiel sieht, daß die Zeugen Jehovas in der ehemaligen DDR freiwillig ins Gefängnis statt zur Nationalen Volksarmee gegangen sind und wie sie sich gegenseitig geholfen haben, dann bemerkt man dahinter eine ganz hohe moralische Kraft. Natürlich kann man über die Art und Weise, wie sie zustande kommt, denken wie man will. Ähnlich ist es auch bei den Mormonen, bei denen es nur sehr wenige Ehescheidungen und sehr geringe Kriminalität gibt, auch die Selbstmordrate ist ganz niedrig. Das sind äußere Anzeichen dafür, daß die Seele in einer gewissen Weise gestärkt wird.

W.W.: Es ist also so, daß jeder individuelle Mensch in der Religionsgemeinschaft, die er aufgesucht hat, seine ihm eigene Lebensnahrung erhält?

W. Gädeke: Nach diesem individuellen Gesichtspunkt sucht der Mensch heute seine Religionsgemeinschaft aus, was in alten Kulturen nicht der Fall gewesen ist. Früher gab es für die jeweiligen Völker eine einzige Religion. Was damals kultur- und volksspezifisch war, ist heute anders geworden, denn heute kann sich jeder seine eigene Religion suchen.

W.W.: Wenn man diese Lebensnahrung betrachtet, so darf man nicht werten, etwa in dem Sinne, daß die Ernährungskräfte, die aus der Menschenweihehandlung der Christengemeinschaft hervorgehen, mehr wert seien als diejenigen Kräfte einer anderen Religionsgemeinschaft; natürlich nur bezogen auf den individuellen Menschen.

W. Gädeke: Das würde ich auch so sagen, obwohl es schwer zu beurteilen ist. Wenn es für den jeweiligen individuellen Menschen gut ist, wenn er in dieser Religionsgemeinschaft seelisch existieren und atmen kann, dann ist es für ihn richtig. Darin sehe ich die Existenzberechtigung der verschiedenen Religionen und Kirchen heute, und ich halte gar nichts davon zu meinen, daß heute alle Menschen dieselbe Religion haben müßten.

W.W.: Aber wie kommt man nun aus dem Dilemma heraus, daß die Christengemeinschaft als Religionsgemeinschaft vom Lebensstandpunkt her mit allen anderen Religionsgemeinschaften auf gleicher Stufe steht – bezogen auf den individuellen Menschen –, die Christengemeinschaft aber doch eine besondere Stellung einnimmt, weil sie als erneuerte Religionsbewegung aus der Anthroposophie hervorgegangen ist?

W. Gädeke: Ich glaube nicht, daß die Christengemeinschaft *mehr* ist, sondern sie bringt dasselbe auf andere Weise, was andere Religionsgemeinschaften, die in früheren Zeiten entstanden sind, auf ihre Weise gebracht haben oder noch bringen. Man kann zum Beispiel nicht sagen, daß die Messe des 13. Jahrhunderts weniger wert sei als die Menschenweihehandlung, aber es ändern sich die Menschen, und deswegen müssen sich auch die Religionsformen ändern, die Ernährung der Seelen muß sich wandeln. Einige finden ihre Befriedigung eben in der Messe des 16. Jahrhunderts (Tridentinisches Konzil), also die Messe, wie sie unter Lefèbre zelebriert wird. Warum sollen seine Anhänger diese Messe nicht auch heute in lateinisch so haben dürfen? Solange sich die Menschen von dieser Messe ernährt fühlen, ist alles in Ordnung. Allenfalls kann man dann noch sagen, daß die Weihehandlung die modernere Form ist, aber nicht die bessere oder höhere. Die Weihehandlung ist deswegen die modernere Form, weil sie bestimmten Bedürfnissen des Menschen eher entgegenkommt als die lateinische Messe des 16. Jahrhunderts.

Klaus-Dieter Neumann: Nur scheint mir das nicht eine durchgängige Praxis unter Pfarrern der Christengemeinschaft und unter anderen Anthroposophen zu sein, sich dieser Wertung zu enthalten. Es stört mich zum Beispiel, wenn der evangelische Gottesdienst pauschal als Predigtgottesdienst abgewertet wird, weil dabei mitklingt, daß dort nicht einmal ein richtiges Kultusleben gepflegt wird, oder daß mit Blick auf die katholische Kirche gesagt wird, wieviel die Messe doch dadurch verloren habe, daß sie nicht mehr in der lateinischen, sondern in der deutschen Sprache zelebriert werde. Wer so etwas sagt, bewertet doch den Kultus anderer Kirchen.

Selbstverständlich sollte man dergleichen aussprechen dürfen, aber um die Angehörigen anderer Religionsgemeinschaften nicht zu verletzen, sollte man auch dann und wann hinzufügen, daß es nicht bewertend gemeint sein kann, jedenfalls was die Lebensnahrung der entsprechenden Religionsgemeinschaft für den individuellen Menschen betrifft.

W. Gädeke: Natürlich kann man bei manchen Kultusformen sagen, daß sie einem Bewußtsein entsprechen, das in vergangenen Jahrhunderten gelebt hat, während die Weihehandlung einem neuen Bewußtsein entspricht. Warum soll man nicht auch sagen können, daß der protestantische Gottesdienst durch Reduktion der vierteiligen Messe entstanden ist, also daß der Wortgottesdienst – der erste Teil der Messe – im Protestantischen ausgedehnt worden und daß in vielen protestantischen Formen der vierte Teil der Messe, die Kommunion, sogar abgetrennt worden ist? Die Opferung ist ganz entfallen, und von der Wandlung gibt es nur noch die Einsetzungsworte und das Vaterunser. Das darf man doch als objektive religionswissenschaftliche Beschreibung sagen, denn ritualgeschichtlich ist der protestantische Gottesdienst im wesentlichen ein Reduktionsgottesdienst.

W.W.: Was Sie jetzt ausgeführt haben, betrifft eine wissenschaftliche Darstellung der verschiedenen Religionsgemeinschaften bzw. ihrer Kultusformen. Natürlich ist es jetzt schwierig, wenn man auf der einen Seite sagt, daß eine Kultusform einem Bewußtsein vergangener oder gar vorchristlicher Jahrhunderte entspricht, nicht gleichzeitig anzunehmen, daß auch die Lebensnahrung, die von diesen Kultusformen ausgeht, unzeitgemäß oder gar minderwertig ist. Sie haben aber ausgesprochen, daß diese Lebensnahrung bei allen Kultusformen gleichwertig für den individuellen Menschen ist. Das ist das Dilemma.

W. Gädeke: Das ist gut, daß wir darauf kommen, denn so genau muß man es unterscheiden. Dieser Unterschied ist auch in dem von Ihnen angeführten Zitat enthalten, daß man das Schwergewicht nicht auf das Erkenntnisurteil legen sollte, sondern auf die Frage, ob die Religion ernährt. Selbstverständlich soll man auch ein Erkenntnisurteil haben, aber nicht ausschließlich. Rudolf Steiner hat ja ganz eindeutig ein Urteil über die Lehrseite der Religionen.

Aber er will mit seiner Darstellung deutlich machen, daß das Wesentliche der Religion die Willens- und Lebensseite ist, nicht aber die Gedanken- und Überzeugungsseite. Hier muß man die Unterscheidung treffen: In bezug auf die Erkenntnisseite kann man sehr strenge und exakte Urteile haben, in bezug auf die Lebensseite sollte man aber sämtliche Erkenntnisurteile beiseite lassen können und lediglich die Frage stellen, ob die jeweilige Religion die Menschen seelisch ernährt. Ansonsten holt man die Erkenntnisurteile in die Lebensseite herein, und das ist unsachgemäß.

Das Christentum ist größer als alle Religionen und als alle Religion

K.-D.N.: Rudolf Steiner sagt, daß das Christentum größer sei als alle Religionen, aber auch größer als alle Religion. Insbesondere aus dem ersten Aspekt ergibt sich ein sehr hinderlicher Konfliktstoff für das Gespräch zwischen den verschiedenen Religionen. Nehmen wir an, man träfe auf einen individuellen Menschen, der meinetwegen dem Islam angehören würde. Wie sollte man bei Kenntnis eines solchen Ausspruchs auf Verständnis bzw. eine vernünftige Auseinandersetzung hoffen können?

W. Gädeke: Genau das ist ein ganz massives Problem. Aber weder der Christ – also ein Mensch, der aus religiöser Überzeugung Christ ist – noch der Geistesforscher können um diese Tatsache herumkommen, daß das Christentum größer ist als alle anderen Religionen. Rudolf Steiner hat das in vielfältiger Weise begründet. Der Kern dieser Aussagen besteht darin, daß das Christentum nicht nur darin besteht und sich nicht darin erschöpft, ein oder mehrere jenseitige geistige Wesen anzubeten oder sich mit ihnen in Beziehung zu setzen, sondern daß mit dem Erscheinen des Christus auf Erden etwas geschehen ist, was von gleichem Rang ist wie die Schöpfung der Natur. Es fängt dadurch eine vollständig neue Tatsachenreihe an. Das wird natürlich nicht sofort für jeden sichtbar, so wie die Schöpfung auch nicht in sieben Tagen à 24 Stunden vor sich gegangen ist. Das behaupten ja nur noch ganz konservative Biblizisten. Im mythologischen Bild wird deutlich, daß auch die Schöpfung ein äonenlanger Entwicklungsprozeß gewesen ist. Der ganze Streit um Evolution oder Schöpfung ist im Grunde genommen müßig, wenn man das begreift.

Die Auffassung, und bei Rudolf Steiner eben die Erkenntnis, daß mit dem Erscheinen des Christus in Jesus von Nazareth vor 2.000 Jahren etwas Gleichrangiges wie die Schöpfung der gesamten Natur gegeben ist, der Ausgangspunkt einer neuen Schöpfung, berechtigt zu sagen, daß das Christentum größer als alle Religionen ist. Rudolf Steiner macht immer wieder darauf aufmerksam, daß der Lehrinhalt, also zum Beispiel die Nächstenliebe, die Inhalte der Bergpredigt usw., bei genauerem Hinsehen auch in jeder anderen Religion, auch in den vorchristlichen, wiederzufinden ist. Das ist nicht das Entscheidende.

Wenn er sagt, das Christentum sei größer als alle Religion, also größer als die Religion überhaupt, dann deutet das darauf hin, daß diese neue Schöpfung auch die Zeit überdauern wird, in der die Religion als Erscheinung des menschlichen Geisteslebens auf Erden noch vorhanden ist. – Die Auseinandersetzung mit Angehörigen anderer Religionen wird durch die Kenntnis dieser Dinge natürlich erschwert.

K.-D.N.: Zumal diese ja auch meist auf dem exakt gleichen Standpunkt stehen, nur eben von ihrer Religion aus betrachtet. Der Islam ist nach der Überzeugung eines Moslems eben auch größer als alle Religionen.

W. Gädeke: Rudolf Steiner gibt ein Beispiel – meines Wissens das einzige –, wie zwei Angehörige verschiedener Religionen, in diesem Fall ein Christ und ein Buddhist, miteinander ins Gespräch kommen können (GA 114). Der Christ kann, wenn er Anthroposoph wird, gegenüber dem Buddhisten anerkennen, daß es geistig so hoch entwickelte Menschen gibt, daß sie nicht mehr der Notwendigkeit unterliegen, in ein neues Erdenleben zurückzukehren. Diese fortgeschrittenen Menschen werden im Buddhismus Buddhas genannt. Demgegenüber kann der Buddhist anerkennen, daß in dem Jesus von Nazareth der göttliche Schöpfer, der Logos, Mensch geworden ist. Rudolf Steiner fordert also den Buddhisten, der Anthroposoph wird, auf, etwas Christliches anzuerkennen, wie der anthroposophische Christ Tatsachen des Buddhismus anerkennen sollte. Beide müssen also etwas von der Anschauung des anderen annehmen. Das betrifft ganz deutlich den Erkenntnis- und Lehrstandpunkt der Religion und nicht den Lebensstandpunkt.

II. ZUR ENTSTEHUNGSGESCHICHTE DER CHRISTENGEMEINSCHAFT

K.-D.N.: Am Anfang des 20. Jahrhunderts gab es selbstverständlich nicht nur die verschiedenen Religionen, sondern auch verschiedenste christliche Religionsgemeinschaften. Wie begründete Rudolf Steiner vor dem Hintergrund des vielfältigen Religionslebens die Notwendigkeit einer Erneuerung der Religion, und wann erkannte er diese Notwendigkeit zum ersten Mal?

W. Gädeke: Rudolf Steiner hat ja schon als junger Mensch Kritik an den bestehenden Kirchen geübt. Da gibt es zwar nur sehr wenige Spuren, aber doch sehr deutliche. So weit ich sehen kann, besteht die erste Kritik darin, daß die Kirchen nicht den individuellen freien Geist anerkennen. Das bezieht sich natürlich hauptsächlich auf die katholische Kirche. Desweiteren kritisiert er schon im Jahre 1882, als 21jähriger, in einem Brief an einen Freund den Protestantismus und seine Tendenz zum „nüchternen gemüt- und geistlosen Rationalismus“. In diesem Brief schreibt er aber auch, daß ihm die Bedeutung der religiösen Bewegungen jetzt ganz klar sei, und schließlich heißt es: „Der Mensch muß ein Bild von seinem Gotte haben und ihn in sinnlichen Handlungen verehrt sehen, sonst verschwindet er seinem Geiste“ (Rudolf Steiner: Briefe Band I: 1881–1890. GA 38, Dornach 1985, S.50 f.). In diesem Brief kommen also bereits die verschiedenen Aspekte von Erkenntnis- und Lebensinhalt der Religion heraus. Am Protestantismus kritisiert er im wesentlichen den rituellen Mangel oder, wie er es in diesem Brief ausdrückt, den „Mangel am Formellen“.

Seine Kritik richtet sich gegen die beiden Konfessionen, und damit knüpft er im Grunde in der Art an die Kritiken zum Beispiel von Schelling („Philosophie der Offenbarung“) oder Novalis an. Novalis hat in seiner Abhandlung „Die Christenheit oder Europa“ mit genialem dichterischem Schwung Kritik an den Konfessionen geübt, und zwar bei gleichzeitiger Würdigung der jeweiligen Entwicklungsstufen des Christentums. Er weist in aller Deutlichkeit darauf hin, daß etwas Neues kommen muß. Daran schließt Steiner eigentlich an. Die protestantischen Kirchen auf der einen Seite bieten zu wenig Seelennahrung, und die katholische Kirche auf der anderen Seite unterdrückt die Freiheit des Erkenntnisanteils der Religion. Damit unterdrückt sie ein ganz wesentliches Bedürfnis des modernen Menschen.

K.-D.N.: Was hat Rudolf Steiner denn später als Erneuerung der Religion im Sinn gehabt? Wollte er nur diese genannten Mängel ausgleichen, oder gibt es darüber hinaus noch weitere zu nennende Grundmotive?

Rudolf Steiners Motive zur Erneuerung der Religion

W. Gädeke: Wenn wir weiter der Unterscheidung von Lebens- und Erkenntnisstandpunkt der Religion folgen, dann können wir zwei Stufen benennen. Im ersten Jahrzehnt dieses Jahrhunderts hat Rudolf Steiner zur Erneuerung des Christentums und christlicher Religion ganz viel durch die Vertiefung der Religionserkenntnis beigetragen. Dies geschah durch die Ausbildung seiner Christologie, seiner Bibel- und Evangelienerkenntnis. Er hat zunächst auf dem Felde der Religionserkenntnis die Möglichkeiten geschaffen, damit später religiöses Leben auch erneuert werden kann. Nun kann man zwar nicht mit letzter Gewißheit sagen, daß ihm das damals noch nicht bewußt war, aber er hat es in diesem ersten Jahrzehnt nur ein einziges Mal ausgesprochen.

K.-D.N.: 1906 in dem Zyklus „Vor dem Tore der Theosophie" (GA 95).

W. Gädeke: Ja, das ist jedenfalls die einzige Spur, die ich entdecken konnte, aus der in einem ersten Ansatz hervorgeht, daß Rudolf Steiner damals diesen Lebensaspekt der Religion für erneuerungsbedürftig hielt. Das ruht dann gewissermaßen zehn Jahre, bis er ab 1916 immer deutlicher die Notwendigkeit und die Möglichkeit christlicher Religionserneuerung durch Anthroposophie verkündet. Man kann dann genau verfolgen, wie die Erneuerung dieses Lebensaspektes der Religion für ihn immer wichtiger wird. Ab 1916 spricht er dezidiert aus, daß aus der Anthroposophie ein neues religiöses Bedürfnis, ein neues religiöses Leben usw. hervorgehen können, werden und müssen.

Die Arbeitsweise eines Eingeweihten

K.-D.N.: Warum griff er das Thema erst 1916 wieder auf? Warum hat er nicht die 1913 erschienene Schrift Christian Geyers und Friedrich Rittelmeyers, „Warum bleiben wir in der Kirche?", zum Anlaß genommen, die Behandlung dieses Thema zu intensivieren? Denn dort hatte es bereits geheißen: „Darum muß nach allen Gesetzen der Geschichte ... einfach gewartet werden ..., bis die Zeit gekommen ist, wo vielleicht das christliche Gefühl der Gegenwart so stark geworden ist, daß es sich aus einem unabweisbaren inneren Bedürfnis auch das heilige Recht nimmt, neue Gottesdienstformen aus sich heraus zu schaffen." (Friedrich Rittelmeyer: Warum bleiben wir in der Kirche? Ulm 1913, S.38, zit. nach: Wolfgang Gädeke: Anthroposophie und die Fortbildung der Religion. Flensburg 1990, S.266)

Rudolf Steiner hat das Buch gelesen, aber zu Rittelmeyer nur geäußert, er glaube nicht, „daß es auf diese Weise geht".

W. Gädeke: Das ist eine sehr tiefgehende Frage, weil sie an das Geheimnis der Arbeitsweise eines Eingeweihten rührt. Rudolf Steiner hatte sich zunächst ja ungeheuer viele Aufgaben zu eigen gemacht. Es gibt ja Hinweise, daß er Lebensaufgaben, die gewissermaßen geistig anderen Menschen zugedacht waren, auf sich genommen hat. Es war zu dieser Zeit erst einmal nötig, daß er einen Kreis von Menschen um sich scharte, die geistige Erkenntnisse aufnehmen wollten. Und gerade in den Jahren 1906,

1907, 1908 hat er solche grundlegenden Anstöße gegeben, denken Sie nur an die Aufsätze „Die Erziehung des Kindes vom Gesichtspunkte der Geisteswissenschaft" und „Geisteswissenschaft und soziale Frage" (beide in GA 34). Das sind erste grundlegende Darstellungen, ganz deutliche Anregungen, aber die Waldorfbewegung und die Bewegung für soziale Dreigliederung sind in diesen Jahren eben nicht entstanden, sondern erst viel später. Das kennen wir doch auch alle aus dem eigenen Leben: Wenn wir etwas Neues hören und nicht gerade besonders disponiert sind, dann nehmen wir dieses Neue auch nicht gleich in seiner ganzen Tragweite wahr, geschweige denn, daß wir es gleich in die Tat umsetzen könnten. Man muß sich einmal in die Lage von 1906 versetzen, in das kaiserliche Deutschland. Wie vernagelt die Seelen damals waren! Wir dürfen zur Beurteilung dieser Fragen die damalige Zeit nicht mit unseren heutigen Maßstäben messen. Heute ist doch jedenfalls, verglichen mit der damaligen Zeit, eine sehr starke Offenheit für spirituelle Fragen vorhanden. Damals waren die Menschen doch aber weitgehend zu oder liefen allenfalls irgendwelchen Spiritisten hinterher.

Ich glaube, daß das Vorgehen Rudolf Steiners zum einen mit der geistigen Situation Mitteleuropas zusammenhing, zum anderen aber auch mit seiner eigenen Biographie. Andere Dinge waren einfach wichtiger und vordringlicher. Er hat gewissermaßen einmal einen Seitenblick auf dieses Problem geworfen, hat es einmal als Einschaltung gesagt, zu der er vielleicht durch einen anwesenden Menschen angeregt wurde. Dann versank das wieder, weil es wichtiger war, andere Dinge geistig zu gründen. Man stelle sich nur einmal vor, wie schwer es für Rudolf Steiner gewesen sein muß, aus seiner umfassenden Geistigkeit und dem Willen zur Kulturerneuerung Prioritäten zu setzen. Welche Aufgaben und Notwendigkeiten lagen vor ihm! Man braucht nur an das eigene Leben zu denken, wie schwer wir es schon haben, Prioritäten zu setzen, obwohl wir nicht im entferntesten die Möglichkeiten Rudolf Steiners haben.

Außerdem gehört zur Beantwortung dieser Frage dazu, daß in der Entwicklung der Anthroposophie eine innere Gesetzmäßigkeit liegt. Man kann drei Phasen unterscheiden: die Erkenntnisphase von 1902 bis 1909, die Kunstphase von 1909 bis 1916 und dann die soziale Phase, die alle Gründungen umschließt, von 1916 bis 1923. Die Jahreszahlen sind natürlich nur approximativ gedacht, aber man kann diese drei Phasen ganz deutlich unterscheiden. Darauf hat Rudolf Steiner ja auch selber hingewiesen. 1913, als Rittelmeyers Schrift erschien, war die Zeit für soziale Gründungen noch nicht gekommen. Eine Gründung zur Erneuerung der Religion war schlicht und einfach noch nicht dran. Erst wandte er sich der Wissenschaft, dann der Kunst und erst in der dritten Phase der Religion und dem sozialen Leben zu. Man kann natürlich nicht mit Bestimmtheit sagen, ob er nun in der Frage der Erneuerung der Religion absichtlich gewartet hat, aber er hat ja selbst darüber gesprochen, daß er mit manchen Dingen eisern warten mußte. Er stand in seiner eigenen geistigen Forschung immer wieder vor der Notwendigkeit, zu warten, bis er Antwort auf seine Fragen erhielt.

K.-D.N.: Am 20.02.1917 macht Rudolf Steiner dann während eines Vortrags in Berlin die folgende Einschaltung:

„Und ich glaube, an dieser Stelle eine Einschaltung machen zu sollen, die wichtig ist und die gerade von den Freunden unserer Geisteswissenschaft recht gut verstanden werden sollte. Man sollte nicht die Sache so darstellen, als ob geisteswissenschaftliche Bestrebungen ein Ersatz sein sollten für die religiöse Übung und das religiöse Leben. Geisteswissenschaft kann im höchsten Maße und insbesondere auch mit Bezug auf das Christus-Mysterium eine Stütze, eine Unterbauung des religiösen Lebens und der religiösen Übung sein; aber man sollte Geisteswissenschaft nicht geradezu zur Religion machen, sondern man sollte sich klar sein darüber, daß Religion in ihrem lebendigen Leben, in ihrem lebendigen Geübtwerden innerhalb der menschlichen Gemeinschaft das Geistbewußtsein der Seele entfacht. Soll dieses Geistbewußtsein im Menschen lebendig werden, so kann der Mensch nicht bei abstrakten Vorstellungen von Gott oder Christus stehenbleiben, sondern er muß immer erneut in der religiösen Übung, in der religiösen Betätigung, die ja für die verschiedenen Menschen die verschiedensten Formen annehmen kann, darinnenstehen in etwas, was ihn als ein religiöses Milieu umgibt, was als ein religiöses Milieu zu ihm spricht. Und ist dieses religiöse Milieu tief genug, findet dieses religiöse Milieu die Mittel, die Seele genügend anzuregen, so wird diese Seele schon Sehnsucht empfinden, gerade dann Sehnsucht empfinden auch zu jenen Vorstellungen hin, welche in der Geisteswissenschaft entwickelt werden. Ist in objektiver Beziehung Geisteswissenschaft ganz sicherlich eine Stütze der religiösen Erbauung, so ist in subjektiver Beziehung heute die Zeit gekommen, von der wir sagen müssen, daß ein recht religiös empfindender Mensch gerade durch das religiöse Empfinden hingetrieben wird, auch zu erkennen. Denn im religiösen Empfinden wird das Geistbewußtsein, in der Geisteswissenschaft die Geisterkenntnis, so wie in der Naturwissenschaft die Naturerkenntnis, errungen; und das Geistbewußtsein führt zu dem Drange, Geisterkenntnis sich zu erwerben. Subjektiv kann man sagen, daß gerade ein inniges religiöses Leben den heutigen Menschen zur Geisteswissenschaft treiben kann." (Rudolf Steiner: Bausteine zu einer Erkenntnis des Mysteriums von Golgatha. GA 175, Dornach 1961, S.56 f.)

Nun ist das Merkwürdige, daß Friedrich Rittelmeyer, der aller Wahrscheinlichkeit nach diesen Vortrag hörte, jetzt seinerseits diese Anregung nicht aufgriff und keine Frage an Rudolf Steiner richtete. Erst vier Jahre später diente diese Einschaltung als konkreter Bezugspunkt für eine schriftliche Anfrage an Rudolf Steiner, die von über 20 Studenten unterzeichnet wurde und auf eine Erneuerung der Religion abzielte. Wie kam es dazu, daß die Christengemeinschaft nun konkrete Gestalt annahm?

Selbst die engsten Mitarbeiter Rudolf Steiners verstanden den Ausgangspunkt der Christengemeinschaft nicht

W. Gädeke: Die Gründungsgeschichte der Christengemeinschaft ist ja nicht nur in unserer Studie, sondern auch in dem Buch von Hans-Werner Schroeder, „Die Christengemeinschaft – Entstehung, Entwicklung, Zielsetzung" (Stuttgart 1990), ausführlich beschrieben. Es wurden verschiedene Anfragen an Rudolf Steiner gerichtet.

Zunächst gab es ja sowohl evangelische als auch katholische, besonders altkatholische Geistliche, die Anthroposophen waren und die Rudolf Steiner mehr oder weniger privat um Hilfe für ihre individuelle Berufsausübung baten. Auf diese Weise ist dann sogar das Bestattungsritual zustande gekommen. Es gab auch einen evangelischen mangelnde Bedürfnis nach dem Erkenntnisweg der Anthroposophie" gewesen sei (in: Rudolf Steiner: Das Schicksalsjahr 1923 in der Geschichte der Anthroposophischen Gesellschaft. GA 259, Dornach 1991, S.321).

K.-D.N.: Sagenhaft!

W. Gädeke: Ja, das ist ein Hammer, denn es stimmt einfach nicht! Diese Aussage ist in unserer Studie noch nicht einmal berücksichtigt. Marie Steiner hat sich geirrt, obwohl sie von Anfang an bei allen Zusammenkünften mit den Theologen dabei war. Noch bis heute wird die Gründung bzw. der Ausgangspunkt von vielen so dargestellt, daß es damals ein paar Theologen gegeben habe, die mit ihrem Seelsorgerberuf nicht zurechtgekommen seien und daher um Hilfen Rudolf Steiners ersucht hätten. Es ist aber in bezug auf die Gründung der Christengemeinschaft einfach nicht wahr. Zum Glück ist die schriftliche Eingabe an Rudolf Steiner erhalten, denn sonst wären wir auf solche Dokumente angewiesen. Aus dem Text der Eingabe geht aber eindeutig hervor, was die eigentliche Frage war. Daran muß man festhalten, denn es wäre wirklich schlimm, wenn an den Mißverständnissen von damals festgehalten würde.

Die Bedeutung der Anthroposophie für die Gründung

K.-D.N.: Welche Bedeutung hat die Anthroposophie für die Gründung der Christengemeinschaft, und zwar sowohl für die historische Gründung als auch für die heute fortwährende?

W. Gädeke: Wenn wir wieder der Unterscheidung zwischen Lebenssubstanz und Erkenntnisinhalt der Religion folgen, die Rudolf Steiner exemplarisch im vorhin von Wolfgang Weirauch zitierten Vortrag vom 01.11.1915 (GA 254) macht, dann können wir die Beantwortung dieser Frage auch entsprechend deutlich gliedern. Auf der einen Seite gäbe es die Christengemeinschaft nicht, wenn es nicht eine neue Erkenntnis der Evangelien und des Christentums durch die Anthroposophie gäbe. Diese Erkenntnisse haben die damaligen Theologiestudenten ja überhaupt erst zu der Frage veranlaßt: Wenn es schon durch die Anthroposophie eine neue Theologie, d.h. eine neue Wis-

„Eingabe an Herrn Dr. Steiner

Da nach unserer Überzeugung die Entfaltung des Geistbewußtseins dasjenige ist, was die gegenwärtige Menschheit zunächst erwerben will, und da außerdem Religion in ihrem lebendigen Leben, in ihrem lebendigen Geübtwerden innerhalb der menschlichen Gesellschaft das Geistbewußtsein entfacht, sehen die unterzeichneten Studenten aus diesen Tatsachen eine Richtung sich ergeben für die Tätigkeit, die sie aus der anthroposophischen Bewegung heraus vielleicht auszuüben haben.

Da wir heute an den mit der Ausübung der Religion verbundenen Begriff des Priestertums nur mit einer gewissen Scheu herangehen können, solange einerseits derselbe nur abgeleitet wird von dem, was bis heute als priesterliche oder kirchliche Institution dagewesen ist, und da wir andererseits nicht wissen, ob überhaupt etwas ähnliches oder wie etwas anderes an dessen Stelle treten muß; da wir schließlich glauben, daß alle weiteren Fragen nach dem, was mit religiöser Übung und religiöser Betätigung umschrieben wurde, und nach dem, was als religiöses Milieu das menschliche Leben von der Geburt bis zum Tode zu umgeben habe, erst richtig gestellt werden können, nachdem auf diese erste Frage eingegangen worden ist, bitten wir Herrn Dr. Steiner, uns über diese Frage Auskunft zu geben.

Aus einer Antwort kann sich für den einzelnen ergeben, ob er in diesem Zusammenhang Aufgaben zu erfüllen imstande ist.

Stuttgart, den 22. Mai 1921 (*muß heißen: 21. Mai;* Red.).

(unterzeichnet von: Werner Klein, stud. philos.; Gertrud Spörri, stud. theol.; Ludwig Köhler, stud. theol.; Gottfried Husemann, stud. chem., früher theol. – Weitere ca. 18 Unterschriften sind angefügt).“

(Aus: Die Christengemeinschaft, Nr.5/1986, S.220)

senschaft vom Christentum, geben kann, kann es dann auch ein neues christliches religiöses Leben geben? Die Religionserkenntnis ist also schon lange vor der Begründung der Christengemeinschaft als Beitrag der Anthroposophie zum Christentum, und später dann auch zur Christengemeinschaft, als Beitrag auf der Erkenntnisseite gegeben.

Das viel Wichtigere, was die Christengemeinschaft dann eigentlich erst begründet, ist die Tatsache des Kultus. Und dieser Kultus konnte nur durch Anthroposophie in die Welt kommen, d.h. letztlich nur durch den, durch den auch die Anthroposophie in die Welt gekommen ist, also durch Rudolf Steiner. Das ist in einem gewissen Sinne ein weitgehend abgeschlossener Vorgang, denn die Kulte sind ja da. Während die Erkenntnisbildung ja nie abgeschlossen ist, sondern immer weiter gehen muß.

K.-D.N.: Würden Sie die Gründung der Christengemeinschaft als eine abgeschlossene bezeichnen oder eher als eine fortwährende?

W. Gädeke: Das kommt auf die Ebene an. Was den Kultus betrifft, ist sie weitgehend begründet. Ich bin zwar der Meinung, daß da noch einiges fehlt. Und wenn wieder ein Eingeweihter käme, würde ich ihn diesbezüglich auch nach bestimmten Dingen fragen.

W.W.: Nämlich?

W. Gädeke: Darüber können wir vielleicht nachher noch sprechen, wenn direkt die Rede vom Kultus sein wird. – Deswegen sage ich also: *weitgehend* abgeschlossen, aber nicht hundertprozentig. Wenn man unter Begründung der Christengemeinschaft aber auch versteht, daß der Kultus auch wirklich vollständig auf Erden ankommt, d.h. durch Kultusmusik, Altarbilder, Kirchenbauten, Gemeindegründungen usw., dann ist die Gründung natürlich nie fertig und muß immer eine fortwährende sein. Wenn man nur daran denkt, daß die Christengemeinschaft sich in weiteren Städten, Ländern, Kulturkreisen und Erdteilen ausbreitet und dies natürlich auch als ihre weitere Aufgabe sieht, dann kann man selbstverständlich nicht sagen, daß die Gründung abgeschlossen ist. Das heißt, die Gründung ist einmal geschehen und muß immer weiter geschehen.

K.-D.N.: Ich wollte auch noch auf einen weiteren Aspekt hinaus, daß nämlich die Kultus*formen* zwar gegeben sind, daß aber der Kultus*vollzug,* das Kultus*leben* nicht unabhängig vom Bewußtsein der vollziehenden Gemeinde und des Pfarrers geschehen kann. Was als Form gegeben ist, wirkt nicht automatisch, sondern muß fortwährend durch die vollziehende Tätigkeit belebt und im Anschluß an die geistige Welt gegründet und erfüllt werden. Diese Belebung und dieser Anschluß müssen also auch ständig gesucht werden.

W. Gädeke: Richtig, dem ist nichts hinzuzufügen.

Zur Sukzession

K.-D.N.: Damit kommen wir zur Frage der Sukzession, die vielleicht ähnlich zu sehen ist. In der katholischen Kirche wird die rechtmäßige Weihefolge als dadurch gegeben angesehen, daß erst ein Bischof die Weihevollmacht hat, also nur er eine Priesterweihe vollziehen darf. Der Protestantismus konnte somit nicht an die Sukzession anschließen, weil Luther als einfacher Priester keine Weihevollmacht besaß. Daher werden im Protestantismus die Pastoren nicht geweiht, sondern ordiniert, d.h. ins Amt eingesetzt. Da die Sukzession unterbrochen war, hat Luther die Autorität der Landesherren gesucht und die Verbindung von Thron und Altar hergestellt, um sich auf die staatliche Autorität zu stützen. Dies nur zur Verdeutlichung des Hintergrundes, den so auch Hans-Werner Schroeder in seinem Buch „Die Christengemeinschaft“ zu dieser Fragestellung erläuternd anführt. Wie wird die Frage der Sukzession innerhalb der Christengemeinschaft gesehen?

W. Gädeke: Die katholische Sukzession ist schon eine geistige Wirklichkeit. Gewesen ist sie es ganz bestimmt, ob sie es heute noch ist, muß ich offenlassen. Ich tendiere aber dazu, daß die Sukzession auch noch heute eine geistige Wirklichkeit ist. Fragt sich nur, welcher Art.

Was in der Christengemeinschaft geschieht, ist im Grunde auch eine Art Sukzession, nur darf man sie sich nicht so denken – und das ist ja auch in der katholischen Kirche nicht der Fall –, daß gewissermaßen durch Handauflegen desjenigen, der im

Besitz der Weihevollmacht ist, der geistige Strom hindurchgeht. Die Weihe muß, wie alle anderen Kulte auch, ständig seelisch-geistig aktualisiert werden. Was für alle Kultusformen gilt, trifft natürlich auch auf die Priesterweihe zu. Trotzdem geschieht eine Sukzession, nämlich des Willens, genau diese Form des Kultus vollziehen zu wollen. Man stellt sich durch die Priesterweihe in die Reihe derer, die dasselbe wollen. Darin liegt ein esoterischer Charakter, denn dasselbe zu wollen, ist Esoterik. Wenn ich meinen individuellen Willen in etwas außer mir liegendes Objektives investiere, zum Beispiel in eine Gemeinschaft von Menschen, die dieselben Meditationen pflegen, dann hat das einen esoterischen Charakter, weil die beteiligten Menschen dasselbe wollen und tun. Die Sukzession besteht also weniger in der äußeren Tatsache des Handauflegens, als vielmehr in dem Hineinstellen in einen realen Willensstrom.

K.-D.N.: Daß jetzt eine Sukzession in der Christengemeinschaft stattfindet, ist deutlich. Aber wo war der Anknüpfungspunkt bei der Handlung, durch die Friedrich Rittelmeyer zum ersten Priester der Christengemeinschaft wurde?

W. Gädeke: Ja, das ist das eigentliche Rätsel. Wo fängt diese Sukzession an? In der katholischen Kirche besteht ja die Auffassung, daß sie da ansetzt, wo Jesus zu Petrus sagt: „Du bist Petrus, und auf diesen Felsen werde ich meine Kirche bauen" (Mt. 16, 18). Es wird im Evangelium nicht beschrieben, daß Jesus dem Petrus die Hand aufgelegt hätte. Daher bezweifeln die Protestanten das ja auch. In der katholischen Kirche wird dieser Moment aber als der eigentliche Akt der Amtsübergabe angesehen. Das ist der Ursprung der Sukzession, nämlich die unmittelbare Anknüpfung an das Wesen des Christus.

Für das Verständnis der Sukzession in der Christengemeinschaft ist für mein Empfinden besser geeignet, was Alfred Heidenreich in seinem Buch „Growing Point" (Edinburgh ^{2}1979), in dem er die Gründung der Christengemeinschaft schildert, zur Sukzession schreibt. Er hat dort das Sukzessionsgeschehen mit Moses und Aaron verglichen. Moses ist derjenige, der auf den Berg steigen kann, d.h. der sein Bewußtsein so erheben kann, daß er dem Gott des Volkes, Jahve, begegnet, daß er schauen kann, wie der Tempel, die Gewänder usw. auszusehen haben, daß er entgegennehmen kann, wie sich die Kulte vollziehen sollen und was der Priester zu tun hat. Moses vermittelt das dann an Aaron, der der erste Hohepriester wird. Moses tut dies einmal mit und an Aaron und ist im besten Sinne das Medium, der Mittler, weil Aaron selber eben kein Eingeweihter ist. Er kann nicht wie Moses unmittelbar mit dem göttlichen Wesen sprechen. Entsprechend, kann man sagen, ist das Verhältnis zwischen Rudolf Steiner und Friedrich Rittelmeyer gewesen.

K.-D.N.: Würde das aber nicht heißen, daß Rudolf Steiner die Weihe vollzogen hat?

W. Gädeke: Nein, denn er hat sie eben nicht in dem Sinne vollzogen, daß er ihn rituell geweiht hat. Er hat nicht die Weihehandlung vollzogen. Er hat auch nicht die Wandlung mit Brot und Wein vollzogen, sondern er hat – wie er es selber betont – es nur Rittelmeyer gezeigt, wie er es machen soll. Und Rittelmeyer hat es dann getan.

Dazu gibt es widerstreitende Aussagen von Rudolf Steiner selber. Einerseits sagt er, Rittelmeyer habe sich selber geweiht, es sei eine Selbstweihe gewesen. Oder er beschreibt diesen Aspekt im Vorgespräch mit den künftigen Oberlenkern der Christengemeinschaft, indem er sagt, es sei wie die Krönung des preußischen Königs, der sich selbst die Krone aufgesetzt habe. Also nicht nur Napoleon ist auf diese Weise vorgegangen, sondern auch Friedrich I. von Preußen (als Kurfürst von Brandenburg Friedrich III.), der sich 1701 in Königsberg die Königskrone von Preußen aufgesetzt hat, der Großvater von Friedrich dem Großen. Dieser Vergleich mit der Selbstkrönung ist also die eine Seite.

Die andere Seite hebt Rudolf Steiner 1924 in einem Gespräch mit Friedrich Rittelmeyer hervor, indem er dort rückblickend sagt, er habe Rittelmeyer ein Übergewicht geben wollen durch die Art, wie er – also Rudolf Steiner – die Weihe vollzogen habe. Faktum ist aber, daß er nicht äußerlich zelebriert hat. Er hat keine Gewänder getragen, keine Wandlung vollzogen, nicht geräuchert usw. Diese erste Weihe ist also ein besonderer Moment, der sehr schwer zu beschreiben ist.

Dazu muß man sich auch vergegenwärtigen, daß die Art und Weise, wie sich diese Weihe vollzog, auch für die Beteiligten sehr schwer zu erinnern ist. Sie haben sich zwar redliche Mühe gegeben zu beschreiben, wie der Vorgang im einzelnen gewesen ist, der aber wäre vielleicht treffender in mythologischen Bildern zu fassen. Ich stelle es mir vor wie ein einmaliges Ereignis, das man als Ganzes aufnimmt und dessen Einzelheiten entweder sehr schwer begrifflich zu fassen sind oder einem ganz einfach entfallen. Trotz all der Schilderungen, die ich kenne, könnte ich nicht behaupten, daß ich ein eindeutiges Wissen davon hätte, wie diese Weihe als historische Tatsache im einzelnen wirklich vollzogen worden ist. Der eine hat dies erinnert, der andere das, und dann widersprechen sich Schilderungen von Einzelheiten auch noch zum Teil. Faktum bleibt aber, daß Rudolf Steiner nicht äußerlich zelebriert hat. Und als Bild des Geschehens sehe ich das Bild von Moses und Aron vor mir.

Anschluß an das Christuswirken

K.-D.N.: Wenn die katholische Kirche im Verständnis ihrer Sukzession zurückgeht in die Vergangenheit bis zu Petrus und dort den Anschluß an das Christuswesen sieht, könnte man dann nicht sagen, daß die Sukzession der Christengemeinschaft nicht an ein historisch-physisches Christuswirken angeschlossen wird, sondern an das Wirken des Christus in der Gegenwart? Welche Bedeutung hat vor diesem Hintergrund die Wiederkunft Christi im 20. Jahrhundert für die Gründung der Christengemeinschaft?

W. Gädeke: Rudolf Steiner war der Bote einer neuen Christuszeit, und das nicht nur, indem er auf die Wiederkunft Christi im Ätherischen hingewiesen hat, sondern im Grunde genommen durch sein gesamtes Werk. Nur weil Rudolf Steiner ein Christusbote war, konnte die Gründung der Christengemeinschaft überhaupt geschehen. Oder anders ausgedrückt: Die Tatsache der erneuerten Rituale und Sakramente ist selber ein Zeichen für diese neue Christusnähe.

K.-D.N.: Friedrich Rittelmeyer beschreibt das sehr schön, wie er nach dem zweiten Theologenkurs 1921 den Text der Menschenweihehandlung zugeschickt bekommen hat und sich dann meditativ mit ihm befaßte. Die Anwesenheit und Wirksamkeit Christi in diesem Kultus sei dann so eindeutig hervorgetreten, daß er daraufhin den

Entschluß gefaßt habe, sich tatsächlich in die Gründung der Christengemeinschaft hineinzustellen.

W. Gädeke: Ja, das unterstreicht das noch einmal. Das geschah zwischen Mitte Oktober und Ende November 1921. Denn Anfang Oktober ging der zweite Theologenkurs zu Ende, danach wurde der Text für die Beteiligten vervielfältigt und auch Rittelmeyer zugeschickt. Im Dezember hat er dann schon öffentlich erklärt, daß er mitmachen wolle.

K.-D.N.: Es gibt Berichte, daß Rudolf Steiner einerseits Friedrich Rittelmeyer gefragt habe, ob es nicht auch in der evangelischen Kirche ginge, und daß Steiner andererseits gehofft habe, daß ein Teil der Menschen aus den evangelischen Gemeinden in die Christengemeinschaft überwechseln würden. Das mildert doch die Kritik Steiners am Protestantismus ganz erheblich. Warum ist es weder zum einen noch zum anderen gekommen?

W. Gädeke: Ich glaube nicht, daß Rudolf Steiner gedacht hat, die evangelische Kirche als solche sei reformierbar. Dagegen spricht vor allem, daß er dies auch persönlich einmal direkt ausgesprochen hat, und zwar in einem Satz, der für mich biographisch einmal eine große Rolle gespielt hat. In einem Theologenkurs hat er deutlich gemacht, daß das Neue in der unerschütterlichen Überzeugung begründet werden müsse, daß das Alte nicht verbesserungsfähig sei. Um dieses Satzes willen habe ich evangelische und katholische Theologie studiert, da ich das Alte nicht kannte und mich von der Richtigkeit dieser Aussage überzeugen mußte.

Rudolf Steiner kann also früher nicht an die Reformierbarkeit der evangelischen Kirche als ganze gedacht haben, sondern allenfalls an einzelne Gemeinden. Das hat er immerhin für möglich gehalten. Allerdings hat er den Theologen seinerzeit auch gesagt, daß das viel Bessere natürlich die Gründung freier Gemeinden sei. Das war die eindeutige Priorität.

Die horrenden Widersprüche Rudolf Steiners

K.-D.N.: Wer hat nun faktisch die Christengemeinschaft gegründet, Rudolf Steiner, Friedrich Rittelmeyer oder wer?

W. Gädeke: Das kommt darauf an, was man unter Gründung versteht. Wenn man darunter Inauguration versteht, d.h. ein Hereinleiten eines Geistigen in ein Irdisch-Soziales, dann ist die Gründung Rudolf Steiners Tat. Wenn man aber unter Gründung das Hereinführen in die soziale irdische Wirklichkeit versteht, also auch die institutionelle Begründung, dann hatte Rudolf Steiner so gut wie gar nichts damit zu tun. Die Widersprüche, die in Rudolf Steiners eigenen Aussagen zu diesem Punkt zu finden sind, lassen sich nur auflösen, wenn man diese zwei Arten der Gründung unterscheidet. In unserer Studie finden Sie diese horrenden Widersprüche Rudolf Steiners im Kapitel IV, 6, „Die Anthroposophie und Rudolf Steiner bei der Gründung der Christengemeinschaft", von meinem Bruder Rudolf Gädeke behandelt. Der erste Teil, das Hereinleiten der geistigen Substanz, damit die Rituale und Sakramente überhaupt da sein konnten, ist eindeutig Rudolf Steiners Tat. Der zweite Teil, das Verantworten auf Erden, das Gründen von Gemeinden, die sozialen, wirtschaftlichen, rechtlichen Gegebenheiten schaffen, ist eindeutig die Tat der 45 Begründer.

K.-D.N.: Daran schließt sich direkt die Frage an, inwiefern die Christengemeinschaft eine von der Anthroposophischen Gesellschaft bzw. der anthroposophischen Bewegung unabhängige Bewegung ist. Dazu gibt es ja auch eine ganze Reihe sich widersprechender Äußerungen Rudolf Steiners, von denen ich einmal drei zitieren möchte:

„Die Christengemeinschaft ist etwas, was mit der Anthroposophischen Gesellschaft nicht das geringste zu tun hat. Und auch nicht etwas, was mit der Anthroposophischen Gesellschaft zusammenhängt. Die Christengemeinde ist etwas für sich Bestehendes. Zur Anthroposophischen Gesellschaft steht die Christengemeinschaft in keinem anderen Verhältnis als der Katholizismus oder die Quäker." (Aus einer Besprechung mit den Lehrern des freien Religionsunterrichtes an der Freien Waldorfschule in Stuttgart, 09.12.1922)

„Warum sollte nicht die Hauptsache als solche geltend gemacht werden: Daß man, in voller Anerkennung des Inhaltes der religiösen Bewegung, in den Vordergrund stellt, daß die anthroposophische Bewegung die Schöpferin der religiösen Erneuerungsbewegung ist? Warum sollte man nicht diesen Punkt, der doch die Hauptsache ist, in den Vordergrund stellen?" (In einer Sitzung des Dreißigerkreises, 13.02.1923, in: Rudolf Steiner: Die Zivilisationsaufgaben der Anthroposophie und der Anthroposophischen Gesellschaft. GA 259, S.322)

Dann bezeichnet er die Christengemeinschaft sogar „als die jüngste Begründung durch unsere Anthroposophische Gesellschaft ..." (Rudolf Steiner: Anthroposophische Gemeinschaftsbildung. GA 257, 03.03.1923, S.166)

Kann auch zur Klärung dieser Frage eine differenzierte Betrachtung verschiedener Ebenen beitragen?

W. Gädeke: Ja, das habe ich auch versucht im Epilog unserer Studie deutlich zu machen. In der irdisch-sozialen Komponente, die dem zweiten Teil der Gründung entspringt, ist die Christengemeinschaft vollkommen unabhängig und souverän. Letztlich, so muß man hinzufügen, genauso wie die Waldorfbewegung. In bezug auf die irdischen Fakten, in bezug auf die Lebensprozesse und in bezug auf die Menschen, die erreicht werden, sind das völlig unterschiedliche, souveräne Bewegungen. Denn nicht alle, die in der biologisch-dynamischen Bewegung tätig oder mit ihr verbunden sind, schicken ihre Kinder in die Waldorfschule oder gehen in die Christengemeinschaft. Unter physischem, ätherischem und sogar noch unter seelischem Aspekt sind das völlig getrennte Bereiche. Aber in ihrem Ursprung, im geistigen Bereich, gehören sie natürlich alle zusammen. In diesem Sinne gehört dann die Christengemeinschaft auch zur anthroposophischen Bewegung. Zur genaueren Betrachtung verweise ich hier wieder auf unsere Studie.

K.-D.N.: Würden Sie sagen, daß die Christengemeinschaft in genau der gleichen Weise zur Anthroposophischen Gesellschaft bzw. zur anthroposophischen Bewegung steht wie zum Beispiel die Waldorfschulbewegung?

W. Gädeke: Auf die Beantwortung dieser Frage bekomme ich natürlich Feuer. Denn auch in den Kreisen der Christengemeinschaft und der Pfarrerschaft gibt es Menschen, die gegen Rudolf Steiner behaupten, die Christengemeinschaft sei eine Schwesterbewegung zur anthroposophischen Bewegung. Sowohl im Vorstand der Anthroposophischen Gesellschaft als auch in der Leitung der Christengemeinschaft gibt es Menschen, die das so vertreten. Eine andere Ansicht wollen Sie wohl nicht vertreten, weil sie ihnen zu heikel ist. Aber nach allem, was ich nun zu dieser Frage weiß und darüber denken kann, muß ich sagen: Es gibt keine wesentlichen Unterschiede. Es gibt natürlich Unterschiede, aber die sind in meinen Augen nicht wesentlich. Ich glaube, daß dasjenige, was in dem Vortragszyklus „Anthroposophische Gemeinschaftsbildung" (GA 257) gesagt wird, seine Gültigkeit hat. Da wird von Rudolf Steiner bei der Aufzählung der Tochterbewegungen die Christengemeinschaft in einer Reihe mit den anderen, also auch mit der Waldorfschulbewegung genannt. Das einzige, was man dagegen vorbringen kann, ist die Tatsache, daß wir an der Freien Hochschule für Geisteswissenschaft keine theologische Sektion haben. Dabei hat es zu Rudolf Steiners Zeiten manche Sektion noch nicht gegeben, die aber bereits veranlagt war. Und unter diese Sektionen gehört eigentlich auch die theologische. (*Siehe dazu Kap. XIX. Forschung;* Red.)

Also ich sehe keinen wesentlich prinzipiellen Unterschied, würde aber auch nicht sagen, daß das Verhältnis genau gleich sei.

III. DER VIERGLIEDRIGE KIRCHENBEGRIFF

W.W.: Was ist der Ursprung und die Bedeutung des Kirchenbegriffs?

W. Gädeke: Etymologisch kommt er von *kyriake* = dem Herrn gehörig. Auf der Ebene des Sinnlichen wäre das dem Herrn Gehörige das Gotteshaus. Eine zweite Bedeutung ist: die dem Herrn zugehörige Gemeinschaft von Menschen, die christliche Gemeinde.

W.W.: Wenn wir von der Viergliedrigkeit des Begriffs oder des Wesens Kirche ausgehen – vielleicht auch bezogen auf die Christengemeinschaft –, was gehört alles der physisch-materiellen Ebene an?

W. Gädeke: Alles das, was man sinnlich sehen kann: das Gebäude, die Gewänder, der Altar, die Leuchter, letztlich auch die Verträge im Grundbuch oder die rechtlichen Strukturen, obwohl das Recht natürlich sehr viel mehr ist als eine physische Gegebenheit. Hinzu kommen auch noch die physischen Leiber der Menschen, die in der Kirche sitzen.

W.W.: So wie sich zwischen Ehe- oder sonstigen Partnern durch gemeinsames Durchleben von Lebensprozessen eine Ätherhülle bildet, die man fatalerweise meist nicht bemerkt, so könnte man annehmen, daß sich zwischen den in einer Gemeinde wirkenden Menschen etwas ähnliches bildet, wenn auch in abgeschwächter Form. Ist dem so?

W. Gädeke: Alles, was mit den Lebenskräften und dem Lebensleib zusammenhängt, ist durch Rhythmen bestimmt. Und so ist natürlich das Leben einer Gemeinde durch den Rhythmus, vorwiegend durch den Sonntagsrhythmus des Kultus, geprägt. Das ist ein ganz strenger Rhythmus, und man sieht möglichst darauf, in diesem keine Unterbrechungen eintreten zu lassen, ähnlich wie man auch darauf achtet, daß man jede Nacht schläft, statt nur in jeder zweiten oder völlig unregelmäßig. Es kann auch sein, daß in einer Gemeinde nicht jeden Sonntag zelebriert werden kann, aber dann ist diese Lebenskräfteorganisation eben nicht ganz vollständig.

W.W.: Wodurch entsteht diese Ätherhülle in einer Gemeinde konkret: aus den Ätherleibern der mehr oder weniger regelmäßig erscheinenden Menschen, oder speist sie sich aus den Lebenskräften, die durch den Kultus entstehen?

W. Gädeke: Beides schließt sich zusammen. Selbstverständlich bringen die Menschen ihre Lebenssubstanz ein, auf der anderen Seite hat natürlich auch der Kultus selber eine Art Lebenskraft. Aber diese Ätherhülle entsteht letztlich durch die wiederholte gemeinsame Tätigkeit; vor allem die Wiederholung bildet an dem Ätherleib einer Gemeinde.

W.W.: Wo ist die Substanz dieser Ätherhülle räumlich, wenn die Menschen auseinandergehen: Bleibt sie in der Gemeinde, zieht sie sich zurück oder trägt jeder Mensch einen Bereich davon in seinem eigenen Ätherleib?

W. Gädeke: Ich denke, daß es das letztere ist, was Sie sagten, also daß jeder Mensch etwas in sein alltägliches Dasein mitnimmt. Auf der anderen Seite kann man aber auch sagen, daß sich das, was sich während der einen Stunde der Menschenweihehandlung verdichtet hat, auch wiederum zurückzieht bzw. auflöst. Es ist wie ein Atmungsrhythmus, der sich an diesem Ort zusammenzieht und in dieser Kirche real wird, der sich aber dann wiederum auflöst.

Wenn man Gemeindemitglieder verabscheut

W.W.: Wie steht es mit dem eigenen Beitrag zu dieser gemeinsamen Ätherhülle, wenn man etliche in der Gemeinde sitzende Menschen zutiefst verabscheut? Bildet man trotzdem an der Ätherhülle mit, weil die Abscheu ja im Grunde eine seelische Qualität ist?

W. Gädeke: Richtig, das ist eine andere Ebene. Und dann müßte man erforschen, inwieweit diese Ebene die ätherische Ebene tangiert oder stört.

Es gibt ja Menschen, die mit dem Vorgang der Weihehandlung sehr tief verbunden sind, aber mit den meisten anderen Menschen, die auch am Kultus teilnehmen, nichts zu tun haben können oder wollen, weil sie eine Abneigung oder Abscheu gegen sie haben. Ich würde dem erst einmal Rechnung tragen, es vielleicht seelsorgerisch behandeln und zum Beispiel den Rat aussprechen, sonnabends an der Weihehandlung teilzunehmen, weil da nicht so viele Menschen anwesend sind. Das hat den Vorteil, daß diese Menschen sich in den Vorgang der Weihehandlung einleben können, ohne sich durch die anderen Menschen stören zu lassen. Denn es gibt wirklich die Tatsache, daß die Anwesenheit mancher Menschen es anderen wiederum unmöglich macht, am Kultus teilzunehmen. Das ist schade, trotzdem würde ich es nicht moralisierend betrachten, indem ich diesem Menschen sagte: Du willst ein Christ sein und schaffst es nicht einmal, mit deinen Brüdern zusammenzusitzen! Das wäre moralin und nicht meine Art. Deswegen würde ich ihm raten, sich andere Gelegenheiten zu schaffen, wo dieses Problem nicht so sehr auftritt.

Grundsätzlich – dem Ziel nach – sollte das Christwerden allerdings so sein, daß man auch seine Feinde lieben lernt. Einer trage des anderen Last, und daß der andere eine Last ist, das ist nicht schwer zu bemerken. Wenn man des anderen Last trägt, dann hört es auch auf, daß der andere eine Last ist, weil man die Last teilt.

W.W.: Ob das so real ist, möchte ich doch stark anzweifeln, aber ich komme noch einmal darauf zurück!

W. Gädeke: Daß das nicht immer gelingt, und daß man noch sehr weit davon entfernt ist, das ist etwas anderes. Kommunion, Verbindung ist eben nicht nur vertikal, mit der geistigen Welt, aufzufassen, sondern auch horizontal. Aber das muß die Lebensfolge sein, man darf es nicht moralisch fordern. An einer Stelle formuliert Rudolf Steiner dies in etwa so: Wer die Verbindung zu den Göttern verliert, der verliert auch die Verbindung zu den Menschen. Das bedeutet, daß man primär die Verbindung zu den Göttern zu suchen hat, das Vertikale muß zunächst gepflegt werden, das andere ergibt sich dann im Laufe der Zeit von alleine. Ich erlebe das sogar, und ich kenne Menschen in meiner Gemeinde, die zunächst wie Mimosen an der Weihehandlung teilnehmen und nur auf diesen Vorgang schauen, aber alles andere ist ihnen zunächst zuviel. Das finde ich auch berechtigt, deswegen haben wir hier in Kiel auch einen direkten Kirchenausgang gebaut, d.h. wenn einer nach der Menschenweihehandlung mit den Menschen direkt nichts mehr zu tun haben will, dann kann er sofort hinausgehen.

W.W.: Super!

Wenn einen das Faktotum beäugt

W. Gädeke: Neulich hat eine holländische Gemeinde bei einer Kirchenbau-Kuratoriumssitzung ihren Kirchenbauentwurf vorgestellt. In diesem Gebäude muß man durch sämtliche Räume und Gänge hindurch, ehe man in den Kirchenraum selbst hineinkommt; man will gerade die Begegnung. Ich habe mich vehement dagegen ausgesprochen und formuliert, daß es auch den direkten Ausgang geben muß, damit man nicht erst der Gemeindehelferin oder anderen die Hände schütteln muß bzw. von dem Faktotum angeschaut wird: „Ach, sind Sie auch mal wieder da!“ Es muß die Freiheit im Hineingehen wie im Hinausgehen geben.

W.W.: Wie wäre es mit Solokabinen im Weiheraum?

W. Gädeke: Das ginge zu weit, das hat es in der Reformationszeit gegeben, zum Beispiel in der Marktkirche in Halle, die unter Kardinal Albrecht von Brandenburg in den zwanziger Jahren des 16. Jahrhunderts fertiggeworden ist. In dieser riesigen Hallenkirche gibt es in der Außenwand Einzeltüren für die Patrizierfamilien, damit sie jederzeit kommen und gehen konnten, wie es ihnen beliebte. Das ist dann natürlich eine Überspitzung der menschlichen Freiheit, die dem Kultus nicht mehr entspricht.

Der Erzengel der Christengemeinschaft

W.W.: Eine dritte Ebene des Begriffs Kirche bezieht sich auf die jeweilige Religionsgemeinschaft. Was ist darunter zu verstehen?

W. Gädeke: Die Religionsgemeinschaft bildet sich nicht durch das aktuelle Zusammenkommen einer konkreten Gruppe von Menschen an einem bestimmten Ort, denn das wäre wiederum die ätherische Schicht. Diese dritte Schicht bezieht sich auf viele Gruppen von Menschen, die konkrete Ortsgemeinden bilden und denselben Gottesdienst vollziehen.

W.W.: Also Religionsgemeinschaft ist zum Beispiel die Christengemeinschaft als Ganzes, untergliedert in die einzelnen Gemeinden?

W. Gädeke: Richtig.

W.W.: Und es gibt ein Geistiges der Christengemeinschaft, das in alle Gemeinden hineinragt?

W. Gädeke: So kann man es sagen. Das besteht im wesentlichen in der Tatsache der entsprechenden Gestaltung des Kultus. Das ist der faßbare Inhalt von Religionsgemeinschaft.

W.W.: Kann man dieser dritten Ebene der Religionsgemeinschaft ein seelisches Element beimessen?

W. Gädeke: Ich denke schon. Viele Menschen, die in einer Gemeinde aufgewachsen sind und dort an dem Gemeindegeschehen teilnehmen, erleben bei dem Besuch anderer Gemeinden eine Art Heimatgefühl, obwohl sie dort nicht zu Hause sind. Dadurch charakterisiert sich die seelische Heimat, oft sogar so weit, daß man mit Menschen anderer Gemeinden deswegen in Kontakt kommt, weil sie am gleichen Kultus teilnehmen, denn dadurch kommt man schneller zu einer seelischen Nähe.

W.W.: Noch zu der Ebene der Religionsgemeinschaft müßte eine bestimmte geistige Wesenheit der Christengemeinschaft gehören. Welche ist das?

W. Gädeke: Dazu gibt es verschiedene Andeutungen und Sätze Rudolf Steiners, allerdings nicht sehr viele, aber doch hinreichend, so daß man sich ein Bild machen kann. Eine schon in der „Offenbarung des Johannes" gegebene Vorstellung ist es, daß jede Gemeinde ihren Ortsengel bzw. Gemeindegeist hat. Die Ortsgemeinde ist nicht nur eine ätherische Wesenheit, sondern auch eine Seelengemeinschaft, insofern alle daran beteiligten Menschen mit ihren Seelenkräften den Kultus vollbringen. In jeder Gemeinde lebt also ein Gemeindeengel, und in der „Offenbarung des Johannes" sehen wir ja noch, wie Johannes an den jeweiligen Gemeindeengel ein Sendschreiben schickt. Diese Vorstellung ist weitgehend verlorengegangen, taucht aber in der Christengemeinschaft erneut auf. Rudolf Steiner hat auch darüber gesprochen, daß so etwas für jede Gemeinschaft gilt, die durch seelische Aktivität geistige Dinge pflegt.

Entsprechend kann man sagen, daß es eine Art christlichen Erzengel gibt, der der Engel der Christengemeinschaft in ihrer Gesamtheit ist. Rudolf Steiner hat ihn als einen Teil des Christus bezeichnet. Bei den geistigen Wesenheiten ist es ja nicht so, daß sie so exakt wie unsere physischen Leiber voneinander getrennt sind, sondern sie hängen auf ganz andere Weise miteinander zusammen, ähnlich zum Beispiel der uralten Vorstellung von Michael als dem Antlitz Jahves. Entsprechend ist der Gemeindeengel vor Ort ein geistiges Glied des Erzengels der Christengemeinschaft. Dieser Erzengel der Christengemeinschaft wiederum ist ein Teil bzw. Abgesandter Michaels, des Zeitgeistes. Daß Michael letztlich dahinter steht, hat Rudolf Steiner selber ausgesagt, genauso aber steht Michael auch hinter der Anthroposophischen Gesellschaft. Beide Bewegungen dienen also dem Michael. So kann man sagen, daß das geistige Wesen der Christengemeinschaft ein fortgeschrittener Erzengel ist, der nicht wie die Volksgeister durch das Blut wirkt, sondern eine freilassende Gruppenseele auf Erzengelstufe ist.

Die *eine* Kirche als die neue Schöpfung

W.W.: Was ist nun die vierte Ebene des Begriffs Kirche, die sogenannte *eine* Kirche?

W. Gädeke: Um keine Begriffsverwirrung zu stiften, würde ich die Christengemeinschaft nicht Kirche nennen. Demzufolge sollte man die Christengemeinschaft als Religionsgemeinschaft bezeichnen. Konsequenterweise müßte man natürlich auch die katholische Kirche als Religionsgemeinschaft bezeichnen ...

W.W.: ... die sich aber mit der *einen* Kirche gleichsetzt.

W. Gädeke: Ja. Das tun wir gemeinsam mit den Protestanten nicht. Die *eine* Kirche ist für mich am besten durch die Analogie der Begriffe Mensch und Menschheit zu fassen, es gibt die Christen und die Christenheit. In diese Christenheit sind alle diejenigen Menschen eingeschlossen, die christlich streben, und das ist eine geistige Wirklichkeit, die im Neuen Testament die Braut Christi genannt wird. Vielleicht ist das auch ein Wesen, das erst durch diese Bemühungen der Christen und der christlichen Gemeinden entsteht. Im Mittelalter wird sie als Frauengestalt personifiziert und der Synagoge, der jüdischen Religionsgemeinschaft, gegenübergestellt.

W.W.: Fassen wir noch einmal zusammen: Jede Gemeinde der Christengemeinschaft hat einen Gemeindeengel, der wiederum eine geistige Verbindung zu dem Erzengel der Christengemeinschaft hat. Dieser Erzengel der Religionsgemeinschaft Christengemeinschaft hat wiederum seinerseits, wie alle anderen Erzengel aller anderen christlichen Religionsgemeinschaften, eine verbindende Beziehung zu der Braut Christi, der *einen* Kirche?

W. Gädeke: Ja. Das ist auch in dem Credosatz ausgedrückt: „Gemeinschaften, deren Glieder den Christus in sich fühlen, dürfen sich vereinigt fühlen in einer Kirche".

W.W.: Diese *eine* Kirche, die im Credo angesprochen wird, ist nicht die Christengemeinschaft, sondern diese geistige *eine* Kirche!?

W. Gädeke: So ist es.

W.W.: Die Erzengel nichtchristlicher Religionsgemeinschaften würden zu dieser *einen* Kirche also keine Beziehung haben?

W. Gädeke: Genau. Die Moslems, Buddhisten oder Juden stehen zu anderen Wesen in Beziehung.

W.W.: Können Sie dieses Wesen der Braut Christi noch näher beschreiben? Welcher Hierarchie gehört es an?

W. Gädeke: Das kann ich nur aufgrund der „Offenbarung des Johannes" versuchen, wo nahegelegt wird, daß die neue Welt, das Neue Jerusalem die Braut Christi sei. Aus dieser Identifikation ergibt sich eigentlich der Gedanke, daß das, was an neuer Schöpfung durch den Christus im Jesus von Nazareth veranlagt worden ist, durch die Mitarbeit der Menschen, die es wollen, immer mehr eine Wirklichkeit wird. Diese neue Schöpfung, an der die Menschen durch ihre aktive bewußte Arbeit beteiligt sind – ohne Bewußtheit ist es nicht möglich –, diese neu entstehende Welt ist die Braut Christi, und damit vereinigt sich dann der Christus. Daher stammt die Bezeichnung Braut.

W.W.: Also alle transsubstantiierten Bausteine dieser heutigen Erde sind dann

Elemente bzw. Bausteine dieser neuen Welt, mit der sich der Christus letztendlich vereinigt?

W. Gädeke: So könnte man es ausdrücken. Alles, was durch geistige Tätigkeit im christlichen Sinne von Menschen verwandelt ist, das wird Bestandteil dieser neuen Welt.

K.-D.N.: Darin sehe ich einen Widerspruch: Das würde bedeuten, daß nichtchristliche Menschen diesem Prozeß nicht angehören würden. Die neue Schöpfung kann diese Menschen aber wohl kaum ausschließen. Es kann ja nicht so sein, daß nichtchristliche Religionsgemeinschaften an dieser neuen Welt keinen Anteil haben.

W. Gädeke: Das ist ein ganz interessantes Problem. Im 21. Kapitel der „Offenbarung des Johannes" heißt es nach der Übersetzung von Emil Bock: „Alle Geistesschätze und Seelenwerte der Völker wird man in diese Stadt tragen" (Offb. 21, 26). Ich verstehe das so, daß der Aufbau und die Tatsache der neuen Welt von denjenigen geschaffen wird, die die Transsubstantiation im christlichen Sinne vollbringen, daß aber in die einmal geschaffene neue Welt auch alle anderen hereinkommen können, die daran nicht konstitutiv mitgewirkt haben.

W.W.: Das sehe ich nicht ganz so. Wenn ich einmal ein wenig vorgreifen darf, wir kommen noch darauf, wenn wir über die Elementarwesen sprechen: Elementarwesen werden erlöst, wenn man zum Beispiel einen Baum um seiner Schönheit willen betrachtet oder sich Ideen über diesen Baum bildet, aber das kann ein Christ nicht besser als ein Nichtchrist. Demzufolge würden beide am Aufbau des Neuen Jerusalem konstitutiv gleichwertig beteiligt sein.

W. Gädeke: Das müßte man natürlich genau untersuchen, ob das unmittelbare Anschauen eines Baumes schon am Aufbau des Neuen Jerusalem mitwirkt. Es kann aber auch sein, daß sich andere geistige Wesenheiten dieser Geistigkeit bemächtigen. Man muß dann natürlich auch über die Transsubstantiation sprechen, warum diese noch zusätzlich notwendig ist.

W.W.: Kann man auch als Individualität, ohne Religionsgemeinschaft, zu dieser *einen* Kirche einen ebenbürtigen Zugang erlangen?

W. Gädeke: Ja, das wird auch in unserem Credo deutlich, wenn von der *einen* Kirche gesprochen wird: „... der alle angehören, die die heilbringende Macht des Christus empfinden." Das bezieht sich natürlich auch auf diejenigen, die nicht innerhalb der Religionsgemeinschaft Christengemeinschaft stehen, aber sehr wohl die heilbringende Macht des Christus empfinden.

W.W.: Damit wäre zum Beispiel auch die individuelle Beziehung durch Studium oder Meditation im anthroposophischen Sinne oder die individuelle Aktivität innerhalb einer Zweiggemeinschaft der Anthroposophischen Gesellschaft angesprochen?

W. Gädeke: Richtig, nur setzt man sich dann nicht über einen christlichen Gemeindeengel zu dieser *einen* Kirche in Verbindung, sondern unmittelbar.

W.W.: Da sich laut Rudolf Steiner Religion nur in Gemeinschaft vollziehen kann, wäre dann dieser individuelle Bezug zu der *einen* Kirche keine Religion mehr.

W. Gädeke: Wenn man den Religionsbegriff so streng nimmt, wie wir es in unserer Studie „Anthroposophie und die Fortbildung der Religion" erarbeitet haben, dann ist das so. Man hat dann einen anderen Zugang zu Christus. Aber warum auch nicht, denn diese Bezüge sind weder schlechter noch besser, sondern nur anders.

IV. MITGLIEDSCHAFT IN DER CHRISTENGEMEINSCHAFT

W.W.: Nehmen wir ein Kind, das die Taufe der Christengemeinschaft empfängt und dann im zweiten Jahrsiebt sieben Jahre Religionsunterricht und Sonntagshandlung bis zur Konfirmation mitmacht: Ist dieser Jugendliche danach automatisch Mitglied der Christengemeinschaft?

W. Gädeke: Das kommt auf den Begriff der Mitgliedschaft an. Versteht man darunter Zugehörigkeit, so gehört er selbstverständlich zur Christengemeinschaft. Wenn man aber unter Mitgliedschaft den bewußten Entschluß, sich zum Glied eines Organismus zu machen, versteht, dann ist dieser Jugendliche kein Mitglied. Mitglied werden in der Christengemeinschaft ist im Grunde ein Prozeß, der mit der Taufe beginnt, die einen stark physischen Aspekt mit dem Auftragen der Substanzen hat, der weitergeht über die Sonntagshandlung, die wegen der ständigen Wiederholung einen stark ätherischen Charakter hat, über die Konfirmation, die den seelischen Aspekt hinzuträgt, bis hin zum Erwachsenen, der dann den Entschluß faßt, eine ganz bestimmte Form des religiösen Lebens bewußt zu tragen.

Das Kind hat im ersten und zweiten, im gewissen Sinne auch noch im dritten Jahrsiebt eine Empfängerhaltung, aber noch keine Geber- bzw. Verantwortungshaltung. Das wird allerdings mit der Konfirmation schon ein klein wenig anders, weil ihr bereits ein bewußter Entschluß zugrunde liegt, wenn auch noch kein ichhafter, so doch ein bewußter, weil der Astralleib bereits erwacht ist. Wir konfirmieren nicht gegen den Willen des Jugendlichen, er muß seinen Entschluß dazu ausdrücklich bekräftigen. Dadurch, daß der Konfirmand auch das Abendmahl empfängt, wird er in die Lebens- und Seelengemeinschaft, in das innerste und zentralste Geschehen der Christengemeinschaft, aufgenommen.

W.W.: Heißt es nicht während der Konfirmation in etwa, daß der Konfirmand in die Welt entlassen werde, so daß er daraus folgend, wenn er Mitglied in der Christengemeinschaft werden will, diesen Schritt aktiv durch sich selbst einleiten muß?

W. Gädeke: Es heißt während der Konfirmation, daß er in das Leben entlassen werde. Aber das Leben, das nach diesem Worte folgt, ist die Menschenweihehandlung, die sich gleich an die Konfirmation anschließt.

W.W.: Aber im Unterschied zur katholischen Kirche ist der Täufling mit der Taufe nicht auf alle Zeit Mitglied der Christengemeinschaft!

W. Gädeke: Ja. In der evangelischen Kirche ist es ebenso. Die Taufe begründet dort die Mitgliedschaft in allen Aspekten. Die Konfirmation bzw. Firmung ist dann die Erneuerung und Fortführung der Taufe, insofern sie das Bewußtsein voraussetzt. Deswegen spricht man in der katholischen Kirche von dem Alter der Unterscheidung, in dem die Firmung geschehen kann.

Wie ein Keulenschlag

W.W.: Wie sieht ein möglicher Schritt eines Menschen in der heutigen Zeit zur Mitgliedschaft in der Christengemeinschaft aus?

W. Gädeke: Natürlich gibt es die unterschiedlichsten Wege, von denen man höchstens einige Beispiele nennen kann. Es gibt Menschen, die dadurch zur Christengemeinschaft kommen, daß sie einen schweren Schicksalsschlag erleiden, zum Beispiel stirbt ihr kleines Kind. Vielleicht sind die Eltern verzweifelt, kommen damit überhaupt nicht zurecht, hören sich um. Vielleicht ist dann das, was der evangelische Pastor zu ihnen sagt, wie ein Keulenschlag für sie, und dann hören sie von irgendeinem Bekannten, daß da irgendwo auch noch ein Pfarrer der Christengemeinschaft ist. Das ist ein Beispiel.

Früher kam die Berührung oft durch öffentliche Vorträge, also mehr über die Erkenntnisseite. Es gibt hier in der Gemeinde Mitglieder, die bis zu 30 Jahre Vorträge besucht haben, ehe sie allmählich in die eigentlich religiöse Seite hineingewachsen sind. Es gibt solche, die über die Waldorfschule – bei der Frage nach dem Religionsunterricht – zur Christengemeinschaft stoßen. Wiederum andere haben bisher kein religiöses Leben geführt, aber irdendeine Tante ist Anthroposophin, man bekommt ein Kind und stellt sich die Frage der Taufe, ist aber längst aus der evangelischen oder katholischen Kirche ausgetreten.

Über diese Lebenssituationen von Tod, Geburt und Einschulung kommen die Menschen sehr oft mit der Christengemeinschaft in Berührung. Natürlich kommen die Menschen auch über die Seelsorge mit uns in Kontakt, wenn sie in akuten Fragen des Lebens ein Gespräch suchen und statt zu einer öffentlichen Beratungsstelle zu einem Pfarrer der Christengemeinschaft gehen wollen.

Einmal Mitglied – immer Mitglied?

W.W.: Nehmen wir zwei Menschen: Der eine ist äußerlich kein Mitglied, vollzieht aber den Kultus regelmäßig mit, der zweite ist äußerlich Mitglied, nimmt aber nie am Kultus teil. Muß man nicht sagen, daß der erste vom Wesen her Mitglied ist, der zweite aber nicht?

W. Gädeke: Das ist richtig. Das Wesentliche ist tatsächlich, wie Sie gesagt haben, das Mitvollziehen des Kultus, darüber hinaus aber auch, die Verantwortung mitzutragen, daß dieser Kultus geschehen kann. Ich denke dabei an die wirtschaftliche Seite, also eine Erdentatsache, ohne die der Kultus nicht geschehen kann. Die Mitgliedschaft beinhaltet dann also auch diesen irdischen Zweck des Mitverantwortens. Wo sich ansonsten das Mitglied noch engagiert, ist individuell verschieden: Der eine besorgt die Blumen, der zweite leitet einen Chor, der dritte spielt die Orgel, ein anderer ministriert, wieder andere besorgen die Buchhaltung oder den Versand usw. Kultus und wirtschaftliche Mitverantwortung gelten für alle Gemeindemitglieder, alles andere ist individuell verschieden. Wer es nicht will, der muß auch nicht zum Gemeindeabend oder zu den Vorträgen kommen, das ist nicht das Wesentliche.

K.-D.N.: Vom rechtlichen Standpunkt her ist die Mitgliedschaft genau umgekehrt, als Sie es eben dargestellt haben: Wer Mitglied ist, der ist es auch tatsächlich, auch wenn er nie erscheint. Der andere ist vom rechtlichen Standpunkt her kein Mitglied.

Wie steht es nun mit dem Austritt aus der Christengemeinschaft? Hin und wieder hört man die Auffassung, daß man aus der Christengemeinschaft schicksalsmäßig

nicht austreten könne, weil man auf dieser Ebene, selbst bei äußerlichem Austritt aus der Christengemeinschaft, immer Mitglied bleibe. Das halte ich doch für äußerst fragwürdig, denn dann wäre die Mitgliedschaft etwas Unauflösliches, was eigentlich der Freiheit widerspricht.

W. Gädeke: Das widerspricht nicht nur der Freiheit, sondern auch dem Leben. Auf der einen Seite stimmt es aber, daß man die Tatsache, Mitglied geworden zu sein, nicht mehr rückgängig machen kann. Diese Tatsache bleibt bestehen. Trotzdem kann man austreten. Verstehen Sie den Widerspruch?

K.-D.N.: Nicht ganz!

W. Gädeke: Ich kann die Tatsache, daß ich einmal zu der Religionsgemeinschaft Christengemeinschaft ja gesagt habe, nicht mehr rückgängig machen.

W.W.: Diese Entscheidung als Tatsache nicht, aber Sie können dann wiederum nein sagen.

W. Gädeke: Richtig, aber das sind zwei Wirklichkeiten. Nur ein Beispiel: Wir hatten einmal eine sehr temperamentvolle Frau hier in der Gemeinde, die wegen irgendeiner Kleinigkeit ärgerlich mit Knall und Fall aus der Christengemeinschaft austreten wollte. Aber mein Vorgänger hat ihr ganz kühl und nett geschrieben, daß er ihren Austritt nicht annehme. Davon war sie so beeindruckt, daß sie ihren Austrittswunsch zurückgezogen hat. Er war der Meinung, daß ihr Austritt ihrem Eintritt nicht adäquat gewesen sei. De facto, juristisch hätte er sie natürlich gehen lassen müssen.

Natürlich haben wir auch den umgekehrten Fall, daß Mitglieder in ganz andere geistige Richtungen gehen und damit im Grunde wirklich austreten, obwohl sie äußerlich drin bleiben. Wir müssen also möglichst dafür sorgen, daß sich Äußeres und Inneres deckt, aber wir können niemand dazu zwingen. Wer innerlich ausgeschieden ist, den können wir nicht von uns aus als Mitglied streichen; genausowenig können wir denjenigen, der noch nicht Mitglied geworden ist, aber schon ganz am Kultus teilnimmt, vielleicht auch schon einen regelmäßigen Beitrag zahlt, einfach in unsere Mitgliedskartei schreiben. Es ist die Aufgabe des Priesters, so mit den Menschen im Gespräch zu sein, daß sie ein Gefühl dafür bekommen, daß beides eigentlich zusammengehört.

K.-D.N.: Ist es denn nun deutlich, daß man sehr wohl austreten kann? Zwar trägt man die Folgen des Entschlusses, einst Mitglied geworden zu sein, mit sich herum, wie man alle Folgen seiner Taten mit sich herumträgt, aber trotzdem kann man ja die Christengemeinschaft hinter sich lassen, wie zum Beispiel auch die evangelische Kirche, wenn man aus ihr austritt. Man kann doch eine Religionsgemeinschaft hinter sich lassen, um sich einer anderen zuzuwenden, das muß doch möglich sein! Denn ansonsten wäre es ein unbehaglicher Gedanke, wenn man ob eines einst gefaßten Entschlusses nie mehr in das Moment der Freiheit kommen könnte.

W.W.: Auf ewig bist du uns zugehörig!

W. Gädeke: Da gibt es eine sehr interessante Parallele, und zwar in der Frage, ob ein Anthroposoph Katholik sein kann bzw. umgekehrt. Die Menschen, die Katholiken waren, können sehr wohl Anthroposophen werden und Katholiken bleiben. Dagegen hat Steiner nie etwas gehabt und gesagt. Aber es gibt ein Beispiel, wo jemand Anthroposoph war, und dann Katholik wurde. Dagegen hat Rudolf Steiner heftig aufbegehrt.

W.W.: Das ist nun aber ein herber Widerspruch zu der Auffassung, die wir hier wohl alle miteinander tragen!

W. Gädeke: Warum?

W.W.: Weil die Zugehörigkeit zu einer Religionsgemeinschaft nichts damit zu tun haben kann, ob jemand Anthroposoph ist bzw. Mitglied der Anthroposophischen Gesellschaft.

W. Gädeke: Ja, aber das ist gerade das Großartige, daß bei Rudolf Steiner nicht alles glatt aufgeht, sondern daß es auch auf den Weg ankommt. Die Religion hat ja sehr viel mit dem Astralleib, dem Glaubensleib, zu tun. Dieser hat nicht denselben Wachheitsgrad wie die Bewußtseinsseele, in der die Anthroposophie vorwiegend leben soll. Wenn ich mich in meiner Bewußtseinsseele der Anthroposophie öffne, dann ist das ein bewußtseinsgeschichtlich fortschreitender Prozeß. Wenn ich aber im Religiösen zunächst gar nichts habe, aber in der Bewußtseinsseele in der heutigen Kulturepoche voll angelangt bin, zum Beispiel im Ergreifen der Anthroposophie, und von da aus neue Tatsachen im Astralleib schaffe, indem ich mich dem katholischen Glauben zuwende, dann ist das ein Schritt zurück in die vorige, die vierte Kulturepoche. Der betreffende Mensch, von dem ich spreche, ist Ludwig Kleeberg, und er hat diese Entwicklung in seinem Buch „Wege und Worte" (Basel 1928) ganz penibel aufgeschrieben. Rudolf Steiner hatte ihn mehrfach gewarnt bzw. davon abhalten wollen, Katholik zu werden. Er hat es dann trotzdem gemacht. Rudolf Steiner hat es dann natürlich auch akzeptiert und war trotzdem nett zu ihm. Worauf es aber ankommt, ist, daß Rudolf Steiner es ihm bewußt gemacht, ihn aber nicht an seiner Tat gehindert hat.

Die Leiche kommt auch so unter die Erde

W.W.: Wie geht man nun mit Menschen um, die ihr Kind in der Christengemeinschaft taufen lassen, die sich trauen lassen oder auch ihre Angehörigen bestatten lassen wollen, ohne aber die Notwendigkeit der Mitgliedschaft in dem bisher besprochenen Sinne zu erwägen?

W. Gädeke: Die von Ihnen genannten Fälle sind gewichtige Lebenstatsachen, und in solchen Fällen würde ich die jeweils Betreffenden auf die Christengemeinschaft aufmerksam machen, um sie gegebenenfalls auf diese zuzuführen, damit sie das religiöse Leben in der Christengemeinschaft als Ganzes mittragen können, sofern sie es wollen. Taufe, Trauung und Religionsunterricht sind alles Lebenstatsachen, die nicht in größter Eile entschieden werden müssen, zugespitzt erscheint das Problem nur im Falle eines Todes, denn hier muß innerhalb von drei Tagen entschieden sein, ob der Mensch mit dem Ritual der Christengemeinschaft bestattet wird oder nicht.

In diesem Fall muß man daran denken, daß die Bestattung nur ein Teil eines siebengliedrigen Sterberituals ist. Und es wird mir zunehmend problematischer, wenn sich Menschen daraus nur die Bestattung herauspicken und ansonsten nichts mit der Christengemeinschaft zu tun haben wollen. Die Sterbesakramente müssen wie alle anderen Sakramente gut vorbereitet werden.

Warum soll nicht die Leiche eines Menschen, der sein Leben lang mit keiner Religionsgemeinschaft gelebt hat, ohne religiöse Bestattung in die Erde kommen, in der Konsequenz dessen, wie er auch sein bisher abgelaufenes Leben gelebt hat? Ich halte es für eine hochgradige Konvention zu meinen, es müsse unbedingt eine religiöse Bestattung stattfinden. Wozu denn? Konvention darf es aber auf dem Felde des Religiösen nicht geben, dazu sind wir als Erneuerungsbewegung der Religion nicht angetreten.

Es ist aber etwas anderes, wenn jemand auf dem Sterbebett nach einem christlichen Priester verlangt und um das Sakrament bittet, denn dann macht man eben im letzten Moment so viel wie möglich. Das ist lange christliche Tradition. Aber wenn jemand ohne irgendeinen Wunsch in dieser Richtung gestorben ist, und auch nicht den Willen hat erkennen lassen, sich mit einer Religionsgemeinschaft zu verbinden, obwohl er dazu Gelegenheit hatte, dann soll er doch vom Bestattungsunternehmer bestattet werden. Warum denn nicht? Die Leiche kommt auch so unter die Erde.

Verballhornung des Wesens der Religion, wenn man Volkstänze hüpft

W.W.: Sie wissen, ich teile Ihre Ansicht, trotzdem ist die Lebenswirklichkeit eine andere: Da werden Menschen durch eine Lebenstatsache mit der Christengemeinschaft konfrontiert – ein Kind kommt, man erwägt die Frage einer Taufe und weiß vage um die Christengemeinschaft. Oder man schickt sein Kind auf die Waldorfschule, und mit der Notwendigkeit, sein Kind zum Religionsunterricht zu schicken, wird man unter anderem wieder mit der Christengemeinschaft konfrontiert, ohne sie zu kennen, ohne sich je Gedanken um das Wesen Religion gemacht zu haben. Das ist eine Lebenswirklichkeit.

Ich denke, daß in dieser Lebenssituation zwei Bereiche aufeinanderprallen: Von der einen Seite werden *wir*, die wir uns mit dem menschenkundlichen Ansatz der Religion, der tätigen Mitgliedschaft in der Christengemeinschaft beschäftigt haben, sagen, daß man sein Kind nur dann in der Christengemeinschaft taufen solle, wenn man das, was Christengemeinschaft ist, wirklich will. Auf der anderen Seite geben viele Gemeinden, sowohl Pfarrer als auch die Gemeindemitglieder, oftmals einen Eindruck nach außen ab, der einen modernen und intelligenten Zeitgenossen zutiefst abschrecken kann, weil er in der Christengemeinschaft eine hinterwäldlerische Vereinigung erblickt.

Das paßt nicht zusammen. Der von außen an die Christengemeinschaft Herantretende wird sich nicht mit Fragen beschäftigen können, die er an sich bewegen müßte, und wird die notwendige Konsequenz bzw. Forderung, in der Christengemeinschaft mitzutun, wenn man das Kind dort taufen will, als Dogma auffassen. Wie überwindet man den Graben zwischen diesen beiden Lebenswirklichkeiten?

W. Gädeke: Hundertprozentig wird man ihn nicht überwinden können, weil wir keine vollkommenen Menschen sind, weder die Priester noch die Gemeindemitglieder, und weil die Verhältnisse keine idealen sind. Man kann nur ständig daran arbeiten, daß diese abschreckenden Dinge nicht eintreten.

Aber es kann auch ganz anders kommen: Ich denke an das konkrete Beispiel einer Frau, die Kinder auf der Waldorfschule hat und die von meiner Frau verlangte, ohne sie zu kennen, bei dem Bauern, der auf dem Hof der Waldorfschule seinen Stand hat, etwas einzukaufen und zwischenzulagern, weil sie selbst dazu nicht die Zeit habe. Ohne zu bitten, ohne zu fragen, einfach als Forderung! Natürlich hat meine Frau das abgelehnt. Hintenherum hören wir dann, daß diese Frau herumerzählt, daß sie eigentlich gerne zur Christengemeinschaft kommen würde, aber dies nicht tue, weil sie noch nie so unchristliche Menschen erlebt habe wie dort. Wegen der Frau des Pfarrers könne sie nicht zur Christengemeinschaft gehen. Das ist jetzt aus dem Leben gegriffen, allerdings anders herum, als Sie gefragt haben.

Daß wir als Christengemeinschaft – was die menschliche Seite angeht – noch nicht voll begründet sind, ob das nun der Kirchenbau ist oder die Menschen, das spielt keine große Rolle, aber es gibt sehr vieles, was abschreckend wirkt. Das sind Schicksalsvorgänge, die man nicht hundertprozentig ausschließen kann. Man kann nur so gut wie möglich die Menschen darauf aufmerksam machen, daß das Wesentliche das religiöse Leben und der Kultus ist. Das gelingt natürlich nicht immer, und da stehen sogar wir Pfarrer uns durch unser Sosein oftmals im Wege.

W.W.: Daß wir als Menschen alle Schwächen haben, ist vollkommen klar. Ich denke aber, daß das von mir angesprochene Problem grundsätzlicher ist. Wenn ein Mensch sein Kind in der Christengemeinschaft taufen lassen möchte, wenn er Mitglied werden möchte und man mit ihm darüber spricht, was das Zentrale der Christengemeinschaft ist, so kann man es bei genügend vorhandener Zeit ohne Problem an den Menschen heranbringen. Er kann es durchdenken und auch verstehen. Vorbedingung ist es aber, daß es überhaupt zu diesem Gespräch kommt. Die neu und unvorbereitet an die Christengemeinschaft herantretenden Menschen wissen natürlich nichts vom Wesen der Religion, dem Zentralen der Christengemeinschaft oder über die Aussagen Rudolf Steiners zur Religion, und man kann sie dem Menschen nicht in drei Sekunden auf der Straße vermitteln.

Die Situation ist schlicht die, daß die Menschen vielleicht eine Verbindung zur Christengemeinschaft aufnehmen möchten, über das Wesen der Religion aber nichts wissen und meist kein Gespräch suchen, weil sie im Vorfeld die Christengemeinschaft in ihrer heutigen Erscheinung sehr wohl wahrnehmen, und da ist es eben so, daß die Christengemeinschaft oftmals durch Vortragsankündigungen, durch die Zeitschriften, Gemeindebriefe und -programme und viele Gemeindeaktivitäten wie Volkstanz und Lagerfeuer für einen modernen Zeitgenossen nur schwer zu ertragen ist und man von ihm kaum verlangen kann, durch die Verballhornung des wirklichen Wesens Religion hindurchzuschauen und sich von seiner Seite aus aktiv mit der Christengemeinschaft zu verbinden. Ich halte es sogar für gesund, sich mit dieser Seite der Christengemeinschaft nicht zu verbinden. Der angesprochene moderne Zeitgenosse kann sich nun nicht mit dieser Art süßlichen religiösen Bürgertums verbinden, muß aber den Eindruck gewinnen, daß dies bei Inanspruchnahme von Sakramenten von ihm verlangt wird, wenn eine Verbindung zur Christengemeinschaft damit einhergehen soll. Wie baut man Brücken, daß er versteht, was Religion, rhythmischer Mitvollzug des Kultus wirklich ist?

W. Gädeke: Natürlich ist es tragisch, wenn solche Dinge, die Sie genannt haben, so sehr in den Vordergrund rücken. Ich sehe keinen anderen Weg als Schulung, Ausbildung sämtlicher Beteiligten und Kollegialität, also daß nicht nur ein Pfarrer am

Ort ist. Mein Idealbild wäre, daß man diese Erscheinungen möglichst dadurch ausschließt, daß man mindestens drei Pfarrer pro Gemeinde hat.

W.W.: Das ist aber nicht lebenswirklich.

W. Gädeke: Deswegen habe ich ja auch gesagt, daß man derartige Erscheinungen nicht hunderprozentig ausschließen kann, aber durch die Verschiedenheit der Personen kann man die Chance erhöhen, daß das nicht mehr auftritt. Ich denke, daß dies ein fortwährender Arbeits- und Bewußtseinsprozeß der Priester einerseits und der Gemeinden andererseits sein müßte. Das gehört zur sogenannten notwendigen Selbstschulung, damit dieses Abschreckende gegenüber von außen herankommenden Menschen minimiert wird. Einen anderen Weg als die ständige Selbstkritik sehe ich nicht.

W.W.: Das ist das grundlegend Allgemeine, aber ich bin mit Ihrer Antwort nicht zufrieden.

K.-D.N.: Dieser Aufruf zur Selbsterkenntnis, wie Sie ihn eben gegeben haben, erfolgt doch seit Jahren, aber man bemerkt keinerlei Veränderungen. Vielleicht sind Sie auch eine Ausnahme. Es wäre aber notwendig, das Gesamtbild der Christengemeinschaft einmal aufzubrechen, zum Beispiel durch Artikel in der Zeitschrift *Die Christengemeinschaft*. Oder man müßte es in der Ausbildung lernen. Das sind schließlich alles Sachen, die verhältnismäßig einfach zu bewerkstelligen sind.

Es gibt keine glatte Autobahn zur Weihehandlung

W. Gädeke: Ja, sicher. Sie sprachen Volkstanz und Lagerfeuer an. Ich kenne zum Beispiel eine Gemeinde, in der es einen Spinnkreis gibt ...

W.W.: ... soll es ihn geben, aber nicht hauptsächlich!

W. Gädeke: In einer anderen Gemeinde hält jemand einen Griechischkurs; warum nicht? Man muß nur das Bewußtsein haben, daß das Peripherie, bestenfalls Hinführung ist. Auf der anderen Seite muß man alles dafür tun, daß man bei den Herankommenden das Bewußtsein dafür weckt, was das Zentrale der Christengemeinschaft wirklich ist. Selbstverständlich muß man ihnen das auch erleichtern und die Hindernisse beiseite räumen, aber man kann keine glatte Autobahn zur Weihehandlung bauen. Es wird immer ein steiniger Weg sein. Natürlich sind unsere Gemeinden noch nicht dort, wo sie entwicklungsgemäß sein könnten oder müßten. Vieles hängt deswegen auch mit der entsetzlichen Kleinheit der Gemeinden zusammen. Ich will damit nichts Despektierliches sagen, aber man sieht es noch an vielen Gemeinden in der ehemaligen DDR, die sich oftmals im Hinterhof in einer Baracke befinden. Oder wenn ich an Flensburg denke: Glauben Sie nicht, daß die Tatsache, daß man es damals in der Flensburger Gemeinde immer nur mit der Familie Weirauch zu tun hatte, auch auf manche abschreckend wirkte?

W.W.: Sicherlich!

W. Gädeke: Aber was hat die Familie Weirauch andererseits über Jahrzehnte für die Gemeinde in Flensburg bedeutet! Vielleicht wäre sie sogar ohne sie eingegangen! So positiv das Wirken war, so kann es für manche Menschen doch abschreckend sein, daß wesentlich eine Familie eine Gemeinde aufrechterhält. So etwas liegt wegen der Kleinheit mancher Gemeinden in der Natur der Sache. Wenn es fünf Familien wären, so wäre dies bereits eine vollkommen andere Situation. Entsprechend ist die Situation in vielen Gemeinden der ehemaligen DDR, wenn man in eine halbverfallene Hinterhofbaracke geht und die Gemeindemitglieder jeden Neuankommenden mit Stielaugen beäugen. Was meinen Sie, warum wir Kirchen bauen? Mit aus diesem Grunde. Hier in Kiel erleben wir es, daß wir jeden Sonntag Menschen haben, die wir überhaupt nicht kennen. Das gab es vorher in der muffigen Villa der Beselerallee nicht.

W.W.: Da sitzt ja nun die Anthroposophische Gesellschaft!

W. Gädeke: Nun ist sie ja auch nicht mehr muffig, sondern sehr schön licht.

Soll man die Mitmenschlichkeit von der Gemeinde abschneiden?

W.W.: Wir werden das noch einmal in einer nächsten Runde in diesem Interview verschärft aufgreifen. – Wie sehen Sie eine Mitgliedschaft in der Christengemeinschaft, die sich ausschließlich auf den Besuch der Menschenweihehandlung und die finanzielle Beteiligung beschränkt, ohne an irgendwelchen weiteren Gemeindeaktivitäten teilzunehmen?

W. Gädeke: Ich denke, daß dies trotzdem eine richtige Mitgliedschaft ist.

W.W.: Andere Ihrer Kollegen sehen aber die Notwendigkeit einer umfassenderen Mitgliedschaft, die Teilnahme am vielseitigen Gemeindeleben: Vorträge, Besuch von Taufen und Trauungen oder anderen Sakramenten, Sommerfesten, Basaren, Volkstänzen etc.

W. Gädeke: Diese Ansicht kann ich nicht teilen. Allerdings halte ich den Mitvollzug, d.h. die aktive Teilnahme auch an den anderen Sakramenten, für eine wesentliche Aufgabe des Mitgliedes.

Allerdings ist es tendenziell richtig, daß alles, was sich an religiöser Gemeinschaft im Kultus bildet, allmählich in das Leben eindringen sollte. Eine sehr viel schwierigere Frage ist es, wie es mit dem bestellt ist, was in den anderen Religionsgemeinschaften die Caritas ist. Gehört das zum Gemeindeleben dazu? Ich habe gerade ein Heftchen von Johannes Werner Klein, einem der Urpriester der Christengemeinschaft, in die Hand bekommen, in dem er aussagt, daß Caritas nicht zur Religion gehöre, auch nicht zur christlichen Kirche. Hierbei wird es natürlich problematisch, wenn man die Mitmenschlichkeit ganz von der Religion und der Gemeinde abschneidet. Früher war eine Dorfgemeinde gleichzeitig auch eine Solidargemeinschaft im Sozialen, und so etwas könnte in der Zukunft – zum Beispiel in der sechsten Kulturepoche – wieder neu entstehen.

W.W.: Sollte man denn das nicht in der Christengemeinschaft üben?

W. Gädeke: Anfänglich schon.

W.W.: Ist es dann vielleicht doch falsch oder zu wenig, nur am Kultus, nicht aber am übrigen Gemeindeleben teilzunehmen?

W. Gädeke: Deswegen sage ich ja, daß dies zum gegenwärtigen Zeitpunkt richtig sein kann, auf Dauer aber wird es wohl zu wenig sein. Zur Zeit ist es allerdings völlig unmöglich, jemanden moralisch zu drücken, ein Waisenkind ins Haus zu nehmen, in den Sozialkreis einzutreten, die älteren Gemeindemitglieder nach Hause zu fahren usw. Diese Forderungen sind genauso wenig möglich, wie die, daß man von einem

Anthroposophen fordern würde, daß er auch in die Christengemeinschaft müsse. Rudolf Steiner sagt aber, daß derjenige, der den anthroposophischen Schulungsweg gehe, eines Tages ohnehin zu diesem Bedürfnis komme. Das ist ein Entwicklungsvorgang, den man in Ruhe abwarten muß und der bei jedem Menschen anders verläuft. Man darf es nicht postulieren, denn es wird eines Tages kommen. Genauso ist es mit dem Gemeindemitglied, das nur am Kultus teilnimmt und die finanzielle Seite mitträgt, auch dort werden eines Tages die anderen Bereiche mit hinzukommen. Aber es hat keinen Zweck, dies zu fordern.

V. MENSCHENWEIHEHANDLUNG

W.W.: Neben den drei Kulten, die mit der anthroposophischen Arbeit verbunden sind – der kosmische, der umgekehrte und der Demonstrationskultus –, ferner gibt es in der anthroposophischen Bewegung den sogenannten Arbeitskultus, dann den Berufskultus sowie den Kultus in der Waldorfschule. Der siebente Kultus, die Menschenweihehandlung, steht zentral im Mittelpunkt der Christengemeinschaft. Aus welchen geistigen Bereichen ist die Menschenweihehandlung entstanden und durch Rudolf Steiner vermittelt worden?

W. Gädeke: Friedrich Rittelmeyer hat diese Frage auch schon einmal gestellt, worauf ihm Rudolf Steiner geantwortet hat: „An dem Orte, wo die deutsche Sprache mantrisch gelehrt wird."

W.W.: Was bedeutet das?

W. Gädeke: Rudolf Steiner fügte dann noch hinzu: „Sie müssen nur nicht meinen, daß man dahin eine Postkarte schicken kann." Allgemein kann man sagen, daß die Weihehandlung genau wie bei Moses von geistigen Wesen gegeben worden ist. Und daß dabei auch Sprachgeister beteiligt gewesen sein müssen, scheint mir einleuchtend.

Im Sommer 1921 empfing Rudolf Steiner den Text der Weihehandlung

W.W.: Welche hierarchischen geistigen Wesenheiten haben die Weihehandlung geoffenbart?

W. Gädeke: Selbstverständlich wird der Erzengel der Christengemeinschaft daran beteiligt gewesen sein, denn es ist sein Inkorporationsgebiet, wenn man das so ausdrücken darf. Letztlich hat auch der Heilige Geist mitgewirkt, da er hinter allen Wesenheiten der dritten Hierarchie steht. Da es aber ein christlicher Gottesdienst ist, muß die Menschenweihehandlung letztlich aus der Trinität selber stammen. Man liest es immer wieder in unseren Selbstdarstellungen, daß die Pfarrer der Christengemeinschaft sich dessen bewußt sind, daß sie ihren Auftrag von Christus selber erhalten haben, was letztendlich nichts anderes aussagt.

W.W.: Hat Rudolf Steiner den Text der Weihehandlung in einem Zuge geoffenbart bekommen, oder geschah dies über längere Zeiträume hinweg?

W. Gädeke: Die Grundteile der Menschenweihehandlung, die vier Teile des Kanons, wurden in einer überschaubaren Zeit niedergeschrieben, allerdings hat er die Niederschrift nicht datiert, so daß man nicht weiß, ob dies in einer Nacht geschehen ist oder ob es länger gedauert hat. Es war im Sommer 1921. Andere Teile, zum Beispiel die Jahreszeitengebete, sind dann im Laufe der Jahre jeweils zur Gelegenheit der neuen Festeszeit der Priesterschaft übergeben worden. In einem Falle war es sogar so, daß die Priester in bezug auf eine Festeszeit gefragt haben, ob es nicht für diese auch ein besonderes Gebet gebe, worauf Steiner geantwortet hat, daß er dies nicht wisse und es erst erforschen müsse. Dann hat er es gegeben.

K.-D.N.: Naheliegend ist doch auch die Vorstellung, daß sich Rudolf Steiner an vorhandenen Kultusformen orientiert hat, so daß möglicherweise nicht alles geoffenbart wurde. Mit Sicherheit wird er sich mit der katholischen Messe beschäftigt haben, aber hat er sich daran auch orientiert?

W. Gädeke: Das ist eine der ersten Kritiken an der Christengemeinschaft, die in damaliger Zeit erfolgte. Die Pfarrer der Christengemeinschaft haben damals verlautbaren lassen, daß die Engel die Weihehandlung heruntergetragen hätten, worauf ein evangelischer Pfarrer erwiderte, dann müßten die Engel die katholische Messe außerordentlich gut gekannt haben. Natürlich kann man auch nachweisen, daß sich Rudolf Steiner intensiv mit der katholischen Messe beschäftigt hat, er hat sogar von dieser eine Übersetzung geschaffen, eine fast ganz wörtliche Übersetzung der lateinischen Messe, und zwar für den altkatholischen Priester Schuster. Ich nehme das gerade in einem Arbeitskreis durch, in welchem wir den Text der lateinischen Messe, die normale Übersetzung, die Übersetzung von Rudolf Steiner und den Text der Menschenweihehandlung miteinander vergleichen. An dieser Stelle scheiden sich natürlich die Geister. Die einen behaupten, daß Steiner aufgrund einer Vorlage den Text der Weihehandlung umgedichtet habe; Rudolf Steiner sagt aber, daß auch schon die katholische Messe Bestandteil eines uralten Ritus sei, daß nämlich die vier Teile der Messe bereits den vier Schritten bzw. Teilen der vorchristlichen Mysterien entsprächen.

Hier stellt sich natürlich die Frage, ob nicht ein geistiges Urbild der Messe vorliegt, das sich je nach Volk, Zeit und Kultur metamorphosiert hat, also eine Art Urgefäß, das von geistigen Wesen je nach Bedarf umgestaltet wird. Wie eine Vase immer eine Vase bleibt, ein Hohlgefäß mit einer Öffnung, so kann sie doch die verschiedensten Formen annehmen. Und so gibt es auch gewisse Grundformen, die in diesem Urkultus immer gleich bleiben, aber er metamorphosiert sich im Laufe der Jahrtausende. Diese Metamorphose geht im 20. Jahrhundert mit einem gewissen Ruck vor sich, während die Metamorphose vom Frühchristentum bis zum Tridentinum, wo die Form ziemlich festgelegt wurde, vielmehr in kleinen Schritten vor sich ging. – Letztendlich hängt alles damit zusammen, ob man es überhaupt für möglich hält, daß ein Mensch in geistigen Bereichen eine Wirklichkeit erfassen kann.

K.-D.N.: Ich stelle es mir so vor, daß sich Rudolf Steiner mit den verschiedenen Formen der Messe befaßt hat, ferner mit der Gesetzmäßigkeit allen kultischen Geschehens und so der geistigen Welt etwas entgegengetragen hat, so daß in einer Wesensbegegnung eine Metamorphose überhaupt erst durch das möglich wurde, was aus der geistigen Welt gewissermaßen als Antwort kam. Das würde auch implizieren, daß die Form der Menschenweihehandlung nicht endgültig ist, sondern eines Tages ebenfalls metamorphosiert werden könnte oder müßte.

W. Gädeke: Richtig, dazu gibt es sogar einen kleinen Hinweis von Rudolf Steiner selbst, etwa dem Sinne nach, daß man in ungefähr 300 Jahren bereits einiges ändern müsse. Von der grundsätzlichen Metamorphosenotwendigkeit bin ich ebenfalls überzeugt, denn es kann nicht sein, daß eine heute bestehende Kultusform für die letzten 7.000 Jahre dieser Erde unverändert bestehen bleibt.

Ein geistiges Wesen senkt sich in die von Menschen geschaffene Form

W.W.: Was ist ein Ritual, inwieweit ist ein Ritual eine sinnliche Hülle für geistige Vorgänge?

W. Gädeke: Ein Ritual ist eine Form, die vorwiegend in Worten, aber auch in Gesten, Bildern und anderen optischen und sinnlichen Erscheinungen, bis hin zu Geruchswahrnehmungen durch den Weihrauch gegeben ist, welche die Seele anregt, ganz bestimmte Bewegungen in ihren Gedanken- und Gefühlsregungen zu machen. Das Entscheidende am Ritual ist, daß diese Gedanken- und Gefühlsregungen in Gemeinsamkeit der beteiligten Menschen geschehen. Dadurch, daß gemeinsame Gefühls- und Gedankenbewegungen entstehen, ergibt sich die Möglichkeit für ein geistiges Wesen, sich in diese durch Menschen geschaffene Seelen- und Gedankenform hineinzusenken. Das ist der Urvorgang. Und ein Ritual als äußerlich sinnliche Erscheinung dient dazu, diese Gemeinsamkeit der Seelenbewegungen herzustellen.

W.W.: In „Anthroposophische Gemeinschaftsbildung" (GA 257) spricht Rudolf Steiner davon, daß die Menschen, die sich in der Menschenweihehandlung finden, gemeinsame unterbewußte Erinnerungen an vorgeburtliche Vorgänge hätten:

„Nun, was ist das Geheimnis des Gemeinschaftserzeugenden im Wesen des Kultus, wie er namentlich gerade mit diesem Ziele für die Bewegung für religiöse Erneuerung gefunden worden ist? Dasjenige, was sich in den Kultformen, seien sie nun gegeben in der Zeremonie, seien sie gegeben im Worte, ausspricht, das ist ein Abbild von wirklichen Erlebnissen; allerdings nicht von wirklichen Erlebnissen, die hier auf der Erde durchgemacht worden sind, sondern von wirklichen Erlebnissen in jener Welt, die der Mensch in seinem vorirdischen Dasein durchmacht, wenn er auf dem zweiten Teile des Weges zwischen dem Tode und einer neuen Geburt ist, aus jener Welt, die der Mensch durchschreitet von jenem Zeitpunkte, der da liegt in der Mitternachtsstunde des menschlichen Daseins zwischen dem Tode und einer neuen Geburt, bis zum Herabsteigen zum Erdenleben. In dem Gebiete, das da der Mensch durchmacht, liegt die Welt, liegen die Ereignisse, liegen die Wesenhaftigkeiten, die ein wirkliches Abbild finden in den echten, wahren Kultformen. Was empfindet daher derjenige, der den Kultus miterlebt, mit dem andern, mit dem er von irgendeinem Karma zusammengeführt wird – und das Karma ist so verwickelt, daß man durchaus überall Karma voraussetzen darf, wo wir mit Menschen zusammengeführt werden? Gemeinsame Erinnerungen an das vorirdische Dasein erlebt er mit ihm zusammen. Das taucht in den unterbewußten Tiefen der Seele auf. Wir haben, bevor wir zur Erde heruntergestiegen sind, zusammen eine Welt durchlebt, die hier im Kultus vor unserer

Seele auf Erden steht. Das ist eine mächtige Bindung, das ist ein wirkliches Hereinholen nicht nur der Bilder, sondern der Kräfte der übersinnlichen Welt in die sinnliche. Das ist aber ein Hereinholen derjenigen Kräfte aus der übersinnlichen Welt in die sinnliche, die den Menschen intim angehen, die verbunden sind mit den intimsten Hintergründen der menschlichen Seele. Deshalb bindet Kultus, weil im Kultus heruntergetragen ist aus den geistigen Welten dasjenige, was Kräfte dieser geistigen Welten sind, weil der Mensch das in seinem Erdenleben vor sich hat, was überirdisch ist. Nicht hat er es vor sich in dem rationalistischen Worte, das das Vergessen an die geistige Welt bewirkt, auch in den unterbewußten Seelengründen, sondern er hat es vor sich in dem lebendigen Bild, das kraftdurchsetzt ist, das nicht bloß Sinnbild, das nicht totes Bild, das Kraftträger ist, weil er dasjenige vor sich hat, was zu seiner geistigen Umgebung gehört, wenn er nicht im irdischen Leibe ist. Eine umfassende, ins Geistige hinüberzielende gemeinsame Erinnerung, das ist es, was die gemeinschaftsbildende Kraft des Kultus ist." (Rudolf Steiner: Anthroposophische Gemeinschaftsbildung. GA 257, Dornach 1974, 27.02.1923, S.113 f.)

Können Sie die Vorgänge in der zweiten Hälfte zwischen Tod und neuer Geburt, die dann im Kultus auftauchen, noch ein wenig genauer darstellen?

W. Gädeke: Gemeint ist der Abstieg durch die verschiedenen geistigen Regionen, die Rudolf Steiner an dieser Stelle nicht genauer schildert, worauf er aber oftmals, wenn er über die Inkarnation der Menschenseele spricht, eingeht. Diese Planetensphären sind zunächst für alle Menschen gleich, aber nur scheinbar, denn je nach dem Schicksal bzw. dem Verhalten im letzten Leben erleben die Menschen die verschiedenen Bereiche der geistigen Welt unterschiedlich intensiv. In der „Theosophie" (GA 9) spricht Rudolf Steiner vom Ursprung der Religion in der zweiten Region des Geisterlandes, dort sind die Urbilder alles Lebendigen geistig zu finden. Diese Bilder durchdringen die geistige Welt wie ein Ozean, ähnlich wie alles Lebendige das Irdische durchdringt, und er sagt, daß der Nachklang vom Erleben dieser Region das religiöse Leben auf Erden ist. Das wäre ein Spezialfall von dem, was er hier in GA 257 allgemein schildert.

Ferner kann man sagen, daß die Menschen in verschiedenen Regionen unterschiedlich wach sind und deswegen auch zu dieser Region eine unterschiedlich starke Beziehung haben und auch in verschiedener Weise während des Aufenthaltes in dieser Region zu anderen Menschen in Beziehung treten. Diese Differenzierung hat ihre weitere Ausgestaltung im Erleben auf Erden. Wenn Menschen in dieser zweiten Region des Geisterlandes ganz besonders intensiv und wach leben und aufgrund ihres vorigen Erdenlebens mannigfaltige Beziehungen zu anderen Menschen aufgreifen können, dann kommen sie mit andersgearteten Verbindungen hier auf Erden an als Menschen, die in dieser Region geistig geschlafen haben.

Der Kultus als Bild des Inkarnations- und des Exkarnationsweges

W.W.: Rudolf Steiner zeichnet in der verlesenen Textstelle einen starken Unterschied zwischen denen, die in der Menschenweihehandlung sitzen, also eine Beziehung zur Christengemeinschaft haben, und denen, die im Zweig der Anthroposophischen Gesellschaft sitzen, so als hätten diese keine so starken gemeinsamen Erinnerungen an das vorgeburtliche Leben. Sie sprachen von Menschen, die die zweite Region des Geisterlandes unterschiedlich durchleben, aber wahrscheinlich ist es doch zu weit gegriffen zu behaupten, daß diejenigen, die in dieser Region intensive Erlebnisse hatten, heute in der Christengemeinschaft, diejenigen aber, die nicht so intensive Erlebnisse hatten, zum Beispiel im Zweig der Anthroposophischen Gesellschaft sitzen?

W. Gädeke: Anthroposophen, die sich mehr dem Zweigleben verbunden fühlen, haben andere Erlebnisse im Vorgeburtlichen intensiver durchgemacht. Das Gemeinschaftsleben der Anthroposophen, welches Rudolf Steiner in GA 257 anspricht, bezieht sich ja auf den Aspekt der Zukunft. Aber in den Karmavorträgen spricht Rudolf Steiner ausführlich auch von der gemeinsamen Vergangenheit der Anthroposophen. Die Anthroposophen erinnern lediglich etwas anderes. Die Gegenüberstellung in den Vorträgen von GA 257, die dort etwas polar erscheint, ist nicht absolut zu nehmen. Die Priester der Christengemeinschaft haben Rudolf Steiner auch auf diese Vorträge angesprochen und ihm gesagt, daß er sich ihnen gegenüber bisher so ausgedrückt habe, daß der Kultus eine Art Bild des nachtodlichen Lebens sei, und ihn gefragt, was denn nun stimme. Es stimmt eben beides! Der Kultus ist sowohl eine Art Bild des Inkarnationsweges als auch des Exkarnationsweges. Das kann man sogar in Einzelheiten schildern, wie in der Weihehandlung eine Art Inkarnationsdynamik lebt, genauso eine Exkarnationsdynamik, und beide wirken ineinander und miteinander.

W.W.: Es wird in der verlesenen Textstelle von GA 257 von geistigen Kräften gesprochen, die aus der geistigen Welt in den Kultus hereingetragen werden; ferner spricht Rudolf Steiner von kraftdurchsetzten lebendigen Bildern. Was ist damit gemeint?

W. Gädeke: Das ist eine Charakteristik des Kultus überhaupt. Auf der einen Seite enthält der Kultustext schon viele Hinweise darauf, daß es sich bei dem Ritualtext nicht um abstrakte Worte handelt, sondern um Bilder. Als Beispiel können wir das Wort „zum Wandeln mit Christus" nehmen; im Englischen steht dann „for walking with Christ" ...

(Allgemeines Lachen.)

W. Gädeke: ... warum lachen Sie jetzt?

W.W.: Es klingt absurd und banal. Es wirkt inhaltlich leer.

W. Gädeke: Genau, wir hören es so, als würde jemand spazierengehen. Das deutsche Wort *wandeln* ist ein ganz ungebräuchliches Wort für die Tätigkeit des Gehens, auf der anderen Seite hat es den Anklang, als würde sich ständig etwas verändern, verwandeln, man bleibt beim Gehen nicht derselbe. Wenn man diesem Wort nur ein wenig Bewußtsein zuwendet, dann merkt man, daß es viel mehr als irgendein alltäglicher Begriff ist. „For walking with Christ" klingt für uns platt und tot, und deswegen haben Sie gelacht. Und genau dieser Unterschied ergibt sich bereits durch die Art, wie die Worte selber sind. Das ist das eine.

Das andere ist, daß die Worte dadurch kraftdurchsetzt werden, daß die Menschenseelen ihre ganzen Empfindungen und ihr Gedankenleben in diese hineingeben, so daß sie geistig wesenhaft durchkraftet werden. Die gedruckten Worte sind natürlich nicht kraftdurchsetzt, und daran kann man erkennen, daß eine Berechtigung darin liegt, die Ritualworte nicht zu drucken. Denn nur in der Aktualisierung durch die Menschenseelen und die geistigen Wesen wird ein Wort erst dieses kraftdurchsetzte lebendige Bild. Deswegen fotografieren wir auch keinen Sakramentsvollzug, deswegen nehmen wir auch keine Weihehandlung auf Band auf bzw. senden sie nicht durchs Radio für die Armen, die am Sonntagmorgen zu Hause sein müssen.

K.-D.N.: Es ist trotzdem nicht zwingend logisch, daß man deswegen die Ritualtexte nicht drucken sollte. Man muß von den gedruckten Texten ja nicht die Meinung haben, daß dies kraftdurchsetzte Bilder seien, sondern bräuchte nur in einer Vorbemerkung anzugeben, daß dies der reine Textauszug ist und nicht die lebendige Gestalt.

W. Gädeke: Ja, aber dann beschäftigt man sich mit einem Leichnam.

K.-D.N.: Das kann sehr zur Erhellung der Erkenntnis beitragen. Ein Großteil der Erkenntnis verdanken wir der Beschäftigung mit Leichnamen.

W. Gädeke: Ja, aber das soll gerade bei der Religion nicht sein. Denn die Seelenaktivität des einzelnen, der zum Beispiel einen Text der Weihehandlung studieren würde, reicht gar nicht für die Verlebendigung und die Anziehungskraft der geistigen Wesen aus. Gerade das geschieht nicht, wenn ich den Ritualtext lesen würde.

K.-D.N.: Das ist ja auch nicht der Anspruch, der daran geknüpft wäre, sondern es geschähe lediglich zur Kenntnisnahme des reinen Textes. Es bleibt für mich nicht zwingend logisch, daß man die Ritualtexte deswegen nicht drucken sollte, genauso sehe ich es in bezug auf die Texte der Ersten Klasse der Freien Hochschule für Geisteswissenschaft.

W. Gädeke: Es ist zum Beispiel auch unsachgemäß, in der Straßenbahn eine Meditation durchzuführen. Ähnlich ist der pure Erkenntnisumgang mit dem Kultusleib ohne gleichzeitigen Vollzug etwas Unsachgemäßes. Es ist sehr schwierig, das zu überschauen, gedanklich logisch beweisen kann ich es nicht. Allerdings kann ich empfinden, daß Rudolf Steiner es so gewollt hat. Man kann ja jederzeit über die Inhalte der Menschenweihehandlung sprechen, aber eben nur so viel, wie jeder davon lebendig in sich trägt. Wir sprechen jetzt ja auch darüber, und zwar deswegen, weil Sie die Inhalte kennen.

VI. TRANSSUBSTANTIATION UND SAKRAMENTSVERSTÄNDNIS

W.W.: Das Sakramentsverständnis der Christengemeinschaft ist – kurz gesagt –, daß zu etwas, was in der sinnlichen Welt vorhanden ist, etwas Geistiges hinzutritt. Können Sie das an einem Beispiel erläutern?

W. Gädeke: Wichtig ist, daß nicht nur ein Geistiges hinzutritt, denn das wäre auch bei einem Ritual einer Naturreligion gegeben. Sakrament ist ein Spezialausdruck für diesen Vorgang innerhalb des Christentums. Ein Sakrament ist deswegen eine Handlung, die konkrete Substanzen einschließt, und diese Substanzen werden von einer Christuskraft erfaßt und durchdrungen und während der Kommunion dem Menschen in seine Leiblichkeit einverleibt. Damit ist auch die Unterscheidung der Sakramente von anderen Handlungen, wie zum Beispiel der Sonntagshandlung oder der Bestattung, gegeben. Vor allem muß das Sakrament am lebendigen Menschen vollzogen werden, während dagegen die Aussegnung oder die Bestattung ohne weiteres am Leichnam vollzogen werden.

Der Phantomleib des Christus

W.W.: Was ist der Phantomleib bzw. der Auferstehungsleib des Christus, und auf welche Weise ist Christus in jedes Erdenatom eingezogen?

W. Gädeke: Der Begriff des Phantomleibes ist bei Rudolf Steiner vor allem in dem Zyklus „Von Jesus zu Christus" (GA 131) dargestellt, und wenn ich das richtig verstanden habe, dann meint er damit die geistige Gestalt des physischen Leibes, die etwas anderes ist als die materielle Ausgestaltung dieses Leibes. Man kann einen Vergleich heranziehen: Wenn man sich einen Gebirgsbach anschaut, der mit einem Teil seiner Wassermassen über einen Stein stürzt, dann ist die Form dieser Welle immer gleich, aber was in dieser Form als Inhalt ist, das ist von Sekunde auf Sekunde etwas anderes. So ist auch die menschliche Gestalt etwas Bleibendes, aber die Substanz des menschlichen Leibes erneuert sich fortwährend, die Substanz fließt durch, und die Gestalt bleibt erhalten. Diese menschliche Gestalt ist es, die von den Elohim bzw. Exusiai geschaffen worden ist, was im ersten Kapitel der Genesis geschildert wird. Das ist das Bild des Menschen, die Idee bzw. geistige Gestalt des Menschen. Diese geistige Gestalt ist eine eigenständige Wirklichkeit, die vor der irdischen Schöpfung, die dann im zweiten Kapitel der Genesis geschildert wird, bereits vorhanden ist. Nach Rudolf Steiner ist diese geistige Gestalt durch den Sündenfall mit in den irdischen Prozeß der physischen Stofflichkeit hineingezogen worden. Das ist ein wesentlicher Bestandteil dessen, was er den Sündenfall nennt. Es löst sich also mit dem Tode nicht nur der physisch-materielle Leib auf, sondern auch die Form. Im weiteren stellt Rudolf Steiner dar, daß die Auferstehung gerade darin besteht, daß der Christus die geistige Kraft hatte, diese physische Leibesgestalt als reine geistige Form nach seinem Tode zu erhalten, obwohl dann kein materieller, physisch wägbarer Stoff mehr diese Form ausgefüllt hat. Die reine geistige Form, die aber eine physische ist, war erfüllt mit seiner Lebenskraft und seiner Seelen- und Geisteskraft, und das ist es, was den Jüngern als Auferstehungsleiblichkeit erschienen ist. Diese Auferstehungsgestalt hatte eine menschlich-physische Gestalt, weswegen Maria Magdalena und die Jünger auf dem Wege nach Emmaus ihn auch als lebenden Menschen ansahen. Sie haben nicht gedacht, daß es ein Engel wäre, woraus wir entnehmen können, daß die Gestalt eines Engels eine andere ist. Deswegen darf man Christus auch nicht als Engel darstellen. Er hat die menschliche Gestalt nicht nur durch seine Inkarnation angenommen, sondern auch durch seinen Tod hindurch bewahrt und als geistiges Wesen die Menschengestalt beibehalten.

W.W.: Wenn man einen Menschen betrachtet, so kann man auch nicht sagen, daß dies nur sein physischer Leib sei, den man sieht, sondern dieser ist durchdrungen vom Ätherleib, Astralleib und seinem Ich. Bei dem Auferstehungsleib des Christus wäre dies dann also die Phantomleiblichkeit, sein Ätherleib und alle weiteren höheren Wesensglieder; was fehlt, wäre lediglich die Materie.

W. Gädeke: So kann man es sagen.

Christus ist in jedes Erdenatom eingezogen

W.W.: Was ist es nun, was nach dem Mysterium von Golgatha in jedes Erdenatom eingezogen ist: Ist es ein Teil seiner Phantomleiblichkeit, ein Teil der Lebenskraft des Christus oder etwas anderes? Ich zitiere dazu die entsprechende Steiner-Stelle:

„Wir sind erst im Anfange derjenigen Entwickelung, welche die christliche Entwickelung ist. Die Zukunft dieser Entwickelung besteht darinnen, daß wir in der ganzen Erde sehen den Körper des Christus. Denn der Christus ist seit jener Zeit in die Erde eingezogen, hat in der Erde einen neuen Lichtmittelpunkt geschaffen und durchdringt die Erde, leuchtet in die Welt hinaus und ist ewig in der Erdenaura verwoben. Sehen wir daher die Erde heute ohne den Christus-Geist, der ihr zugrunde liegt, so sehen wir das Verwesende, das Verfaulende der Erde, den sich zersetzenden Leichnam. Sehen wir die Erde zerspaltet in noch so viele kleine Partikel, so sehen wir, wenn wir nicht den Christus verstehen, den sich zersetzenden Erdenleichnam. Überall, wo wir bloß Stoffe sehen, da sehen wir die Unwahrheit.

So finden Sie nicht die Wahrheit, wenn Sie den Menschen der Erde studieren; Sie studieren nur seinen sich zersetzenden Leichnam. Wenn Sie seinen Leichnam studieren, dann können Sie konsequenterweise die Elemente der Erde nur so beurteilen, daß Sie sagen: 'Die Erde besteht aus Stoff-Atomen' – gleichgültig, ob es räumlich ausgedehnte Atome oder Kraftmittelpunkte sind, es kommt darauf nicht an. Wenn wir Atome sehen, aus denen unsere Erde bestehen soll, dann sehen wir den Erdenleichnam, das, was sich fortwährend zersetzt und was einst nicht mehr sein wird, wenn die Erde nicht mehr sein wird. Und die Erde löst sich auf.

Dann erst erkennen wir die Wahrheit, wenn wir in jedem Atom sehen einen Teil des Christus-Geistes, der seit jener Zeit darinnen ist. Aus was besteht denn die Erde, seitdem der Christus-Geist sie durchdrungen hat? Bis ins Atom hinein besteht die Erde aus Leben, seit sie der Christus durchdrungen hat! Jedes Atom hat nur dadurch einen Wert und kann nur dadurch erkannt werden, daß Sie in ihm sehen eine Hülle, die ein Geistiges umschließt. Und dieses Geistige ist ein Teil des Christus.

Nehmen Sie jetzt irgend etwas von der Erde. Wann erkennen Sie es richtig? Wenn Sie sagen: 'Das ist ein Teil des Leibes des Christus!' Was konnte der Christus sagen zu denjenigen, die ihn erkennen mochten? Indem er ihnen das Brot brach, das aus dem Korn der Erde kommt, konnte der Christus sagen: 'Dies ist mein Leib!' Was konnte er ihnen sagen, indem er ihnen den Rebensaft gab, der aus dem Saft der Pflanzen kommt? – 'Dies ist mein Blut!' Weil er die Seele der Erde geworden ist, konnte er zu dem, was fest ist, sagen: 'Dies ist mein Fleisch', und zu dem Pflanzensaft: 'Dies ist mein Blut' ..." (Rudolf Steiner: Das Johannes-Evangelium im Verhältnis zu den drei anderen Evangelien. GA 112, Dornach 1975, 06.07.1909, S.267 f.)

Was ist es nun, was in die Erdenatome eingezogen ist? Hinzudenken muß man noch die Stellen, an denen Rudolf Steiner darüber spricht, daß sich die Erdenaura in dem Augenblick veränderte, als durch den Lanzenstich das Blut des Christus herausfloß.

W. Gädeke: Wir haben das schon in dem FLENSBURGER HEFT Nr.22 besprochen, es ist ganz schwer zu unterscheiden. Einerseits ist seit dem Augenblick, in dem das Blut auf die Erde geflossen ist, die Erde von dem Christus durchdrungen, denn er hat sie zu seinem Leib gemacht, hat die Erde mit seinem Geist durchdrungen. In der eben von Ihnen verlesenen Stelle ist der Aspekt mehr auf das Erkennen gerichtet, indem wir in der ganzen Erde *sehen* den Körper des Christus. Wir müssen dessen gewahr werden. Es geht also darum, daß wir eine Tatsache, die schon da ist, erkennen. Das ist hier der Aspekt. Der Transsubstantiationsaspekt ist aber noch ein anderer, denn mit dem Aspekt, wie er in dieser Textstelle (GA 112) vorkommt, ist noch keine vollständige Transsubstantiation der Materie gegeben, sondern es ist der Keim. Es ist erst ein Lichtmittelpunkt gegeben, und noch ist es nicht so, daß sämtliche Atome vollständig durchchristet sind, sondern erst anfänglich. Das ist die Begründung dafür, daß es überhaupt Sakramente geben muß, denn sonst könnte man sagen, daß der Christus ja schon alles vollbracht habe. Es wäre dann gar nichts weiter nötig. Man bräuchte es nur zu erkennen. Wenn man die verlesene Textstelle, wo ausgesagt wird, daß der Christus in jedes Erdenatom eingezogen ist, absolut nimmt, bräuchte man keine künstlerische und sonstige Verwandlung der Erdenmaterie mehr. Wie oft spricht Rudolf Steiner aber davon, daß durch künstlerische Gestaltung der Substanz auch etwas eingeprägt wird.

W.W.: Man könnte es doch so denken, daß nach dem Tode Christi eine Kraftwirksamkeit seines Phantomleibes oder seiner Lebenskraft in die Erdenmaterie eingezogen ist. Das würde nicht ausschließen, daß durch die Transsubstantiation im Kultus oder durch alle anderen Verwandlungskräfte noch weitere Wirkungen hinzukommen könnten, und zwar durch den aktiven Vollzug des Menschen.

W. Gädeke: Wobei ich nicht glaube, daß der Phantomleib des Christus in jedes Erdenatom hineinschlüpfen kann, sondern daß die Atome eher von der Geistes- bzw. Seelenkraft des Christus durchdrungen sind.

W.W.: Dann wäre also die Geistes- bzw. Seelenkraft in jedem Atom? In dieser Textstelle heißt es aber auch noch, daß das Leben in jedem Atom sei.

W. Gädeke: Leben, Seele und Geist wären dann in jedem Atom, aber das Phantom ist noch etwas anderes, weil es eine eigene geistige Wesenheit ist. So wie mein physischer Leib hier ist, ich aber meine Gedankenkraft darüber hinaussenden kann, so ähnlich stelle ich mir das mit dem Phantomleib des Christus auf der einen Seite vor, mit seiner Lebens- und Seelenkraft auf der anderen Seite. Letztendlich muß man sagen, daß Rudolf Steiner absolut formuliert, obwohl es nur ein Teilaspekt ist.

Was schaute Paulus in Damaskus?

W.W.: Einerseits kennen wir aus der Apostelgeschichte das Damaskus-Erlebnis des Paulus. Auf der anderen Seite schildert Rudolf Steiner, daß die Menschen, mit diesem Jahrhundert beginnend, zunehmend die Gestalt des Christus im Ätherischen schauen werden. In beiden Fällen wird von einer Lichtgestalt gesprochen. Hat Paulus den Phantomleib, den Auferstehungsleib oder den ätherischen Christus geschaut? Wenn man den ätherischen Christus schaut, schaut man dann auch den Auferstehungsleib, der aber durchdrungen ist von der gesamten Lebenskraft des Christus, oder schaut man die höheren Wesensglieder ohne die geistig-physische Gestalt des Christus?

W. Gädeke: Paulus hat Christus nicht unbedingt als Gestalt geschaut, sondern nur als Licht, ferner hat er eine Stimme gehört. Im Gegensatz zu Maria Magdalena und dem Apokalyptiker Johannes, der auch Christus als Gestalt beschreibt, liegt das bei Paulus nicht vor.

W.W.: Aber Paulus hat durch seine Schau erkannt, daß Christus auferstanden ist!

W. Gädeke: Ja, aber das hat Christus ihm gesagt.

W.W.: Christus hätte ihm ja auch als verstorbenes Wesen, wie ein Engel, als Lichtgestalt erscheinen können.

W. Gädeke: Paulus fragt: „Wer bist du, Herr?" Christus antwortet: „Ich bin Jesus, den du verfolgst."

W.W.: Aber er hat doch dadurch begriffen, daß er auferstanden ist.

W. Gädeke: Richtig.

W.W.: Paulus hatte aber nicht geglaubt, daß Christus auferstehen könnte.

W. Gädeke: Richtig.

W.W.: Dann muß er doch an der Lichtgestalt gesehen oder geschaut haben, daß es der Auferstehungsleib ist und keine Lichtgestalt, wie sie bei einem Verstorbenen oder bei einem Engel erscheinen könnte.

W. Gädeke: Das geht aus der Schilderung leider nicht hervor. Er sieht nur ein großes Licht, ist wie blind und fällt zur Erde nieder.

K.-D.N.: Im FLENSBURGER HEFT Nr.34 referiert Frank Linde Aussagen Rudolf Steiners über den ätherischen Christus, zum Beispiel daß man ihn in der Gestalt eines Engels wahrnimmt (S.16). Er zitiert aber auch die Steiner-Stelle aus GA 118, wo Rudolf Steiner darüber spricht, wie Menschen durch die Entwicklung neuer Seelenfähigkeiten den Christus im Ätherischen wahrnehmen werden, und dabei den Vergleich zu dem Paulus-Erlebnis zieht (S.13 f.). Rudolf Steiner sagt wörtlich:

„Solche Umänderungen der menschlichen Seelenfähigkeiten werden kommen. Etwas, was man als ein Äthersehen bezeichnen kann, wird kommen. Und was ist damit verknüpft? Nun, diejenige Wesenheit, die wir den Christus nennen, die war einmal im Fleische auf der Erde im Beginne unserer Zeitrechnung. In einem solchen physischen Leibe wird sie nicht mehr kommen, denn das war ein einmaliges Ereignis. Aber in der ätherischen Gestalt wird der Christus wiederkommen in den genannten Zeiten. Da werden die Menschen wahrnehmen lernen den Christus, indem sie durch dieses Äthersehen hinaufwachsen werden zu ihm, der nun nicht mehr heruntersteigt bis zum physischen Leib, sondern bloß bis zum Ätherleib. Die Menschen werden also hinaufwachsen müssen zu einem Wahrnehmen des Christus. Denn wahr ist der Ausspruch, den der Christus getan hat: 'Ich bin bei euch alle Tage bis ans Ende der Erdenzeiten.' Er ist da, er ist in unserer geistigen Welt, und besonders Begnadete, die können ihn immer wahrnehmen in dieser geistig-ätherischen Welt.

Derjenige, der durch solche Wahrnehmung besonders überzeugt worden ist, war Paulus, im Ereignis von Damaskus. Als natürliche Fähigkeit aber wird dieses Ätherhen ausgebildet werden bei einzelnen Menschen. Ein Ereignis von Damaskus, ein Paulus-Ereignis zu erleben, wird mehr und mehr möglich werden den Menschen der kommenden Zeit.“ (Rudolf Steiner: Das Ereignis der Christus-Erscheinung in der ätherischen Welt. GA 118, Dornach 1977, 25.01.1910, S.27 f.)

W. Gädeke: Es wird ganz schwierig, hier Unterscheidungen zu treffen. Man kann oftmals den Phantomleib und den Ätherleib nicht mehr ganz unterscheiden, denn Rudolf Steiner spricht in bezug auf den Phantomleib oft auch von einem verdichteten Ätherleib. Das ist keine so scharfe Grenze wie zwischen Äther- und Astralleib. Ätherleib und physischen Leib subsummiert er manchmal. Deswegen würde ich die Frage nicht so stellen, daß das etwas grundsätzlich verschiedenes ist.

W.W.: Ich lese jetzt die Stelle vor, an der Rudolf Steiner klar aussagt, daß Paulus bei seinem Damaskus-Erlebnis die Phantomleiblichkeit des Christus geschaut hat:

„Daß aber auch Paulus selbst überzeugt ist davon, daß nicht der von den irdischen Elementen durchsetzte Leib den andern Jüngern erschienen ist, sondern daß dasselbe, was ihm erschienen war, auch den andern Jüngern erschienen war, das sagt er an der Stelle:

‘Ich habe es euch überliefert in erster Linie, wie ich es selbst überkommen habe: daß Christus gestorben ist um unserer Sünden willen, so daß die Schriften sich erfüllen mußten, und daß er begraben wurde, und daß er auferweckt wurde am dritten Tage, gemäß dem, was in den Schriften immerdar gestanden hat, und daß er erschienen ist dem Kephas, dann den Zwölf. Hernach erschien er mehr als fünfhundert Brüdern auf einmal, von welchen die meisten noch leben, etliche aber sind entschlafen. Hernach erschien er dem Jakobus, dann den sämtlichen Aposteln; zuletzt aber gleich allen als dem zu früh Geborenen erschien er auch mir.’(1. Korinther 15, 3–8)

Dem Paulus erschien der Christus durch das Ereignis von Damaskus. Und daß die Art, durch die er ihm erschien, gleichgestellt ist mit den Erscheinungen gegenüber den andern Jüngern, das bezeugt, daß der Christus dem Paulus in derselben Gestalt erschienen ist, wie den andern. Was aber war es, was Paulus überzeugte?

Paulus war in einem gewissen Sinne schon ein Eingeweihter vor dem Ereignis von Damaskus. Aber es war eine Einweihung, die zusammengesetzt war aus dem althebräischen und dem griechischen Prinzip. Ein Eingeweihter war er, der bis dahin nur wußte, daß die, welche sich mit der geistigen Welt durch die Initiation verbunden haben, in ihrem Ätherleib unabhängig geworden sind von dem physischen Leib und in einer gewissen Weise denen, die dazu fähig sind, erscheinen können in ihrer reinsten Gestalt des Ätherleibes. Würde Paulus nur die Erscheinung eines reinen, von dem physischen Leibe unabhängigen Ätherleibes gehabt haben, so würde er anders gesprochen haben. Er würde gesagt haben, er hätte geschaut einen, der eingeweiht worden war und unabhängig von dem physischen Leibe mit der Erdenentwickelung weiterlebt. Das würde für ihn auch nichts besonders Überraschendes gehabt haben. Das konnte es also nicht sein, was er vor Damaskus erlebt hat. Was er erlebt hat, war das, wovon er wußte, man kann es erst erleben, wenn ‘die Schriften erfüllt’ sind: daß einmal in der geistigen Atmosphäre der Erde ein vollständiges menschliches Phantom, ein aus dem Grabe erstandener menschlicher Leib als übersinnliche Gestalt da sein werde. Das aber hatte er gesehen! Das war es, was ihm vor Damaskus erschien und ihn überzeugte: ‘Er war da! Er ist auferstanden! Denn es ist das da, was nur von ihm kommen kann: es ist das Phantom da, was gesehen werden kann von allen menschlichen Individualitäten, die einen Zusammenhang suchen mit dem Christus!' – Das war es, was ihn überzeugen konnte, daß der Christus schon da war, daß er nicht erst kommen werde, daß er wirklich in einem physischen Leibe war, und daß dieser physische Leib die eigentliche Urform des physischen Leibes herausgerettet hat zum Heile aller Menschen." (Rudolf Steiner: Von Jesus zu Christus. GA 131, Dornach 1974, 12.10.1911, S.187 ff.)

Zwar sagt Rudolf Steiner hier eindeutig, daß Paulus die Phantomleiblichkeit des Christus gesehen hat, trotzdem sind die Schilderungen, wie schon gesagt, unterschiedlich: Paulus sieht eine Lichtgestalt, Maria Magdalena und die Jünger bemerken kaum den Unterschied zu der früheren Gestalt des physisch inkarnierten Christus. Beide haben aber den Phantomleib gesehen. Wie kommen wir da nun auf eine klare Linie?

W. Gädeke: Die Erlebnisse von Christus, über die man in den letzten Jahren häufig hört, sind sehr verschieden. Manchmal hat man den Eindruck, es sei der Ätherleib, manchmal nur der Phantomleib des Christus, über den gesprochen wird. Ähnlich verschieden scheinen die Erlebnisse von Paulus auf der einen, Maria Magdalena und den Jüngern auf der anderen Seite gewesen zu sein. Rudolf Steiner beschreibt es selbst, zum Beispiel daß jemand in einer Runde von Menschen erscheint, genau wie ein Mensch auftritt, mit ihnen spricht, so daß sie im ersten Moment nicht bemerken, daß es kein Mensch gewesen ist. Aber plötzlich ist er verschwunden, und die Menschen bemerken erst im nachhinein, daß das gar kein physischer Mensch gewesen ist. In solchen Fällen hat man nicht den Eindruck, daß das die Schau des Christus im Ätherischen ist, denn die Nähe zur physischen Gestalt ist dabei so groß, daß ich sagen würde, daß es sich in diesem Falle um den Phantomleib handelt.

W.W.: Dann würde es also vermutlich drei oder noch mehr Erscheinungsweisen des auferstandenen Christus geben: die Phantomgestalt, die vom Aussehen wie ein normaler Mensch erscheinen kann, der zum Beispiel Worte in Versammlungen anderer Menschen einwirft; die Gestalt eines Engels, als die der Christus im Ätherischen wahrgenommen werden kann; aber auch die Gestalt des Auferstehungsleibes als Lichtgestalt, so wie sie Paulus geschaut hat. Sicherlich ist die Variationsbreite noch sehr vielgestaltiger.

K.-D.N.: Da Sie die eine Auferstehungsgestalt charakterisiert haben, könnten Sie auch schildern, woran man erkennen kann, daß es sich mehr um eine ätherische Gestalt handelt?

Ein Herr mit eindringlichen Augen trat an ihr Bett

W. Gädeke: Ich würde sagen, das ist dann der Fall, wenn diese Gestalt vorwiegend als Lichtgestalt beschrieben wird, denn dann ist es ganz deutlich, daß sie nicht in erster Linie physisch ist. Wenn aber Menschen die Gestalt des Christus mit einem Menschen verwechseln können, dann muß die Nähe zum Physischen so groß sein, daß das Ätherische keine so große Rolle spielt, denn das Ätherische ist nicht physisch. Ich stelle mir das als unterschiedliche Verdichtungen dieses selben Erscheinungsphänomens vor.

Ich habe zum Beispiel eine Frau gesprochen, die mir erzählt hat, daß sie eine derartige Gestalt gesehen hat, wobei ich nicht unbedingt behaupten will, daß das eine Christusgestalt gewesen ist. Sie kam in ihr Wochenbettzimmer, wo sie mit drei oder vier anderen Frauen gelegen hat. Plötzlich öffnete sich die Tür und ein Mensch trat herein, mit dunklem Anzug und sehr eindringlichen dunklen Augen. Er kam auf sie zu. Natürlich wunderte sie sich, daß ein fremder Mann zu ihr ans Bett trat, aber er sagte ihr in aller Bestimmtheit, aber auch mit großer Ruhe, Wärme, aber entschiedener Eindringlichkeit, daß sie ihr Kind drei Jahre stillen solle. Sie war noch mit dieser verblüffenden Aussage beschäftigt, überlegte sich, wie dieser fremde Mann dazu käme, ihr etwas derartiges zu sagen, als sie plötzlich gewahr wurde, daß sie durch den dunkel gekleideten Menschen hindurch die andere Frau im Bett dahinter sehen konnte. Sie zuckte zusammen, der Mann verschwand und sie glaubte, daß sie ein Gespenst gesehen hätte, aber dann hat sie die anderen Frauen im Zimmer gefragt, und die haben ihn auch alle gesehen.

W.W.: Auch gehört?

W. Gädeke: Ja.

W.W.: Hatten sie auch das Erlebnis, durch ihn hindurchschauen zu können?

W. Gädeke: Das hat sie nicht erzählt.

W.W.: Wenn es eine Christuserscheinung gewesen ist, könnte es dann der Phantomleib gewesen sein?

W. Gädeke: Ich will nicht behaupten, daß es eine Christuserscheinung gewesen ist, aber wenn, dann käme es dem gleich, wie die Auferstehungserlebnisse charakterisiert worden sind, nämlich daß diese Gestalt im ersten Moment wie ein Mensch erscheint, wie physisch. Derjenige, der dieses Erlebnis hat, verwechselt es mit einem physischen Menschen, weil er auch gar nicht auf die Idee kommt, daß er etwas anderes schauen könnte. Aber plötzlich bemerkt er an irgend etwas, daß es gar nicht sein kann, daß er eine physisch-materielle Gestalt vor sich hat.

K.-D.N.: Wäre auch eine Christuserscheinung möglich, die überhaupt nichts mit etwas Physischem zu tun hat, ungefähr so, als würde aus dem Ganzen, was man schaut, ein Antlitz hervortreten?

W. Gädeke: Warum nicht, allerdings würde ich zunächst fragen, ob es sich dabei nicht um eine Naturgeistigkeit handelt bzw. um ein hierarchisches Wesen.

K.-D.N.: Es muß keine Christuserscheinung sein. Es geht mir darum, daß ein Wesen, das im Ätherischen erscheint, nicht gestaltgebunden ist.

W. Gädeke: Das kann natürlich sein. Ich kenne einen Mann, der interessanterweise aus der Gemeinde ausgetreten ist, weil er meinte, er hätte es nicht mehr nötig, und der sehr viele geistige Erlebnisse, gerade auch am Kultus, gehabt hat. Die waren zum Teil so, wie Sie es geschildert haben. Man fragt sich natürlich, ob er den Engel der Gemeinde, den Christus oder etwas ganz anderes gesehen hat. Das ist nicht einfach zu unterscheiden. Wichtig scheint es mir, daß man mit den Begriffen, die Rudolf Steiner über derartige Erscheinungen gibt, umgeht, um sich diese Phänomene überhaupt ein wenig klarer vorzustellen. Warnen würde ich vor endgültigen Urteilen. Die Vielfalt solcher Erlebnisse ist so groß, daß man damit sehr behutsam umgehen muß.

K.-D.N.: Zu dem Beispiel, das ich eben nannte, habe ich auch die Idee des Michael als dem Antlitz Christi im Sinn. Wenn das gesamte Gesichtsfeld, alles, was man anschaut, plötzlich zu einem einzigen Antlitz wird bzw. aus allem, was man schaut, dieses Antlitz hervortritt, so könnte das auch eine Christusbegegnung sein, die sich aber auf einer ganz anderen Ebene vollziehen würde.

W. Gädeke: Ja, etwas Ähnliches ist auch die Erscheinung des Erdgeistes im Faust, wo diesem auch etwas entgegentritt, was Antlitzcharakter hat. Es entspricht auch Rudolf Steiners Schilderung der Johanni-Imagination mit der Gestalt des Uriel. Da gibt es die verschiedensten Möglichkeiten.

Wir sind in unseren höheren Wesensgliedern sterblich

K.-D.N.: Als Du vorhin von dem physischen Leib sprachst, erwähntest Du nicht – soweit ich mich entsinne –, daß auch der Phantomleib des Menschen durch die Auferstehungstat des Christus zumindest im Keim geheilt worden ist.

W.W.: Ja, das muß noch erwähnt werden, denn durch den luziferischen Einschlag wäre dieser Phantomleib immer mehr an die Materie gekettet worden, so daß letztendlich keine Inkarnationsmöglichkeit des Menschen mehr gegeben wäre.

W. Gädeke: So ist es, aber die Tat des Christus ist nur eine vorläufige Gabe für alle Menschen, gleichgültig ob sie sich dem Christus zuwenden oder nicht. Menschliche geistige Wesen hätten sich nicht mehr in irdische Leiber inkarnieren können, weil diese Leiber ungeeignet geworden wären. Durch die Tat des Christus sind die menschlichen physischen Leiber aber erfrischt bzw. verjüngt worden, damit überhaupt noch die Evolution im Sinne der Reinkarnation in der vorgesehenen Weise weitergehen konnte.

W.W.: Diese Verjüngung bezieht sich auf den Phantomleib, so daß in alle menschlichen Phantomleiber etwas von der Christuskraft eingezogen ist.

W. Gädeke: In bezug auf den Menschenleib gibt es die Schilderung von Paulus über den ersten und zweiten Adam. Christus wird als der zweite Adam bezeichnet, von dem die künftige Menschheit abstammt. Der zweite Adam, der neue Mensch, der Auferstehungsmensch, wirkt schon in den ersten Adam mit hinein, hat ihn aber noch nicht total verwandelt. Natürlich gibt es eine anfängliche Durchdringung aller menschlichen Leiber mit der Kraft des Auferstandenen, sonst würde zum Beispiel ein Mensch aus Papua-Neuguinea, der noch nie etwas von Christus gehört hat, nicht mehr in der Lage sein, sich zu inkarnieren.

Wir haben also zuerst eine Gnadenwirkung, aber auf Zukunft gesehen hört diese auf, denn ohne Bewußtsein und ohne eigene Aktivität des Menschen wird der Mensch an dieser Wirklichkeit keinen Anteil mehr haben können. Die unbewußte Christuswirkung muß durch das bewußte Verhältnis zu Christus abgelöst werden, d.h. durch die bewußte Hereinholung seiner Kräfte in die Wesensglieder des Menschen. Es geht darum, daß die Seele – so wird es ja auch im Sakrament ausgedrückt – in Zukunft nicht sterbe. Die Seele und auch die Bildekräfte können sterben! Wir sind auch in unseren höheren Wesensgliedern sterblich.

W.W.: Sogar das Ich.

W. Gädeke: Ja, den Menschengeistern muß das Weiterleben geschenkt werden, sie leben nicht von alleine weiter. Es ist für die Menschen ein großer Vorschuß in die

Entwicklung durch Christus hineingekommen, bis die Menschen überhaupt so reif sein werden, daß sie so weit zur Freiheit erwachen, daß sie aus eigener Einsicht die Evolution weiter vorantreiben, indem sie sich mit der Christuskraft verbinden.

Was wandelt sich in was?

W.W.: Ich möchte noch einmal auf das Steiner-Zitat verweisen, in dem er davon spricht, daß Christus in jedes Erdenatom eingezogen ist, sei dies nun die Phantomleiblichkeit, sein Ätherleib oder sein Seelisch-Geistiges, auf jeden Fall sind Brot und Wein bereits Leib und Blut Christi. Nun spricht man trotzdem in bezug auf den Kultus von einer Wandlung des Brotes und des Weines in Leib und Blut Christi. Wir haben diese Frage schon zweimal in den FLENSBURGER HEFTEN gestellt (Nr.14, S.85 ff. und Nr.22, S.70 ff.), was sich denn nun in Leib und Blut Christi verwandelt, wenn sie dies doch schon sind. Was kommt bei der Wandlung im Kultus noch hinzu?

W. Gädeke: Ganz offensichtlich kann der Christus als göttliches Schöpferwesen noch ganz andere Kräfte in die Erdenentwicklung hineinlenken als dies damals bei und nach dem Mysterium von Golgatha möglich gewesen ist, und zwar dann, wenn der Mensch im Sinne des Kultus bewußt darum bittet. Ich möchte einmal einen ganz einfachen menschlichen Vergleich nehmen: Ich stehe im Arbeitsleben und tue dort meine Pflicht, vielleicht gegenüber einem Menschen. Nun merkt aber derjenige, demgegenüber ich die Pflicht erfüllt habe, daß im Grunde von mir noch mehr hätte kommen können als die bloße Pflichterfüllung. Er bittet mich zum Beispiel um etwas, dann kann ich mehr tun. Ähnlich stelle ich es mir auch im Kultus vor, daß dadurch, daß sich Menschen bewußt bittend an Christus wenden, er noch andere Kräfte seines Wesens, andere Kräfte seiner Seele und seines Geistes mit Brot und Wein verbinden kann als er von Natur schon mit den Erdenatomen verbunden hat.

Das scheint sich mir auch in dem auszudrücken, was Rudolf Steiner im Pastoral-Medizinischen Kurs gesagt hat, wo er von den Sonnenkräften spricht, die über die Wahrnehmung des Menschen in diesen hereinkommen, allerdings nur die physisch-ätherischen Sonnenkräfte. Weiter sagt er, daß beim Abendmahl die seelisch-geistigen Sonnenkräfte in den Menschen hereinkommen, also andere Kräfte der Sonne. Wenn man jetzt statt Sonne Christus sagt, was nicht ganz unberechtigt ist, dann kommen in die Erdenatome nicht nur die physisch-ätherischen Kräfte des Christus herein, die damals schon in die Erde eingezogen sind, sondern während des Kultus kommen nun zusätzlich die seelisch-geistigen Kräfte des Christus in Brot und Wein herein. So kann man die natürliche Wirkung des Christus seit dem Mysterium von Golgatha von der Wirkung, die nur durch das Sakrament geschehen kann, unterscheiden.

W.W.: Und diese höhere seelisch-geistige Wirkung geschieht nicht von selbst, sondern nur dadurch, daß sich Menschen geistig-bewußt mit diesem Geschehen verbinden!?

W. Gädeke: Richtig. Für mein Empfinden muß dies nicht nur auf religiösem Wege geschehen. Man muß die Christuswesenheit so groß und reich denken, daß es ganz verschiedene Kräfte- und Wesensbereiche in ihm selber gibt, die auf ganz verschiedenen Wegen der Menschheit und der Erde zugute kommen können.

Das Wandlungsgeschehen muß bewußt durchdacht werden

W.W.: Was mich erstaunt, ist, daß ich diese Fragestellung noch nirgendwo außer in den FLENSBURGER HEFTEN gelesen habe, obwohl es doch das zentralste Geschehen der Christengemeinschaft ist. Wie kommt das?

W. Gädeke: Ich muß ehrlich zugestehen, daß ich die Literatur der Christengemeinschaft nicht so auswendig kenne, daß ich das bestätigen könnte. Ich glaube schon, daß das irgendwo vorkommt. Nur, es steht natürlich nicht so sehr im Mittelpunkt der Verkündigung, das kann schon sein. Letztlich beurteilen kann ich es nicht, gefühlsmäßig würde ich Ihnen zustimmen, daß es zu wenig im Mittelpunkt der Erkenntnisauseinandersetzung steht.

W.W.: Nun wird aber auch im Rahmen der Christengemeinschaft ständig von der Umwandlung des Brotes und Weines in Leib und Blut Christi gesprochen. Ohne diese von uns jetzt durchgeführten weiteren Erklärungsversuche klingt das für mich nur wie eine hohle und leere Formel, mit der ich nichts anfangen kann, aber nur so wird es immer im Rahmen der Christengemeinschaft ausgesprochen. Ich kann mir nun aber nicht vorstellen, daß ich so außerordentlich anders als alle anderen Menschen bin, und meine deshalb, daß es den meisten nicht anders geht, also daß sie dies auch nur als eine leere Formel erfassen. Man wird bezüglich des zentralsten Ereignisses in breiten Schichten der Mitglieder der Christengemeinschaft kein Verständnis finden können, sondern maximal lediglich einen mehr oder weniger dumpfen Glauben. Wenn es aber darauf ankommt, daß diese höheren Wandlungskräfte des Christus, seine geistig-seelischen Wirkungen, nur dann von ihm gegeben werden, wenn sich die Menschen bewußt mit diesem Geschehen verbinden, dann ist es bitter notwendig, daß man diesen Vorgang erkenntnismäßig durchdenkt.

W. Gädeke: Aber sicher. Die Weihehandlung ruft ja sogar selbst dazu auf, daß wir diese Vorgänge in unser Denken aufnehmen sollen, und das wird genau an diesem entscheidenden Punkt während des Wandlungs-Teiles ausgesprochen.

W.W.: Aber die Erkenntnis dieser Vorgänge wird doch viel zu wenig geleistet. Weiß denn die Mehrzahl der Pfarrer und der Teilnehmer an der Weihehandlung überhaupt, was dort geschieht?

W. Gädeke: Ich habe mich immer darum bemüht, und ich setze voraus, daß dies bei Mitgliedsaufnahmen ausgesprochen wird. Aber – und deswegen ist es gut, daß Sie dies so dezidiert herausgreifen – es muß auch die Frage danach deutlicher formuliert werden. Wir Pfarrer müssen auch dazu herausgefordert werden, sonst kann es leicht geschehen, daß man aus Scheu oder anderen Gründen diese Dinge nicht anspricht. Aber ich sehe es genauso wie Sie, daß die angeschnittene Problematik eine ganz zentrale Aufgabe der Christengemeinschaft ist, diese Fragen mit Bewußtsein und Verständnis immer weiter zu durchdringen.

W.W.: Die Aufforderung während der Weihehandlung, das Wandlungsgeschehen in unser Denken aufzunehmen, wird doch nach der dreimaligen Kreuzschlagung über Brot und Wein ausgesprochen?

W. Gädeke: Ja, kurz danach, auf jeden Fall ist auf den gesamten Vorgang dieser Einsetzungsworte hingewiesen. Dieser Satz hat also eine ganz zentrale Stellung. Es ist eine leichte Metamorphose dessen, was im Lukas-Evangelium ausgesagt wird: „Tuet dies zu meiner Anamnesis, zu meiner Erinnerung." Der Begriff Erinnerung ist aber zu schwach, denn das wäre nur ein Vorstellungsakt. Deswegen übersetzt Emil Bock: „macht mein Wesen in eurem Inneren lebendig." Eine andere Übersetzung lautet: „tuet dies zu meiner Vergegenwärtigung." Das ist die Metamorphose dieses Wortes. In der Weihehandlung kommt übrigens erstmalig in einem christlichen Kultus das Wort Denken vor. Es ist also in jeder Hinsicht eine ganz zentrale Stelle, ein ganz herausgehobener Aufruf, dieses Wandlungsgeschehen in das eigene Denken aufzunehmen.

Rollentausch

W.W.: Warum macht man es sich in der Christengemeinschaft nicht weltweit zur Aufgabe, den Christengemeinschafts-Mitgliedern diese Vorgänge angesichts der Bedeutung des Kultus für die geistige und sinnliche Welt immer wieder ganz klarzumachen? Wäre das nicht wesentlich sinnvoller als irgendwelche Volkstänze zu hüpfen?

K.-D.N.: Das ist doch nur wieder Ihre Einseitigkeit, Herr Weirauch! Versuchen Sie doch mal beides!

W. Gädeke: Sie sollten doch mal ein wenig Volkstanz machen, Herr Weirauch!

K.-D.N.: Sie machen Volkstanz, Herr Weirauch, und die Volkstänzer beschäftigen sich mit den Fragen der Wandlung, das wäre doch das Optimale!

VII. GEISTIGE WESEN IM KULTUS

W.W.: Fast sämtliche Arten geistiger Wesenheiten wirken im Kultus mit. Um das schrittweise zu verdeutlichen, beginne ich mit der zeremoniellen Magie, bei der man durch verschiedene Handgriffe auf dem Astralplan geistige Wesenheiten – Elementarwesenheiten – erzeugt. Hierzu ein Zitat von Rudolf Steiner:

Zeremonielle Magie

„Wir bevölkern den Astralplan fortwährend mit Wesenheiten, indem wir dies oder jenes tun. Denken wir uns diesen Gedanken klar aus, dann haben wir den Sinn der kirchlichen Zeremonie: nämlich nicht beliebige Dinge vorzunehmen auf dem physischen Plan, sondern solche, die sinnvoll sind, wodurch sinnvolle Wesenheiten auf dem Astralplan entstehen. Wenn man zum Beispiel mit Weihrauch räuchert, macht man etwas Planvolles; man verbrennt bestimmte Stoffe und schafft Wesenheiten von einer bestimmten Sorte. Wenn man ein Schwert nach vier Seiten durch die Luft führt, schafft man ein bestimmtes Wesen. Ebenso der Priester, wenn er bestimmte Handbewegungen macht bei bestimmten Lauten, wie zum Beispiel bei o, i, u, verstärkt durch die Wiederholung: Dominus vobiscum. Der Klang ist regelmäßig angeordnet, die Luft wird in bestimmte Erschütterungen gebracht, die dadurch verstärkt werden, daß man bestimmte Handbewegungen macht, und es wird eine Sylphe hervorgerufen. Auch

Zeichen, Griff und Wort der Freimaurer bringen bestimmte Gebilde hervor, die eine Gesetzmäßigkeit in der physischen Welt ausdrücken. Durch planvolles Gebrauchen dieser Worte schafft man ein Band vom einen zum anderen, man hüllt sich ein in eine astrale Materie, die durch Zeichen, Griff und Wort geschaffen worden ist.

Der Mensch tut das alles natürlich auch im gewöhnlichen Leben fortwährend, aber da tut er es unsystematisch, er schafft sich widersprechende Wesenheiten. Die Kunst besteht darin, vom physischen Plan auf höhere harmonisch hinaufzuwirken. In den Kultuszeremonien sollen durch bestimmte Handlungen nicht widersprechende, sondern harmonische Wesenheiten erschaffen werden. Der Mensch ist zunächst nicht imstande, diese Dinge in Harmonie zu bringen. Aber für alles, was der Mensch so schafft auf dem Astralplan, gibt es gewisse dirigierende Wesenheiten." (Rudolf Steiner: Grundelemente der Esoterik. GA 93a, Dornach 1976, 30.10.1909, S.219 f.)

Können Sie sagen, auf welche Weise diese Elementarwesen geschaffen werden; werden sie erlöst, entstehen sie neu oder sind sie bereits vorhanden und werden nur hereingerufen?

W. Gädeke: In dieser Textstelle klingt es so, als würden die Elementarwesen neu geschaffen, und zwar durch alle Tätigkeit der Menschen. Andere Elementarwesen entstehen natürlich durch Abschnürungen. Allerdings ist es die Frage, ob die Tätigkeit des Menschen darin besteht, von höheren Hierarchien etwas abzuschnüren, so daß diese Elementarwesen dadurch entstehen können. Jedenfalls scheint es mir an dieser Stelle wichtig zu sein, daß die Götter sozusagen ein Nachsehen mit dem Menschen haben, daß er noch nicht in allen seinen Tätigkeiten sinnvolle und harmonische Wesenheiten schaffen kann, sondern auch widersprechende. Aber wenigstens auf dem Felde des Kultus, der kultischen Magie kann und soll es geschehen, daß der Mensch harmonische Elementarwesen erzeugt, und dafür sind die Formen des Kultus auch vorgesehen, die haben wir uns nicht ausgedacht. Würden wir es alles aus unserem geistigen Vermögen vollziehen, dann kämen wir noch nicht so weit, eines Tages aber wird es kommen müssen.

Der Grundriß einer neuen Welt entsteht wesenhaft

W.W.: Es gibt ja die Aussage in GA 216, auf die Sie eben auch schon angesprochen haben, daß bei jeder menschlichen Verrichtung Elementarwesen entstehen, die einzig harmonischen aber nur während des Kultus erzeugt werden, die dann für den Jupiterzustand der Erde bestehen bleiben, während die Materie zerstiebt. Sind das noch andere Elementarwesen?

W. Gädeke: Er sagt dort, daß durch den Kultus harmonische Elementarwesen gebildet werden, die den Grundrißplan des Neuen Jerusalem, des Jupiterzustandes der Erde, bilden werden. Die Grundidee des Jupiters entsteht dadurch wesenhaft. Durch diese Art von Elementarwesen bildet sich eine Art Fundament einer neuen Welt. Natürlich gibt es auch Widersacher-Elementarwesen, aber die Art, die durch den Kultus entsteht, ist sozusagen konstitutiv für den Jupiterzustand.

Es besteht übrigens ein Unterschied zwischen den beiden erwähnten Vorträgen: In GA 93a spricht er noch allgemein von der Erzeugung von Elementarwesen, während er in GA 216 bereits von dem christlichen Kultus spricht, durch den diese harmonischen Elementarwesen, die dann den Grundriß des Jupiters bilden werden, geschaffen werden. Freimaurerkulte, bei denen auch Elementarwesen entstehen, müssen nicht christlich sein. Die Frage, die sich mir stellt, ist, ob die harmonischen Elementarwesen, die auch den Grundriß des Jupiters bilden werden, in jedem Ritus geschaffen werden können. Selbstverständlich gibt es auch Wesenheiten, die sich mit Kultformen verbinden, die längst überlebt sind, aber dann entstehen rückschrittliche Elementarwesen. Deswegen denke ich, daß nur die im christlichen Kultus entstehenden harmonischen Elementarwesen letztlich den Grundriß des Jupiters bilden können. Wenn man heute zum Beispiel einen ägyptischen Mumienkult nachahmt, so werden daraus folgend sicherlich keine harmonischen Elementarwesen entstehen, die den Grundriß des Jupiters mit aufbauen helfen. Denn es ist etwas anderes, wenn ich diese Kultusform heute zelebriere, als wenn ich sie vor 3000 Jahren zelebriert hätte. Insofern ist der Evolutionsaspekt nicht herauszulassen.

W.W.: Würden Sie denn von christlichen Elementarwesen sprechen, die durch die Menschenweihehandlung oder andere christliche Kultusformen entstehen?

W. Gädeke: Ja.

W.W.: Was ist denn an denen christlich?

W. Gädeke: Sie entstehen im Zusammenhang mit dem christlichen Kultus, während eines Sakramentes, während sich die Menschen mit dem Christuswesen verbinden. Es gibt auch andere geistige Wesenheiten, zum Beispiel Engel, die nicht von vornherein christlich sind, sondern erst christlich werden müssen. Dies gilt besonders für die Wesen der dritten Hierarchie, die mit den Menschen sehr stark in Verbindung sind.

W.W.: Es ist einleuchtend, daß diese Elementarwesen durch den christlichen Kultus entstehen, trotzdem ist es mir nicht klar, was an ihnen christlich ist, genausowenig wie man davon sprechen kann, daß der Weihrauch-Rauch, der im Kultus entsteht, christlich ist. Das wäre ja Unsinn.

W. Gädeke: Der Rauch entsteht im Zusammenhang mit dem christlichen Kultus, und der Christusname wird in den Rauch hineingesprochen.

W.W.: Trotzdem ist die Christwerdung, zumindest beim Menschen, für mich nicht ohne Bewußtsein denkbar. Der Mensch muß darüber nachdenken und sich letztendlich aktiv in den Christwerdungsprozeß hineinstellen. Das tun die Elementarwesen aber nicht.

W. Gädeke: Nein, denn sie sind kein handelndes Subjekt, sondern werden nur in einem christlichen Kultus erzeugt. Ich denke, daß es ausreicht, sie als christlich zu bezeichnen, weil sie in einem christlichen Kultus geschaffen worden sind.

K.-D.N.: Könnte man sagen, daß es ihnen als Gesetz ihres Wesens eingeprägt wird, so daß sie nach dieser Prägung handeln oder sein müssen?

W. Gädeke: Genau.

Der Mensch kann die verzauberten Elementarwesen erlösen

W.W.: Rudolf Steiner spricht von der Verdichtung der Erde und wie bei diesem Verdichtungsvorgang Elementarwesen in die Materie verzaubert werden. Indem Wärme entsteht, entsteht Licht als ein Höheres, Rauch als ein Dichteres, und in das Dichtere werden Elementarwesen verzaubert:

„Blicken wir also jetzt in unsere Umwelt, sehen wir uns an die festen Steine, die Ströme von Wasser, welche hinrinnen, sehen wir das, was an Wasser verdunstet, als Nebel emporsteigt, sehen wir die Luft, sehen wir alles Feste, Flüssige, Luftförmige und Feuer: so haben wir im Grunde nichts als Feuer. Alles ist Feuer, nur eben verdichtetes Feuer. Gold, Silber, Kupfer ist verdichtetes Feuer. Alles war einstmals Feuer, alles ist aus dem Feuer geboren – aber in all diesem Verdichteten überall ein Geistiges, das darin verzaubert ruht!

Womit erreichen es also die geistig-göttlichen Wesenheiten, die um uns herum sind, daß, wie es auf unserem Planeten ist, ein Festes entsteht, daß ein Flüssiges, ein Luftförmiges entsteht? Sie schicken ihre Elementargeister, die im Feuer leben, hinunter, sie sperren sie ein in Luft, Wasser und Erde. Das sind die Boten, die Elementarboten der geistigen schöpferischen Bildnerwesen. Erst hat man diese Elementargeister im Feuer. Im Feuer fühlen sie sich, wenn wir bildlich sprechen, noch wohl, und nun werden sie sozusagen verdammt, in Verzauberung zu leben. Und wir blicken um uns herum und sagen uns: Diese Wesenheiten, denen wir alles das verdanken, was um uns herum ist, sie haben aus dem Elemente des Feuers heruntersteigen müssen, sie sind in den Dingen verzaubert.

Können wir als Menschen für diese Elementargeister etwas tun? ... Können wir etwas tun, um das, was da verzaubert ist, zu erlösen? Ja, wir können etwas tun! Denn das, was wir Menschen tun hier in der physischen Welt, ist auch nichts anderes als der äußere Ausdruck geistiger Prozesse. Alles, was wir tun, hat zu gleicher Zeit seine Bedeutung in der geistigen Welt. Nehmen wir einmal folgendes an: Ein Mensch steht gegenüber irgendeinem, sagen wir, Bergkristall oder einem Stück Gold oder dergleichen. Er schaut das an. Was geschieht, wenn ein Mensch einfach anglotzt, anschaut mit seinem sinnlichen Auge irgendeinen äußeren Gegenstand, was geschieht da? Da ist ein fortwährendes Wechselspiel zwischen dem verzauberten Elementargeist und dem Menschen. Dasjenige, was da in der Materie drinnen verzaubert ist, und der Mensch, sie haben etwas miteinander zu tun. Nehmen wir nun an, der Mensch glotzt nur den Gegenstand an, so daß ihm nur auffällt, was ans Auge herandringt; da geht immer etwas von diesen Elementarwesen in den Menschen herein. Fortwährend geht etwas von den verzauberten Elementarwesen in den Menschen herein, von früh bis abends. Indem Sie wahrnehmen, geht von Ihrer Umgebung fortwährend eine Schar von Elementarwesenheiten, die verzaubert war und die fortwährend verzaubert wird durch die Verdichtungsprozesse der Welt, fortwährend geht eine solche Schar von Wesenheiten in Sie hinein. Nehmen wir nun einmal an, der Mensch, der so die Gegenstände anglotzt, hätte gar nicht die Neigung, nachzudenken über die Gegenstände, in seiner Seele irgend etwas leben zu lassen vom Geist der Dinge. Er macht sich's bequem, geht nur so durch die Welt, verarbeitet es aber geistig nicht, nicht mit Ideen, nicht mit Gefühlen, mit gar nichts, er bleibt sozusagen ein bloßer Anschauer dessen, was ihm materiell in der Welt entgegentritt. Da gehen diese Elementargeister in ihn herein und sitzen nun in ihm, sind in ihm drinnen und haben nichts anderes gewonnen im Weltprozeß, als daß sie hereingestiegen sind aus der Außenwelt in den Menschen. Nehmen wir aber an, der Mensch sei ein solcher, der die Eindrücke der Außenwelt geistig verarbeitet, der mit seinen Ideen, Begriffen sich Vorstellungen macht über die geistigen Grundlagen der Welt, der also ein Stück Metall nicht einfach anglotzt, sondern über das Wesen nachdenkt, die Schönheit der Sache nachfühlt, der seinen Eindruck vergeistigt; was tut der? Der erlöst durch seinen eigenen geistigen Prozeß das Elementarwesen, das überströmt von der Außenwelt zu ihm; der hebt es herauf zu dem, was es war, der befreit das Elementarwesen aus seiner Verzauberung. So können wir durch unsere eigene Vergeistigung diejenigen Wesenheiten, die in Luft, Wasser und Erde verzaubert sind, wir können sie entweder einsperren in unser Inneres, ohne sie zu verändern, oder aber wir können sie dadurch, daß wir uns selber immer mehr und mehr vergeistigen, befreien, erlösen, sie wiederum zu ihrem Elemente zurückführen. Sein ganzes Leben hindurch auf der Erde läßt der Mensch aus der Außenwelt Elementargeister in sich hereinfließen. In demselben Maße, in dem er die Dinge bloß anglotzt, in demselben Maße läßt er diese Geister einfach in sich hineinwandern und verändert sie nicht; in demselben Maße, in dem er die Dinge der Außenwelt in seinem Geist zu verarbeiten sucht durch Ideen, Begriffe, Gefühle der Schönheit und so weiter, in demselben Maße erlöst und befreit er diese geistigen Elementarwesen." (Rudolf Steiner: Geistige Hierarchien und ihre Widerspiegelung in der physischen Welt. GA 110, Dornach 1972, 12.04.1909, S.32 ff.)

Ist dies nicht auch eine Materieverwandlung auf kleinerer Stufe, zumindest eine Vergeistigung, wenn der Mensch durch Ideen und Gefühle der Schönheit diese Elementarwesen erlöst?

W. Gädeke: Sicher. Allerdings ist das, was Rudolf Steiner hier darstellt, ein Vorgang, der sich auf dem Felde des Erkenntnisprozesses abspielt, denn es geht um die Wahrnehmung, durch die die Elementarwesen in den Menschen überströmen, ferner handelt es sich darum, daß sich der Mensch durch seine Gefühle und seine Gedanken dessen bewußt wird. Der Mensch muß also die andere Seite der Naturwirklichkeit, die ideelle, mit hinzudenken. Das ist ein gutes Beispiel dafür, daß andere Elementarwesen – nicht die harmonischen, die durch den Kultus hervorgerufen werden –, also diejenigen, die in der Natur verzaubert sind, auch erlöst und vergeistigt werden können, aber auf dem Wege der Erkenntnis, der auch ein Kultus ist, ein Gottesdienst, aber kein religiöser.

W.W.: Welcher der sieben Kultusarten würden Sie denn diesen Kultus zuordnen?

W. Gädeke: Dem Erkenntniskultus, es handelt sich hier um die geistige Kommunion. Man führt einen Erkenntnisakt so durch, daß das Gewahrwerden der Idee in der Wirklichkeit, die wahre Kommunion des Menschen, zum Tragen kommt. Das ist für mich ein Teilaspekt dessen, was geistige Kommunion ist.

W.W.: Das ist im Grunde eine sehr elementare Stufe, die jeder Mensch ohne weiteres durchführen kann.

W. Gädeke: Die auch in jedem Moment geschieht, wenn ich mich einem Naturgegenstand liebevoll und erkennend zuwende. Natürlich gibt es hier verschiedene Stufen und Grade, aber es beginnt mit der einfachen Naturerkenntnis.

W.W.: Rudolf Steiner schildert in dem verlesenen Text, daß ständig Elementarwesen in den Menschen hinüberströmen. Wie kann man denn das eigentlich verstehen, sind unendlich viele Elementarwesen in der Natur? Da glotzen Generationen von Menschen eine alte Eiche an, oder auch einen Berg, und immer wieder gehen die

Elementarwesen zu Scharen in die Menschen hinein. Wie viele sind denn in so einer alten Eiche verzaubert?

Vor der alten Eiche

W. Gädeke: Ich verstehe diese Stelle so, daß dieses Überströmen in jeder Wahrnehmung geschieht, und da stellt sich die Frage, ob unsere Begriffe und Quantitäten von Zahlen darauf überhaupt noch anzuwenden sind. Ich kann mir nicht vorstellen, daß, wenn wir uns mit Zehntausenden vor eine alte Eiche stellen, sie dann ausgelutscht ist.

W.W.: Trotzdem ist ein Elementarwesen ein konkretes Wesen, und deshalb muß eine Menge von Elementarwesen auch in Zahlen zu messen sein. Und wenn wir vier vor einer alten Eiche stehen, so gehen ganz konkrete, auch mit Zahlen zu erfassende Elementarwesen in uns hinein, sie bleiben in uns und werden nach unserem Tode erlöst bzw. nicht erlöst, je nachdem, wie wir die alte Eiche betrachtet haben.

W. Gädeke: Vielleicht ist das der Grund, warum Bäume und andere lebendige Naturgegenstände eines Tages sterben, aber ich kann letztendlich darauf keine Antwort geben.

W.W.: Man kann die Frage auch umgekehrt stellen: Wie viele Elementarwesen gehen denn in einen Menschen hinein? Es muß ja ein Billionenheer von Elementarwesen in jedem Menschen vorhanden sein!

W. Gädeke: Das kennen Sie sicherlich auch, wenn man eine Zeit nur in der Wahrnehmung lebt, so wird man irgendwie stumpf, wenn man nur glotzt. Ich könnte mir vorstellen, daß allein die Tatsache, daß ich mit Freude oder einer gewissen Liebe auf eine grüne Wiese schaue, ohne daß es ein Erkenntnisvorgang sein muß, aber wenigstens ein Seelenvorgang, etwas anderes im Menschen bewirkt, als wenn ich nur die Natur anglotzen würde. Es ist bestimmt ein Unterschied, ob man mit erlösten oder unerlösten Elementarwesen angefüllt ist. Natürlich sind wir alle durchsetzt von Elementargeistigkeit, und das kann man auch erleben, denn wir sind oftmals nicht Herr im Haus.

W.W.: Hinzu kommt noch, daß diese eben angesprochenen Elementarwesen noch lange nicht die einzigen sind, wenn man nur an diejenigen denkt, die durch die eigenen Gefühle des Zorns oder der Lügenhaftigkeit usw. usf. erzeugt werden.

W. Gädeke: Die Elementarwesen sind natürlich nicht so sehr in der Zahl unterschieden wie wir vier, die wir hier mit je einem physischen Leib in diesem Raum sitzen. Vielleicht sind die Elementarwesen nicht in diesem Sinne einzeln, vielleicht kann man sie deswegen auch nicht so einzeln zählen wie die Dinge der räumlichen Welt. Trotzdem bleibt es ein Rätsel. Gefühlsmäßig möchte ich allerdings sagen, daß die unerlösten Elementarwesen, die durch das Anglotzen der Natur in einen hineinschlüpfen, einen zu einer Art Naturwesen machen; je mehr man sich aber der Natur mit Freude, klaren Gedanken und Interesse zuwendet, desto menschlicher wird es, was in einem von der Natur bleibt.

W.W.: Rudolf Steiner sagt in diesem Vortrag weiter über die Elementarwesen: Der Mensch ist für sie ein Durchgangspunkt, die unerlösten haben nach seinem Tode nichts gewonnen, aber die erlösten sind frei. Wenn Rauch erzeugt wird, so werden

Elementarwesen in diesen hineinverzaubert. Im Kultus wird auch Rauch erzeugt, wird dieser aber durch Gebete begleitet, so können die Elementarwesen trotzdem erlöst werden. Ich frage mich, ob das wirklich so ist, wenn der Mensch davon nichts wissend im Kultus sitzt und den Rauch ebenfalls nur anglotzt.

Gebete, die den Rauch begleiten

W. Gädeke: Das ist die grundsätzliche Frage des Grades des Bewußtseins der beteiligten Mitfeiernden. Dazu kann ich nur sagen, daß alles getan werden muß, daß das Bewußtsein für die Wichtigkeit dieses Vorgangs bei möglichst vielen Beteiligten wachgerufen wird, und die Hoffnung ist eben, daß mindestens einer der Kultusteilnehmer dieses Bewußtsein aufrechterhält. Gerade darin sehe ich eine Begründung dafür, daß ein Kultus in Gemeinsamkeit vollzogen wird, weil sich die einzelne Bemühung mit der anderen nicht addiert, sondern potenziert. In diesem Sinne kann der eine oder andere durchaus auch mal glotzen, wenn andere neben ihm das Bewußtsein aufrechterhalten. Man merkt es auch, daß es anders ist, wenn 190 Menschen im Kultus sitzen, als wenn nur zehn daran teilnehmen.

Die Garantie, daß ein Vorgang sich in einer gewissen Stärke vollzieht, ist um so größer, je stärker dieses wache Gefühls- und Gedankennetz unter den Menschen vorhanden ist. Natürlich ist es eine unselige Diskussion, wenn man die Grenzen abklopft, ob die Transsubstantiation stattgefunden hat, wenn zum Beispiel nur ein Teilnehmer anwesend war, denn dann kommt man in die schon immer im Katholizismus vorhandene Diskussion, was denn mindestens passieren müsse. Als ob man derartige Minimalforderungen mit dem normalen Bewußtsein überhaupt beurteilen könnte! Wie weit nimmt zum Beispiel die geistige Welt den guten Willen von demjenigen wahr, der wegen starker arbeitsmäßiger Überanstrengung während der Weihehandlung einschläft?

W.W.: In Lukas 1, 8–13 heißt es:

„Als einmal innerhalb seiner Gruppe die Reihe an Zacharias kam, vor Gottes Antlitz den Dienst am Altare zu verrichten, ging er nach priesterlichem Brauch zur Darbringung des Rauchopfers in den Tempel des Herrn, während die Menge des Volkes draußen die Stunde der Räucherung mit ihrem Gebet begleitete. Da schaute er den Engel des Herrn, an der rechten Seite des Altares stehend, von dem der Rauch emporstieg. Der Anblick erschütterte Zacharias; das Bewußtsein der Geist-Nähe legte sich schwer auf seine Seele. Aber der Engel sprach zu ihm: Fürchte dich nicht, Zacharias. Dein Flehen hat Erhörung gefunden; dein Weib Elisabeth wird einen Sohn gebären, und du sollst ihm den Namen Johannes geben."

Hier findet auch eine Räucherung statt, und die Menschen begleiten sie durch Gebete. Bedeutet die Tatsache, daß der Engel an der rechten Altarseite steht, daß er etwas mitteilen will?

W. Gädeke: Wenn die Menschen einen Kultus zelebrieren, so nehmen sie am Kultus der Engel teil, zumindest ist das ein Bild, das sich aus der Offenbarung des Johannes ergibt, wo in vielen verschiedenen Stufen der himmlische Kultus, die Tätigkeit der Hierarchien gegenüber der Trinität, in bildhafter Form geschildert wird. Und dort heißt es auch, daß die Menschen allmählich in diesen Kultus mit einstimmen. Der Mensch wird also sozusagen allmählich zum Mittäter.

So verstehe ich auch den irdischen Kultus: Was dem Kultus entspricht, tun die Engel sowieso, und die Menschen gliedern sich sozusagen von unten her ein. Das verlesene Beispiel von Zacharias zeigt eigentlich nur, daß der Kultus die Gelegenheit sein kann, durch die Menschen eine realere Berührung mit geistigen Wesen haben können als sonst, denn sie wenden sich ihnen grundsätzlich zu. Am Beispiel des Zacharias sieht man, daß auch ein ganz besonderer Grund vorlag, ihm zu erscheinen, denn er ist ihm ja nicht jedesmal erschienen, sondern es war eine ganz besondere Schicksalsgegebenheit, die der Engel ihm ankündigte, damit er diese mit seinem Bewußtsein begleiten könne. Denn es sollte etwas geschehen, was eigentlich nicht mehr geschehen konnte. Insofern war es eine außergewöhnliche Engelerscheinung.

Ob das nun mit der rechten Altarseite so wesentlich ist, weiß ich nicht. Es gibt sicherlich Menschen, die über rechts und links im Kultus sehr viel mehr sagen können. Im jüdischen Tempel war die Richtung des Sprechens und Handelns des Priesters nach Westen zu. Das bedeutet, daß der Engel auf der Nordseite erschien. Heute vollziehen wir den Kultus nach Osten zu, und die Verkündigungsseite, die linke, dort wo die Engel uns etwas sagen, wo das Evangelium gelesen wird, ist auch die Nordseite. Aber inwieweit das mit rechts und links zu tun hat, weiß ich nicht.

Die Engel schauen durch die Seele des Menschen hindurch

W.W.: Wie auch immer die Engel am Kultus teilnehmen, jeder Mensch hat einen Engel, und dieser wird allein dadurch am Kultus teilnehmen, daß der Mensch den Kultus besucht. Was nehmen die Engel wahr: die Worte, die im Kultus gesprochen werden, die vollzogene Gestik oder die Gedanken- und Gemütsbewegungen der Menschen?

W. Gädeke: Ich denke, daß sie darauf angewiesen sind, was seelisch vorgeht, also daß sie nichts Physisches wahrnehmen können. Ihre Wahrnehmungsfähigkeit betrifft nicht das Physische. Allerdings ist es so, daß sie durch die Seele des Menschen hindurch auch in gewissem Sinne auf das Physische schauen können, so wie im zweiten Teil des Faust die Knaben durch die Augen des Pater Seraphicus schauen dürfen, was einer indirekten Wahrnehmung gleichkommt. Insofern denke ich, daß die Engel auch durch die Wahrnehmung über die Seelen- und Gedankenregungen der Menschen etwas von der sinnlichen Seite des Kultus mitbekommen.

W.W.: Während der dritten Weihnachts-Weihehandlung werden sämtliche Engelhierarchien angesprochen. Wirken diese in der Weihehandlung mit?

W. Gädeke: Das ist etwas, was an das bisher Ausgeführte anschließt, denn dieser Hymnus steht in einer gewissen Verwandtschaft zum Sanctus der alten Messe, wo dreimal „heilig“ ausgerufen wird. Dieses Wort kommt auch in der Epistel zur Weihnachtszeit vor, ferner wird ausgesprochen, daß man in den Opfersang der Hierarchien einstimme.

Dieses Singen wird auch in der Apokalypse des Johannes immer wieder geschildert, in der es genau sieben Schilderungen des himmlischen Kultus gibt. Wenn man sie hintereinander betrachtet, so sieht man, wie sich dieser Vorgang zunehmend steigert, bis schließlich die Schilderung von den Menschen in den weißen Gewändern kommt, die vor dem Altare stehen und das neue Lied mitsingen. Im Bilde des Singens wird der Lobpreis, die Zuwendung aller Hierarchien zum dreieinigen Gott dargestellt. Das ist etwas, was meines Erachtens während jeder Weihehandlung geschieht, aber zu Weihnachten bewußt gemacht wird. Das Fenster wird auf diese Tatsache geöffnet.

Der Teufel im Kultus?

W.W.: Es werden während dieser Epistel zur Weihnachtszeit auch Luzifer und Ahriman erwähnt; das trügende Scheinlicht und die würdelose Sinnensucht. Inwieweit wird dadurch der Blick auf diese Widersachermächte gerichtet? Sind diese Wesenheiten etwa während der Weihehandlung in irgendeiner Form anwesend?

W. Gädeke: Dazu habe ich eine doppelte Empfindung: Wenn ich der Teufel wäre, so würde ich mich nicht in diesen Kultus hineinbegeben. Diese Atmosphäre kann nicht etwas sein, wo sich ein Widersacherwesen wohlfühlt. Auf der anderen Seite gibt es für den Teufel kein gefundeneres Fressen als eine betende Gemeinde. Das scheint sich zu widersprechen, aber man merkt es ja auch an sich selber, denn gerade dann, wenn man sich besonders dem Geistigen zuwenden will, kommen die Widerstände, bis in die Leiblichkeit hinein. Ich denke schon, daß die Widersachermächte es immer wieder versuchen, den Menschen von einer geistigen Tätigkeit abzubringen, aber ich glaube nicht, daß sie in den Vorgang des Kultus einsteigen können. Wenn die Widersachermächte die Menschen aber von der Kirche abhalten, dann nehmen sie auch nicht am Kultus teil.

W.W.: Aber wenn ein Mensch, der am Kultus teilnimmt, gedanklich ein Widersacherwesen hereinruft, ist dieses dann nicht zumindest in ihm anwesend?

W. Gädeke: Ja, dann wird es kritisch, und zwar dann, wenn der Mensch mit Bewußtsein etwas Negatives hereinruft. Ich könnte mir denken, daß das der Anfang einer schwarzen Messe sein kann. Eine ähnliche Formulierung von Rudolf Steiner gibt es auch dazu, daß es von dem Bewußtsein der Menschen abhinge, ob es eine weiße oder eine schwarze Messe wird. Die Form ist natürlich eine Grundgarantie dafür, daß es eine weiße Messe wird, aber das ist nicht ausreichend, denn wenn alle Teilnehmer plötzlich den Satan herbeirufen, oder dort, wo „Christus" gesagt wird, „Satan" denken, so glaube ich schon, daß das auch in eine andere Richtung gehen kann.

W.W.: Haben Sie schon einmal so etwas bemerkt?

W. Gädeke: Nein. Man merkt nur, daß von Menschen, die den Kultus nicht gewöhnt sind, völlig neu und unvorbereitet an ihm teilnehmen, Seelen- und Verhaltensarten in das Kultusgeschehen eingebracht werden, die dort nicht hineingehören. Neulich hatten wir gerade eine Trauung, da war die gesamte Verwandtschaft dabei, und man merkte eben, daß fast keiner auch nur die geringste Ahnung von dem Geschehen hatte.

Das riecht man beinahe schon. Wenn sich zum Beispiel die Damen zum Fest der Taufe oder Trauung entsprechend parfümieren – Sie kennen ja die Stellen von Rudolf

Steiner über die Wirkung von Parfüms –, dann stören sie den Kultus zwar nicht bewußt, aber es sind Störungen. Entsprechend unangenehm ist es, wenn die Frauen mit geschminkten Lippen zur Kommunion kommen. Aber das Wichtige ist immer die Intention, und diese Menschen tun es nicht mit einer negativen Intention. Sie sind nur abgelenkt oder lenken andere ab. Gerüche können sehr intensiv sein und einem schon die Konzentration nehmen. Wenn man eine Flasche Buttersäure in der Kirche auskippen würde, so kann man keine Weihehandlung mehr halten. Das sind dann unbewußte Möglichkeiten, wo Widersachermächte einwirken können, aber es ist kein direktes Teilnehmen am Kultus.

W.W.: Jede Gemeinde wird einen Gemeindeengel haben. Gibt es auch so etwas wie einen Gemeindedämon, also eine Wesenheit, die auf irgendeine Weise die schlechten Eigenschaften, Unvollkommenheiten, Versäumnisse, Streitereien einer Gemeinde verkörpert, vielleicht entsprechend dem Doppelgänger des Menschen?

W. Gädeke: Über diese Frage habe ich lange nachgedacht. Bei einem Gemeindeengel hat man ja den Eindruck, daß es sich um ein kontinuierliches Wesen handelt, das eigentlich schon vorher da ist, aber wartet, eine solche Aufgabe zu übernehmen, ähnlich wie die von Steiner beschriebenen neuen Gruppenseelen – also höhere Engel –, die auch darauf warten, sich mit einer Gruppe von Menschen zu verbinden. Ob es auch Dämonen gibt, die auf so etwas warten, ist mir eine Frage. Wenn man sich Widersachermächte vorstellt, die sich mästen, so weiß ich nicht, ob das jeweils nur ein Wesen ist, das kontinuierlich bleibt, denn es könnten Wesen sein, die nach und nach entstehen oder sich an gewissen Schlechtigkeiten der Menschen feistfressen. Dann wären es verschiedene Wesen, die vom Abfall der Menschen leben, aber nicht nur ein einziger Gemeindedämon.

W.W.: Aber Sie würden schon sagen, daß in einer Gemeinde so manche Dämonen herumwirbeln?

W. Gädeke: Vielleicht nicht unbedingt während des Kultusvollzuges, aber daß sie im Umkreis der Kirche herumlauern, kann ich mir schon vorstellen. Ich denke zwar, daß sie im einzelnen versuchen, die Menschen vom Kultus abzuziehen, den Kultus selbst aber fliehen müssen. Dahinter steht für mich allerdings auch die Frage, inwieweit das Negative, das die Menschen anziehen, durch den Kultus verwandelt wird. Gerade wenn man den Anfang der Opferung hört, wo über die Abirrungen, Verleugnungen und Schwächen der Menschen gesprochen wird, so geht es darum, daß man vor der geistigen Welt diese Dinge bekennt bzw. sich ihrer bewußt wird. Es kann sein, daß durch diese innere Bemühung das, was an Unvollkommenem und Doppelgängertum mitgebracht wird, wenigstens teilweise umgeschmolzen wird. Aber von einem bleibenden individuellen Gemeindedämon zu sprechen, ist meines Erachtens unsachgemäß, dafür finde ich auch im Neuen Testament oder bei Rudolf Steiner keinen Anhaltspunkt.

W.W.: Man könnte sich fragen, ob jedes Wesen ein Gegenbild hat, das könnte dann zu dem Gemeindeengel dieser Gemeindedämon sein.

W. Gädeke: Natürlich muß man mit dieser Frage umgehen. Rudolf Steiner spricht ja auch in den Vorträgen über die Apokalypse des Johannes von dem Sonnendämon, der ein Gegenbild zu dem Christuswesen ist. Insofern liegt das schon nahe.

VIII. KULTUS UND SEINE WIRKUNGEN AUF DIE GEISTIGE WELT, DIE STADT UND DEN MENSCHEN

W.W.: Die Wirkung des Kultus auf die Elementarwesen haben wir angeschaut, auf die Engel ebenfalls, auch die höheren Hierarchien haben wir angesprochen. Gibt es noch weitere Wirkungen der Menschenweihehandlung auf die geistige Welt?

W. Gädeke: Ich denke, daß die höheren Hierarchien darauf warten, daß die Menschen den Kultus feiern, und zwar aus Freiheit.

W.W.: Rudolf Steiner hat an einer Stelle auch ausgesprochen, daß anthroposophische Gedanken Licht für die höchste Hierarchie seien.

W. Gädeke: Hinzufügen kann man auch noch die Äußerung Rudolf Steiners, daß der Mensch die Religion der Götter sei. Das kann man so hören, daß die Existenz des Menschen das Ergebnis der fortgesetzten Tätigkeit der Hierarchien ist. Man kann es auch so hören, daß die Menschen durch das, was sie tun, im richtigen Sinne Gottesdienst vollbringen, den Göttern einen Dienst leisten. Man gibt den höheren Hierachien Kräfte, die sie sonst nicht zur Verfügung hätten. Das scheint mir ein sehr wichtiger Gedanke des Christentums zu sein, der heute in den weitesten Kreisen verschwunden ist, also daß es nicht nur um die eigene Seeligkeit geht, nicht nur um die Erlösung des Menschen, sondern auch darum, daß die gesamte Erdenentwicklung und die geistige Welt durch die Aktivität der Menschen weitergebracht wird.

Die Aura einer Stadt verändert sich

W.W.: Ich kenne eine Äußerung von Rudolf Steiner, leider weiß ich nicht mehr, wo sie steht, in der er in etwa äußert, daß man es an der Aura der Stadt sehe, wenn man mit dem Zug in diese Stadt hineinfahre, ob zwei oder drei Menschen an diesem Ort wirklich meditieren würden. Kann man auch von dem Kultus der Christengemeinschaft sagen, daß er auf die Aura einer Stadt Auswirkungen hat?

W. Gädeke: Das muß man auf jeden Fall voraussetzen. Für mich ist es nicht schwer, davon eine Empfindungsahnung zu bekommen, wenn man sich die Landschaft südlich des Limes vergegenwärtigt. In diesen Regionen ist seit dem 3. oder 4. Jahrhundert die christliche Messe gefeiert worden. Wenn man sich dagegen Schleswig-Holstein anschaut, so ist dort die Messe frühestens seit dem 10. Jahrhundert gefeiert worden, und im 16. Jahrhundert war es damit bereits wieder zu Ende. Statt 1.500 Jahre sind es hier nur 600 Jahre gewesen. Das klingt zwar ein wenig äußerlich, aber ich glaube, daß die Landschaft in Schleswig-Holstein weniger verchristlicht ist als im Süden. Beweisen kann ich es nicht, aber es ist eine Empfindung, die ich durchaus habe. Die Wirklichkeit des Kultus hat hier viel weniger an der Durchdringung der Natur mit bewußter christlicher Geistigkeit gewirkt.

Für eine einzelne Stadt kann ich das nicht so genau sagen, aber es wird seine Auswirkungen haben. Ich denke dabei an die Geschichte von Lots Auszug aus Sodom und Gomorrha, als Abraham mit Jahve feilschte, wie viele Gerechte denn in dieser Stadt leben müßten, damit sie nicht untergehe. Das geht in die Richtung, ob genügend

Geistigkeit in einer Stadt vorhanden ist, damit sich an der Aura geistig etwas ändert, sei es nun durch meditierende Menschen oder durch Menschen, die den Kultus bewußt mitfeiern. Deswegen kann ich es mir nicht anders vorstellen, daß ein Kultus, der mit Treue und Regelmäßigkeit zelebriert wird, seine Auswirkungen auf die Elementargeistigkeit der Natur, aber auch auf die Seelenhaftigkeit einer Stadt hat. Es gibt ja die altgriechische Vorstellung, daß jede Stadt ihren Gott habe, was auch in der Apokalypse des Johannes eine Rolle spielt. Wie weit das heute noch zutreffend ist, vermag ich nicht zu sagen.

Der Kultus regt das Denken an

W.W.: Wenn man einen Kultus richtig einrichte – so Rudolf Steiner –, dann wisse man, was man im sozialen Leben zu tun habe (GA 350, Dornach 1962, 11.09.1923, S.281). Meinen Sie, daß dies in der Christengemeinschaft durch den Kultus verwirklicht wird?

W. Gädeke: So schnell geschieht es natürlich nicht, denn in diesem Vortrag steht auch, daß durch die Teilnahme am Kultus ein Organ gebildet werde, das mit dem Kleinhirn zusammenhänge, und durch die Tätigkeit dieses Organes wisse man dann, was im sozialen Leben zu tun sei. Wenn man aber weiß, wie lange es dauert, ein Organ zu bilden, dann weiß man, daß man auf diese Auswirkungen noch warten muß. Ich denke nicht, daß man durch den Kultus sofort eine Wirkung auf das Handeln des Menschen im Sozialen wird wahrnehmen können.

W.W.: Verstehen Sie diese Stelle so, daß jeder einzelne Mensch anders im sozialen Leben drinnensteht, wenn er am Kultus teilnimmt, oder gilt das für die Christengemeinschaft als Ganze?

W. Gädeke: Ich denke, das betrifft jeden einzelnen Menschen.

W.W.: Dann müßte man aber dergleichen an den einzelnen Menschen wahrnehmen können, denn länger als ein Mensch lebt, kann sich bei ihm durch Kultusteilnahme kein Organ entwickeln.

W. Gädeke: Richtig, dann sollte man auch hoffen, daß er besser weiß, was er im sozialen Leben zu tun hat.

W.W.: Können Sie denn Rudolf Steiner in bezug auf diese Aussage beipflichten, haben Sie eigene Wahrnehmungen, daß langjährige Gemeindemitglieder anders im sozialen Leben drinnenstehen als andere Menschen?

W. Gädeke: Das ist natürlich sehr gefährlich, was ich jetzt sage, ich möchte es trotzdem aussprechen: Trotz aller Schwierigkeiten, die in der fünften nachatlantischen Kulturperiode wegen der Entwicklung der Bewußtseinsseele notwendig auftreten müssen – Steigerung des Egoismus, Entwicklung der antisozialen Triebe –, kann man meines Erachtens wahrnehmen, daß das soziale Leben innerhalb der Christengemeinschaft, sowohl innerhalb der Priesterschaft als auch in der Gemeinde, trotz aller Schwierigkeiten, die es auch da gibt, immer noch leichter zu ertragen ist als in anderen Gemeinschaften. Vielleicht hängt das mit der gemeinschaftsbildenden Kraft des Kultus zusammen und daß sich allmählich bei dem Menschen Organe bilden, daß man die jeweils anderen Menschen doch ertragen lernt.

W.W.: Vielleicht kommen in die Christengemeinschaft diejenigen Menschen, die eher in der Lage sind, andere Menschen sozial mitzutragen, oder auch diejenigen, die nicht so sehr den fruchtbaren oder unfruchtbaren Streit suchen, also die schlichteren Gemüter. Dann läge es nicht am Kultus.

W. Gädeke: Sie meinen, daß sich schlichtere Gemüter nicht so sehr streiten? Ich weiß nicht, ob das so stimmt. Auf jeden Fall geht es bei der von Rudolf Steiner angegebenen Zitatstelle um die Wirkung des Kultus selbst.

W.W.: Dann gibt es eine weitere Wirkung des Kultus: Nach Rudolf Steiners Worten aus einem der sogenannten Theologenzyklen regt der Kultus das Denken an. Irgendwie habe ich den Eindruck, daß dies bei vielen Menschen in der Christengemeinschaft nicht so ganz klappt. Teilen Sie diesen Eindruck?

W. Gädeke: Das ist natürlich sehr schwer zu beantworten, weil man nicht das Gegenteil beweisen kann. Daß ein Mensch, der lange Zeit am Kultus teilgenommen hat, dadurch in seiner Erkenntnismöglichkeit und seiner Erkenntnisbemühung und -sehnsucht gefördert und gesteigert wird, kann man erwarten, muß man aber offenlassen. Rudolf Steiner hat aber ausgesprochen, daß der Kultus die Frage nach der Erkenntnis heraufruft; die Anthroposophie gebe dem Menschen Geisterkenntnis, die Religion gebe ihm Geistbewußtsein. Das Geistbewußtsein führt durch sich selber zum Bedürfnis nach Geisterkenntnis, aber an einem konkreten Menschen darzustellen, daß er durch seine Kultusteilnahme besser denken kann, ist natürlich schwierig, weil man nicht die Gegenprobe machen kann.

W.W.: Wenn dem aber so wäre, dann wäre das ja die ideale Voraussetzung, alle die Fragen, die wir uns heute gestellt haben, zum Beispiel nach der Transsubstantiation, in allen Gemeinden denkend zu erarbeiten. Bloß dergleichen stelle ich kaum fest, eher das Gegenteil.

W. Gädeke: Ich glaube, daß Steiner damit etwas viel Grundsätzlicheres und Umfassenderes meint. Die Denkkraft als solche beruht ja auf den Kräften des Ätherleibes, die Ätherleiber werden aber schwächer, wenn sie nicht durch Religion genährt und gepflegt werden. Auf Dauer verdorren die Ätherleiber ohne Religion. Damit verdorrt auch die Denkkraft. So kann ich mir einen Zusammenhang denken, obwohl ich glaube, daß dies ein Prozeß von Jahrzehnten bzw. Jahrhunderten sein wird. So etwas wird nicht heute oder morgen erscheinen, wie überhaupt alle Wirkungen des religiösen Lebens sehr viel langfristiger zu sehen sind. Man wird auch nicht nach einmaligem Beten eine Wirkung verspüren können. Rudolf Steiner regt an, zehn Jahre in richtigem Sinne zu beten und sich dann zu fragen, wie dieses Leben nach zehn Jahren Beten im Gegensatz zu früher verlaufen ist.

Der gefährlichste Schlafplatz inmitten des Astralschlammes

W.W.: Im Zusammenhang mit der Gralssage spricht Rudolf Steiner davon, daß sich bei einer esoterischen Entwicklung der Astralleib vom Ätherleib und physischen Leib emanzipiere und so von anderen Astralleibern attackiert werden könne, so daß er sich schützen müsse. Während des Kultus werde nun auch der Astralleib befreit, und Rudolf Steiner fährt fort:

„In dem Augenblick, wo solch eine Religionsgemeinschaft einen Menschen aufnimmt, ist er inmitten von Imaginationen, die seinen astralischen Leib, während der Ritus auf ihn wirkt, befreien; wenigstens für kurze Augenblicke wird bis zu einem gewissen Grade der astralische Leib frei innerhalb irgendeines religiösen Ritus. Und je stärker der Ritus ist, je mehr er unterdrückt die Einflüsse des Äther- und physischen Leibes, je mehr er mit solchen Mitteln arbeitet, daß der astralische Leib emanzipiert wird, desto mehr wird während der entsprechenden Zeremonie der astralische Leib herausgelockt aus dem Äther- und physischen Leib. Es ist deshalb auch – verzeihen Sie den Ausdruck, es könnte scheinen, als ob ich den Ausdruck mit einem gewissen Spott gebrauchen würde, es ist aber kein Spott –, es ist deshalb nirgends so gefährlich zu schlafen als in der Kirche, weil im Schlafe ohnedies schon der astralische Leib sich trennt vom physischen und Ätherleib und weil das, was im Ritus vorgeht, eben sich einnistet in den astralischen Leib; denn er ist mit Hilfe von astralischen Leibern aus den höheren Welten herabgenommen. Also der sogenannte Kirchenschlaf, der ja in manchen Gegenden bei vielen eine sehr beliebte Sache ist, der sollte eigentlich vermieden werden.“ (Rudolf Steiner: Welche Bedeutung hat die okkulte Entwicklung des Menschen für seine Hüllen und sein Selbst? GA 145, Dornach 1976, 26.03.1913, S.127 f.)

Wenn ich mir überlege, welch Astralschlamm von allen mit mir im Kultus Sitzenden ausgeht, läuft es mir kalt den Rücken runter. Welchen Schutz vor dem Astralschlamm der anderen empfehlen Sie? Oder wird dieser Schutz erst dann nötig, wenn man wirklich einschläft?

W. Gädeke: Ich denke, daß letzteres der Fall ist, denn bei richtigem und wachem Mitvollzug des Kultus ruft dieser die positiven Kräfte des Astralleibes herauf: Hingabe, Demut, Dankbarkeit, Verehrung, Andacht. Er ruft also des Menschen bestes Teil hervor, und der Astralschlamm – das Bild ist gar nicht schlecht – sinkt nach unten ab, wenn es gut geht. Ich denke, daß eine christliche Gemeinde vor allem danach strebt, die positiven Seelenregungen der einzelnen Gemeindemitglieder aktiv hervorzuholen, und dann kann sich der Astralschlamm wie ein Sediment absetzen.

Auf der anderen Seite gibt es auch die Aussage von Rudolf Steiner in dem Zyklus über das Matthäus-Evangelium (GA 123), daß die Sünden und Vergehen der Menschen real von der christlichen Gemeinde aufgenommen und bewußt mitgetragen werden können. Das bedeutet aber nicht, daß jemand dem Priester seine Sünden beichtet, sondern daß sich die Gemeinde bewußt ist, daß sie die Verfehlungen des einzelnen in ihr Gesamtkarma mit aufnimmt. Das ist eine real wirkende karmaverändernde Kraft. Insofern kann man es auch sehr positiv sehen. Der Christ, der in eine Gemeinde strebt, ist bereit, im Sinne von „Einer trage des anderen Last“ den Astralschlamm des anderen mitzutragen, wenn sich derjenige bewußt ist, daß es Schlamm ist.

W.W.: Und wenn nicht?

W. Gädeke: Natürlich haben wir alle unseren Astralschlamm, aber es kommt darauf an, ob wir ihn richtig deponieren oder ob wir ihn aufwirbeln. Insofern kann das Beichtsakrament eine wesentliche Voraussetzung des Kultus sein, weil damit eine gewisse Kompostierung des Astralschlammes vorgenommen werden kann und soll. Natürlich kann man auch sagen – und vielleicht entstammt das auch einer realen

Impression –, daß im Vollzuge einer Weihehandlung zu viel Astralschlamm mitwirkt, vielleicht hängt das auch damit zusammen, daß wir uns noch nicht genügend geübt haben, daß wir noch nicht genügend Mut haben, das Sakrament der Beichte im richtigen Sinne zu vollziehen.

W.W.: Viel zu wenig wird die potentielle direkte heilende Wirkung des Kultus betrachtet. Ich denke in diesem Zusammenhang an die philippinischen Geistheiler oder an die charismatischen Gottesdienste in Hamburg und anderswo. Wie steht es mit der direkten heilenden Wirkung der Menschenweihehandlung auf Krankheiten?

W. Gädeke: Grundsätzlich bin ich schon davon überzeugt, daß es auch Auswirkungen auf den physischen Leib hat, wenn sich die seelische Aktivität der religiösen Übung durch ständige Wiederholung auf den Ätherleib auswirkt. Nur sollte man deswegen nicht zu kurz schließen, daß jemand, der eine Lungenentzündung hat, nur schnell die Kommunion bekommen müsse, um wieder zu gesunden. Deswegen sollte man es langfristig betrachten.

W.W.: Meine Frage war auf die kurzfristige Wirkung gerichtet.

W. Gädeke: Es gibt Beobachtungen bei Taufen und Letzten Ölungen, wo allem Anschein nach eine unmittelbare Wirkung bis in den physischen Leib hinein geschehen ist. Zum Beispiel ist beobachtet worden, daß ein Kind, das bis zur Taufe nicht durchschlief oder leichte Krampfzustände hatte oder nicht anständig Nahrung zu sich nahm, sich nach der Taufe konsolidierte. Natürlich kann man wiederum nicht nachweisen, daß dies ohne die Taufe nicht gekommen wäre. Insofern sollte man deswegen nicht jedes kleine Kind, das Schlafstörungen hat, gleich taufen.

Ebenfalls kann man bei Letzten Ölungen erleben, daß Menschen, die bis dahin deutlich auf den Tod zugehen, anschließend noch einmal für eine gewisse Zeit neue Lebenskraft erhalten. Ich habe das selber vor einigen Jahren mit einer Frau auf der Intensivstation erlebt, die wenige Tage nach der Letzten Ölung wieder nach Hause kam und noch einige Jahre im Altersheim leben konnte, gesund wie die ganzen Jahre zuvor nicht mehr. Sie war richtig dem Tod von der Schippe gehüpft. Ich denke, daß dies eine Gesamtwirkung ist, die sich dann letztendlich bis ins Physische hinein erstreckt. Aber mir liegt sehr daran, daß man nicht in den Irrglauben verfällt, daß bei allen Krankheiten nun ordentlich mit dem Sakrament im Sinne eines Medikamentes gearbeitet werden müsse.

IX. SAKRAMENTE

a) Taufe

W.W.: In der Christengemeinschaft gibt es weitgehend die Kindertaufe in den ersten Wochen nach der Geburt. Wo liegt hier der Sinn?

W. Gädeke: Das Kind wird nicht unbedingt in den ersten Wochen, aber überhaupt nach der Geburt getauft ...

W.W.: ... vor der Geburt wohl kaum.

W. Gädeke: Nein, vor der Geburt taufen wir nicht, nach dem Tode auch nicht, im Gegensatz zu den Neuapostolikern und Mormonen, die ja auch noch ihre Ahnen taufen. Wir taufen das kleine Kind als einen ersten Schritt der Aufnahme in die christliche Gemeinde, so daß das Kind an der Ätherhülle, dem Geistleib der christlichen Gemeinde teilhat und etwas von der Substanz dieser Gemeinde auf das Kind überfließen kann. Mit der Substanztaufe wird ein geistig-physischer Keim für die Entfaltung des nichtnatürlichen, des eigentlichen Christenmenschen gelegt. Die Taufe dient also der Wiedergeburt – nicht der Wiederverkörperung –, also zur Entstehung des zweiten Adam. Das wird wie eine Saat in die unterbewußten Schichten des Menschen eingesät.

W.W.: Hin und wieder werden auch Kinder später getauft, oft kurz vor der Konfirmation. Hat das einen besonderen Sinn, oder muß diese Taufe sein, wenn die Konfirmation angestrebt wird?

W. Gädeke: Wenn das Kind überhaupt nicht christlich getauft ist, muß es vor der Konfirmation getauft werden, weil die Konfirmation nur der zweite Teil, die Fortsetzung der Taufe ist. Das ist schon seit urchristlichen Zeiten so, die Taufe ist die Voraussetzung der Konfirmation.

W.W.: Sie würden also niemanden konfirmieren, der nicht getauft ist?

W. Gädeke: Ja. Der Zeitpunkt der Taufe hängt allerdings davon ab, wann die sozialen Gegebenheiten der Eltern und der Paten so weit sind, ob sie die Christengemeinschaft kennengelernt haben, ob die Vorbereitung entsprechend ist usw.

Wasser, Salz und Asche

W.W.: Welche Bedeutung haben die drei Substanzen: Salz, Wasser und Asche sowie die drei Körperstellen, auf die sie gestrichen werden?

W. Gädeke: Dazu gibt es einen sehr schönen Aufsatz in dem neuesten Heft der *Christengemeinschaft* (Nr.9/1991) von Georg Dreißig, der auf rund fünf Seiten das Geschehen der Taufe sehr gut zusammenfaßt. Mit den drei Substanzen werden drei Weltenkräfte aufgerufen, das Wesen des Kindes anfänglich zu verwandeln. Georg Dreißig schreibt: „Das Durchdringende des Wassers segnet die Gedankenkraft, die von Natur aus eher zum Versalzen neigt. Das Bewahrende des Salzes segnet das leicht formlose Unbeherrschte, das dem Willen ... von Natur aus eigen ist. Das Zielgebende der Asche segnet die Empfindungskräfte, die von Natur aus zum Zerfließen, zum Sich-Verlieren neigen“ (S.446). Das ist eine ganz kurze Zusammenfassung.

Ich spreche in der Vorbereitung, in den Taufgesprächen, einen ganzen Abend über die drei Substanzen. Darüber wäre viel zu sagen. Die drei Körperstellen repräsentieren leiblich die drei Seelenkräfte, die Stirn als Repräsentant bzw. Grundlage des Denkens, die Brust als Grundlage des sogenannten rhythmischen Systems bzw. des Gefühls und das Kinn als Repräsentant des Stoffwechsel- und Gliedmaßenmenschen und als Grundlage des Willens. Auf die Stirn wird ein Dreieck mit dem Wasser gezeichnet, auf das Kinn ein Viereck mit dem Salz und auf die Brust ein Kreuz mit der Asche. Drei Kreuze werden später über das Kind in die Luft geschrieben, das ist der trinitarische Segen, die eigentliche Taufformel, bei der die Trinität direkt angerufen wird.

W.W.: Welche Beziehung besteht zwischen diesen drei von Ihnen beschriebenen Kreuzen und denjenigen drei Kreuzen, die jeder an der Weihehandlung Teilnehmende vor Stirn, Kinn und Brust zeichnet? Kann man sagen, daß sich dadurch jeder Mensch selbst tauft?

W. Gädeke: Ja, das kann man sagen, weil bei dieser Bekreuzigung auch die drei Qualitäten der Trinität angerufen werden. Es nimmt dabei der Mitfeiernde seine eigene Segnung von Denken, Fühlen und Wollen in seine eigene Hand, indem er sich an denselben Stellen wie bei der Taufe bekreuzigt. Insofern besteht nicht nur liturgisch, sondern auch innerlich ein Zusammenhang zur Taufe. Deswegen würden wir auch jemanden, der schon konfirmiert ist, sich also selber bekreuzigen kann, nicht mehr taufen bzw. umgekehrt: Er muß erst getauft sein, um sich selber bekreuzigen zu können.

Die Taufe ist weder Medizin noch Inkarnationshilfe

W.W.: Oftmals hört man, die Taufe sei eine Art Inkarnationshilfe oder gar eine Medizin. Ist da etwas dran?

W. Gädeke: Ich hatte vorhin die durchaus zu beobachtenden physischen Wirkungen angesprochen, aber Rudolf Steiner hat sehr davor gewarnt, mit dem Sakrament Medizin betreiben zu wollen oder auch mit dem Medikament zu seelsorgern. Das eine ersetzt das andere nicht, und wenn trotzdem das eine in das andere hinüberwirkt, so ist dies eine positive Nebenwirkung. Man würde niemals eine Behinderung oder Krankheit eines Kindes feststellen, um dann wegen dieser Indikation das Kind zu taufen, das ist nicht der Sinn. Mit der Inkarnationshilfe ist es ganz genauso: Daß sich das Kind richtig inkarniert, ist eine Sache des Arztes.

W.W.: Gibt es irgendwelche Äußerungen Rudolf Steiners, die man dahingehend verstehen könnte, als wäre die Taufe eine Inkarnationshilfe oder gar eine Medizin?

W. Gädeke: Ich habe dergleichen nicht gefunden. Ich weiß zwar, daß es viele Menschen gibt, die dieses Wort der Inkarnationshilfe nachbeten, weiß aber auch nicht, welcher Pfarrer es aufgebracht hat. Aber ich habe bisher niemanden gefunden, der das stichhaltig begründen könnte. Ich halte es sogar für gefährlich, von Inkarnationshilfe zu sprechen, weil es das Bewußtsein auf eine falsche Fährte bringt.

W.W.: Die Taufe ist in die Religionsgemeinschaft Christengemeinschaft eingebettet, man wird in die Gemeinde des Christus Jesus aufgenommen. Wie wirkt es auf das Kind, wenn es dort getauft wird, die Eltern die Christengemeinschaft aber nie wieder aufsuchen?

W. Gädeke: Das ist auch in dem Aufsatz von Georg Dreißig sehr schön beschrieben: Er vergleicht das Ganze, was ja auch das Ritual der Taufe nahelegt, mit der natürlichen Schwangerschaft und der Geburt. In der Taufe wird ein Keim für einen geistig-religiösen Vorgang gelegt, der zunächst von Eltern und Paten zu leisten ist, und allmählich wird das Kind immer mehr in diesen Vorgang hereingenommen. Einen solchen Keim kann man wie jeden Lebenskeim pflegen oder brach liegenlassen, man kann etwas zu seiner Entfaltung tun, aber man kann auch etwas unterlassen, so daß seine Entfaltung behindert oder sogar verhindert wird. Ich muß jeden Lebenskeim seinen Bedingungen nach pflegen und seine Entfaltung zu optimieren suchen. Ich bin der Meinung, daß der Keim der Taufe wiederum sterben kann, auch wenn man die Tatsache der Taufe nicht rückgängig machen kann.

W.W.: Kann die Taufe in so einem Fall auch schädlich wirken?

W. Gädeke: Ich glaube nicht, daß sie für das Kind schädlich sein kann, allerdings für die Eltern und die Paten, und zwar deswegen, weil jeder Vorsatz, den man faßt, aber nicht ausführt, den Menschen schwächt. Und wenn man einen Vorsatz sogar durch den Entschluß zu einem Sakrament bekräftigt, sozusagen vor höchster Instanz, und dann nicht weiterführt, so ist das eine entscheidende Schwächung. Letzlich gilt das aber für jeden Entschluß. Wenn die Paten regelmäßig für das Kind beten, so ist das eine Wirklichkeit, die dem Kind aber entgeht, wenn sie dies unterlassen, und insofern fehlt dem Kind dann natürlich etwas.

K.-D.N.: Ich kenne das Argument, daß die Taufe immer für das Kind gut sei, gleichgültig, was danach komme.

W. Gädeke: Das ist die Medizinauffassung. Die katholische Kirche nennt dies den „Charakter indelebilis", einen unzerstörbaren Charakter, ein Merkmal, durch welches das Kind getauft ist. Wenn ich Sie tätowiere, so haben Sie auch ein unauflösliches Merkmal, sind deswegen aber noch lange nicht innerlich positiv beeinflußt.

W.W.: Die Eltern bitten um eine Taufe, aber die beiden Paten haben überhaupt keine Beziehung zur Christengemeinschaft; was tun Sie?

W. Gädeke: Ablehnen tue ich die Taufe nicht, aber ich versuche erst einmal, den Termin zu verschieben. Das ist in den letzten Jahren gängige Praxis von mir, daß ich den Menschen klarmache, daß wir über Termine erst am Schluß sprechen. Dann versuche ich allen Betroffenen klarzumachen, daß die Taufe eine Tätigkeit von allen Beteiligten ist, mindestens aber von den Eltern und den Paten. Ich frage die Beteiligten, ob sie überhaupt beten können, ob sie überhaupt einen Kultus mitvollziehen können oder wollen und ob sie überhaupt wissen, worum es bei einer derartigen Taufe geht. Ich frage sie, ob sie mit denkendem Geist, fühlender Seele und menschlichem Wollen diesen Vorgang mitvollziehen können, ob sie den Vorgang so gut kennen, daß sie ihre Gedanken, Gefühle und Willensimpulse wirklich dort hineinbringen können oder ob sie bloße Zuschauer sind, vor denen ein Spektakel abläuft.

Wenn ich derartige Fragen stelle, kommen viele Patenschaften überhaupt nicht zustande, und das ist gut so. Denn die Menschen haben meist selber eingesehen, daß das gar nicht das gewesen ist, was sie wollten. Natürlich soll man keine Taufe verweigern, sondern sollte das, was in der Taufe ausgesagt wird, zum Maßstab nehmen, und wenn die Menschen dann dazu ja sagen, dann nehme ich es für voll und die Taufe findet statt. Ich erlebe es an der Art, wie die Menschen während der Taufgespräche mitgehen, sprechen oder Fragen stellen oder ob sie sich mal eine andere Taufe anschauen.

Natürlich kann man nicht erwarten, daß jeder gleich ein großartiger Kultusgänger wird, trotzdem frage ich sie, ob sie denn das, was Gemeinde des Christus Jesus ist, wirklich wollen, denn das Kind wird durch die Taufe in diese Gemeinde des Christus Jesus hineingeführt. Es gibt keinen Grund, eine Taufe zu verweigern, aber es gibt allen Grund, eine Taufe gründlich und lange vorzubereiten.

W.W.: Etwas befremdlich wirkt auf mich die Nottaufe, die jeder vollziehen können sollte. Nehmen wir ein praktisches Beispiel: Ich gehe mit einer schwangeren Frau durch die Sahara, ein Kind kommt, die Sonne ist zu heiß, das Kind stirbt, ich vollziehe noch schnell die Nottaufe. Wie mache ich das?

W. Gädeke: Das ist ein uralter christlicher Brauch und war in den vergangenen Zeiten sehr viel häufiger notwendig, weil die Kinder oft früher starben als heute. Der eigentliche Sinn ist der, daß der Kindesseele, die ja wenigstens einen Moment inkarniert ist, der Christusname und der Christuswille durch seine Mitmenschen wenigstens für einen Moment entgegengebracht wird. Rudolf Steiner spricht ja sehr eindrucksvoll davon, daß man den Christus nur auf Erden finden kann, nicht in der geistigen Welt. Damit hängt es zusammen, daß eine, wenn auch noch so geringe, Christusbegegnung möglich wird. Man spricht dabei folgende Worte: „Ich taufe dich im Namen des Vaters, des Sohnes und des Heiligen Geistes." Man kann das Kind auch dreimal mit Wasser berühren oder man zeichnet ein Kreuz über das Kind. Aber am wichtigsten sind die genannten Worte.

W.W.: Normalerweise wird ein Kind in eine Religionsgemeinschaft hineingetauft, aber bei dieser Nottaufe ist dies ja lediglich allgemein.

W. Gädeke: Richtig. Deswegen gibt es auch überall den Brauch, daß, wenn das Kind überlebt, das Kind nochmals richtig getauft wird. Der Aspekt der Aufnahme in die christliche Religionsgemeinschaft wird dann später noch hinzugefügt. Bei der Nottaufe kommt er nicht vor.

K.-D.N.: Ich wundere mich über die Taufformel, weil es die übliche ist, die so in der Christengemeinschaft nicht ausgesprochen wird.

W. Gädeke: Das liegt daran, daß wir in der Christengemeinschaft nicht nur eine Formel haben, deswegen würde man auch diejenige nehmen, die in allen christlichen Kirchen eine Verwendung findet. Man könnte nicht das Entsprechende aus unserem Taufritual herausnehmen.

W.W.: Wenn Sie nun in diese Lage einer Nottaufe kommen, Sie kennen das Taufritual auswendig, würden Sie dies statt der allgemeinen Taufformel aussprechen?

W. Gädeke: Nein, denn das Taufritual hat nur Sinn im Zusammenhang mit der Gemeinde und den Substanzen. Entweder habe ich Zeit genug, um eine kleine Gemeinde zusammenzutrommeln, Salz, Wasser und Asche zu besorgen und meine Gewänder anzulegen, dann kann ich richtig taufen, aber wenn ich diese Zeit nicht habe, dann würde ich diese Nottaufe mit der allgemeinen Formel vollziehen.

W.W.: Zwingt man denn ein Kind mit einer Nottaufe nicht in etwas hinein bzw. stellt man sich nicht eventuell gegen den Willen der Eltern, die vielleicht gar nicht wollten, daß das Kind getauft wird?

W. Gädeke: In eine Religionsgemeinschaft zwingt man ein Kind mit einer Nottaufe nicht hinein, insofern bleibt es immer individuelle Gewissensentscheidung desjenigen, der die Nottaufe vollzieht. Man muß sich fragen, ob man sich als getaufter Christ in der Lage sieht, diesem angekommenen Erdenwesen vor seinem Erdenabschied etwas zuzusprechen, was für sein Nachtodliches ein wesentlicher Anknüpfungspunkt sein kann.

b) Beichte

W.W.: Die Beichte ist das Sakrament, welches mit Sicherheit durch die Vergangenheit am verruchtesten geworden ist. Sündenbekenntnis kann wohl kaum der Sinn der Beichte sein, welcher aber dann?

W. Gädeke: Natürlich ist es bereits schwierig, daß dieses Wort überhaupt noch besteht, aber momentan haben wir kein besseres. Es ist einfach mit den Mißbräuchen der Vergangenheit zu belastet, wenn man nur an die Inquisition und den Ablaßhandel denkt. Hinzu kommt die Gängelung des Individuums, die Unterdrückung der geistigen Freiheit und die politische Einflußnahme der Kirche. Alles dies ging letztlich über das Beichtsakrament. Es gibt ja wohl kein Sakrament, was so wie dieses mißbraucht worden ist. Insofern fühle ich bei diesem Sakrament den Schatten der Vergangenheit riesengroß.

Auf der anderen Seite ist dasjenige, was in der Christengemeinschaft mit dem Beichtsakrament gemeint ist, mit dem, was in der Vergangenheit war, überhaupt nicht mehr zu vergleichen. Im wesentlichen gibt es drei Bereiche, wozu die Beichte eigentlich gut ist. Es ist ein Gespräch zwischen einem Priester und einem Gläubigen, das zunächst ganz frei als Gespräch verlaufen kann, und wo dem Beichtenden gerade nicht ein Katalog seiner Sünden vorgehalten wird, ebenfalls gibt es keine Pflicht zur Beichte oder zum Sündenbekenntnis, sondern derjenige, der um das Sakrament bittet, kann völlig frei den Inhalt dieses Gespräches bestimmen.

Die drei Bereiche, die im wesentlichen Inhalt des Beichtgespräches sein können, sind die Religion – sowohl die Erkenntnisseite der Religion, zum Beispiel Zweifel, als auch die Lebensseite der Religion, Fragen nach dem Gebet, der Kultusteilnahme, nach dem Rhythmus usw. –, zweitens alles das, was mit der menschlichen Biographie, mit den Entschlüssen zusammenhängt, auch mit dem Leid, das man erfährt, und mit seiner Verarbeitung, und drittens kann der Inhalt des Beichtgespräches natürlich auch dasjenige sein, was mit Verfehlungen und Schuld zusammenhängt.

W.W.: Was geschieht mit einem Menschen, der in der Beichte einen wichtigen Lebensabschnitt ausspricht und damit objektiviert? Welche Wirkung hat der Beichtspruch, und was geschieht real während der nächsten Menschenweihehandlung?

W. Gädeke: Wenn es gutgeht, so sollte in bezug auf die Vergangenheit – wie Steiner es einmal genannt hat – eine Durchchristung der Erinnerung stattfinden, d.h. daß man die Vergangenheit im Lichte des Evangeliums und der Christusgestalt zu sehen versucht. Das wäre ein Erkenntnisvorgang. In bezug auf die Zukunft sollte der Priester im Gespräch mit dem Beichtenden klären, was der individuelle Weg desjenigen ist, der um dieses Sakrament gebeten hat. Es geht darum, wie seine Entschlüsse werden müssen, wenn er sich auf einen christlichen Weg begibt. Das sind keine Patentrezepte, sondern möglichst individuelle Zielrichtungen, die sich aus dem jeweils individuellen Schicksal des Menschen ergeben. Insofern ist der Priester eine Art Geburtshelfer zur Selbstfindung.

Dieses Gespräch mündet in einen kurzen rituellen Text, den sogenannten Beichtspruch, der dem Beichtenden am Ende dieses Gespräches zugesprochen wird und der diese Bemühungsrichtungen in die Zukunft zusammenfaßt. Er ist auch eine Hinführung zur nächsten Kommunion. Die Beichte ist also ein individuelles Bewußtseinssakrament, das die Bewußtseinskräfte sehr stark beansprucht und aktiviert, aber auch gewisse Vorklärungen für das nächste Abendmahl schafft, damit dies richtig wirken kann.

W.W.: Wie wird dann zum Beispiel der angesprochene Astralschlamm durch das Beichtsakrament kompostiert? Wie geht das geistig-substantiell vor sich?

Die Kompostierung des Astralschlammes

W. Gädeke: Indem man zum Beispiel lernt, warum man manche Fehler immer wieder macht. Ein Mensch ist zum Beispiel ganz verzweifelt darüber, daß ihm immer wieder dasselbe passiert; zwar ist er verzweifelt darüber und sich dessen auch bewußt, findet aber keine Lösung. Er leidet also darunter, daß er aus seiner Haut nicht heraus kann, versteht aber nicht, warum ihm dies nicht gelingt. Wenn man aus dem Leid das Verständnis heraussaugt, wenn man das aus dem Leid herauszieht, was man an ihm verstehen kann, dann hat das zur Folge, daß das Leid nicht mehr so stark wird, daß es nicht mehr nagt, daß der Astralschlamm nicht mehr stinkt. Er sinkt dann ruhig ab. Es geht bei der Beichte darum, aus der Vergangenheit zu lernen, was zum Leid geführt hat, denn dann ist das Leid nicht umsonst gewesen.

W.W.: Können Sie noch ein wenig konkretisieren, wie sich das substantiell vollzieht? Wird die Weihehandlung nicht mehr so sehr mit dem eigenen Astralschlamm belastet, wenn man vorher ein Beichtgespräch geführt hat, werden vielleicht Elementarwesen erlöst oder gar verscheucht?

W. Gädeke: Man kann es vielleicht mit dem Evangelium sagen, wo es oft vorkommt: „Wenn du an den Altar Gottes trittst und ein Opfer darbringst und wirst all da eingedenk, daß du mit deinem Bruder im Streite liegst und daß dein Bruder mit dir im Streite liegt, dann laß dein Opfer liegen, gehe erst und versöhne dich mit deinem Bruder und dann komme und opfere." Das entspräche im Menschlich-Sozialen einer gewissen Vorklärung, zumindest diesen Versuch zu unternehmen.

W.W.: Muß denn diese Vorklärung Thema des Beichtgespräches sein? Reicht es nicht aus, diese Vorklärung mit demjenigen vorzunehmen, mit dem ich im Streit liege?

W. Gädeke: Das geht sicherlich. Es ist ja nun auch nicht so, daß man vor jeder Kommunion zur Beichte gehen sollte oder müßte wie in der katholischen Kirche. Es ist nur eine Möglichkeit. Es geht im wesentlichen darum, daß man das Unverstandene klärt.

W.W.: Nun kann es sein, daß der Priester, mit dem man sprechen muß, einem nicht behagt, um es milde auszudrücken. Man wird dann nicht zur Beichte gehen, auch wenn man vielleicht die objektive Notwendigkeit einsieht. Wie löst man dieses Problem?

W. Gädeke: Man sollte schon die Freiheit haben, sich seinen Seelsorger zu suchen, und die Praxis zeigt, daß die Pfarrer auch unterschiedliche seelsorgerische Fähigkeiten haben. Wir können das Beichtsakrament noch nicht richtig auf breiter Front handhaben, weder von der Gemeinde- noch von der Priesterseite her. Da gibt es noch sehr viel zu tun, bis sich das in seine eigentliche Wirksamkeit entfalten kann.

W.W.: Man könnte also, weil man das Beichtsakrament wohl nur einige Male pro Jahr in Anspruch nehmen möchte, auch zu einem Priester in einer anderen Stadt fahren?

W. Gädeke: Natürlich, es bleibt einem unbenommen. Ich trete jedenfalls dafür ein, daß man nicht gezwungen wird, bei diesem oder jenem Pfarrer das Beichtsakrament in Anspruch zu nehmen. Es ist etwas anderes, wenn man in einer Gemeinde lebt und sein Kind taufen möchte, denn da ist es unsachgemäß, sich einen Pfarrer von außerhalb kommen zu lassen, nur weil er einem besser gefällt. Die Taufe ist nicht in dem Sinne eine persönliche Angelegenheit wie ein Beichtsakrament.

W.W.: Kann man auch dem Pfarrer sagen, er möge während des gesamten Gespräches schweigen, so daß man nur etwas vor ihm ausspricht?

W. Gädeke: Das geht auch.

W.W.: Man kann das Beichtgespräch nicht mit sich selber oder einem anderen Menschen machen, der kein Pfarrer ist?

W. Gädeke: Man kann Gespräche mit anderen Menschen führen, die beichtähnlichen Charakter haben, kann dann aber nicht dieses Ritualwort sprechen, was einerseits eine Erkraftung ist, andererseits eine Hinleitung auf die Kommunion.

c) Trauung

K.-D.N.: Grob und schematisch gesprochen, gibt es drei Entschlüsse zur Ehe, die sich auf verschiedenen Ebenen vollziehen: erstens der Entschluß zum Zusammenleben, der der Ebene des Menschen als Bedürfniswesen entspricht; zweitens der Entschluß zur standesamtlichen Trauung, was dem Menschen als mündigem Wesen entspricht, das sich der Rechtsfolgen bewußt wird; drittens der Entschluß zur Trauung, der dem Menschen als geistigem Fähigkeitswesen gerecht wird. Was ist vor dem Hintergrund der Eheidee – wenn Sie die vielleicht auch kurz mit einbringen könnten – der Sinn der Trauung?

W. Gädeke: *(lacht)* Bringen Sie einmal die Ewigkeit in die Sekunde! Der Sinn der Trauung ist – ganz kurz gefaßt –, den Entschluß zur Lebensgemeinschaft, zur Lebensgemeinsamkeit in allen ihren Aspekten in das Licht der göttlichen Welt, in den Kraftstrom des religiösen Lebens hineinzustellen.

Dem Eheentschluß muß das Verstehen der Eheidee vorausgehen

K.-D.N.: Was kommt zu den Ebenen des Zusammenlebens und der standesamtlichen Trauung durch das Sakrament hinzu?

W. Gädeke: Es kommt hinzu, daß ich nicht nur als Bedürfniswesen und als mündiges Wesen die Ehe eingehe, sondern daß ich auch aus meinem höchsten geistigen Teil, aus meinem Fähigkeitswesen heraus in bezug auf die geistige Welt versuchen will, die Kräfte des Christus, die Kräfte der Verwandlung, der Transsubstantiation, aus dem allgemein-religiösen Leben in das spezielle Leben des Zusammenlebens von Mann und Frau hereinzuführen. Das wird in der Trauung selber als ein Segen angesprochen. Wenn ich das will und versuche, wenn ich diesen Entschluß fasse, ist es schon ein Segen.

K.-D.N.: Ist das der Moment in der Trauung, wo die Eheidee angesprochen wird, indem es dann unter anderem heißt, daß der Christus durch seine Opfertat Erdenwirken zu Geisteswirken verwandelt?

W. Gädeke: Das würde ich nicht unbedingt als Eheidee ansprechen, sondern vielmehr als ein Vorzeichen. Es wird in diesem ersten Vorspruch der Trauung ausgedrückt, daß man das Zusammenleben von Mann und Frau unter dieses Vorbild, unter dieses Vorzeichen stellen möge. Die Eheidee wird direkt gar nicht angesprochen, sondern ist eigentlich in dem Wort Entschluß enthalten. Denn entschließen kann ich mich nur zu etwas, was ich auch verstehe. Ich muß etwas einsehen, um mich dazu entschließen zu können, ich muß das Ziel sehen. Die Eheidee ist also immanent vorhanden, sie wird vorausgesetzt und ihr Erfassen muß natürlich geleistet werden. Das Bild des Christuswirkens leitet auf die Eheidee hin. Es ist damit aber nicht das Ziel einer Ehe ausgesprochen, sondern das Mittel, das Werkzeug, durch das das Eheziel angestrebt werden kann.

Da die Eheidee sehr vielschichtig ist und es nichts bringt, sie ohne Entwicklung hier in abstrakten Worten zu umreißen, können wir an dieser Stelle den Leser getrost auf das Sonderheft Nr.1 „Partnerschaft und Ehe“ verweisen, um es dort im einzelnen nachzulesen. Wie schwierig die Eheidee zu begreifen und vor allem zu ergreifen ist, erlebe ich übrigens auch oft in der Ehetherapie, wenn ich die Menschen frage, ob sie das Sonderheft gelesen haben, sie mit Ja antworten und ich dann schließlich von ihnen hören will, was denn nun der Sinn der Ehe ist. Was ist die Eheidee? Dann kommt meist nichts! Deswegen hat es auch wenig Zweck, die Eheidee jetzt in ein paar dürren Formulierungen hinzuhauen. Damit es für die Menschen einen Sinn hat, sollten sie sich wirklich im Sonderheft Nr.1 tiefergehend damit beschäftigen und die entwickelnden Gedanken mitvollziehen.

Die Eheleute spenden sich selbst das Sakrament

K.-D.N.: Bevor wir gleich die einzelnen Stufen des Sakramentes durchgehen, noch einige allgemeine Fragen zum Trausakrament. Nach römisch-katholischer Auffassung spenden sich die Brautleute das Ehesakrament selbst. Der Priester ist gewissermaßen nur öffentlicher Zeuge der Kirche, da die Eheschließung und eine vollzogene Ehe – d.h. die geschlechtliche Vereinigung – von den Eheleuten ausgeht. Die Eheleute bilden also eine Gemeinschaft innerhalb der Gemeinde, und das wird durch den Priester nur bezeugt. Wie ist dazu die Auffassung in der Christengemeinschaft, d.h. wer vollzieht das Sakrament?

W. Gädeke: Auch in der Christengemeinschaft ist es die eigentliche Auffassung, daß die Eheleute sich selbst das Sakrament spenden. Der Entschluß, das Jawort ist der eigentliche Sakramentsvollzug. Während der Höhepunkt des Sakramentes in der Menschenweihehandlung in der Kommunion besteht, also am Ende liegt, so liegt er hier beim Trausakrament am Anfang. Alles weitere ist dann die Folge davon. Auch im letzten Teil der Trauung, wo vom dreifachen Segen die Rede ist, wird der erste Segen ausgesprochen als derjenige, den sich die Brautleute selbst gespendet haben, dadurch daß sie in diesem Sinne ihren Entschluß vor der göttlichen Welt gefaßt haben. Das ist der Segen, den sie sich gegenseitig schon gespendet haben. Und dann folgt der Segen, den der Priester im Namen der geistigen Welt, der Gemeinde und der Religionsgemeinschaft spendet. Aber das ist nur der letzte Schluß, das Eigentliche vollziehen die Brautleute selber.

K.-D.N.: Ist die Trauung ein einmaliger Akt oder ein fortwährendes Sakrament?

W. Gädeke: Die Trauung ist in dieser Beziehung ähnlich zu sehen wie die Taufe. Sie ist ein Anfang, eine Grundlegung und kann genauso absterben wie die Taufe, wenn diese Grundlegung nicht in entsprechender Weise durch das gemeinsame religiöse Leben der Eheleute mit dem Sakrament gepflegt wird. Wenn es eben nicht gepflegt wird mit dem, der da wandelt das Erdenwirken zu Geisteswirken. Wenn die Eheleute nicht weiter mit diesem Prozeß leben – und das geschieht im wesentlichen natürlich durch den Vollzug der Weihehandlung, aber auch durch das, was sie sonst an gemeinsamem religiösen Leben im stillen Kämmerlein pflegen –, dann geht es eben dahin, dann schwindet das. Es muß also ein fortwährendes Sakrament werden, damit es überhaupt lebt. Andererseits ist es auch äußerlich nicht einmalig, denn man kann ja das Sakrament nach 25 und nach 50 Jahren, zur Silberhochzeit und zur Goldenen Hochzeit erneuern.

„Ohne religiöses Leben muß Ehe heute kaputtgehen"

K.-D.N.: Welche Bedeutung hat das religiöse Leben für die alltägliche Ehepflege?

W. Gädeke: Ich meine, daß die Pflege des religiösen Lebens eine ganz entscheidende Bedeutung hat, die man gar nicht hoch genug einschätzen kann. Denn Ehe ist in erster Linie Lebensgemeinschaft, Lebenskräftegemeinschaft, Äthergemeinschaft, d.h. die Lebenskräfte wachsen zusammen. Im Ätherleib lebt das, was Rudolf Steiner im Vortragszyklus „Die Geheimnisse der Schwelle" (GA 147) den Doppelgänger nennt, über den er dort sagt, daß er eigentlich eine ätherische Gestalt sei. Ein ganzer Herd der Zerstörung liegt in diesem unterbewußten Bereich der Lebenskräfte, es ist der Bereich des Drachen. Allein diese Tatsache macht deutlich, daß wir uns in der Ehe gerade in demjenigen Bereich verbinden, der eigentlich der problematischste ist. Deshalb wird es ja auch immer so problematisch, wenn Menschen zusammenleben! Und ich bin tief davon überzeugt, daß Ehen heute auf Dauer – je moderner ein Mensch ist, desto mehr – nicht mehr lebbar ist, ohne daß die Kräfte des religiösen Lebens gepflegt werden, die ja in allererster Linie in die Verwandlung des Ätherleibes hineinwirken, in die Läuterung, Vergeistigung und Durchchristung des Ätherleibes. Dazu wirkt nichts so stark wie das religiöse Leben. Man begibt sich sozusagen der adäquaten Mittel der Ehepflege, wenn man kein religiöses Leben in der Ehe führt. Es wirkt genau auf diese Schicht, natürlich langfristig und nicht von heute auf morgen. Deswegen halte ich das religiöse Leben für unverzichtbar, wenn man eine anständige Ehe führen will, d.h. wenn man überhaupt ein Ziel damit verbindet. Sonst muß Ehe heute kaputtgehen.

K.-D.N.: Das ist sicherlich eine These, der bei weitem nicht jeder folgt.

W. Gädeke: Da braucht auch nicht jeder zu folgen, denn er wird es ja schon erleben.

K.-D.N.: Das kann man doch nicht nachweisen, denn das hieße doch, daß alle Ehen, in denen kein religiöses Leben gepflegt wird, kaputtgehen würden.

W. Gädeke: Auf Dauer ja! Davon bin ich auch überzeugt.

K.-D.N.: Es gibt doch genügend Ehen, wo das nicht der Fall ist.

W. Gädeke: Da gilt das, was Rudolf Steiner schon 1906 gesagt hat, daß nämlich eine Zeitlang die ererbten religiösen Kräfte noch nachwirken. Ich sagte ja: je moderner die Menschen sind. Daß es aus alten Kräften noch Ehen gibt, die halten, ist unbestritten. Manchmal halten sie aber nur, weil noch wirtschaftliche oder sonstige Zwänge da sind, manchmal auch aus Angst oder anderen Motiven. Daß aber Ehen aus positiven Kräften lebendig fortbestehen, wird immer seltener werden. Wir werden das ja erleben.

Ich glaube, daß das ein Teil dessen ist, was Rudolf Steiner für das kommende Jahrhundertende angekündigt hat. Die Kräfte, die früher Ehe ermöglicht und getragen haben, werden dann entfallen. Adelheid Petersen berichtet in den „Erinnerungen an Rudolf Steiner" (Stuttgart 1979), wie er davon gesprochen hat, daß nichts mehr so sein wird, wie es war, wenn die Umwälzungen, die mit dem Ersten Weltkrieg verbunden sind, zu Ende sein werden. Damit werden alle Konventionen und alles, was die Menschen von außen getragen hat, wegfallen. Und da stehen wir heute. Da kann man nicht mehr Ehe führen, ohne diese Kräfte der Verwandlung in den Bereich der gemeinsamen Lebenskräfte hereinzuholen.

K.-D.N.: Was halten Sie denn davon, wenn jemand rein aus der Erkenntnis dieser Notwendigkeit, ohne ein Bedürfnis danach zu haben, das religiöse Leben aus einer routinierten Gewohnheit pflegt. Also die Pflege eines religiösen Lebens, ohne sonderlich seelisch davon berührt oder gar begeistert zu sein.

W. Gädeke: Es muß ja keine Routine, sondern kann doch eine gute Gewohnheit sein. So gibt es zum Beispiel auch Menschen, die von Natur aus nicht viel dafür übrig haben zu essen, aber aus der Einsicht, daß es für die gesunde Pflege des Leibes günstig ist, einigermaßen rhythmisch zu essen, das dann auch tun. So tun wir doch manches in unserem Leben, weil wir eingesehen haben, daß es gut und richtig ist, ohne große seelische Erlebnisse dabei zu haben.

Mein Banalbeispiel dazu ist das Zähneputzen. Wer hat schon große Freude und seelische Erfüllung am Zähneputzen? Aber wir sehen halt ein, daß es tatsächlich ein Weg ist, die Zähne weitgehend gesundzuerhalten und Karies zu verhindern. Es ist zwar nicht der einzige, aber ein wesentlicher Weg. Und da wir das eingesehen haben, machen wir das halt. Ich will nun nicht das religiöse Leben mit dem Zähneputzen vergleichen, aber so gibt es eben Dinge, die wir aus Einsicht tun. Und wenn wir sie richtig pflegen, gerade solche Bereiche wie die Ernährung oder das religiöse Leben, die etwas umfassender sind, und wir auch mit unserem Bewußtsein dabei sind, dann stellen sich auch die seelischen Erlebnisse ein.

Ist das Trausakrament unauflöslich und unwiederholbar?

K.-D.N.: Ich frage danach, weil ich von etlichen Menschen weiß, daß sie in dem Moment, wo sie keine seelischen Erlebnisse mehr durch das religiöse Leben haben, seine Pflege auch bald einstellen. Ich kann mir vorstellen, daß es besser ist, zum Beispiel das Beten des Vaterunsers nicht einzustellen, sondern es dann lieber routinemäßig fortzuführen, auch wenn man seelisch weitestgehend daran unbeteiligt ist.

W. Gädeke: Das denke ich auch. Es gibt ein Goethewort, das sinngemäß etwa heißt: „Auch Treue wahrt dir die Person." Auch dann, wenn einem in den subjektiven Gefilden der Seele einmal gar nicht danach ist, an das einmal erfaßte anzuknüpfen und treu dabei zu bleiben, so ist es ein Wert in sich, es doch zu tun, so gut es eben geht. Diese Haltung ist in vielen Lebensbereichen notwendig, sonst sackt man immer sofort durch. Wenn man zum Beispiel sich immer nur seinen Kindern zuwenden wollte, wenn man Lust und Laune dazu hätte, käme man ganz schön ins Schleudern.

K.-D.N.: Ziehen wir zur Verdeutlichung noch einen Vergleich zur katholischen Auffassung des Trausakraments. Dort wird es als unauflöslich betrachtet und infolgedessen auch als unwiederholbar. Nun kommt im Sakrament der Christengemeinschaft der Ausspruch „Bis daß der Tod euch scheidet" nicht mehr vor. Man könnte ja der Ansicht sein, daß durch diesen fehlenden Ausspruch ein noch stärkerer Akzent auf die Unauflöslichkeit gelegt wird.

W. Gädeke: Es heißt „zu des Lebens Gemeinsamkeit". Ich kann nicht mit einem Verstorbenen verheiratet sein. Mit einem verstorbenen Menschen kann ich vielleicht befreundet sein, aber verheiratet nicht. Denn Ehe bedeutet ja nicht, daß man nur seelisch-geistig verbunden ist, sondern auch leiblich.

K.-D.N.: Das Auslassen dieser Formulierung bedeutet demnach nur, daß durch den Tod keine Scheidung im Sinne einer endgültigen Trennung von diesem Menschen stattfindet?

W. Gädeke: Ja, der Schicksalszusammenhang besteht ebenso wie die Verbindung zu dem Verstorbenen natürlich weiter.

K.-D.N.: Wie verhält es sich nun mit der Unauflöslichkeit?

W. Gädeke: Rudolf Steiner hat es direkt ausgesprochen, daß das Trauritual nichts über Auflöslichkeit oder Unauflöslichkeit aussagt. Natürlich ist die Lebensgemeinsamkeit, d.h. die Gemeinsamkeit des ganzen Lebens gemeint, aber es verhält sich genauso wie mit der vorhin besprochenen Mitgliedschaft: Ich kann nicht verhindern, daß jemand austritt. Selbstverständlich hat das seine starken Schicksalsfolgen, nicht nur für die Kinder, sondern auch für die Betreffenden selber, wenn sie die Lebensaufgabe nicht schaffen und verlassen, die sie einmal im vollen Ernst vor der göttlichen Welt, „unter Christi Augen", wie es heißt, gewollt und begonnen haben. Wenn sie also die Flinte ins Korn werfen, aus welchem Grund auch immer, bleibt ein karmischer Rest, der irgendwann wieder aufgearbeitet werden muß. Unauflöslich ist in diesem Sinne vieles im Leben. Trotzdem würde ich das Trausakrament nicht unbedingt mit diesem Begriff belegen wollen. Aber je ernster und bewußter die Ehe eingegangen worden ist, desto schlimmer sind die karmischen Folgen, wenn man es nicht schafft.

Allerdings gibt es auch Menschen, die heiraten um die 20 im Überschwang und werden von einem Priester der Christengemeinschaft getraut – mit nur einem Traugespräch am Vorabend. Mit 30, wenn der neue Partner kommt, ist dann alles vorbei. Ich habe das einmal bei einem befreundeten Pfarrer miterlebt, der mit dieser Situation konfrontiert wurde. Das Paar, das da neu getraut werden wollte, war dann bei mir auf einem Ehekursus, und wir haben dann sehr darauf gesehen, daß sie wirklich aus dem Vergangenen, aus der gescheiterten Ehe etwas lernen. Es war dann ganz besonders wichtig, ein Bewußtsein zu entwickeln, worauf es ankommt, was man vermeiden muß usw. Sie sollten wirklich aus dem Leid etwas lernen. Als wir der Überzeugung waren, daß das auch wirklich stattgefunden hatte, hat dieser befreundete Pfarrer sie auch noch einmal getraut.

Priester der Christengemeinschaft, die eine erneute Trauung ablehnen

Es gibt natürlich auch Priester der Christengemeinschaft, die die Auffassung vertreten, daß man das nicht dürfe, weil es dem Ritual widerspräche. Es gibt Priester, die eine erneute Trauung grundsätzlich ablehnen und sie folglich auch nicht durchführen. Dazu gibt es in der Christengemeinschaft keine die Priester bindende Vorschrift. Ich würde das auch nicht generell entscheiden, sondern immer den konkreten Einzelfall sehen.

Wenn jemand kommt, der sich gerade von seiner Frau getrennt und in eine junge Eurythmistin verliebt hat und nun heiraten möchte – er ist völlig high und weg –, obwohl erst fünf Wochen dazwischen liegen, und es ist nichts passiert an Aufarbeitung des vergangenen Schicksals, dann würde auch ich erst einmal auf die Bremse treten. Ich würde warten wollen, bis er wieder auf dem Teppich angekommen und in der Lage ist, sich die Sache in Ruhe anzuschauen. Es kommt eben sehr darauf an, wie der einzelne Mensch sein Scheitern durchgemacht hat. Sieht er nur die Schuld bei seiner Frau und was diese alles nicht oder falsch gemacht hat, oder ist er auch bereit, auf seine eigenen Fehler und Schwächen zu sehen? Ist er überhaupt bereit, darüber zu sprechen und das bewußt zu machen? Es ist gleich eine ganz andere Situation, wenn eine wirkliche Aufarbeitung der Vergangenheit möglich ist, am besten auch mit dem neuen Partner zusammen, damit dieser miterleben kann, was der andere durchgemacht hat.

Auf jeden Fall würde ich eine erneute Trauung nicht prinzipiell ablehnen. Vor allen Dingen würde ich sie dann nicht ablehnen, wenn ich sehen muß, daß mein Kollege vor 15 oder 20 Jahren im Grunde nichts zur Vorbereitung getan hat. Denn in einem solchen Fall wäre die Christengemeinschaft im Grunde selber mitschuldig geworden. Die erste Trauung hätte eigentlich gar nicht stattfinden dürfen, weil sie nicht bewußt, klar und ernst genug vorbereitet war.

K.-D.N.: Wie ist es denn möglich, daß unter den Priestern der Christengemeinschaft in bezug auf die Wiederholbarkeit des Trausakramentes eine solche Diskrepanz herrscht? Wie können die einen meinen, daß eine Wiederholung prinzipiell dem Trauritual widerspräche, während andere, so wie Sie das jetzt ausgeführt haben, der Ansicht sind, man müsse den Einzelfall sehen? Es müßte doch möglich sein, in dieser Frage eine Klärung herbeizuführen. Entweder widerspricht eine Wiederholung prinzipiell dem Ritual, oder sie tut es nicht.

W. Gädeke: Diese Klärung wird auch versucht, und ich bin gespannt, ob sie erreicht wird. Wenn jemand die Auffassung vertritt, man könne und dürfe das Trausakrament nicht wiederholen, dann geht er von der Tatsache aus, daß das Gelöbnis zur Lebensgemeinsamkeit auch die Biographiegemeinsamkeit umschließt. Die Wiederholung wird dann als eine nachträgliche Annullierung seitens der Christengemeinschaft angesehen.

W.W.: Nehmen wir einmal ein Paar, das schon seit Jahren zusammenlebt, von dem ersten Ehepartner schon längst getrennt ist und sich dann entschließt, wieder zu heiraten. Würde dann ein Priester der Christengemeinschaft, der davon ausgeht, daß das Trausakrament unwiederholbar ist, eine erneute Trauung auch ablehnen?

W. Gädeke: Ja, er würde sagen, daß sie es so belassen sollten, wie es ist. Sie schließen sich der Auffassung im Christentum an, die dem Jesuswort folgt: „Wer eine Abgeschiedene freit, der bricht die Ehe." Man kann diese Auffassung, die auch im Urchristentum geherrscht hat, nicht leichthin negieren und vom Tisch wischen. Die hat schon eine ganze Menge für sich.

K.-D.N.: Wenn einen jemand, der geschieden ist, danach fragt, ob eine weitere Trauung in der Christengemeinschaft möglich ist, dann kann man ihn also nur darauf verweisen, daß er es mal versuchen sollte, einen Priester zu finden, der dazu bereit ist?

W. Gädeke: Richtig.

Der Entschluß zur Ehe ist keine Schicksalsnotwendigkeit

K.-D.N.: Gehen wir einmal einige Schritte des Trausakramentes durch. Das Bild des Christuswirkens in der Einleitung hatten wir bereits angesprochen. Dann folgt im weiteren Verlauf des Traurituals die Hinführung zur Entschlußbekräftigung, zum Jawort, in dem gefragt wird, ob man in der Lage und Willens sei, die Lebensgemeinsamkeit mit dem Partner in jene Entschlüsse aufzunehmen, mit denen man in der Geistwelt wandelt. Was halten Sie von der Ansicht, daß mit dieser Formulierung auf einen vorgeburtlichen Entschluß zur Ehe hingewiesen ist?

W. Gädeke: *(lacht)* Sie halten mir absichtlich das rote Tuch hin! Diese Auffassung, daß der Entschluß schon vorher gefallen ist, widerspricht dem Ritual. Dann bräuchte man jetzt keinen Entschluß zu fassen, sondern dann müßte es heißen: „Erinnerst du dich an deinen Entschluß?" Es handelt sich aber nicht um einen Erinnerungsvorgang an etwas, was schon vorgeburtlich entschlossen ist. Vorgeburtlich beschlossen ist lediglich, daß ich diesem Menschen begegne. Das wissen die Engel längst, daß das nötig ist. Aber was ich daraus mache, das ist meine Freiheit hier auf Erden. Das ist gerade von unserem Jahrhundert an ganz wichtig. In der Vergangenheit mochte das noch richtig sein, wenn die Menschen meist mit naturhafter Zwanghaftigkeit des Karma zur Ehe zusammengeführt wurden. Dann war es meist richtig, daß sie verheiratet waren. Aber spätestens von unserem Jahrhundert an ist es nicht mehr richtig. Davon bin ich ganz tief überzeugt.

Diese Formulierung ist auch ganz eindeutig so gefaßt, daß es um den jetzigen Entschluß geht. Und zwar ist ein Entschluß gemeint, wie er als Qualität in der „Allgemeinen Menschenkunde" (GA 293) von Rudolf Steiner als höchste Äußerung des Willens beschrieben ist. Die höchste Willensäußerung, zu der der Mensch überhaupt fähig ist. Der Entschluß wird von Rudolf Steiner in dieser Qualität dem höchsten Wesensglied des Menschen, dem Geistesmenschen, zugeordnet. Und in der Geistwelt wandle ich heute als normaler Mensch, mit normalem Bewußtsein, ohne hellsichtig oder Eingeweihter zu sein, bewußt nur mit meiner Ideenfähigkeit. Und deswegen muß ich Ehe als bewußt anzustrebendes Kulturziel auch bewußt ins Auge fassen, denken können. Ich muß die Ehe als geistige Tatsache begreifen können, um sie dann langsam zu einer irdischen Tatsache zu machen. Dazu ist es eben notwendig, daß ich das auch konkret denken kann. Was soll das überhaupt, mich ein Leben lang an einen Menschen anderen Geschlechts zu binden und mit ihm zusammenzuleben, und zwar unter Einschluß aller positiven und negativen Kräfte seines und meines Wesens? Dafür muß ich schon gewichtige Gründe haben, um das zu wollen.

K.-D.N.: Sie sagten, daß die Ansicht, es handle sich um einen vorgeburtlichen Entschluß, dem Ritual zuwiderlaufe. Wäre dies nicht ein Fall, wo die Lehrfreiheit eines Priesters der Christengemeinschaft zu begrenzen wäre? Denn es heißt ja, daß die Priester der Christengemeinschaft Lehrfreiheit haben, so lange die Lehre nicht dem Kultus widerspricht.

Vielleicht sollte man einen Priester, der diese antiquierte Ansicht vertritt, nicht gleich mit einer Art Lehrzuchtverfahren belegen, aber vielleicht wäre eine definitive Klärung dieser Frage doch möglich und angebracht. Ich halte es für vollkommen widersinnig, an die Ehe im Sinne einer Schicksalsnotwendigkeit zu denken.

W. Gädeke: Ja, aber Lehrzuchtverfahren halte ich da auch für vollkommen untauglich. Es ist vielmehr eine gemeinsame geistige Arbeit in Konferenzen, auf Synoden usw. nötig. Wenn man das dann auch in der Ausbildung leistet, reicht das eigentlich. Wenn man sich wirklich auf den Wortlaut des Sakramentes einläßt, kann man das deutlich sehen, daß nicht die Erinnerung an einen schon gefaßten Entschluß gemeint ist. „Gedenkst du, in die Entschlüsse aufzunehmen ..." Das ist doch jetzt und hat einen zukunftsgerichteten Charakter!

Das Jawort setzt voraus, daß ich überhaupt Entschlüsse fassen kann, mit denen ich in der Geistwelt wandle. Wie mache ich das denn? Habe ich jemals einen solchen Entschluß gefaßt? Was ist denn das Kennzeichen eines solchen Entschlusses? Welche Qualität muß ein Entschluß haben, damit man ihn so bezeichnen kann? Ich führe mindestens ein bis zwei Gespräche nur über diesen Satz, wenn ich eine Trauungsvorbereitung mache.

Ein weites Zukunftsideal als Gruselgeschichte

K.-D.N.: Zum Thema der Entschlußfassung habe ich noch eine Gruselgeschichte gehört. Ein Priester der Christengemeinschaft soll gesagt haben, daß es eigentlich Aufgabe des Priesters sein müsse, aus seiner vermeintlichen Überschau heraus zu sagen, ob es der geeignete Partner sei oder nicht. Der Priester müsse sagen, wer heiraten soll und wer nicht.

W. Gädeke: Das ist eine schöne Gruselgeschichte!

K.-D.N.: Da klirren einem die Plomben!

W. Gädeke: Wissen Sie, woher diese Ansicht stammt? Sie kommt von Rudolf Steiner!

K.-D.N.: Ach was!?

W. Gädeke: Im ersten Theologenkurs sagt Rudolf Steiner: Sie müssen sich als Seelsorger ein solches Vertrauen erwerben, daß die Menschen es als selbstverständlich ansehen, sich die Entscheidung zur Ehe beim Seelsorger zu holen.

K.-D.N.: Es bleibt eine Gruselgeschichte! Was sagen Sie dazu?

W. Gädeke: Ich sehe das als ein ganz großes Zukunftsideal an. Ehe ist so schwierig und verantwortungsvoll, daß mindestens ein Dritter in den Entscheidungsprozeß mit einbezogen werden sollte. Sonst setzen die Menschen nur dasjenige fort, was in der Vergangenheit richtig war, was aber in der Zukunft falsch sein wird. Daß sie nämlich aus dem unmittelbaren Erleben der karmischen Nähe, Dichte und Vertrautheit mit der anderen Seele meinen, das sei eine Indikation für Ehe. Dabei ist es eine Kontraindikation.

K.-D.N.: In der Vergangenheit war es doch eigentlich noch mehr so, daß Eltern, Verwandte und zum Teil auch Freunde sehr massiv und bestimmend in den Entschluß mit eingewirkt haben. Die Eltern ganz besonders.

W. Gädeke: Das ist eine alte Zeit. Seither aber herrscht Chaos. Da sind wir doch mittendrin. Die alte Form der Ehefindung trägt nicht mehr und ist überlebt, das ist völlig klar. Ebenso deutlich ist, daß die neue Zukunftsform noch nicht möglich ist. Die Folge ist, das Chaos herrscht. Das ist ganz notwendig.

Betrachten wir es genauer, dann stellt Rudolf Steiner ein Ideal vor den Seelsorger hin, sich so vertrauenswürdig und fachkundig zu machen, daß er das überhaupt könnte. Es ist ein weites Ideal für Jahrhunderte. Ich habe es einmal erlebt, daß ich konkret mit einer solchen Fragestellung konfrontiert wurde. In der Hamburger Gemeinde, wo ich tätig war, kannte ich einen Jungen aus dem Religionsunterricht von der 9. Klasse an aufwärts. Kurz nachdem er in der 12. Klasse abgegangen war, kam er mit seiner Freundin zu mir, mit der er schon zwei Jahre befreundet war, und sie sagten, daß sie heiraten wollten. Sie wollten sich also von mir beraten lassen. Ich merkte bald, daß das alles nicht so strahlend war, und fragte sie, warum sie denn heiraten wollten und was ihre Beweggründe seien. Dann kam heraus, daß sie eigentlich heiraten wollte, um ihrem Elternhaus in Schweden zu entfliehen ...

K.-D.N.: Eine Zugfahrkarte hätte es auch getan ...

W. Gädeke: Er wollte sie nun gewissermaßen ritterlich auffangen, weil es seine Freundin war. Ich habe dann ganz vorsichtig versucht, ihnen zu zeigen, daß das kein ausreichendes Motiv ist. Sie haben es dann schließlich auch gelassen.

Für mich ist ganz wichtig und wegleitend geworden, was Rudolf Steiner während einer Mysterienspiel-Probe geäußert hat. Diese Äußerung ist durch Gümpel-Seiling in dem Buch „Erinnerungen an Rudolf Steiner" überliefert worden. Rudolf Steiner hat damals ausgesprochen, daß es für die Gegenwart und Zukunft schädlich sei, wenn man einen Menschen heiratet, dessen Schwester oder Bruder man im letzten Leben war oder zu dem man in einem ähnlichen Verhältnis stand. So wie es vor Jahrtausenden schädlich geworden ist, seinen leiblichen Bruder oder seine leibliche Schwester zu heiraten, was in Urzeiten richtig war, so wird es jetzt schädlich oder verkehrt, seinen karmischen Bruder oder seine karmische Schwester – so nenne ich das einmal – zu heiraten. Nun trifft man aber in der Jugend gerade seine „karmischen Geschwister", seine Nächsten. Die allermeisten Jugendfreundschaften sind ja dadurch gekennzeichnet, daß man sich gewissermaßen von Natur aus besonders nahe fühlt. Gerade das aber wird zur Kontraindikation gegen Ehe. Bloß, machen Sie das mal einem heutigen Menschen klar! Das Chaos entsteht, wenn aufgrund eines solchen karmischen Nähegefühls geheiratet wird, denn dann ist die Ehe spätestens nach zehn Jahren vorbei. In den allermeisten Fällen!

Wir stehen diesbezüglich in einer ganz neuen Zeitsituation, und wir brauchen eine ganz neue Orientierung. Wenn es möglich wäre und mir gelingen könnte, würde ich überall zu den jungen Menschen hingehen und sagen: „Freut euch eurer Jugendfreundschaften, macht aber keine Ehe daraus. Wartet noch sechs, sieben Jahre, dann sieht die Welt anders aus.“ Aber damit rennt man natürlich heute noch gegen Mauern, weil man das noch nicht einsehen kann. Mit den Folgen allerdings habe ich tagtäglich zu tun. Ich halte das also für einen ganz wichtigen Punkt, daß daran gearbeitet werden muß und die Priester dazu ausgebildet werden müssen, das zu sehen. Dazu gehört dann auch die Aneignung der entsprechenden moralischen Technik, den Menschen das auch nahebringen zu können.

Wenn man den Eheentschluß nicht durchträgt

K.-D.N.: Nach dem Jawort richtet sich im Trauritual die Ansprache an die Trauzeugen, an die schließlich eine Ermahnung ergeht, daß in ihnen *nie* ein Bewußtsein dessen verschwinden darf, was sie gehört und was sie gesehen haben. Diese Ermahnung gewinnt eine besondere Eindringlichkeit, indem dreimal die Formulierung „Nie darf ...“ verwendet wird. Da diese Ermahnung sich auf die Wahrnehmung des Eheentschlusses der Brautleute bezieht und sich darin das Gewicht dieses Entschlusses widerspiegelt, stellt sich die Frage, welche Bedeutung und Wirkung es hat, wenn die Ehepartner diesen Entschluß später verraten bzw. fallenlassen. Sie sprachen das Thema schon kurz an.

W. Gädeke: Ich stelle es mir als eine Steigerung dessen vor, was immer passiert, wenn man etwas nicht ausführt, was man sich zu tun vorgenommen hat. Das ist eine Schwächung, eine Schwächung des Willens. Es wird ganz real etwas zerstört. Und da es sich in diesem Fall um eine gesteigerte Willensbekundung handelt, da ein Gelöbnis vor der göttlichen Welt abgegeben wurde, gilt das hier in gesteigertem Maße. Daß durch das Brechen eines Entschlusses etwas krank und zerstört wird, kann man schon in allereinfachster Form erleben, wenn man mit einem anderen Menschen einen Treffpunkt zu einer bestimmten Zeit, an einem bestimmten Ort ausgemacht hat und der dann nicht kommt. Man erlebt dann ja, was das bei einem auslöst. Das zerstört Vertrauen, zerstört Lebenszusammenhang und -verbindung. Das Nichteinhalten und Nichtdurchführen von Entschlüssen schwächt den Willen.

K.-D.N.: Da es sich hierbei um einen Entschluß handelt, der das ganze Leben betrifft, liegt die Vermutung nahe, daß die Nichteinhaltung dieses Entschlusses eine tiefkränkende und schwächende Wirkung auch auf das ganze Leben hat. Im Grunde liegt der Schluß nahe, daß die Nichteinhaltung so gravierend ist, daß davon auch negative karmische Wirkungen ausgehen, die in das folgende Leben hineinreichen.

W. Gädeke: Ich denke, daß es so ist.

K.-D.N.: Die Tragweite dieses Entschlusses kommt den meisten Menschen heute ja wohl kaum zu Bewußtsein.

W. Gädeke: Ganz gewiß nicht. Heute scheinen viele Menschen eher zu einem Extrem zu tendieren, das in einem Spruch aus Amerika zum Ausdruck kommt: „Wenn du heiratest, bedenke, du bindest dich auf Monate.“ Darin spiegelt sich die ganze Oberflächlichkeit wieder – wenn auch etwas scherzhaft –, die in diesem Bereich Einzug gehalten hat.

K.-D.N.: Welche karmischen Auswirkungen dieser Nichteinhaltung eines Lebensentschlusses könnte man sich denn da vorstellen?

W. Gädeke: Wenn man sich die Geste des Vorganges an den einfachen Tatsachen klargemacht hat, dann scheinen die Wirkungen doch in Richtung einer Vereinzelung zu zielen. Die Schwächung hatten wir schon erwähnt. Wenn ich normalerweise, im täglichen Leben eine Vereinbarung nicht einhalte, dann vereinzele ich mich gegenüber dem anderen Menschen, mit dem ich die Verabredung getroffen habe. Die Verbindung wird geringer. Dadurch werde ich einsamer. Daher meine ich, daß auch die karmische Auswirkung in Richtung Isolierung und Einsamkeit geht. Vielleicht bezieht sich das nur auf das Nachtodliche, vielleicht aber auch auf das nächste Leben. Die Grundgeste ist doch ziemlich eindeutig. Wie sich die Wirkungen durch die folgende Zeit, durch das Nachtodliche und folgende Inkarnationen metamorphosieren, ist eine andere Frage, die man aus dem normalen Bewußtsein nicht beantworten kann. Darüber sollte man auch nicht spekulieren.

Unwissenheit schützt vor den Folgen nicht

K.-D.N.: Ist es angebracht, in diesem Zusammenhang den Begriff der Schuld anzuführen?

W. Gädeke: Ja, denn Schuld heißt doch immer, daß ich etwas schuldig bleibe. Schuld bedeutet, daß ich etwas nicht getan habe, was ich eigentlich hätte tun müssen. Schuld kann auch heißen, daß mir in der Zukunft noch etwas zu tun bleibt, was ich bisher noch nicht getan habe, vielleicht auch noch nicht tun konnte. Wenn ich einen Entschluß nicht eingehalten und dadurch etwas geschwächt habe, bleibt mir die Aufgabe, es wieder zu heilen und zu stärken.

K.-D.N.: Nun scheinen auch hier die Menschen wenig geneigt zu sein, nach einer Trennung ins Bewußtsein aufzunehmen, daß sie selbst etwas schuldig geblieben sein könnten. Normalerweise wird doch allenfalls die Schuld beim anderen gesucht dafür, daß der Entschluß nicht mehr trägt.

W. Gädeke: Ja, das ist das Normale. Das erlebe ich in jedem Ehegespräch, daß die Schuld immer beim anderen gesehen wird. Es hat seinen Grund darin, daß einem die Probleme der Ehe am und im anderen und in seinem Verhalten entgegentreten. Daß es aber objektive Probleme sind, die gar nichts spezifisch mit diesem einen konkreten Menschen zu tun haben, sondern allgemeiner Natur sind, das sieht man zunächst nicht. Die Probleme treten einem so persönlich durch den anderen entgegen, daß man gar nicht sieht, daß es sich um objektive Probleme handelt. Dadurch kommt die Schuldzuweisung an diese konkrete Person zustande. Das ist aber Maja, das ist eine Ablenkung von den wirklichen Ursachen.

K.-D.N.: Im Grunde genommen ist man dann doch schon etwas schuldig geblieben, wenn man sich nicht bereits vor der Ehe, spätestens aber während der Ehe mit den objektiven Gründen beschäftigt, die zu einer Trennung führen können.

W. Gädeke: Das ist ein typisches Beispiel für unschuldig schuldig werden, weil man ja gar nicht weiß und nicht bemerkt, daß man etwas schuldig bleibt. Und die allermeisten Menschen heute wissen das eben nicht. Denn auf diesem Felde konnte man noch bis vor wenigen Jahrzehnten einfach drauflosleben, und die gesellschaftlichen Kräfte haben das noch getragen und eine bewußte Auseinandersetzung ersetzt.

Heute entstehen solche stützenden Kräfte aber nur durch die individuelle Beschäftigung mit der Problematik. Wenn ich also etwas tue, von dem ich vorher gar nicht weiß, daß es falsch ist, dann bin ich auch nicht im wirklichen Sinne schuldig. Mein Handeln kann dann also nicht moralisch verurteilt werden. Meine Unwissenheit schützt mich aber vor den Folgen nicht, die ich dann zu tragen habe, d.h. die Trennung mit allen ihren Auswirkungen. Das ist doch auch eines der wesentlichen Elemente der Tragödie, daß Menschen schuldig werden, obwohl sie es gar nicht wissen oder wollen. Das ist ein urmenschlicher Vorgang, und der findet auf dem Felde der Ehe und Partnerschaft in unserem Jahrhundert massenweise statt.

Die Aufgabe der Trauzeugen – die zentrale Tätigkeit der Fürbitte

K.-D.N.: Kommen wir wieder zu den Trauzeugen. Welche Aufgabe der Trauzeugen wird in der vorhin erwähnten Ermahnung „Nie darf ..." angesprochen?

W. Gädeke: Für die Trauzeugen heißt das, daß sie in regelmäßiger Pflege das Bewußtsein von dieser Tatsache erneuern sollen, und zwar im Sinne einer Zeugenschaft. Zeugenschaft hat ja schon im deutschen Sprachgebrauch eine doppelte Bedeutung. Man bezeugt etwas, indem man sagt: „Ja, ich habe es gesehen, habe es gehört und erlebt, so war es. Ich trage es jetzt noch in meinem Bewußtsein, ich kann es jetzt noch in meinem Bewußtsein wachrufen, und ich bin mir ganz sicher." Ein Seinsurteil sozusagen, ein Tatsachenurteil. Das ist das eine, was die Trauzeugen pflegen sollen.

Und das andere ist, daß sie zeugen sollen im Sinne von Erzeugen. Sie sollen also dafür Sorge tragen, daß etwas entsteht. Sie sollen erzeugen „den lebendigen Beistand". Sie sollen also in das Leben dieser beiden Menschen etwas hineingeben, etwas in ihm erzeugen, was ohne ihre Tat nicht da wäre. Lebendiger Beistand ist im religiösen Sinne ganz schlicht Fürbitte. Es ist die Ausübung des Fürbitte-Gebets für diese Lebensgemeinschaft, für den Engel dieser Ehe, für den Engel dieser Familie, der dadurch ganz andere Wirkensmöglichkeiten hat, als wenn das nicht geschieht. Rudolf Steiner hat so über die Fürbitte gesprochen, daß durch sie tatsächlich etwas Neues aus der geistigen Welt in die Menschenwelt hineinkommen kann, was auf keinem anderen Weg hineinkommen könnte. Neues Schicksal, neue Möglichkeiten, sozusagen Schicksalskeime können dadurch in die Lebensgemeinschaft von Mann und Frau hereinwirken. Das ist das Erzeugende, wodurch wirklich etwas Neues entsteht, dadurch daß Menschen sich bereit erklären, nicht nur das Bewußtsein dieses Jawortes und seiner Qualität aufrechtzuerhalten, sondern auch etwas hineinzugeben, was lebenzeugend für diese Gemeinschaft ist.

K.-D.N.: Wie sind da Ihre Beobachtungen; wird das von den Trauzeugen in der Regel ernst genommen und gepflegt?

W. Gädeke: Soweit ich sehe, ist das Bewußtsein dieses zweiten, erzeugenden Teiles der Trauzeugenaufgabe und ihre Konkretisierung noch gar nicht so weit verbreitet. Auch ich bin erst mit der Zeit dahintergekommen, was diese zweite Aufgabe eigentlich bedeutet. Darauf kommt man erst, wenn man sich immer tiefer mit dieser Frage beschäftigt. Zunächst kann damit ja auch ein Beistand gemeint sein, daß ich als Trauzeuge zum Beispiel dem jungen Paar beim Umzug helfe, wenn das erste Kind kommt. Das ist natürlich auch ein Beistand für das Leben. Er stützt die Lebensumstände und die Lebenskräfte der Beteiligten. Aber dieser Beistand, mal bei einem Umzug oder ähnlichem zu helfen, kann doch nicht innerhalb eines Sakramentes gemeint sein. Ebenso wenig kann der Beistand gemeint sein, durch den man als Freund einen Menschen seelisch unterstützt. Das muß nicht der Trauzeuge sein, der das tut, und das muß man nicht feierlich innerhalb eines Sakramentes geloben. Der freundschaftliche und seelische Beistand ist außerdem auch mehr situationsbezogen, da man in dieser oder jener Lage beistandsbedürftig ist. Im Trauritual wird aber von dem lebendigen Beistand gesprochen. Und lebendig heißt immer: rhythmische Wiederholung, und heißt auch, daß der Beistand direkt in die Lebenskräfte wirkt. Und all das ist bei der Fürbitte, bei dem religiösen Vorgang für andere gegeben. Bei näherer Betrachtung dieser Formulierung, bei näherem Besinnen ist es für mich ganz klar, daß damit gar nichts anderes gemeint sein kann.

J.P.: Kann man das vergleichen mit der Wächterschaft bei der Taufe, daß die Trauzeugen also Wächter für die Trauung sind?

W. Gädeke: Ja, man kann sagen, die Trauzeugen sind Ehepaten. Das ist ein durchaus vergleichbarer Vorgang, wobei die zentrale Tätigkeit die Fürbitte ist. Ich glaube, der Vorgang ist so neu, daß er vielfach noch nicht regelmäßig geübt werden kann. Ein Gebetsleben oder auch ein meditatives Leben sind eine ganz individuelle Angelegenheit, und jeder merkt, daß er sich dabei ganz gehörig in Zucht nehmen muß, um das überhaupt anfangen und vor allem durchhalten zu können. Wir machen da natürlich keine Gewissenskontrolle und auch keine Erfolgskontrolle.

Insofern ist die ursprüngliche Frage, wie weit die zweite Aufgabe der Trauzeugen auch schon beherzigt und realisiert wird, schwer zu beantworten. Bei Traugesprächen und Ehegesprächen komme ich immer wieder an diesen Punkt, und ich merke auch zunehmend, daß die Menschen dafür offen sind und fühlen können, daß das eine Notwendigkeit ist, da Ehe zu zweit im Grunde genommen schon eine Überforderung ist. Daneben muß es wenigstens zwei Menschen geben, die das Leben der Ehe miterzeugen. Ich kann also nur von der seelisch-menschlichen Offenheit für diese Sache sprechen, aber natürlich nicht mit Bestimmtheit sagen, inwieweit das nun auch wirklich praktiziert wird. Es ist ja auch eine innerste Angelegenheit des stillen Kämmerleins jedes einzelnen, und insofern würde ich auch nicht die Neigung haben, das irgendwie zu hinterfragen.

Eine heikle Passage zur Aufgabe der Frau

K.-D.N.: Im weiteren Verlauf des Traurituals treten drei Bilder auf: das des Ringwechsels, des Kreuzens der Stäbe und das des Auferstandenen. Welche Bedeutung haben diese Bilder?

W. Gädeke: Es ist dies der Bilderteil, der Imaginationsteil des Rituals. Und zunächst sind es ja beinahe abstrakte Bilder: Ring und Kreuz. Allein dadurch, daß diese Bilder aufeinander folgen, ist deutlich, daß es sich auf der einen Seite um Einheit handelt, um Einigkeit – das Bild des Ringes – und andererseits immer noch um eine Zweiheit, denn ein Kreuz hat immer zwei Elemente, die aber verbunden sind.

Diese Paradoxie ist auch in der Ehe enthalten: Einerseits soll man zusammen ein Ganzes werden, und andererseits ist jeder Partner für sich bereits ein Ganzes. Einerseits soll es eine Einheit, die eine Ehe geben, und auf der anderen Seite geht das nicht so, daß beide nur eine Hälfte sind, sondern beide müssen auch in der Ehe für sich selber eine Ganzheit bleiben oder erst recht werden. Also in diesen beiden Bildern ist die Paradoxie, oder anders ausgedrückt: die Polarität, die in der Eheaufgabe liegt, zum Ausdruck gebracht.

K.-D.N.: Bei dem dritten Bild, dem Hinweis auf den Auferstandenen, folgt nun eine Formulierung, die nicht nur ich als heikel empfinde. Es heißt dort nämlich, daß die Frau dem Mann nachfolgen solle.

W. Gädeke: Das stimmt, es heißt, daß die Frau dem Mann folgen solle. Aber zuerst heißt es, daß der Mann der Frau voranleuchten solle, und zwar mit dem Lichte, daß er von dem Lichte des Auferstandenen in seinem Geist empfängt. Die erste Aufgabe wird also an den Mann gestellt, und das ist die Aufforderung zur Betätigung des religiösen Lebens. Denn bei demjenigen, der um die Trauung nachsucht, sollte man voraussetzen, daß er eben nicht nur ein einmaliges schönes Fest mit Schleier und Myrten, schwarzem Anzug, Hochzeitskutsche und blumenstreuenden Kindern oder mit sonstwas sucht, sondern daß er wirklich einen geistig-realen Vorgang sucht, in dem er auch sonst im Sakrament darinnen steht. Das heißt, es wird vorausgesetzt bei demjenigen, der sich traut, daß er in seinem Geiste etwas von dem Licht des Auferstandenen erlebt hat und das auch weiterhin anstrebt. Das Mindeste ist, daß er eine gewisse geistige Beziehung, und sei es auch zunächst nur eine gedanklich-ideelle, zum dem Christus hat. Das ist Voraussetzung. Derjenige, der gar keine, wie auch immer geartete Beziehung zu dem Christus hat, nicht einmal eine gedankliche, der kann an diesem Sakrament gar nicht teilhaben.

W.W.: Aber warum wird denn diese Aufgabe des Voranleuchtens auf den Mann gelegt und nicht auf die Frau oder auf beide gleichermaßen?

W. Gädeke: Der Frau wird eine andere Aufgabe zugemessen, auf die ich gleich zu sprechen komme. Bleiben wir zunächst noch beim ersteren. Die Aufforderung an den Mann ist gewissermaßen die Minimalerwartung, die die göttliche Welt an den Mann stellt, wenn er ein solches Sakrament empfangen will, nämlich daß er in seinem Geiste wenigstens einen Abglanz vom Lichte des Christus hat. Und mit diesem Pfund soll er wuchern, d.h. das soll er pflegen und betätigen.

Bei der Frau heißt es demgegenüber, sie solle dem Mann folgen, jetzt nicht *mit* dem Lichte wie beim Mann, sondern *im* Lichte, das der Wiedererstandene in ihrer Seele leuchten läßt. Das kann von der Frau als elementare religiöse Beziehung zu dem Christus erwartet werden. Daß sie ein Gefühl hat für den Christus, das ist sozusagen die Minimalanforderung an die Frau. Beim Mann ist es oft so, daß seine Beziehung zum Christus in dieser Schicht der Seele noch gar nicht ankommt. Man kann das ja auch oft erleben, daß bei Männern die Religiosität noch ganz stark eine Gegenüberfunktion hat, und die Männer noch nicht drinnen, aber doch schon dran sind.

K.-D.N.: Nehmen Frauen an dieser Passage Anstoß?

W. Gädeke: Es wird immer Anstoß an dieser Passage genommen, weil mit dem Nachfolgen immer etwas Sekundäres, Abgeleitetes, Passives und damit Negatives verbunden wird.

K.-D.N.: Das empfinde ich allerdings auch so. Vor allem deshalb, weil hier die Rollen so eindeutig verteilt sind.

W.W.: Es könnte doch auch so sein, daß die Frau mit ihrer Seele die Beziehung zu dem Christus aufgreift und der Mann ihr folgt. Die Präpositionen, die Sie hervorgehoben haben, und was aus ihnen folgt, sind verständlich und nachvollziehbar, aber das Heikle ist ja die Festlegung der Nachfolge. Es ist doch überhaupt nicht einzusehen, warum der Mann vorangeht und die Frau ihm folgt, denn genauso kann es umgekehrt sein.

W. Gädeke: Ich verstehe Ihren Einwand. Ich meine, daß die Reihenfolge, ob das Licht im Geiste oder in der Seele leuchtet, heute beim Mann von Natur aus so gegeben ist, daß er überhaupt nur religiös sein kann, wenn das Licht in seinem Geiste leuchtet, d.h. wenn er es sich auch denken kann. Ich will mal überspitzt sagen: Ein moderner Mann kann gar nicht religiös sein, ohne daß das Licht des Christus wenigstens anfänglich in seinem Geiste geleuchtet hat. Und seine seelische Religiosität – also seine Frauheit, um das mal mit einem Wort zu belegen –, die kann gar nicht entstehen, ohne daß es im Geiste geleuchtet hat oder leuchtet. Während es bei der Frau umgekehrt sein kann: Sie kann elementar religiös fromm sein in der Seele, und es muß noch nicht unbedingt im Geiste geleuchtet haben. Das ist ja auf anderen Feldern dasjenige, was viele Männer so wahnsinnig aufregt, wie existentiell sich Frauen mit Waldorfpädagogik, Körnerernährung, Naturfaserkleidung usw. verbinden, ohne die Dinge vorher ganz begriffen zu haben bzw. es auch nur zu wollen. Umgekehrt begreifen Männer oft ganz genau, was nötig ist, aber tun es dann noch lange nicht im persönlichen Leben. Verstehen Sie, da liegt auf einer ganz anderen Ebene dasselbe Problem.

W.W.: Aber das ist keine Beantwortung der Frage.

W. Gädeke: Nein, das war auch erst die Hinleitung. Was hier im Trauritual ausgesprochen ist, besagt jetzt nicht nur, daß das der natürliche Ausgangspunkt für die Religiosität von Mann und Frau ist, sondern es enthält ja auch eine Aufforderung: „Leuchte voran“ – „Folge“. Für eine moderne Religiosität in der Ehe – denn darum geht es ja hier –, ist es unverzichtbar, daß diese männliche natürliche Qualität primär ist. Es reicht nicht aus, mit weiblicher Religiosität die Ehe zu führen. Sie müssen beide zusammenwirken und der Mann muß seine Möglichkeit, die er von Natur hat, aktivieren und einbringen. Und die hat etwas Instrumentales, deswegen heißt es *mit* dem Lichte.

W.W.: Dann wäre mit „Folge *ihm*“ nicht der individuelle Mann gemeint, sondern nur die männliche Seite, die Religion denkerisch zu ergreifen.

W. Gädeke: Richtig! Wenn der Mann seine Aufgabe richtig vollzieht, dann soll die Frau das Existentielle hereinbringen, *in* dem Lichte. Das klingt so ein bißchen nach Mandorla, als wenn sie in dem Lichte wandelt. Und das ist auch so. Das ist existentieller. Und diese Seite des religiösen Lebens soll sie in die Gemeinschaft einbringen.

Aber von der Entwicklung her ist das Leuchten im Geiste ein Vorangehendes, weil der Mann – nicht aus persönlichem Verdienst, sondern aus der allgemeinen männlichen Natur – an dieser Stelle einen Vorsprung hat, dadurch allerdings nicht besser oder religiöser ist. Es muß nur im Entwicklungsgang das erste sein, bevor das nächste folgen kann. Und das wird in Zukunft immer mehr der Fall sein. Für die frühere Religiosität galt das noch nicht, denn da konnte man unmittelbar empfindungsmäßig fromm und religiös sein. Ob diese Religiosität nun denkerisch durchdrungen wurde oder nicht, war nicht so wichtig. Für die Zukunft wird das aber immer wichtiger werden, und deshalb wird an dieser Stelle des Traurituals auch an erster Stelle der Mann genannt. Man kann das nicht umkehren.

K.-D.N.: Wenn Sie mit Ihrer Interpretation Recht haben, daß es im wesentlichen um das Männliche und um das Weibliche geht, dann empfinde ich die Formulierung im Trauritual als nicht treffend genug. Und ich wage sogar zu behaupten, daß es aufgrund dieser Formulierung vermehrt zu Schwierigkeiten und Problemen kommen wird, was die Akzeptanz des Traurituals betrifft, wenn man sie in dieser Form beläßt. Die Worte vermitteln für jemanden, der sich nicht eingehend und interpretierend damit beschäftigt, einen überkommenen und für viele Frauen vielleicht auch abstoßenden Eindruck.

W. Gädeke: Ich sehe das als eine Aufgabe einer wirklichen Vorbereitung der Trauung, solche Mißverständnisse auszuräumen. Es geht in den Vorbereitungsgesprächen ja um die beiden Brautleute, so daß sie auch diese Passage richtig verstehen und sich dazu stellen können. Man könnte mal probeweise – wie ich das manchmal in Arbeitskreisen mache, zum Beispiel mit dem Credo – innerlich die Formulierungen ändern und würde dann bemerken, was dabei verloren geht, wenn man es selbst zu formulieren versucht. Aber vielleicht ist das ja auch eine Passage, die sich in den nächsten Jahrhunderten tatsächlich metamorphosieren wird.

Ich muß aber auch ganz deutlich sagen, daß ich an dieser Stelle keine Diskriminierung sehe, wenn man wirklich versteht, worum es eigentlich geht. Denn es ist ja der einzige Teil in der Trauung, der einen an die Brautleute gerichteten Aufforderungscharakter hat, der also final in die Zukunft weist. Auf jeden Fall wäre es eine vollkommene Fehlinterpretation, wenn man diese Stelle so auffassen würde, daß der Mann alles zu bestimmen und die Frau ihm in allem zu folgen hätte.

Ein Problem entsteht schon alleine dadurch, daß wir sprachliche Charakterisierungen immer gleich mit Wertungen belegen. Wenn es heißt „aktiv", dann empfinden wir das als gut, und wenn es heißt „passiv", dann bewerten wir das als schlecht. Als wenn passiv etwas Schlechtes wäre! Es gibt so viele Situationen im Leben, wo es gut ist, wenn man sich mit seiner Aktivität zurückhält.

Die naheliegende Tradition

K.-D.N.: Was wir jetzt zu dieser Stelle zusammengetragen haben, ist die eine Seite dessen, was man dazu sagen kann. Die andere Seite will ich jetzt auch einmal ein bißchen umreißen, weil sie meines Erachtens zunächst sogar viel näher liegt. Als Sie vorhin über den Kultus sprachen, sagten Sie, es sei eine Notwendigkeit, daß sich die Messe metamorphosiere und weiterentwickele. Nun ist gerade diese Stelle des Traurituals mit einer Erinnerung an den Katholizismus behaftet, nämlich, daß die Frau sich dem Manne als ihrem Haupt unterzuordnen habe. Ich empfinde es als sehr naheliegend, daß jemand, der sich mit dieser Stelle befaßt, auch auf solche Gedanken verfällt und dann vielleicht auch mal im Neuen Testament nachschlägt. Da heißt es dann im Brief an die Epheser 5, 21–33 über die christliche Familienordnung:

„Einer ordne sich dem andern unter in der gemeinsamen Ehrfurcht vor Christus. Ihr Frauen, ordnet euch euren Männern unter wie dem Herrn (Christus); denn der Mann ist das Haupt der Frau, wie auch Christus das Haupt der Kirche ist; er hat sie gerettet, denn sie ist sein Leib. Wie aber die Kirche sich Christus unterordnet, sollen sich die Frauen in allem den Männern unterordnen. Ihr Männer, liebt eure Frauen, wie Christus die Kirche geliebt und sich für sie hingegeben hat, um sie im Wasser und durch das Wort rein und heilig zu machen. So will er die Kirche herrlich vor sich erscheinen lassen, ohne Flecken, Falten oder andere Fehler; heilig soll sie sein und makellos. Darum sind die Männer verpflichtet, ihre Frauen so zu lieben wie ihren eigenen Leib. Wer seine Frau liebt, liebt sich selbst. Keiner hat je seinen eigenen Leib gehaßt, sondern er nährt und pflegt ihn, wie auch Christus die Kirche. Denn wir sind Glieder seines Leibes. Darum wird der Mann Vater und Mutter verlassen und sich an seine Frau binden, und die zwei werden ein Fleisch sein. Dies ist ein tiefes Geheimnis; ich beziehe es auf Christus und die Kirche. Was euch angeht, so liebe jeder von euch seine Frau wie sich selbst, die Frau aber ehre den Mann."

Desweiteren liest man im 1. Brief an Timotheus 2, 8–15 über Männer und Frauen:

„Ich will, daß die Männer überall beim Gebet ihre Hände in Reinheit erheben, frei von Zorn und Streit. Auch sollen die Frauen sich anständig, bescheiden und zurückhaltend kleiden; nicht Haartracht, Gold, Perlen oder kostbare Kleider seien ihr Schmuck, sondern gute Werke; so gehört es sich für Frauen, die gottesfürchtig sein wollen. Eine Frau soll sich still und in aller Unterordnung belehren lassen. Daß eine Frau lehrt, erlaube ich nicht, auch nicht, daß sie über ihren Mann herrscht; sie soll sich still verhalten. Denn zuerst wurde Adam erschaffen, danach Eva. Und nicht Adam wurde verführt, sondern die Frau ließ sich verführen und übertrat das Gebot. Sie wird aber dadurch gerettet werden, daß sie Kinder zur Welt bringt, wenn sie in Glaube, Liebe und Heiligkeit ein besonnenes Leben führt."

Und als letzte Stelle aus dem 1. Brief an die Korinther 14, 33–35: „Wie es in allen Gemeinden der Heiligen üblich ist, sollen die Frauen in der Versammlung schweigen; es ist ihnen nicht gestattet zu reden. Sie sollen sich unterordnen, wie auch das Gesetz es fordert. Wenn sie etwas wissen wollen, dann sollen sie zu Hause ihre Männer fragen; denn es gehört sich nicht für eine Frau, vor der Gemeinde zu reden."

Es ist doch wirklich nicht von der Hand zu weisen, wenn jemand hier einen Zusammenhang zu der in Rede stehenden Formulierung des Traurituals zu bemerken meint. Wenn man dann noch in das Büchlein von Kurt von Wistinghausen „Grundlegung der Ehe" (Stuttgart 1963) schaut, dann wird man sich nur in dieser Ansicht bestärkt finden. Denn dort findet man, neben vielem anderen, zum Beispiel folgende Aussagen:

„Warum ist es trotz modernem Berufsleben und heutiger Selbständigkeit der Frau immer noch wahr und richtig, daß ihr mehr der 'Innendienst' in der Ehe zukommt, mit allem, was Schönheit des Zusammenlebens, Pflege der Kinder und Sorge für die tägliche Ernährung betrifft, während der Mann im 'Außendienst' das weite Feld des Berufslebens beackert und, im großen und ganzen, das öffentliche Leben in der Hand hält." (S.20 f.)

„Zunächst natürlich ganz unbewußt, kleidet die Frau sich heller, leichter, farbiger, wechselnder und zeigt damit ein Bild der Seele. Der graue Arbeitsanzug oder der festliche Frack des Mannes deuten auf dessen Verankerung im Physischen ..." (S.22)

„Ihr Wirken im Haushalt, an den Kindern, in der Gastfreundschaft, im Beistand für ihren Gatten hat nicht geringeren Wert als der vielleicht bedeutsame Beruf des Mannes. Es muß dies ausgesprochen werden, weil vielfach doch noch die Vorstellung vorherrscht, der Mann verdiene das Geld und die Frau verwalte es allenfalls mit ihm zusammen. Nein! Wie könnte er wirken und Geld verdienen, wenn ihm die Frau nicht unter Verzicht auf den eigenen Beruf die Sprungschanze darböte, wie könnte er sich außerhalb des Hauses tummeln, wenn die Gattin ihm nicht die Sorge für das tägliche Wohl und die Kinder abnähme! Die Hälfte seines Gehaltes ist *ihr* Verdienst." (S.35)

Wir müssen uns hier leider auf diese wenigen Zitate beschränken. Das ganze Büchlein durchzieht ein Frauenbild, das völlig ausklammert, daß die Frau auch nur im Berufsleben stehen könnte.

W. Gädeke: Ich glaube, daß man diese Schrift hinreichend gewürdigt hat, wenn man bedenkt, daß sie 1963, also noch vor der 68er-Revolution, erschienen und seither nicht wieder aufgelegt ist und daß der Autor 1901 geboren ist.

K.-D.N.: Das entkräftet aber nicht die Nähe zu einem katholisch-konservativen Frauenbild, an das man sich durch solche Äußerungen erinnert fühlen kann.

W.W.: Zumal dieses Buch in runden fünfzig Jahren das einzige war, das zu diesem Thema aus den Reihen der Christengemeinschaft hervorgebracht wurde. Erst 1985 erschien dann das Buch von Johannes Lenz „Lebensgemeinschaft und Trauung".

W. Gädeke: Es geschah nicht von ungefähr, daß dieses Buch nicht wieder aufgelegt worden ist, und es ist schon lange vergriffen. Sie haben völlig recht, denn das Buch gehört einer vergangenen Zeit an. In dem Autor wirkten auch noch ganz andere Lebensempfindungen, wobei man sogar sagen muß, daß die Schrift in der damaligen Zeit in einigen Punkten fortschrittlich war. Man sieht daran die Rasanz der Entwicklung. 1963 war noch Adenauer-Ära, und es ist das Jahr, in dem ich gerade angefangen habe zu studieren. Es ist klar, daß dieses Buch überholt ist.

Am Beginn einer gemeinsamen geistigen Kultur

Das viel Wichtigere sind aber ihre Zitate aus dem Neuen Testament. Auch zu diesen Dingen muß man sagen, daß Paulus in vielerlei Hinsicht eben zeitgebunden ist. Auch heute stehen wir erst am Anfang einer gemeinsamen geistigen Kultur. Und diese Aufgabe ist wirklich schwierig! Aber schon mit dem Beginn der Christengemeinschaft ist es doch gegeben, daß von Anfang an die Priesterinnen gleichberechtigt neben den Männern in diesem Beruf stehen. Rudolf Steiner hat auch gerade zu diesem Punkt ausgesprochen, daß die Weltenzeit gekommen sei, wo es einfach notwendig ist, daß die Frauen wieder voll in den Priesterberuf eintreten. Das heißt natürlich, daß sie auch in der Gemeinde sehr wohl das Wort ergreifen. Diese Auffassung des Paulus ist jedenfalls heute in der Christengemeinschaft überwunden.

Und die Ausführungen in dem Epheserbrief betrachte ich als ein Gleichnis für das Verhältnis des Christus zur christlichen Gemeinde. Dafür wird die Ehe als Bild genommen. Es ist nicht in erster Linie das Umgekehrte gemeint, daß die irdischen Verhältnisse so geordnet werden sollen wie die Gemeinde. Man kann sich auch fragen, was denn davon überhaupt verwirklicht ist: Liebt der Mann seine Frau wie seinen eigenen Leib? Da kann man mal die Frauen nach zehn Jahren Ehe fragen, welches Gefühl sie davon haben. Das heißt, es sind doch ganz hohe und weise Ziele, die hier angesprochen sind. So wie man seinen eigenen Leib liebt und nicht aktiv etwas gegen ihn unternimmt, so wie man seinem eigenen Leib wohltut, indem man schläft, ißt, trinkt und atmet, d.h. seine Existenz ermöglicht, genauso soll man seine Frau lieben. Wer kann denn das?

Der andere Gesichtspunkt, daß die Frau Ehrfurcht vor dem Mann haben und ihm untertan sein solle, hat dann schließlich dazu geführt, daß die christlichen Frauen gesagt haben: „Ja, der Mann sei das Haupt der Ehe, die Frau sei der Hals, der es drehe, wohin sie kann und will." Ich finde diesen Spruch, den ich von meiner Tante habe, genial, weil er nämlich die Wirklichkeit widerspiegelt. Denn was haben denn die Frauen, die ein bißchen Eigenständigkeit hatten, über Jahrhunderte gemacht? Die haben doch immer versucht, den Mann zu manipulieren, so wie der Hals den Kopf dreht: „Er soll ruhig Kopf sein, aber wohin er guckt und spuckt, das bestimme ich." Die Frauen haben doch oft mit ihren feineren psychologischen, seelischen Fähigkeiten die Männer in einer Weise beherrscht, daß die es gar nicht gemerkt haben. Auch von solchen Beispielen ist doch die Geschichte voll. Sie mußten es nur auf Wegen tun, die nicht so offensichtlich waren.

Aufgabenverteilung auf der Grundlage gemeinsamer Absprache

Heute kann es sich darum natürlich nicht mehr handeln, sondern heute ist Ehe doch überhaupt nur unter dem Gesichtspunkt der Partnerschaftlichkeit möglich. Die erfordert eine grundsätzliche Gleichberechtigung! Was aber nicht bedeutet, daß es nicht verschiedene natürliche Fähigkeiten und Möglichkeiten gibt, die Mann und Frau haben, weil sie Mann und Frau sind. Und was auch nicht heißt, daß sie nicht spezifische Aufgaben in der Gemeinsamkeit übernehmen können. Wenn zwei Menschen zusammenleben, und jeder übernimmt aus erzieherischen Gründen dasjenige, was ihm am schwersten fällt, dann bleibt für die Gemeinsamkeit am wenigsten Zeit. Also eine gewisse Rollenverteilung, wenn sie freiwillig und aus Einsicht und um der Ermöglichung von mehr freier gemeinsamer Zeit geschieht, kann doch nur positiv sein.

K.-D.N.: Das ist völlig in Ordnung, wenn diese Verteilung auf einer Absprache und beiderseitiger Zustimmung beruht.

W. Gädeke: Genau.

K.-D.N.: Ich sehe dabei kaum irgend etwas, was nicht die Frau oder der Mann in gleicher Weise tun können, sei es nun in der Hausarbeit, Kindererziehung oder im Beruf. Als wenn ein Mann nicht das Zuhause verschönern könnte. Das ist doch wirklich lachhaft!

W. Gädeke: Das ist richtig, aber daß dem Mann überhaupt an der Verschönerung des Zuhauses liegt, ist für die meisten Männer nicht von Natur im gleichen Maße gegeben wie für die Frau. Daß er wirklich Zeit und Sorgfalt investiert, um die Umgebung zu verschönern, ist nicht unbedingt naturgegeben. Aber das heißt ja nicht, daß er es nicht machen kann. Vielleicht hat er ja auch Freude daran und eine gewisse Kultur. Wenn ich aber kochen lernen und die Familie beköstigen sollte, würde ich dafür so viel Zeit brauchen, daß die für unsere Gemeinsamkeit verlorenginge. Natürlich würde meine Familie nicht verhungern, und sie würden auch eine warme Mahlzeit bekommen, aber eine Kochkunst würde es nicht werden, und ich müßte mir das über Jahre aneignen.

K.-D.N.: Das glaube ich nicht!

W. Gädeke: Na gut, dann vielleicht über Monate.

K.-D.N.: Das halte ich für eine Illusion.

W. Gädeke: Ich habe einfach keine Affinität zum Kochen.

K.-D.N.: Das ist etwas anderes, wenn ich das als vornehmen Ausdruck dafür nehmen darf, daß Sie keine Lust dazu haben.

W. Gädeke: Vielleicht hätte ich ja sogar später, wenn ich es lernen würde, Freude daran. Das kann ich mir vorstellen. Ich will nur damit sagen, daß ich dafür eine Art Übungsweg gehen müßte. Wenn ich immer wieder innerhalb kurzer Zeit ein gekonntes Essen zaubern müßte, das schmeckt, wäre ich doch völlig überfordert oder müßte unverhältnismäßig mehr Zeit aufwenden als meine Frau. – Oder nehmen Sie ein umgekehrtes Beispiel: Meinen Antrag auf Lohnsteuerjahresausgleich kann ich inzwischen innerhalb von zwei Stunden erledigen. Wenn ich meine Frau damit plagen würde, dann hätte sie bestimmt einen ganzen Tag damit zu tun und würde mich trotzdem ständig mit Fragen stören, wie ich sie sicherlich auch, wenn ich kochen müßte. – Die Rollen können natürlich in jeder Ehe völlig verschieden verteilt sein. Ich will damit nur sagen, daß eine Rollenverteilung, wenn sie freiwillig und sinnvoll geschieht, unheimlich viel im Leben erleichtert.

K.-D.N.: Ich beobachte nur sehr oft, daß diese Rollenverteilung nicht auf Absprache beruht, sondern auf einem ganz traditionellen Rollenverständnis, das einfach stillschweigend übernommen und weiter tradiert wird. Und das in den allermeisten Fällen zu Lasten der Frau! Es rollt dann einfach alles in den alten Gleisen, die Frau hängt zu Hause fest und der Mann – wie es vorhin bei Wistinghausen ganz treffend hieß – „tummelt" sich außer Haus. Das geht dann in den Bahnen, in denen es immer schon gewesen ist.

W. Gädeke: Wie wollen Sie das zum Beispiel verhindern, wenn jemand einen Beruf hat, der nicht gesplittet und auch nicht halbtags ausgeführt werden kann? Es gibt eine ganze Reihe von Berufen, wo das eben nicht geht. Es gibt zum Glück inzwischen viele Berufe, in denen das möglich ist, zum Beispiel auch, daß sich ein Pastorenehepaar eine Stelle teilt. Da gibt es in vielen Berufen zum Glück auch immer mehr Möglichkeiten. Aber nehmen Sie zum Beispiel mal einen mittelständischen Handwerksbetrieb, da besteht die Möglichkeit zum Splitten schlicht und einfach nicht. Und so ist es eben in sehr vielen Fällen nicht möglich.

K.-D.N.: Demgegenüber stehen aber auch sehr viele Fälle, wo es durchaus möglich ist, aber nur nicht getan wird.

W. Gädeke: Das ist richtig. Aber stellen Sie sich einmal vor, Sie wären mit einer Waldorflehrerin verheiratet und hätten vier Kinder. Meinen Sie, Sie könnten dann

Ihren Beruf beim Flensburger Hefte Verlag noch in gleicher Weise ausführen wie jetzt?

K.-D.N.: Wohl kaum. Wenn allerdings kräftig an der Gehaltsschraube gedreht würde, ließe sich da bestimmt einiges arrangieren, so daß zumindest von einem bestimmten Alter der Kinder an ein halbwegs normales Maß an Arbeitsleistung zu erreichen wäre.

W. Gädeke: Aber unter realen Gesichtspunkten, vorausgesetzt Ihre Frau würde Klassenlehrerin bleiben, wäre das auf viele Jahre hin völlig ausgeschlossen.

K.-D.N.: Da muß ich klein beigeben.

Trauung unter Ausschluß der Gemeinde?

Kehren wir mit einigen letzten Fragen zur Trauung zurück. Ist es möglich, eine Trauung gewissermaßen unter Ausschluß der Gemeinde zu vollziehen? Die Gemeinde ist doch im Grunde genommen durch die Trauzeugen und den Pfarrer repräsentiert.

W. Gädeke: Nein, das ist sie nicht. Das geht auch aus dem Ritualtext der Trauung eindeutig hervor. Denn der Pfarrer spricht von sich selber, er spricht die Brautleute und die Trauzeugen an und er spricht zu allen übrigen, zur Gemeinde. Die Gemeinde wird direkt angesprochen! Und deshalb muß sie auch da sein.

K.-D.N.: Ein Mensch würde dann doch genügen.

W. Gädeke: Nein, denn einer ist keine Gemeinschaft. Außerdem heißt es nachher: „*Wir alle* wollen bewahren ...“ Da bin ich ganz strikt und streng: Das Sakrament hat, bis auf Beichte und Letzte Ölung, immer einen Gemeindecharakter. Ganz eindeutig! Es gibt auch überhaupt keinen Grund, die Trauung ohne Gemeinde zu vollziehen, denn ein Sakrament kann nur in Gemeinschaft vollzogen werden. Das gilt für jeden Kultus. Es gibt keinen echten Grund, das zu beschränken. Ich würde also eine Trauung ablehnen, für die gewünscht wird, daß sie unter Ausschluß der Öffentlichkeit und zum Beispiel nur im engsten Familienkreise stattfinden sollte. Das würde ich glatt ablehnen, weil es dem Wesen der Sache nicht entspricht. Für den engsten Familienkreis braucht man keine Trauung. Da kann man auch unter sich eine schöne Feier machen. Aus dem Vollzug des Kultus ergibt sich, daß man zu seiner Verwirklichung eine Menschengemeinschaft braucht. Es wäre etwas anderes, wenn aus irgendwelchen Gründen – Kriegszeiten, Katastrophen oder sonst etwas – nur eine kleine Gemeinde zusammenzubringen wäre. Da würde ich meinen, die Götter ergänzen, was fehlt. Wenn es aber aus dem Willen der Beteiligten entspringt, würde ich erst einmal nach den Gründen fragen.

Als junger Pfarrer habe ich erlebt, daß eine alte Priesterin, die eigentlich pensioniert war, sich ganz geschmeichelt fühlte, daß sie noch einmal eine Trauung halten durfte, und zwar von Anthroposophen, die aber mit der Christengemeinschaft nichts zu tun haben wollten. Obwohl es an dem Ort eine Kirche der Christengemeinschaft gab, haben sie gesagt, daß sie doch nicht in die Kirche der Christengemeinschaft gehen könnten, und haben eine Haustrauung verlangt. Und die Priesterin hat das doch tatsächlich auch noch gemacht.

K.-D.N.: Haustrauung?! Das ist doch völlig hirnverbrannt!

W. Gädeke: Ja, aber daran sehen Sie im Extrem, was ich meine. Das geht nicht!

Wenn man mit den Menschen nichts zu tun haben will

K.-D.N.: Was ich meinte, ist für Sie vielleicht nicht weniger hirnverbrannt, denn es bezieht sich auf eine Situation, daß einem der Großteil der Gemeinde so gegen den Strich gebürstet ist, daß man ihn einfach nicht dabei haben will. Es handelt sich also nicht darum, daß jemand mit der Gemeinde als Teil der Religionsgemeinschaft nichts zu tun haben will, sondern mit den ganz konkreten Menschen.

W. Gädeke: Mit den Menschen braucht man ja im Sakrament nichts zu tun zu haben, und man braucht sie ja auch nicht zur Hochzeitsfeier zu sich nach Hause einzuladen. Aber es sind doch immerhin die, die willens und fähig sind, und das auch üben und gewohnt sind, ein Sakrament zu vollziehen. Um die handelt es sich und nicht um deren sonstige komische Eigenschaften als Menschen. Im Extremfall – ich würde das nicht als wünschenswert bezeichnen – kann vor der Kirche die Taxe warten, und die Brautleute setzen sich sofort nach der Trauung rein und fahren weg, wenn es denn wirklich nicht anders geht. Es kann ja mal ein solches Extrem geben, daß einem die Menschen so gegen den Strich gehen, daß man den Altar verläßt und schweigend die Taxe besteigt. Das würde ich dann noch besser finden, als die Gemeinde auszuladen, und als eine, wenn auch extreme Möglichkeit ansehen.

K.-D.N.: Ein Ausladen wäre auch gar nicht notwendig, wenn man die Trauung so legen würde, daß ohnehin niemand kommt, zum Beispiel auf nachts um 03.00 Uhr.

W. Gädeke: Damit wären Sie bei mir auch auf jeden Fall an der falschen Adresse. Denn auch das würde ich nicht machen.

W.W.: Warum nicht?

W. Gädeke: Weil nachts keine Zeit für Sakramente ist.

W.W.: Warum nicht?

W. Gädeke: Weil das Bewußtsein dann in einem anderen Zustand ist und weil gerade für die Trauung ein Wachbewußtsein, ich sage mal: ein Vormittagsbewußtsein, eigentlich wünschenswert ist. Schon aus Gründen, die sich aus den Farben, aus dem Osterrot der Gewänder, und aus der unmittelbaren Beziehung zur Menschenweihehandlung ergeben, ist es außerdem wünschenswert, daß die Trauung im Anschluß oder in einer gewissen zeitlichen Nähe zur Menschenweihehandlung geschieht. Das hat sehr viel für sich.

W.W.: Dann eben morgens um 06.00 Uhr, und die Weihehandlung ist dann um 07.00 Uhr.

W. Gädeke: Ja gut, das kann auch sein. Aber das würde die Leute nicht daran hindern zu kommen. Denn zu einer Trauung, da kommen sie.

W.W.: Könnte man solche individuellen Wünsche denn geltend machen?

W. Gädeke: Ich würde immer versuchen, die individuellen Wünsche so weit wie möglich zu berücksichtigen, wenn sie nicht an dem innersten Kern des Sakramentes rühren.

K.-D.N.: Ich möchte noch einmal diesen Extremfall verdeutlichen. Nehmen wir doch einmal an, jemand würde in der Empfindung leben, daß die Trauung eine hochheilige, ernste und tiefe Angelegenheit sei. Gleichzeitig wüßte er aber, daß er von einem Großteil der Gemeinde mittelprächtig gehaßt werde. Nun würde er also in der Vorstellung leben, daß immerhin die Gefahr bestünde, einige dieser Gemeindemitglieder könnten zur Trauung erscheinen und sie mit übelsten Gedanken und Empfindungen begleiten. Ob das auch der Wirklichkeit entspräche, sei mal dahingestellt. Aber allein die Tatsache, daß er oder sie in dieser Vorstellung leben würde, machte es ihm oder ihr unmöglich, die Trauung vor der Gemeinde zu vollziehen.

W. Gädeke: Im allergrößten Notfall könnte man dann ja noch auf eine andere Kirche und Gemeinde der Christengemeinschaft ausweichen, um die Trauung dort zu vollziehen. Solche Dinge würde ich aber nie generell beantworten wollen. Man muß sich dann immer den einzelnen Fall anschauen, was da wirklich vorliegt. Das gehört zu der Frage der seelsorgerlichen sozialen Einbettung eines Sakramentes. Da kann nur das Individuelle in Betracht kommen, und da muß es auch individuelle Lösungswege geben. Es ist nicht das Gebiet des Prinzips, sondern das Gebiet des Lebens, und damit der Vielfalt und Variation.

Mir kommt es nur darauf an, daß das Sakrament so rein und klar wie möglich in Erscheinung treten kann, und dazu gehört nun einmal die Gemeinde. Die einzelne Ausgestaltung kann dabei so verschieden sein, daß man manche subjektiven Empfindlichkeiten und Wünsche berücksichtigen kann. Diese dürfen aber niemals bestimmend sein. Es ist eben ein gewichtiger Unterschied, ob sie die Sache primär bestimmen oder ob man Wege sucht, um sie zu berücksichtigen.

X. SEELSORGE UND OKKULTISMUS

Epidemien des Schwachsinns

W.W.: Rudolf Steiner spricht darüber, daß zum Jahrhundertende Epidemien des Schwachsinns auftreten werden, was man ja bereits bemerkt. Oft hat man den Eindruck, daß gerade Menschen in der anthroposophischen Bewegung – also auch in der Christengemeinschaft – davon ganz besonders befallen sind. Ich habe zunehmend den Eindruck, daß es immer weniger Normale gibt. Woran liegt das? Kann es sein, daß besonders viele Kranke, Verschrobene und das Heer jener, die sich seelisch jenseits des Gesunden bewegen, von der Christengemeinschaft, der Anthroposophischen Gesellschaft usw. angezogen werden, weil dort die heilenden Kräfte sind, und kann es sein, daß die Gesunden eher wegbleiben?

W. Gädeke: Ich würde beides als Faktoren anerkennen, hätte aber nicht die Möglichkeit, das irgendwie zu quantifizieren. Andererseits glaube ich, daß vieles in unserer sogenannten normalen Gesellschaft – außerhalb unserer anthroposophischen Zusammenhänge – nur zugedeckt ist. Wenn Sie sich aber gewisse soziale Schichten in den USA anschauen, wo sehr viele Menschen nur noch dann existieren können, wenn sie regelmäßig zum Psychotherapeuten oder Psychiater gehen, dann haben Sie im Grunde schon die von Ihnen beschriebene Situation, und zwar in sogenannten normalen Menschenkreisen. Andere Menschen, zum Beispiel die Bauern in Angeln, haben überhaupt keine Zeit, wahnsinnig zu werden. Sie sind durch ihre Arbeit so normal inkarniert und gesund, daß derartige Zustände noch gar nicht auftreten. Da unsere

Zusammenhänge meist die bürgerlich-städtischen sind, sind die Menschen eben leichter gelockert und gelupft.

W.W.: Wie erklären Sie sich das?

W. Gädeke: Ich denke schon, daß viele Menschen in den anthroposophischen Kreisen ihre Heilung suchen, und kenne auch sehr viele konkrete Beispiele, von denen ich sagen muß, daß ich es gut finde, daß sie bei uns in der Christengemeinschaft sind. Wenn sie da nicht wären, dann wären sie wahrscheinlich in Heiligenhafen im Psychiatrischen Landeskrankenhaus. Insofern glaube ich, daß auch einige davor bewahrt werden. Anders gewendet kann es natürlich auch sein, daß gerade durch die Beschäftigung mit Anthroposophie oder dem Kultus Seelenbewegungen in Gange kommen, die manches aufrühren, was sonst vielleicht noch unter der Decke bliebe.

Nach dem Selbstmord erlebte sie Finsternis, Kälte und Einsamkeit

W.W.: Zunehmend mehr Menschen haben spirituelle und spiritistische oder gar schwarzmagische Erfahrungen. Hatten Sie in Ihrer Seelsorge Kontakte mit derartigen Menschen?

W. Gädeke: Ich habe die merkwürdige Beobachtung gemacht, allerdings kann ich jetzt nur für mich sprechen, daß diejenigen Menschen, die Grenzerfahrungen im weitesten Sinne durchgemacht haben, meist außerhalb der Christengemeinschaft oder der anthroposophischen Bewegung auftreten. Natürlich tritt es auch innerhalb der Christengemeinschaft auf, aber dort ist es getragen und gehalten. Selbstverständlich gibt es auch in unserer Gemeinde Menschen, die spirituelle Erlebnisse gehabt haben, aber das wird anders behandelt, nämlich als etwas, was zum innersten Kern der Persönlichkeit gehört.

In seinen starken Formen treten spiritistische oder andere Grenzerfahrungen meist bei Menschen auf, die zu uns keine Beziehung haben. Allein hier in Kiel habe ich innerhalb der letzten zehn Jahre mit einer Reihe von Persönlichkeiten gesprochen, die derartige Erlebnisse gehabt haben, aber mit unserer Gemeinde oder der Anthroposophischen Gesellschaft nichts zu tun hatten. In vielen Fällen sind es Menschen, die ihre Erlebnisse durch eine Art Schicksalsgnade geschenkt bekommen haben, um in ihrem Leben einen festen Halt zu haben. Denn wenn diese Erlebnisse stark und eindeutig waren, dann hatte es immer für diese Menschen eine existentielle Bedeutung.

W.W.: Sie denken jetzt aber an Christuserlebnisse?

W. Gädeke: Ja, und an Sterbeerlebnisse. Ich denke dabei zum Beispiel an eine Frau, die klinisch tot war und dabei die ganze Palette der bekannten Todes-Grenzerlebnisse durchgemacht hat, die von ihrer Umgebung und den Ärzten für verrückt erklärt, auch letztendlich von ihrem Mann abgelehnt wurde, bis sie schließlich beschloß, um dieses schöne Erlebnis des Todes wieder zu haben, Selbstmord zu begehen.

W.W.: Hatte sie im Zustand des ersten klinischen Todes und beim Selbstmord unterschiedliche Wahrnehmungen?

W. Gädeke: Ja, sie hat es mir sehr eindrücklich und bewegt geschildert, daß die Erlebnisse des Selbstmordes total anders waren, daß sie ganz schrecklich waren und daß sie es nie wieder machen wird. Sie erlebte Finsternis, Einsamkeit, Kälte, und es war ganz anders als das Todeserlebnis zuvor. Für sie war es lediglich wichtig, einmal mit einem Menschen zu sprechen, der sie ernst nahm und ihr nicht ihre Erlebnisse ausredete. Ich habe ihr bestätigt, daß sie reale Erlebnisse hatte, habe dann aber nie wieder etwas von ihr gehört. So gibt es eine ganze Reihe von Personen, mit denen ich in Kontakt gekommen bin, die derartige tiefe Erlebnisse hatten, die aber mit unseren Zusammenhängen überhaupt nichts zu tun haben.

W.W.: Haben Sie auch Erfahrungen mit medial veranlagten Menschen, die zu Ihnen in die Seelsorge gekommen sind?

W. Gädeke: Die Personen, die ich eben beschrieben haben, waren Menschen, die nur ein einmaliges Erlebnis gehabt haben, mit Menschen aus schwarzmagischen Kreisen oder mit wirklich Besessenen habe ich bisher nichts zu tun gehabt, allerdings mit Menschen, die Stimmen hören. Das sind dann oft Lockerungszustände, die wir gemeinsam mit dem Arzt meist wieder hinbekommen.

Einen Dämon darf man nicht streicheln

W.W.: Würden Sie Menschen mit Lockerungszuständen, die vielleicht bis zur Besessenheit gehen, abraten, die Menschenweihehandlung zu besuchen?

W. Gädeke: Wir haben gerade gestern bei einer Konferenz mit Priestern der Christengemeinschaft über die Krankenkommunion gesprochen und dabei auch diese Grenzfälle, die oft bei Krankheitsfällen oder in Todesnähe auftreten, besprochen. Es war uns ganz klar, daß die Krankenkommunion, und damit auch die Weihehandlung, nicht angezeigt ist, wenn derartige akute Zustände vorliegen.

W.W.: Warum würden Sie abraten?

W. Gädeke: Das ist schwer zu sagen. Ein Kollege, der damit sehr viel Erfahrung hat, schilderte, wie er zum Beispiel einen Kranken, der echt besessen war, die Hand auf die Stirn gelegt und etwa in dem Sinne zu ihm gesprochen hat: „So nicht, mein Lieber!“ Er hat also eine deutliche Abwehrbewegung gemacht, wodurch sich der Mann wieder beruhigen konnte. Es war eine Art anfänglicher Exorzismus. Aber das hat er aus einer momentanen Intuition gemacht. Man muß diesen Erscheinungen entgegentreten, denn einen Dämon darf man nicht streicheln. Mein Kollege hat ausgesagt, daß es überhaupt nicht angebracht ist, so einem Menschen nur lieb die Hand aufzulegen und ihn zu bitten, sich zu beruhigen, denn damit würde man Dämonen nur noch mehr herausfordern. Das fand ich sehr interessant, allerdings habe ich dergleichen nicht erlebt. Aber das leuchtet mir ein.

W.W.: Nun gibt es sehr viele Menschen, die heutzutage okkult praktizieren, zum Beispiel indem sie Gläser rücken und dadurch konkrete Erfahrungen mit einem Geistigen machen. Sie glauben meist, daß sie mit Toten in Kontakt sind, allerdings wird es nur ihre emanzipierte Triebwelt, ein Ätherleibleichnam, ein Astralleibrest oder auch ein Dämon sein. Sehr oft erlebt man, daß diese Menschen schon eine Art Suchtverhalten entwickelt haben. Wenn man nun raten soll, ob diese Menschen die Weihehandlung besuchen sollten oder nicht, wie kann man hierfür konkrete Kriterien gewinnen? Kann es sein, daß die Weihehandlung diese Dämonen oder Reste von

Toten vertreibt, oder kann es auch sein, daß die Menschenweihehandlung die Erlebnisse dieser Lockerungszustände noch verstärkt?

W. Gädeke: Es wäre mir noch die Frage, ob die Weihehandlung Lockerungszustände verstärkt, aber nach meiner Erfahrung kommen diese Leute nicht zum Kultus, weil sie das Gefühl haben, das sehr viel Geistigere bereits zu haben.

W.W.: Wenn ich aber nun mit solchen Menschen zusammenkomme und ihnen einen Rat geben möchte, zur Weihehandlung zu gehen oder nicht, was rate ich ihnen?

W. Gädeke: Ich würde in erster Linie nicht die Weihehandlung nehmen, sondern die Beichte, denn es gehört in den Bereich der individuellen Schicksalsberatung. Ich würde es als einen Bewußtseinsvorgang behandeln und nicht gleich in den Lebensvorgang der Menschenweihehandlung einbeziehen. Erst muß im Bewußtsein eine Änderung vor sich gehen, ehe eine Heilung stattfindet.

Exorzismus

W.W.: Warum gibt es in der Christengemeinschaft keinen Exorzismus?

W. Gädeke: Ja, das habe ich mich auch oft gefragt.

W.W.: Das wäre doch angebracht!

W. Gädeke: Ja. Das ist allerdings eine Frage, die ich dem Eingeweihten gerne selber stellen würde, weil ich damit hin- und hergerissen bin. Einerseits sehe ich, daß wir damit ausgerüstet sein müßten, andererseits sage ich mir auch: Vielleicht ist es notwendig, daß wir den Exorzismus nicht mehr im Sakramental-Allgemeinen halten, sondern daß das die individuelle Konfrontation erfordert, und zwar ohne rituelle Form. Aber ich bin mir nicht sicher, ob das stimmt.

W.W.: Der Exorzismus ist ja Teil der katholischen Priesterweihe ...

W. Gädeke: Natürlich, er war auch früher Teil der Taufe.

W.W.: Ich habe auch von schwarzmagischer Seite Exorzismen direkt miterlebt, ohne Ritus, ganz individuell, und denke, daß der Exorzismus – gleich von welcher Seite – ein reales Erfordernis in der heutigen Zeit ist, weil oft Menschen von Dämonen besessen sind.

W. Gädeke: Wenn ich zunächst meine Position einnehme, die dagegen spricht, dann würde ich sagen, daß derartige Fälle für mich ein medizinisches Problem sind, denn alle Besessenheiten können nur dann eintreten, wenn der Zusammenhang der Wesensglieder nicht in Ordnung ist. Deswegen ist das Hauptproblem zunächst ein medizinisches. Ferner ist es ein seelsorgerisches Problem, weswegen ich mit diesem Menschen reden muß, damit dieser Mensch andere Inhalte in sein noch schwaches Ich aufnimmt. Besessenheit ist eine Ichverdrängung und kann nur auftreten, wenn das Ich schwach verankert ist bzw. in sich selber schwach ist. Deswegen würde ich die Besessenheit zunächst als pastoral-medizinisches Problem auf- und anfassen.

W.W.: Also daß man den Menschen nach und nach instandsetzt, sich selber zu exorzieren?

W. Gädeke: Ja, bzw. sich so zuzumachen, daß er dafür nicht mehr offen ist. Bei einem besessenen Menschen stehen Tür und Tor offen. Gerade die anthroposophische Medizin mit ihren Mitteln, den Zusammenhang der Wesensglieder zu beeinflussen, ist für die Heilung dieser Zustände besonders angezeigt. Insofern ist Exorzismus für mich zunächst kein religiöses Problem, deswegen sind die Exorzismen der katholischen Kirche im Grunde auch Übergriffe. Darum erregen sie ja in der Öffentlichkeit Ärgernis, meines Erachtens mit Recht.

W.W.: Ist man sich denn dieser Problematik genügend bewußt?

W. Gädeke: Ich bin seit langem in der pastoral-medizinischen Arbeit tätig und muß sagen, daß man sich dieser Fälle sehr bewußt ist, denn sie kommen häufiger vor als man denkt.

W.W.: Sie ließen aber auch anklingen, daß Sie eine positive Meinung zum Exorzismus haben.

W. Gädeke: Ja, es bleibt für mich eine Frage, ob das, was im Evangelium mit den Dämonenheilungen beschrieben ist, nicht etwas ist, was wir uns wiedererwerben müssen. Es bleibt mir die Frage, ob das in der damaligen Zeit eine einmalige Situation war oder ob es etwas ist, was wir in Zukunft wieder erlangen müssen, oder beides. Momentan scheinen wir in einer Situation zu sein, wo der Exorzismus nicht mehr durch die spirituelle Vollmacht eines einzelnen vorgenommen werden kann, sondern nur in der Gemeinschaft von Arzt und Priester. Vielleicht wird diese spirituelle Vollmacht einzelner eines Tages wieder Realität, bis hin zu dem, was am Ende des Markus-Evangeliums steht, wo den Jüngern gesagt wird, daß sie in Christi Namen Dämonen austreiben werden. Ich glaube, daß die Religion in Zukunft noch ganz andere Wirkungsmöglichkeiten entfalten kann, als dies jetzt schon der Fall ist.

XI. PRIESTERSEMINAR

W.W.: In welcher Verantwortung steht die Leitung des Priesterseminars: auf der einen Seite vor der Tatsache, daß dringend Priester benötigt werden, auf der anderen Seite den Blick für diejenigen zu haben, die für den Priesterberuf nicht geeignet sind?

W. Gädeke: Zunächst muß man sagen, daß sich in den letzten Jahren die Situation gebessert bzw. stabilisiert hat, so daß wir nicht mehr von einem eklatanten Priestermangel reden können. Das grundsätzliche Problem sehe ich darin, daß es heutzutage sehr merkwürdig erscheinen muß, daß die Kriterien, aus denen heraus die Menschen für den Priesterberuf zugelassen bzw. nicht zugelassen werden, im heutigen Sinne letztendlich nicht objektivierbar sind. Eine Priesterausbildung kann nicht mit dem Multiple-Choice-Verfahren durchgeführt werden, denn hier kommt es immer auf menschliche Urteile an. Das läßt sich nicht vermeiden und ist meines Erachtens auch sehr positiv, wenn es nicht bei Einzelurteilen bleibt.

Ich denke, daß es im Gegensatz zur Waldorfbewegung in der Christengemeinschaft im Prinzip besser ist, wie die Kandidaten für den jeweiligen Beruf ausgesucht werden. Wer in der Waldorfbewegung alles als Waldorflehrer an eine Schule kommt, oftmals sogar ohne Waldorfausbildung, das ist manchmal schon bedrängend zu sehen. Ich denke, daß es dort viel zu wenig Prüfungen gibt. Die Auswahlkriterien werden dort sehr viel freier gehandhabt, und das ist am Priesterseminar der Christengemeinschaft deswegen nicht möglich, weil man nicht mit derselben Leichtigkeit aus dem Beruf des Priesters aussteigen kann. Das hängt damit zusammen, daß die Priesterweihe ein Sakrament und für das Leben bindend ist. Deswegen muß man strengere Auswahlkriterien fordern.

Durch die Schleuse

W.W.: Auch wenn dies vermutlich kaum anders möglich ist, so sehe ich doch eine große Gefahr darin, daß nur wenige entscheiden, wer zum Priesterberuf zugelassen wird, daß alle werdenden Priester durch diese enge Schleuse der persönlichen Entscheidung einiger weniger hindurch müssen. Denn diese wenigen könnten sich ja ihre Kriterien in einseitiger Weise selbst erbilden.

W. Gädeke: Sicher. Diese Gefahr ist immer vorhanden, wo Menschen urteilen, und deswegen ist es schon wichtig, daß es derzeit vier Leiter des Priesterseminars der Christengemeinschaft gibt. Ferner ist es wichtig, daß die jeweilige Seminarleitung nicht entscheidet, ob jemand zum Priester geweiht wird, sondern daß dies der Siebenerkreis, die Leitung der Christengemeinschaft, tut, dessen Mitglieder dann im weiteren Verlauf der Ausbildung die Kandidaten kennenlernen. Die Ausbilder entscheiden also nicht, ob das Ziel der Ausbildung erreicht wird. Allerdings entscheiden sie mit, so daß es im ganzen etwa zehn Personen sind. Soweit es menschenmöglich ist, ist damit bereits eine gewisse Verobjektivierung gegeben, wenn auch keine absolute Objektivität. Ich weiß nicht, ob es andere Wege gibt, als solche Urteile von einem differenzierten Personengremium erbilden zu lassen.

W.W.: Ich habe den Eindruck – aus eigener Erfahrung über mehrere Jahre hinweg –, daß es in Stuttgart am Priesterseminar weitgehend nur eine recht stromlinienförmig angepaßte Gruppierung zum Priester schafft, während anderen das Leben unnötig schwierig gemacht wird bzw. diese rausgeschmissen werden. Das sind aber oft diejenigen, die den etwas bunteren Lebenswandel hinter sich haben, außergewöhnliche Lebenserfahrungen, mit denen sie gerade die nicht so starke Vielfalt der Christengemeinschaftspfarrer enorm bereichern könnten. Kann es nicht sein, daß durch diese gewisse Einseitigkeit der Priesterschaft dem breiten Wirken der Christengemeinschaft ein Teil seiner möglichen Vielfalt genommen wird?

W. Gädeke: Diese Gefahr ist vorhanden, und sie wird auch gesehen, denn es gibt seit über 25 Jahren immer Menschen, die auch auf anderen Wegen Priester geworden sind, die dann zum Beispiel in Hannover oder Berlin ausgebildet, von anderen Priestern gefördert wurden, bis sie dann schließlich Priester werden konnten. Es gibt eine ganze Reihe von Beispielen, auf die das Stromlinienförmige nicht zutrifft, trotzdem ist diese Gefahr vorhanden, insofern haben Sie recht. Ich meine aber, daß man dieser Gefahr nur dadurch begegnen kann, daß man letztlich mehrere Ausbildungsstätten hat bzw. schafft. Denn durch die Verschiedenheit der Seminare und deren Leiter kann auch eine Verschiedenheit von Kandidaten gefördert und schließlich zur Weihe geführt werden. Zum gegebenen Zeitpunkt, wo wir im wesentlichen nur eine Ausbildungsstätte in Stuttgart haben, ist diese Bemühung natürlich ganz besonders vonnöten. Ich bin ja selber im Seminarbeirat und weiß daher, daß man sich große Mühe gibt, dieses Problem nicht nur zu sehen, sondern damit auch zurande zu kommen.

„Ihr Engel will das nicht“

W.W.: Was man immer wieder hört, auch aus Ihren Worten schien es mir anzuklingen, auch wenn Sie es nicht gesagt haben, ist, daß ein Mensch, der wirklich Pfarrer werden will, trotz seines Rausschmisses irgendwann doch Priester wird, sei es auf anderen Seminare, sei es durch Umwege des Schicksals.

Nun kann aber der Pfarrerberuf einer von vielen sein, die man gerne ergreifen möchte, so daß man eben einen anderen Beruf ergreift, wenn man als Pfarrer im ersten Rennen nicht zugelassen wird. Aber dann versucht man es gerade nicht weiter, und das sehe ich als ein Manko innerhalb der Priesterausbildung der Christengemeinschaft an, daß auf solche Menschen, die es dann gar nicht mehr wollen, nicht mehr geblickt wird.

W. Gädeke: Ich denke, daß der Priesterberuf nicht ein Beruf wie jeder andere ist und daß der Entschluß zu diesem ein sehr ernster ist. Nicht daß dieser Beruf ein höherer oder besserer sei, aber die soziale Verbindlichkeit ist äußerst groß, und man kann aus diesem Beruf nicht aussteigen wie aus fast allen anderen. Wer sagt denn, daß Sie als Priester etwas Besseres bewirkt hätten als mit und durch die FLENSBURGER HEFTE?

W.W.: Darum geht es ja gar nicht!

W. Gädeke: Doch, darum geht es sehr wohl! Es muß für eine Inkarnation nicht unbedingt richtig sein, Priester zu werden, obwohl man den Willen dazu hat. Selbst wenn durch die Seminarleitung ein offenkundiges Fehlurteil gefällt worden ist, ist hinterher immer noch die Frage, ob es nicht sehr viel besser gewesen ist, daß sie so entschieden hat. Vielleicht haben Sie für die Menschheit dadurch etwas sehr viel Besseres leisten können, daß Sie die FLENSBURGER HEFTE herausgeben.

K.-D.N.: Ich glaube aber nicht, daß das ein Kriterium ist.

W. Gädeke: Nein, im vorhinein ist es natürlich kein Kriterium.

W.W.: Aber darum genau geht es.

K.-D.N.: Es sollten auch keine Kriterien sein, auf die sich die Seminarleitung zurückziehen könnte, indem zum Beispiel einem Seminaristen gesagt wird: „Ihr Engel will das nicht.“ Das wurde einem Seminaristen wortwörtlich gesagt als Begründung für seinen Rausschmiß. Daß der Engel es nicht wolle, könne man ja auch daran sehen, daß dieser Seminarist nicht genügend Geld für seine Ausbildung gehabt hätte. Auf die Frage, wie man wissen will, daß der Engel es nicht wolle, wurde ihm geantwortet: „Das sehen Sie ja, weil die Ausbildung beendet ist.“

W. Gädeke: Dazu kann ich nichts sagen.

K.-D.N.: Bei einem derartigen Kurzschluß fliegen natürlich so manchem die Sicherungen raus. Ich denke, daß es kein Kriterium sein darf, ob jemand in einem anderen Bereich segensreicher wirken kann. Woher weiß ich denn jetzt, ob ich nicht in Köln in einem Altersheim sehr viel segensvoller wirken könnte als hier bei den FLENSBURGER HEFTEN, das aber wäre doch kein Argument, meine Arbeit bei den FLENSBURGER HEFTEN zu unterlassen.

W. Gädeke: Es ist völlig klar, daß das nie im vorhinein gesagt werden darf. Das kann lediglich in einer Rückbetrachtung eine Rolle spielen.

K.-D.N.: Dergleichen Äußerungen gibt es zuhauf.

W. Gädeke: Natürlich sollte man möglichst nur auf das zurückgreifen, was man selber erlebt hat, denn wenn es einem von anderen zugetragen wird, wird es oftmals größer und mehr als es je war, weil es einen empfindlichen Bereich betrifft. Aber daß erstens Fehlurteile vorkommen und zweitens die Begründungen anfechtbar oder unbegründet sein können, ist sicher auch richtig. Bloß aus diesem Dilemma kommen sie grundsätzlich nicht heraus, weil es persönliche Beurteilungen geben muß. Auch geht es um die Form der Mitteilung, und auf diesem Felde ist gegenüber früher – das kann ich aus eigenem Erleben sagen – ein erheblicher Fortschritt erlangt worden. Was ich in den sechziger Jahren unter der damaligen Leitung des Priesterseminares an Form der Mitteilung, an Form des Verhaltens gegenüber Studenten und an inhaltlichen Äußerungen erlebt habe, da könnte ich Ihnen noch dollere Stories erzählen. Das ist heute auf jeden Fall menschlicher und objektiver geworden, d.h. aber nicht, daß es in jedem Falle schon so ist, wie man es sich eigentlich wünscht. Nur durch ein weiteres Priesterseminar, was ich befürworte, erhält man letztlich ein höheres Maß an Pluralität, und es ergibt sich eine Konkurrenz im Geistesleben, so daß sich Einseitigkeiten aufheben können.

W.W.: Wenn dem aber so ist, warum macht man dann gerade das Priesterseminar in Leipzig zu?

W. Gädeke: Das hat verschiedene Gründe, die ich im einzelnen nicht ganz durchschaue, die aber auf der Hand liegen. Die Unterstützung der Gemeinden der ehemaligen DDR für das Leipziger Priesterseminar war früher ausreichend, weil Geld keine so große Rolle spielte; heute ist das aber ganz anders. Man muß zum Beispiel reihenweise die Mitarbeiter entlassen, so daß sie erst einmal zusehen müssen, wie sie als Gemeinde überleben können. Ferner war die personelle Ausstattung sehr schmal, außerdem war es ohnehin nur aus einer Notlage heraus entstanden, weil die Mauer gebaut worden war. Zum dritten waren auch nur noch sehr wenige Kandidaten dort. Früher war dies die einzige anthroposophische Ausbildungsstätte, die es überhaupt in der DDR gab. Mittlerweile ist die Nachfrage nicht mehr so groß. Ob dies nun die drei einzigen Gründe waren, überschaue ich aber nicht.

W.W.: Das ist nicht einleuchtend, denn wenn man ein zweites oder drittes Priesterseminar will, so ist es doch gegeben, daß man eines, welches bereits besteht, beläßt, und Geld kann in dieser Weise gar kein Faktor sein, denn das Priesterseminar in Stuttgart wird ja auch nicht aus der Gemeinde Stuttgart finanziert, so daß man überregionale Mittel auch nach Leipzig fließen lassen könnte, wenn man es denn wollte. Auch die Personalfrage stellt sich meines Erachtens nicht, denn imzwischen bräuchten ja nur genügend Dozenten nach Leipzig überzusiedeln.

W. Gädeke: Das ist natürlich alles richtig, nur erhebt sich dann die Frage, ob man dieses zweite Seminar dann in Leipzig aufbaut. Ich bin völlig mit Ihnen einig, daß es sowohl die Personal- als auch die finanzielle Situation erlauben würde. Ich weiß mich mit vielen Priestern einig, daß wir jetzt in der Lage sind, eine zweite Priesterbildungsstätte aufzubauen, allerdings würde ich das einmal unabhängig vom Standort betrachten wollen. Und ich werde mich, wo ich kann, dafür einsetzen, daß es eine zweite Priesterausbildungsstätte gibt, denn ich halte sie für dringend erforderlich. Allerdings halte ich sie nicht aus äußeren Gründen, wegen Priestermangels, für wichtig, sondern aus inneren Gründen.

Objektive Kriterien auf dem Weg zum Priesterberuf

K.-D.N.: Sie kritisierten vorhin den Mangel an Rigorosität bei der Auslese der Waldorflehrer. Ich denke, daß man die Waldorfausbildung noch sehr viel mehr öffnen müßte, so daß auch sehr viele Nichtanthroposophen Waldorflehrer werden könnten. Man sollte meines Erachtens die Waldorfschulen sehr viel mehr auch für Menschen öffnen, die keine Anthroposophen sind. Das geschieht zwar jetzt auch, aber es wird so getan, als würde es nicht geschehen. Man gibt sich den Anschein, als wären die Lehrer Anthroposophen, es wird so getan, als seien die Waldorfschulen vom Kern her anthroposophische Schulen, aber oft ist es bereits so, daß eine Mehrheit des Kollegiums kaum noch Anthroposophen sind, sich aber etwas vormachen und zu einer Sache ja sagen, weil ein gewisser moralischer Druck herrscht. Sie werden nicht in die Freiheit entlassen, indem man ihnen sagt: „Wie ihr zur Anthroposophie steht, das ist euer Problem, was wir brauchen, das sind gute Pädagogen."

Wenn man so handeln würde, würden meines Erachtens mehr Waldorflehrer zu Anthroposophen werden, weil sie es dann aus eigenem Antrieb tun würden und nicht, weil sie meinen, es zu müssen und weil sie nicht ja zu Sachen sagen müssen, die ihnen im Grunde obskur vorkommen. Wenn man ohne moralischen Druck frei überlegen kann, sich mit der Anthroposophie zu beschäftigen oder nicht, dann wird man sich die anthroposophischen Aussagen bestimmt bewußter anschauen.

Auf der anderen Seite meine ich bei aller Besonderheit des Priesterberufes, daß er zuerst ganz schlicht ein Ausbildungsberuf ist und daß zumindest in den ersten Phasen objektive Kriterien wie bei der Lehrerausbildung gelten könnten, mit einem ganz bestimmten Weg, auf dem man ganz bestimmte Fähigkeiten zu erlernen hat. Vielleicht sollte man sogar Nachweise erbringen, daß man diese Fähigkeiten besitzt.

W. Gädeke: Genau, das wird auch probiert. Da bin ich mit Ihnen völlig einig. Es ist ein Ausbildungsberuf, und nach Rudolf Steiner haben dazu auch sehr viel mehr Menschen die Fähigkeit. Allerdings sollte man nicht zu stark nach den persönlichen Fähigkeiten fragen, sondern danach, was augenblicklich gebraucht wird. Nur, ein Punkt ist zum Beispiel die Sprache. Es gibt Menschen, die mit ihrer Sprache nicht so umgehen können, wie das für einen Priesterberuf notwendig ist. Wenn ein Mensch trotz objektiver Bemühungen seine schlechte Aussprache nicht verbessern kann, ist dies meines Erachtens ein objektives Kriterium, daß man kein Priester werden kann. Genauso ist es zum Beispiel, wenn ein Mensch ungeheure Schwierigkeiten hat, zu anderen Menschen eine Beziehung aufzubauen, wenn er keine aktive Möglichkeit hat, auf andere Menschen zuzugehen. So etwas zeigt sich zum Beispiel in Gemeindepraktika, was auch erst in den letzten zwei Jahrzehnten stark ausgebaut worden ist. Das sind objektive Kriterien auf dem Wege zum Priesterberuf und sicherlich gibt es viele weitere. Diese Objektivierung der Priesterausbildung ist zum Beispiel auch ein wesentliches Anliegen von Herrn Debus. Daran wird ordentlich gearbeitet.

K.-D.N.: Das hieße aber auch, daß die Beurteilung zurücktreten müßte, auch wenn sie nicht aufhören dürfte. Es muß ja nicht so kommen wie beim Werdegang zum evangelischen Pastor, wo man das Universitätsstudium durchlaufen kann, ohne an Gott zu glauben. Sollte die Beurteilung nicht so weit zurücktreten, daß sie zwar bleibt, aber den Gang des Studiums nicht stört?

W. Gädeke: Ich kann Ihnen wieder ein Beispiel nennen: Wir hatten vor vielen Jahren einen Praktikanten, und die Frage der Seminarleitung an dieses Praktikum war es, ob er sich im Sozialen wird richtig einleben können. Man hatte die allergrößten Zweifel. Von der Wahrnehmung des Seminars her war dieses die Hauptfrage. Er kam in die Gemeinde, und es war überhaupt kein Problem, so daß das Seminar dieses anerkannt hat. Deswegen ist es zur Zeit nicht mehr die Situation am Seminar allein, die die ausschließliche Entscheidungsgrundlage abgibt.

K.-D.N.: Zur Zeit steht die Beurteilung aber meilenweit im Vordergrund, es beginnt ja bereits mit einem Urteil, ob man überhaupt ans Priesterseminar kann und hängt von weiteren Urteilen ab, ob man von Semester zu Semester weiterkommt. Alles hängt von Urteilen ab, und ich denke, daß man diese Beurteilungen sehr weit zurücknehmen könnte, indem man Ausbildungsgänge offeriert, die weitestgehend durchschaubar sind, wo man auch weiß, wann ein Urteil eine Rolle spielt, und wo man sich auf alle Sachen einstellen kann; vielleicht auch darauf, daß man sich selbst ein Urteil darüber bilden kann, zum Beispiel nach drei Jahren, ob man überhaupt noch Priester werden will.

W. Gädeke: Das geschieht sehr häufig, die meisten Abgänge am Seminar kommen aus solchen Selbsturteilen. Das ist doch genauso wie im normalen Leben: Zu allen Ausbildungsgängen kommen Sie nur, wenn Sie entweder Hauptschulabschluß, Realschulabschluß oder das Abitur haben. Die Frage ist, ob es besser ist, daß dies am Anfang als eine gewisse Aufnahmehürde steht, oder ob es besser ist, den Menschen erst einmal machen zu lassen, um ihm dann zu sagen, daß es mit ihm nicht geht. Wenn Sie sich die verschiedenen akademischen Ausbildungsgänge anschauen, dann werden sie die hohe Durchfallquote bei den einzelnen Zwischenprüfungen bemerken; sie ist fachspezifisch sehr unterschiedlich, aber viel höher als am Priesterseminar der Christengemeinschaft.

Bei den Priestern der Christengemeinschaft gibt es unterschiedliche Auffassungen: Die einen wollen viel größere Aufnahmehürden am Anfang des Priesterseminars, andere wollen – wie Sie –, daß man erst einmal eine Reihe von Semestern studiert. Die Frage wird immer bestehen bleiben, was man statt dessen machen soll, denn ein Losverfahren kann wohl kaum angestrebt werden.

W.W.: Man könnte einen Kompromiß schließen, indem man die Studenten nicht nach jedem Semester bereits vor die Hürde stellt, ob es weitergeht oder nicht, sondern man könnte einen gewissen Zeitraum von drei oder vier Semestern an den Anfang stellen, in welchem die Studenten ohne Gefahr des Abbruchs studieren würden, danach könnte die persönliche Beurteilung der Seminarleitung von Semester zu Semester einsetzen. Damit würde man auch die Beurteilungsfähigkeit der Seminarleitung erhöhen, weil man die Studenten über einen längeren Zeitraum kennenlernt. Auch könnten Einseitigkeiten eingeschränkt werden.

Zusätzliche Beurteilungsgremien für das Priesterseminar?

Zusätzlich sollte man sich noch einmal überlegen, ob man nicht unabhängig von der Seminarleitung ein Organ von Priestern und Nichtpriestern schaffen sollte, das bei der Beurteilung der Aufnahme und des Fortganges des Studiums der Studenten mitentscheiden kann. Es könnte dieses Organ auch eine Art Schiedsgericht sein, an das man sich wendet, wenn die Seminarleitung und die Studenten unterschiedlicher Meinung in bezug auf den Fortgang des Studiums sind. So könnten bei Fehlurteilen, die im Menschenmöglichen immer vorkommen, solche Fälle noch einmal durchleuchtet werden.

W. Gädeke: So etwas wird zu einem großen Teil bereits gemacht, indem zum Beispiel eine Reihe von Dozenten, die nicht der Seminarleitung angehören, aber am Priesterseminar unterrichten, für die Studenten Ansprechpartner sind. Ferner gibt es Persönlichkeiten wie zum Beispiel Frau Vietor-Fischer, die sehr viele Gespräche mit Studenten führt, aber nicht zur Seminarleitung gehört, oder auch andere Pfarrer, die sich für gewisse Studenten einsetzen, weil sie in bezug auf diese einen anderen Eindruck als die Seminarleitung gehabt haben.

Außerdem gibt es seit vier Jahren den sogenannten Beirat, bestehend aus vier Persönlichkeiten, die nicht der Seminarleitung angehören, die auch Ansprechpartner für die Studenten sein können und die auch die angeschnittenen Fragen mit der Seminarleitung besprechen können.

W.W.: Nach meiner Erfahrung war es früher so, daß die Seminarleitung allein bis zum Übergang in das damalige sechste Semester entschied, dann erst griff die Mitverantwortung des Siebenerkreises, so daß Kontrollorgane, wie Sie sie jetzt angesprochen haben, nicht existierten. Allerdings kann ich nicht beurteilen, wie die Praxis heute aussieht.

K.-D.N.: Wenn es auch heute noch so ist, daß erst beim Weihebeschluß oder kurz vorher andere Personen mitbeurteilen, so hat man eben auf allen davorliegenden Stufen die Urteile durch die Seminarleitung bereits hinter sich. Derartige Kontrollorgane bzw. die Beurteilungmöglichkeit anderer Personen außerhalb der Seminarleitung müßten aber von Anfang an gegeben sein.

W. Gädeke: Das geschieht jetzt durch den Beirat. Ferner wenden sich Seminaristen an einzelne Priester, die dann mit der Seminarleitung sprechen.

W.W.: Jeder Kandidat sucht sich also einen Mentor?

W. Gädeke: Das wäre möglich, geschieht auch schon häufig, allerdings ist dies informell, nicht institutionalisiert. – Aber Ihr Vorschlag, daß man diese Beurteilungsstufen nicht nach jedem Semester, sondern erst nach eineinhalb oder zwei Jahren durchführt, wäre ein Modell, welches zum Beispiel innerhalb eines weiteren Priesterseminars ausprobiert werden könnte. Neue Modelle können mit einem neuen Seminar durchgeführt werden, aber es wird immer bei der personellen Beurteilung bleiben, und ein Seminar mit neuen Menschen wird auch wieder seine Schattenseiten haben. Ein perfektes Seminar wird es niemals geben, aber in der Vielfalt der Institutionen und Personen kann man ein gewisses Gleichgewicht schaffen.

Wichtige Themen werden nicht gelehrt

W.W.: Das Kursangebot, das ich am Priesterseminar in Stutgart erlebt habe, war natürlich gut, trotzdem wurde fast sämtlichen brennenden Fragen ausgewichen ...

W. Gädeke: Zum Beispiel?

W.W.: Fast allen Problembereichen, die wir in diesem Interview nachgegangen sind bzw. noch besprechen werden: ein dezidiertes Sakramentsverständnis, das Verhältnis von Christengemeinschaft und Anthroposophischer Gesellschaft, Ehefragen, Sexualität, Seelsorge und Okkultismus, das Hinterwäldlerische der Gemeinden, eine moderne Zeitung, Fragen des Rechtslebens, ein anderes Priesterseminar. Ich habe viel über Moses, Geologie und Pflanzenkunde gelernt, und das war außerordentlich kenntnis- und hilfreich, aber es ist doch im Grunde für den Priesterberuf nur ein Zuckerle. Über alle anderen angeschnittenen Fragen habe ich am Priesterseminar nichts gelernt. Hat das System?

W. Gädeke: Das glaube ich nicht. Sie sehen ja, daß die Frage der Seelsorge dort jetzt immer deutlicher in Erscheinung tritt, auch daß es jetzt überhaupt einen Kurs über das Verhältnis von Erkenntnis und Religion gibt, ist schon ein enormer Fortschritt. In bezug auf die Problembereiche von Ehe und Sexualität bin ich natürlich befangen, mich dazu zu äußern. Das ist natürlich ein Gebiet, das in früheren Zeiten erkenntnismäßig nicht durchdrungen worden ist, und wie will man es dann lehren? Man kann am Seminar immer nur das lehren, was in der Priesterschaft real an Erkenntnis vorhanden ist.

W.W.: Das ist für mich nicht überzeugend, denn ich als Laie weiß doch auch, daß alle die von mir eben angeschnittenen Problembereiche als Themen notwendig sind, und dann dürfte es nicht schwerfallen, sofern ein Wille vorhanden ist, darüber einen Kurs zu halten und sei es durch die Seminaristen selbst.

W. Gädeke: Die Christengemeinschaft ist nicht als erwachsener Mensch auf die Welt gekommen, sondern als Baby, d.h. daß eine Reihe von Bereichen erst wachsen bzw. neu hinzukommen müssen. Sicherlich werden Sie es mir abnehmen, daß ich es für außerordentlich notwendig halte, daß ein Priester in den Ehe- und Sexualitätsfragen kenntnisreich sein sollte ...

W.W.: Das sehe ich ganz genauso, und es kann aus meiner Sicht innerhalb der Pfarrerschaft eigentlich niemanden geben, der das nicht für ganz genauso wichtig hält, oder ist das etwa nicht so?

W. Gädeke: Zunächst muß in diesem Bereich eine anfängliche Erkenntnissicherheit eintreten, bevor man darüber lehren kann. Bei den Priestern und auch den Anthroposophen, die sich damit auseinandersetzen wollen, fehlt meist die erkenntnismäßige Auseinandersetzung mit dem entsprechenden Problem. An der Universität hören Sie auch nicht die allerneuesten Forschungsergebnisse, die werden allerhöchstens genannt, sondern Sie lernen das gesicherte Grundwissen.

K.-D.N.: Aber die hier erwähnten Themen sind doch ganz klare und elementare Grundprobleme und keine speziellen Forschungsbereiche.

W.W.: Die muß man angehen, ob dies gesicherte Forschungsergebnisse sind, kann doch nicht Sache sein. Der Priester wird in alle diese Fragen während seines Lebens hineingeworfen, also muß er sich ohnehin damit auseinandersetzen, warum also macht man das nicht zu einem breiten Thema während der Priesterausbildung?

W. Gädeke: Das ist natürlich richtig. Ich spreche ja auch über diese Fragen, auch im Laufe eines Kurses am Priesterseminar am Ende dieses Jahres.

W.W.: Das glaube ich unbenommen, aber das dürfte kaum reichen.

W. Gädeke: Ich formuliere es noch konkreter: Wo ist denn auch nur ein Mensch, der sich aufgrund meiner Äußerungen über Partnerschaft und Ehe im FLENSBURGER HEFT, Sonderheft Nr.1, erkenntnismäßig mit mir auseinandergesetzt hätte?

W.W.: Nirgendwo.

W. Gädeke: Eben.

W.W.: Das ist aber nicht der Kern der Frage.

W. Gädeke: Doch, das ist der Kern der Frage, denn auch ich selbst muß alle Fragen, die ich erkenntnismäßig erbildet habe, im Felde der Auseinandersetzung mit anderen prüfen und absichern, aber wenn man ganz allein auf einem Felde ist, dann ist es sehr schwierig.

W.W.: Sie brauchen Ihr Licht gar nicht unter den Scheffel zu stellen. Kern der Frage ist für mich, ich wiederhole mich noch einmal, daß am Priesterseminar wirklich wichtige Themen nicht gelehrt werden, andere dagegen, bei denen man genauso fragen könnte, ob sie denn erkenntnismäßig abgesichert sind, werden gelehrt. Und das hat für mich System. Ich denke, daß es an dem Mut fehlt, auch Fragen, über die noch keine klare Erkenntnissicherheit vorliegt, im Gespräch anzugehen.

W. Gädeke: Allein die Tatsache, daß ich zu einem Kurs über Seelsorge an das Priesterseminar gebeten worden bin, widerlegt schon Ihre Vermutung.

K.-D.N.: Ausnahmen bestätigen die Regel.

W.W.: Wenn das schon besonders herausragend sein soll, daß Sie zu einem Kurs gebeten werden, dann fällt mir allerdings nichts mehr ein ...

W. Gädeke: Was soll ich dazu weiter sagen? Es ist auf dem Wege!

K.-D.N.: Sicherlich stimmen wir darin überein, daß alles immer verbesserungswürdig ist und daß es wünschenswert wäre, wenn alles noch erkenntnismäßig tiefer durchdrungen wäre, aber die Erkenntnis hat doch einen Willen zur Voraussetzung, und der Wille, ganz bestimmte Themen am Priesterseminar durchzuführen, scheint mir nicht sehr groß zu sein. Denn, wo ein Wille ist, ist auch ein Weg, zumindest in den meisten Fällen. Wenn zum Beispiel ein ganz bestimmtes Thema anliegt ...

W.W.: ... Rechtsleben, dieses Wort habe ich nie am Priesterseminar gehört!

K.-D.N.: ... nehmen wir das von Dir genannte Rechtsleben: Ein Pfarrer, der in eine Gemeinde geht, sollte wissen, auf welchen Rechtsboden er sich stellt, ferner auf welchem Rechtsboden die Gemeinde bzw. die gesamte Christengemeinschaft überhaupt steht. Dann muß man doch sagen, daß das zumindest einmal vor alle Priester hingetragen werden muß.

W. Gädeke: Sicher, auch das wird ja versucht. Gerade habe ich wieder das Curriculum des Wintersemesters bekommen, und ich habe daran gesehen, daß es inhaltlich ungeheuer überfrachtet ist. Das wäre ein berechtigter Kritikpunkt; bloß, wenn man alle Punkte, die wir jetzt besprochen haben und die sicherlich wünschenswert wären, am Priesterseminar durchnehmen will, dann kommt man auf einen Studiengang von vielleicht zehn Semestern. Das könnte ein alternatives Priesterseminar leisten. Früher war das Grundstudium nur vier Semester, heute umfaßt es besonders durch die Bemühungen von Herrn Debus zumindest schon sechs Semester. Aber ich gebe Ihnen völlig recht, daß bei den inhaltlichen Schwerpunkten des Studiums noch manches entwickelt werden muß.

XII. FRAUEN ALS PRIESTERINNEN

W.W.: Zwar gibt es in der Christengemeinschaft Frauen als Priesterinnen, trotzdem fällt auf, daß es sehr viel mehr Männer gibt. Welche Gründe gibt es dafür?

W. Gädeke: Ich habe mir gerade eine Statistik gemacht und mit Erstaunen festgestellt, daß von allen bisher geweihten Priestern 28 % Frauen sind. Ich finde, daß das schon eine ganz erhebliche Quote ist. Ich hatte vermutet, daß es ungefähr 15 % sind. Trotzdem fordert selbst diese Quote noch zu Fragen heraus, denn es sind eben nicht 50 % Frauen.

W.W.: Hat es irgendwelche Gründe, daß es mehr Männer als Frauen als Priester gibt?

W. Gädeke: Ich denke schon. Der Priesterberuf ist eben kein Halbtagsberuf, deswegen ist es so gut wie unmöglich, Priestertum und Muttersein wirklich miteinander zu verbinden. Auch das Nacheinander ist schwer, viele Frauen haben es auch probiert, aber aus meinem Verständnis gibt es dafür kein optimales Lebensmodell.

W.W.: Oftmals hat man den Eindruck, daß eine Art freiwilliges Zölibat bei den Priesterinnen vorgenommen wird. Warum sollte nicht eine Priesterin eine Halbtagsstelle in einer Gemeinde einnehmen, in der noch weitere Kolleginnen oder Kollegen als Pfarrer tätig sind? Wo ist da die Schwierigkeit?

W. Gädeke: Ich weiß nicht, ob Sie einmal eine schwangere Frau bzw. Mutter über längere Zeit aus der Nähe erlebt haben; da wird es einfach schwierig mit manchen Bewußtseinsleistungen, bis hin zum meditativen Leben. Ich will nicht sagen, daß das nicht geht, und würde auch niemals daraus ein Dogma machen, daß eine Frau, die gleichzeitig Mutter ist, keine Priesterin werden darf. Zum Glück hat einer der Begründer der Christengemeinschaft Rudolf Steiner direkt danach gefragt, ob dies möglich sei, und er hat gesagt, daß eine Priesterin selbstverständlich verheiratet sein, auch Kinder haben könne. Sie könne selbstverständlich auch in schwangerem Zustand zelebrieren, so lange es noch mit der Würde vereinbar sei. – Aber diese 28 % Frauenquote unter den Priestern ist ein Ausdruck des Lebens.

W.W.: Mag sein, vielleicht gäbe es aber mehr Frauen als Priesterinnen, wenn man verschiedene Modelle ausprobieren würde.

W. Gädeke: Es ist vieles ausprobiert worden. Viele der Priesterinnen waren verheiratet, sind verheiratet oder haben Kinder. Nur, bei der kleinen Anzahl von Priesterinnen, die es überhaupt gibt, ca. 120, kann man nicht von einer statistisch relevanten Zahl sprechen. Trotzdem gibt es unter ihnen schon eine ganze Reihe von Lebensmustern. Bloß die gleichzeitige überzeugende Vereinbarung von Priesterin, Mutter und Ehefrau ist sehr schwierig; ich selber kann mir da nur ein Nacheinander vorstellen.

W.W.: Man kann ja als Frau auf die Kinder verzichten, statt dessen aber die Gemeinde wählen.

W. Gädeke: Das wäre völlig in Ordnung, und das gibt es ja auch.

W.W.: Warum gibt es dann nicht mehr Frauen, die diesen Weg wählen? Wird diesem Weg eventuell aus irgendwelchen Gründen ein Stein in den Weg gelegt?

W. Gädeke: Das kann ich nicht sehen. Ich sehe es so, daß eine Frau, die ihren Mann wirklich liebt, letztlich auch ein Kind von ihm haben will. Natürlich gibt es davon Ausnahmen, aber meines Erachtens ist das eine Grundstruktur. Was meinen Sie, Frau Pehrs?

Judith Pehrs: Ich denke, daß das Kinderbekommen eine Art Urinstinkt oder Urtrieb ist.

W. Gädeke: Sehen Sie, und wir Männer haben eben keinen Vatertrieb.

W.W.: Ich kenne viele Frauen, die das nicht so sehen.

W. Gädeke: Dann wäre zu fragen, ob diese Frauen ihr eigenes Triebleben richtig sehen.

W.W.: Das wäre noch ein Thema, das ausführlich zu besprechen wäre, aber nicht an dieser Stelle. Ich habe zum Beispiel aufgrund mancher Kritik an dem FLENSBURGER HEFT „Partnerschaft und Ehe" (siehe FLENSBURGER HEFTE So.1, S.24 und Nr.20, S.19 f.) viele Frauen gefragt, ob sie etwa keinen sexuellen Trieb hätten, und nicht eine einzige gefunden, die Ihre These bestätigt hätte.

W. Gädeke: Ich habe auch nicht gesagt, daß die Frau keinen sexuellen Trieb hat, nur einen anderen. Vielleicht habe ich das damals noch anders ausgedrückt, aber heute sehe ich es so. Ich habe jedenfalls nicht gemeint, daß die Frau nur einen Trieb zum Kind und keinen sexuellen Trieb hat, sondern nur, daß in ihrem sexuellen Trieb der Wunsch nach dem Kind immer mit integriert ist. Er ist ein Teil ihres Triebes.

XIII. HIERARCHIE IN DER CHRISTENGEMEINSCHAFT / RECHTSLEBEN I

K.-D.N.: Die Priesterschaft in der Christengemeinschaft ist hierarchisch gegliedert. Man kennt gemeinhin die Hierarchie in der katholischen Kirche, die ich mal kurz mit einigen Charakteristika – einer Darstellung Hans-Werner Schroeders folgend – umreißen will. Wie vorhin bereits kurz erwähnt, hat nur der Bischof die Vollmacht zur Priesterweihe. Er hat auch die Weisungsbefugnis den Priestern seiner Diözese gegenüber. Nur der Bischof repräsentiert die Kirche vollgültig unter den Gläubigen, d.h. die Autorität des einzelnen Priesters ist nur von der Autorität des Bischofs abgeleitet, sie gilt im Grunde genommen nur solange, wie er sich in Übereinstimmung mit seinem Bischof befindet. Die Bischöfe wiederum sind verpflichtet, die Entscheidungen des Papstes anzuerkennen und in ethischen und Glaubensfragen seiner Autorität zu folgen. Die Stufenfolge der Hierarchie in der katholischen Kirche gründet sich also auf größere geistige Kompentenz, die sich in unterschiedlichen Weihegraden und -vollmachten ausdrückt.

Inwiefern unterscheidet sich davon die Hierarchie in der Christengemeinschaft?

W. Gädeke: In der Christengemeinschaft gibt es nur eine Weihe, nur die eine Priesterweihe. Es gibt keine Bischofs- oder Lenkerweihe. Also von der geistlichen Vollmacht her zum Vollzug der Sakramente sind alle Priester gleich. Die Hierarchie bezieht sich auf die Ordnung in der Gemeinschaft auf Erden. So ist eine Formulierung von Rudolf Steiner. Das heißt also, wenn man es sehr vereinfacht sagt, daß sich die Hierarchie auf Verwaltungsdinge im sozialen Organismus der Christengemeinschaft bezieht. Die Vollmachten, zum Beispiel daß der Lenker, der ein Gebiet verwaltet – einen regionalen Zusammenschluß von Gemeinden und Priestern –, die Konfirmation vollzieht, ist nicht an seinen Weihegrad gebunden, sondern beruht auf einer Vereinbarung der Priester und vor allem auf seiner sozialen Verantwortung, die er auch an andere Priester delegieren kann. Fast alle Lenker können in ihrem Gebiet gar nicht alle Konfirmationen halten, sondern müssen das an andere Priester delegieren. Aber er hat die soziale Verantwortung. Denn die Konfirmation führt nicht wie die Taufe in die Gemeinde des Christus Jesus, d.h. in die konkrete Ortsgemeinde, sondern im Jugendalter findet durch die Konfirmation so etwas wie eine Einführung in die Religionsgemeinschaft statt. Und die Religionsgemeinschaft ist umfassender als die Ortsgemeinde. Im Jugendalter ist man auch seelisch in der Lage, über den Rand der Ortsgemeinde hinauszublicken und zu sehen, daß die Religionsgemeinschaft mehr ist als diese Gemeinde, dieser Pfarrer und dieser Ort. Der Schritt repräsentiert sich im Vollzug der Konfirmation dadurch, daß der Vertreter der größeren Gemeinschaft diese Konfirmation vollzieht. Aber das ist nicht an den Weihegrad gebunden. Das ist das Wichtige.

K.-D.N.: Die Handhabung der Konfirmation und auch der Priesterweihe ist aber doch eine hierarchische, auch wenn sie nicht an den Weihegrad gebunden ist, sondern auf einer Verabredung basiert. Warum wird diese Handhabung als sinnvoll empfunden?‘

W. Gädeke: Die Priesterweihe vollzieht der Erzoberlenker. Rudolf Steiner hat das als Aufgabe der Oberlenker gesehen. Aber es gibt nicht so viele Priesterweihen, daß sich die Oberlenker diese Aufgabe teilen müssen. Wenn man sich die Christengemeinschaft aber größer vorstellt, dann wird es gar nicht mehr zu umgehen sein, daß dann auch die Oberlenker die Weihe vollziehen. Das ist deswegen sinnvoll, weil die drei Oberlenker zusammen mit vier Lenkern im Siebenerkreis auch den Weihebeschluß fassen müssen. Es muß ein Gremium geben, das den Weihebeschluß verantwortlich faßt. Dieses Gremium ist eben der Siebenerkreis. Und diejenigen, die den Weihebeschluß verantworten, sollen es auch tun, sollen die Weihe auch vollziehen. Aber auch der Erzoberlenker und die Oberlenker könnten die Verantwortung des Vollzugs der Priesterweihe delegieren, so daß im Grunde auch jeder einfache Priester die Weihe vollziehen könnte.

Was früher einer entschied, verantwortet heute ein Kollegium

K.-D.N.: Es gibt also keinen verschiedenen Grad der Weihe. Nun hat Rudolf Steiner aber im Gespräch mit Friedrich Rittelmeyer rückblickend auf seine Einsetzung zum Erzoberlenker gesagt, er habe ihm ein Übergewicht geben wollen durch die Art, wie er die Weihe vollzog. Wir erwähnten dieses Gespräch bereits. Nun ist einerseits von einem Übergewicht die Rede, andererseits wird die Einsetzung zum Erzoberlenker als Weihe bezeichnet. Steht es nicht im Widerspruch zu dem, was Sie eben ausgeführt haben?

W. Gädeke: Ich sehe das als ein soziales Übergewicht in der Verwaltung der Angelegenheiten der Priesterschaft, zum Beispiel in Entsendungsfragen usw. Damals war der Priesterkreis ja auch noch klein – 45, 48 Leute –, so daß es ganz wichtig war, daß ein Mann wie Friedrich Rittelmeyer mit seiner seelsorgerischen Erfahrung an der Spitze stand. Das hat Rudolf Steiner ja auch schriftlich am 05.10.1924 deutlich gemacht, wie wichtig diese Persönlichkeit an dieser Stelle war, weil Friedrich Rittelmeyer garantierte, daß er das sozial schwierige Gebilde der so unterschiedlichen Menschen menschlich und sozial zusammenhalten konnte. Das hat sich in der damaligen Zeit sehr stark auf Rittelmeyer konzentriert. Es hat sich ja auch bald gezeigt, daß der dritte Oberlenker, Johannes Werner Klein, nicht bei der Stange geblieben ist. Er, der sogar als erster die Frage an Rudolf Steiner nach einer religiösen Erneuerung gestellt hatte, war auch der erste, der der Christengemeinschaft wieder den Rücken zukehrte. Man kann sagen, daß er in einem gewissen Sinne diesbezüglich immer ein unsicherer Kantonist war. Das kann man auch nachträglich an seiner Biographie und an seinen Äußerungen aus historischer Perspektive sehen. Auf jeden Fall ist deutlich, daß Rudolf Steiner Friedrich Rittelmeyer in dieser zentralen Funktion gesehen hat, im sozialen Kontext das Übergewicht zu haben. Das ist kein höherer Weihegrad, kein spirituelles Übergewicht.

K.-D.N.: Ist denn auch heute mit dem Einsetzungsritual zum Erzoberlenker eine Verleihung größerer sozialer Macht verbunden?

W. Gädeke: Nein, heute ist es ja vielmehr so, daß diese zentrale Aufgabe vom Siebenerkreis als Organ wahrgenommen wird. Das war für Jahrzehnte in der Geschichte der Christengemeinschaft in den Hintergrund getreten. Heute macht das nicht mehr einer alleine, sondern das Kollegium des Siebenerkreises. Das hat auch Rudolf Steiner betont, daß einer alleine es nicht machen sollte. Drei sei eine gute Zahl, aber am besten wäre es, wenn es sieben wären. Drei ist also das mindeste – daher drei Oberlenker –, aber eigentlich sollen es sieben sein. Und das wird zum Glück auch seit 20 Jahren praktiziert. Der Erzoberlenker ist dann derjenige, der im Zweifelsfalle, wenn sich die sieben absolut nicht einigen können, wenn Einmütigkeit trotz großer Bemühungen nicht möglich ist, den Ausschlag gibt.

W.W.: Welche Persönlichkeiten sind heute im Siebenerkreis?

W. Gädeke: Das sind die drei Oberlenker – Taco Bay als Erzoberlenker, Johannes Lenz und Hans-Werner Schroeder als Oberlenker – und die vier Lenker – Jutta Vietor-Fischer, Erhard Kröner, Maarten Udo de Haes und Andreas Weymann.

Der Erzoberlenker ist also nicht mehr derjenige, der alleine entscheidet, schon gar nicht, weil er ein spirituelles Übergewicht durch die Erhebung hätte. Er hat das Übergewicht als soziale Komponente, damit die Christengemeinschaft handlungsfähig bleibt, wenn eine Einigkeit unter den sieben nicht zu erreichen ist. Das hat sich auch in der Vergangenheit schon bewährt. Die Konstitution der Christengemeinschaft ist bezüglich ihrer Leitung in meinen Augen gut gefaßt. Darinnen waltet Weisheit.

In der Christengemeinschaft gibt es keine Verbindlichkeit von Lehre und Moral

K.-D.N.: Sie sagten, die Hierarchie beziehe sich auf Verwaltungsdinge. Und so wird auch immer betont, daß die Hierarchie keine geistige sei. Die katholische Hierarchie ist eine geistige, weil sie auf unterschiedlichen Weihegraden und geistigen Kompetenzen beruht. Können Sie noch weitere Unterschiede benennen?

W. Gädeke: Die katholische Hierarchie beansprucht auch in Lehrfragen, d.h. in Erkenntnisfragen, und in moralisch-ethischen Fragen verbindlich das letzte Wort für alle zu sprechen. Das ist nach meiner Auffassung das entscheidende innere Prinzip der katholischen Hierarchie. Und diese beiden Bereiche, eine Art Vollmacht in der Erkenntnis und in der Moral, gibt es bei uns nicht, denn es gibt keine verbindliche Erkenntnis und Moral für die Gemeindemitglieder. Die Priester haben Lehrfreiheit, die nur insofern beschränkt ist, daß ihre Lehre nicht dem Kultus widersprechen darf. Es hat aber, soweit ich das sehe, eine Art Lehrzuchtverfahren, wie es in der protestantische Kirche vorgesehen ist, in der Christengemeinschaft nie gegeben, weil die Lehre eines Priesters dem Kultus widersprochen hätte. Ich kann mich nicht erinnern, daß das jemals der Grund für das Ausscheiden eines Priesters gewesen ist.

W.W.: Darauf kommen wir noch.

W. Gädeke: Festzuhalten bleibt, daß es in der Christengemeinschaft keine Verbindlichkeit von Lehre und Moral gibt.

Pelerinentaktik und sprachliche Vermummung

K.-D.N.: So weit, wie wir das jetzt besprochen haben, ist es auch nachvollziehbar. Eine Verständnisschwierigkeit tritt dann aber auf, wenn man zum Beispiel eine Körperschaftssatzung der Christengemeinschaft aufschlägt, denn dort heißt es: „Die geistliche Leitung in der Christengemeinschaft obliegt den Oberlenkern, Lenkern und Pfarrern ..." Was ist darunter zu verstehen, und wie ist das zusammenzubringen?

W. Gädeke: Das ist in meinen Augen keine günstige Formulierung, und zwar weil sie zu nah am Begriff der *geistigen* Leitung ist, von der Rudolf Steiner gesagt hat, daß es sie in der Christengemeinschaft nicht geben kann. Es ist gewissermaßen eine Behelfsformulierung und ein Kompromiß. In die Körperschaftssatzungen ist diese Formulierung gekommen, weil man nicht ganz konkret die Synode, die Oberlenkung, den Siebenerkreis und andere Organe der Pfarrerschaft mit ihren Aufgaben benennen wollte. Es gibt viele Pfarrer, die das Innenverhältnis nicht differenziert darstellen wollten, sondern nach außen in der Körperschaftssatzung nur diesen allgemeinen Begriff verwenden wollten. So ist diese Formulierung zustande gekommen. Ich halte sie aus den genannten Gründen für unglücklich. Sie fordert zu Mißverständnissen geradezu heraus.

W.W.: Was ist denn überhaupt der Unterschied zwischen geistiger und geistlicher Leitung?

W. Gädeke: In der Körperschaftssatzung ist mit geistlicher Leitung die Pfarrerschaft mit ihren Gremien, inneren Strukturen und Verantwortungen gemeint. Es ist ganz pauschal die Priesterschaft gemeint, deren innere Differenzierung und Gliederung mit diesem Begriff zusammengefaßt und meines Erachtens leider auch verdeckt wird.

K.-D.N.: Es ist doch eigentlich nicht akzeptabel, noch nach siebzig Jahren in den Körperschaftssatzungen einen solchen schwammigen Hilfsbegriff zu haben. Hans-

Werner Schroeder schreibt in seinem Buch „Die Christengemeinschaft“ (Stuttgart 1990), daß die Hierarchie der Christengemeinschaft oft mißverstanden werde. Ich meine, daß man sich darüber doch wirklich nicht zu wundern braucht, wenn an so wichtiger Stelle ein solcher Begriff auftaucht.

W. Gädeke: Da rennen Sie bei mir offene Türen ein. Ich kann Ihnen da nur zustimmen. Aber im Rechtsleben muß man eben Kompromisse machen. Und es gab eben gewichtige Stimmen, die die Verfassung nur haben akzeptieren können, weil diese Verschleierung stattgefunden hat. Ich bin aber fest davon überzeugt, daß sich das durch das Leben noch ändern und verdeutlichen wird. Derzeit war es aber nicht anders möglich. Erhard Kröner hat die Einführung dieses Begriffs immer die Pelerinentaktik genannt. Die Pelerine ist ein weiter Umhang, unter dem Sie alles mögliche verbergen können.

K.-D.N.: Sprachliche Vermummung.

W. Gädeke: Ja, genau.

Das weite Feld der geistlichen Angelegenheiten

K.-D.N.: Je deutlicher dies aber ein Hilfsbegriff ist, desto mehr fragt man sich doch, was eigentlich damit gemeint sei. Was bedeutet es, wenn es dann weiter in der Verfassung der Körperschaft heißt: „Über geistliche Angelegenheiten der Christengemeinschaft faßt die Körperschaftsversammlung keine Beschlüsse.“ Was sind denn nun geistliche Angelegenheiten?

W. Gädeke: Eine geistliche Angelegenheit, d.h. Sache der Pfarrer, ist zum Beispiel, wann die Gottesdienste beginnen, wo sie stattfinden. Darüber hat weder ein Rechtsorgan der Gemeinde noch der Körperschaft zu beschließen.

W.W.: Wenn geistliche Leitung einerseits nicht bedeuten soll, daß damit auf geistige Kompetenzen und Vollmachten hingewiesen ist, nun aber andererseits der Begriff geistliche Angelegenheiten auftaucht, mit dem, wie Sie sagen, zum Beispiel Kultusfragen angesprochen sind, werden dann nicht unterschiedliche und differenziert zu betrachtende Dinge mit demselben Begriff vermengt?

W. Gädeke: Genau das ist ja das Problem. Im normalen öffentlichen Rechtsleben ist der Begriff geistliche Angelegenheiten ein stehender Terminus. In einer kirchlichen Gemeinde ist zum Beispiel die Aufstellung eines Etats keine geistliche Angelegenheit. Aber zum Beispiel ist die Frage, ob dieser Mensch nun getauft wird oder nicht, als Rechtsvorgang eine geistliche Angelegenheit. Der Priester entscheidet das.

W.W.: Müßte man das nicht *geistig* nennen?

W. Gädeke: In unserem normalen Rechtssprachgebrauch nennt man das nun mal *geistliche* Angelegenheiten. Eine Satzung oder Verfassung muß ja auch nach außen hin verständlich sein. Deswegen fanden es einige auch nützlich, zur Verständigung auf die gängigen Begriffe zurückzugreifen.

Noch ein Beispiel dafür, was mit *geistlich* gemeint ist: Wenn der Gemeinderat beanstanden wollte, daß ich als Pfarrer an diesem oder jenem Tag, diesen oder jenen Menschen nicht getauft habe, dann könnte ich das den Gemeinderatsmitgliedern erklären, warum ich es nicht getan habe. Konstruieren wir weiter diesen Fall, dann könnte ich zum Beispiel sagen: „Ja, wenn Sie das interessiert, kann ich Ihnen das begründen. Ich habe die Vorbereitung als nicht weit genug gediehen empfunden und daraufhin empfohlen, noch dies und jenes zu unternehmen, um die Taufe besser vorzubereiten. Sie wollten aber partout die Taufe innerhalb von einer Woche. Das habe ich dann abgelehnt.“ So lange ist das ein normaler menschlich-sozialer Vorgang, wie ich dem Gemeinderat mein Handeln erkläre, damit er es verstehen kann. Wenn der Gemeinderat dann aber sagen würde, daß es so nicht ginge, und ich gefälligst die Menschen zu taufen hätte, dann müßte ich das zurückweisen, denn über geistliche Angelegenheiten kann der Gemeinderat keine Beschlüsse fassen. Solche Sache ist einzig und allein Angelegenheit des Pfarrers, der sich im Konfliktfall allenfalls mit seinen Kollegen beraten würde.

Oder noch ein anderes, etwas komplizierteres Beispiel: Wenn ein Priester eine Kirche bauen will, dann ist das zunächst ein ganz innerer spiritueller Impuls, der notwendig ist. Der aber muß sich dann mit dem sozialen Umfeld verbinden, und da haben ein Gemeinderat, ein Wirtschaftsrat und andere Organe sehr wohl mitzuwirken. Das können die Pfarrer nicht alleine tun.

Man muß also immer die einzelnen Bereiche sehen und wann die Kompetenz bei den Pfarrern, Oberlenkern, bei der Synode, dem Siebenerkreis usw. liegt.

Kein klar konturiertes Gesamtbild der Hierarchiekompetenzen

K.-D.N.: Worauf bezieht sich denn nun genau die Hierarchie? Wie ich es jetzt verstanden habe, doch nicht auf die geistliche Leitung, denn zum Beispiel könnte Ihnen doch auch ein Oberlenker nicht sagen, daß Sie eine Taufe zu vollziehen haben, obwohl Sie das nicht wollen.

W. Gädeke: Richtig, ich bin in dieser Beziehung als einzelner Pfarrer nicht weisungsgebunden. Aber wenn ich zum Beispiel die Aufgabe übernommen habe, junge Menschen durch den Konfirmandenunterricht zur Konfirmation zu führen und das dann nicht tue, dann ist es eine Frage der geistlichen Leitung – nicht der *geistigen* –, die dann eingreifen müßte. Diese Situation bezieht sich auf die Berufsausübung des Pfarrers, und aus ihr entsteht ein soziales Problem, wenn er seine Aufgabe nicht wahrgenommen hat. Es ist dann die Aufgabe des Lenkers, mit dieser Situation umzugehen und sie in irgendeiner Weise in Ordnung zu bringen.

Aber kein Gemeinderat, keine Körperschaftsversammlung und kein vergleichbares Organ reden da hinein. Auch der Lenker kann dem einzelnen Pfarrer zum Beispiel nicht vorschreiben, was und wie er nun inhaltlich im Konfirmandenunterricht zu behandeln hätte, denn das liegt in der *geistigen* Freiheit des Pfarrers. Ist der Unterschied deutlich?

W.W.: Im Grunde genommen schon, aber irgendwo ist da doch der Wurm drin. Es gibt kein harmonisches klares Bild.

K.-D.N.: Die Übergänge sind doch allzu fließend. Es gibt kein Gesamtbild. Auch aus der Pfarrerschaft selber gibt es dazu viele widersprüchliche Äußerungen. Am Priesterseminar hörte ich sogar von einem Dozenten die Auffassung, daß es in der Christengemeinschaft *keine* Hierarchie gebe. Dann hört man, sie beziehe sich nur auf Verwaltungsdinge, liest in der Körperschaftssatzung, daß ihr die geistliche Leitung obliege, und weiß obendrein, daß sie sich sogar in einigen Fällen auf geistige und moralische Fragen bezieht, wenn eine Spruchfällung ins Haus steht.

Die Hierarchie kann sich doch eigentlich nur insofern auf Verwaltungsdinge beziehen, daß durch ihre Gliederung, ihre Organe, die Stufenfolge der Ämter und der Weisungsbefugnisse gewährleistet werden soll, daß der Kultus und die Sakramente vollzogen werden können. Dazu gehören dann natürlich auch noch Aufgabenbereiche wie die Entsendung von Pfarrern, Weihebeschlüsse, Ausbildungsfragen usw. Wenn die Gewährleistung des Kultuswirkens die eigentliche Aufgabe und der Sinn der inneren hierarchischen Gliederung der Zusammenarbeit der Priesterschaft ist, dann fragt man sich, warum denn auch in anderen Bereichen die Hierarchie greift.

Denn auch in Wirtschafts- und in Rechtsfragen ist die Hierarchie wirksam. Es wird zwar nicht sofort deutlich und ist wohl auch vielen Mitgliedern der Christengemeinschaft gar nicht bewußt, aber wenn man sich etwas eingehender mit den Satzungen und Verfassungen der Christengemeinschaft befaßt – Gemeindesatzungen, Verfassungen der Körperschaften, Verfassung des Körperschaftsverbandes –, dann tritt immer klarer hervor, daß die Pfarrerschaft, und damit die Hierarchie, das gesamte Leben der Christengemeinschaft doch sehr stark dominiert. Und das meines Erachtens auch in Bereichen, wo dies überhaupt nicht notwendig und auch nicht angebracht ist. Kehren wir aber zunächst einmal zu einer grundsätzlichen Frage zurück: Warum ist eine hierarchische Gliederung überhaupt notwendig?

Horizontal und konzentrisch

W. Gädeke: Unter hierarchisch müssen Sie nicht pyramidal und vertikal verstehen, sondern horizontal und konzentrisch. Das ist ein Problem, daß wir heutzutage Hierarchie immer nur mit einer vertikalen Tendenz, also ägyptisch, verstehen. Unsere Hierarchie aber – das geht auch aus Äußerungen Rudolf Steiners hervor – wird nur richtig vorgestellt, wenn sie im Bilde von Mittelpunkt und Umkreis gedacht wird. Das ist ganz wesentlich. Sonst kommt man durch'n Tüttel.

So hat zum Beispiel der regionale Lenker die Aufgabe, sich um alles das zu kümmern, was zwischen den Gemeinden geschieht, wo einer den anderen braucht. Das ist natürlich eine sehr vage, sehr umfangreiche Formulierung, und das muß auch immer mehr erst mit Leben erfüllt werden. Das Miteinander der Gemeinden und Pfarrer ist sein Aufgaben- und Verantwortungsbereich. Das heißt nicht, daß der Lenker da in allem bestimmen könnte. Es ist seine Aufgabe, diese Vorgänge und Funktionen im sozialen Miteinander der Gemeinden und Pfarrer zu seinem Verantwortungs- und Aufgabenfeld zu machen. Nicht in dem Sinne, daß er alles macht und bestimmt, nicht dirigistisch-autoritär von oben leitet, sondern daß er dafür Sorge trägt, daß im Sinne der Gesamtheit der Christengemeinschaft und ihrer Aufgaben immer im positiven Sinne etwas geschieht. Das ist eine Formulierung von Rudolf Steiner. Dafür sorgen, daß immer etwas geschieht. Wir verbinden immer mit Hierarchie Weisungsbefugnis und Gehorsam, weil wir sie vertikal denken. Das muß man sich radikal abgewöhnen. Das geht sonst bis in den Sprachgebrauch hinein, und auch mir geschieht es noch manchmal, daß ich von den verschiedenen Ebenen spreche.

Die Rechtsgestalt im Umbruch

K.-D.N.: Durch die Satzungen und Verfassungen wird aber nicht der Eindruck einer Horizontalen mit sich durchdringenden Kreisen von Zentrum und Peripherie vermittelt, sondern doch eher das Bild einer Pyramide. Ich will verdeutlichen, was ich meine, indem ich mal einen Nervenstrang im Rechtsleben der gesamten Christengemeinschaft von einer örtlichen Gemeinde ausgehend verfolge.

In einer Gemeinde gibt es zwei wesentliche Organe, nämlich die Gemeindeversammlung und den Gemeinderat. Die Gemeindeversammlung bildet sich aus allen Mitgliedern dieser Ortsgemeinde und aus allen dort tätigen Pfarrern. Die Pfarrer sind dort Gleiche unter Gleichen, d.h. sowohl jedes Mitglied als auch jeder Pfarrer hat eine Stimme. Beschlüsse werden mit einfacher Mehrheit gefaßt, bei Stimmengleichheit gilt ein Antrag als abgelehnt. Die Gemeindeversammlung wählt den Gemeinderat, also das geschäftsführende Gremium einer Ortsgemeinde. Nun kommt zum ersten Mal ein Element gewissermaßen von oben herein – ich sehe das jedenfalls so –, indem der oder die dort tätigen Pfarrer die Möglichkeit haben, Wahlvorschläge abzulehnen. Denn es heißt, daß die Wahlvorschläge „im Einvernehmen mit den zuständigen Pfarrern“ in der Einladung zur Gemeindeversammlung mitgeteilt werden. Der Pfarrer hat also immer die Möglichkeit, durch Ausübung seines Vetorechts ein Mitglied, das ihm nicht genehm ist, von der Liste der Wahlvorschläge zu streichen.

W. Gädeke: Augenblick, hier können wir gleich auf ein wesentliches Prinzip zu sprechen kommen. Das ist etwas, was in der Vergangenheit als ein Prinzip gegeben war, daß der Pfarrer das Vetorecht hatte. Dieses Grundprinzip des Vetorechts war auch immer in anderen Organen und Rechtsprozessen gegeben. Das Grundprinzip zur Bildung der verschiedenen Organe der Christengemeinschaft, sowohl in den Gemeinden, in der Körperschaft als auch im Körperschaftsverband, ist gerade mit der neuen Verfassung des Körperschaftsverbandes, also des Gesamtverbandes der Christengemeinschaft in der Bundesrepublik Deutschland, die am 01.01.1992 in Kraft treten sollte, gründlich überdacht worden. Unsere Stuttgarter Rechtskommission, in der auch Benediktus Hardorp wesentlich tätig war, hat daran lange gearbeitet. In der neuen Verfassung des Körperschaftsverbandes ist jetzt ein Grundprinzip verwirklicht, das ein durchgängiges Gestaltungselement werden soll. In Zukunft sollen geistliche Leitung auf der einen Seite vom Zentrum zur Peripherie und die einzelnen Ortsgemeinden auf der anderen Seite – d.h. die dort tätigen Pfarrer *und* Gemeindemitglieder – von der Peripherie zum Zentrum stärker zusammenwirken. Das wird sich dann auch in allen neuen Verfassungen und Satzungen als Beschreibung dieses Gestaltungsprinzips und der sich entwickelnden tatsächlichen Vorgänge verstärkt niederschlagen.

Der Entwicklung dieses Gestaltungsprinzips liegt eine wesentliche Fragestellung zugrunde: Besteht die Christengemeinschaft dadurch, daß sie sich additiv aus den einzelnen Gemeiden aufbaut und sich dann zu einer Zentrale in einer Region, d.h. zu einer Körperschaft, zusammenschließt, oder aber besteht die Christengemeinschaft andersherum aus einer Urgemeinde, die sich ihrerseits vervielfältigt und ausbreitet? Historisch entwickelte sich die Christengemeinschaft ganz eindeutig so – und Rudolf Steiner hat auch davon gesprochen –, daß es eine Urgemeinde der Priester gab, die sich zuerst begründen mußte. Erst durch die Begründung dieser Urgemeinde konnte der Kultus überhaupt übermittelt werden. Diese Urgemeinde trug den Kultus hinaus in die Welt. Und zwar geschah es so, daß das Kultuswirken dieser gegründeten Urgemeinde seine Antwort im Sozialen finden mußte, d.h. in den Menschenkreisen, die diese Form des religiösen Lebens wollen. Diese Menschenkreise müssen sagen: „Wir wollen einen Pfarrer, schickt uns einen." Dieses Zusammenwirken zwischen Peripherie und Zentrum wird zum entscheidenden Prinzip.

Als durchgängiges Gestaltungsprinzip wirkt sich das im Rechtsleben dann so aus, daß die geistliche Leitung – je nachdem, in welchem Bereich – das Vorschlagsrecht hat und die Peripherie das Wahlrecht zugesprochen bekommt. In bezug auf die Bildung eines Gemeinderates würde das bedeuten, daß die Pfarrer die Kandidaten vorschlagen und die Gemeinde sie wählt. Wenn die Gemeindeversammlung dann einen vorgeschlagenen Kandidaten nicht in den Gemeinderat wählt, muß sich die geistliche Leitung einen anderen Vorschlag ausdenken.

Alleiniges Vorschlagsrecht der Pfarrer für die Wahl zum Gemeinderat?

K.-D.N.: Das soll so, wie Sie es beschrieben haben, seinen Eingang in die Gemeindesatzungen finden?

W. Gädeke: Erstmal wird dieses Gestaltungsprinzip in der neuen Verfassung des Körperschaftsverbandes der gesamten Christengemeinschaft in der Bundesrepublik Deutschland deutlicher herausgearbeitet sein. Man kann sich das im einzelnen anhand der neuen Verfassung anschauen. Dann werden in einem nächsten Schritt die einzelnen Regionen ihre neuen Körperschaftsverfassungen bekommen. Die Körperschaften werden sich in Zukunft nach Regionen gliedern, in denen ein Lenker wirkt und deren Ausdehnung sich nicht mehr an den Landesgrenzen der einzelnen Bundesländer orientiert wie bisher, sondern unserer eigenen Gliederung folgt. Dann erst werden in einem nächsten Schritt die Satzungen der Gemeinden in der jeweiligen Körperschaft geändert, wenn dies als notwendig erachtet wird. Da wird dieses Grundprinzip: Vorschlagsrecht – aristokratisch, Wahlrecht – demokratisch, von der Rechtskommission und den einzelnen Gremien der Priesterschaft, in denen darüber diskutiert wird, als das für die nächste Zukunft Richtige angesehen.

K.-D.N.: Halten Sie das auch für richtig? Wir sprechen jetzt über den Bereich einer Ortsgemeinde! Halten Sie es für richtig, daß ein Pfarrer vorschlägt, wer in den Gemeinderat gewählt werden soll?

W. Gädeke: Ja. Die Gemeinde kann einen Vorschlag ja durch die Wahl ablehnen.

K.-D.N.: Warum soll denn die Gemeindeversammlung, der die Pfarrer als Gleiche unter Gleichen angehören, nicht die Vorschläge machen können? Ich halte die bisherige Regelung schon für unangebracht, daß die Vorschläge nur im Einvernehmen mit den Pfarrern gemacht werden können. Warum sollen die Pfarrer ein so ungleiches und bestimmendes Mitspracherecht haben, wenn es darum geht, wer im Gemeinderat sitzt? Ich denke, die Hierarchie bezieht sich nur auf die geistliche Leitung, und ich bin der Ansicht, daß sie sich ganz konsequent auch nur darauf beschränken sollte. Der Gemeinderat hat aber mit der geistlichen Leitung gar nichts zu tun. Das haben Sie vorhin in einem Beispiel im Grunde selbst verdeutlicht, als Sie zeigten, daß der Gemeinderat kein Recht hat, auf geistliche Angelegenheiten – in dem vorhin erwähnten Fall, ob ein Pfarrer eine Taufe vollzieht oder nicht – Einfluß zu nehmen. Die Aufgaben des Gemeinderates sind hauptsächlich wirtschaftlicher Natur, d.h. er führt die laufenden Geschäfte, stellt den Haushaltsplan auf, er verwaltet das Vermögen usw. Dies geschieht im Auftrage und nach den Richtlinien der Körperschaft, also in klar vorgegebenen Grenzen, die in einer Vollmacht vorgegeben werden, die die Körperschaft dem Vorsitzenden des Gemeinderates und seinem Stellvertreter erteilt und die sie auch jederzeit widerrufen kann. Darüber hinaus benennt der Gemeinderat noch die Delegierten für die Körperschaftsversammlung. Ich frage mich, warum bei einem so verhältnismäßig eng umgrenzten Aufgabenfeld und bei schon ausreichend vorhandenen Kontrollmöglichkeiten seitens der Körperschaft die in der Ortsgemeinde tätigen Pfarrer da noch einen so entscheidenden Einfluß haben sollen.

W. Gädeke: Weil kein gedeihliches Gemeindeleben zustande zu bringen ist, wenn es hier kein Einvernehmen gibt. Das gibt soziales Chaos.

W.W.: Das gibt es doch auch schon so. Zudem könnten Menschen, die nicht im Einvernehmen mit dem Pfarrer in den Gemeinderat kämen, doch das Chaos innerhalb der Gemeinde genauso gut anrichten, auch wenn sie nicht im Gemeinderat eingebunden wären.

W. Gädeke: Nicht in der gleichen Art. Denn im Gemeinderat haben sie doch bestimmte Aufgaben und Rechte, die sie ansonsten nicht haben. Deswegen gibt es ja auch die verschiedenen Organe von Gemeinderat und Gemeindeversammlung. Denn sonst könnte man ja auch alle Aufgaben und Entscheidungen, die jetzt der Gemeinderat erfüllt und trifft, ebenso gleich in der Gemeindeversammlung besprechen und zur Entscheidung stellen.

W.W.: Ein von der Gemeinde zur Wahl in den Gemeinderat vorgeschlagener Kandidat, der vom Pfarrer als Wahlvorschlag abgelehnt wird, ist doch in bezug auf seine Person auch ein Ausdruck des Gemeindewillens.

W. Gädeke: Sicher, aber wenn dieses Mitglied gegen den Willen des Pfarrers in den Gemeinderat gewählt werden würde, könnte nie etwas Gedeihliches daraus entstehen. Rudolf Steiner hat das einmal am Beispiel der Entsendung der Pfarrer exemplifiziert, indem er gesagt hat, daß das Recht der Gemeinde nicht weiter reichen dürfe als ihren Willen zu bekunden, einen Pfarrer haben zu wollen. Pfarrerauswahl durch einen Gemeindekreis, mit Vorstellung, Probepredigt und die Wahl zwischen verschiedenen Kandidaten und Vorschläge aus der Gemeinde kann es in der Christengemeinschaft nicht geben. Das muß aufhören, so Rudolf Steiner. Es ist ein Bereich, in dem die Demokratie nach Rudolf Steiner nichts zu suchen hat.

Haben Pfarrer größere Fähigkeiten und Kompetenzen?

K.-D.N.: Das ist auch ein Beispiel, wo das völlig in Ordnung sein mag, da es sich auf die geistliche Leitung bezieht. Dieses Beispiel hat aber mit der Wahl zum Gemeinderat nicht das Geringste zu tun und erklärt nicht, warum hier ein Pfarrer mehr Einfluß und Rechte haben soll, als jedes andere Gemeindemitglied. Es gibt ja auf seiten der Pfarrer auch keine größere Kompetenz zur Aufstellung von Haushaltsplänen und zur Führung laufender Geschäfte, die man vielleicht zur Begründung heranziehen wollte.

W. Gädeke: Das ist völlig richtig, darum kann es auch nicht gehen. In bezug auf die Tätigkeit der Pfarrer wird vorausgesetzt, daß er von Berufs wegen die Gemeindemitglieder und ihre Schicksale, ihre Möglichkeiten und Fähigkeiten wirklich kennt. Wenn es sich um eine größere Gemeinde handelt, dann sollten die Pfarrer im Kollegium beraten. Das ist ja das Wünschenswerte, daß nicht ein einzelner darüber zu befinden hat, sondern eine Gemeinschaft von Pfarrern. Ich denke mal, daß es das Optimale ist, wenn drei Pfarrer in einer Gemeinde zusammenwirken. Dann sollten sie gemeinsam diese Vorschläge machen, weil es ihre Pflicht und Schuldigkeit ist, die Gemeindemitglieder so gut zu kennen, daß sie zu wirklich gut begründeten Vorschlägen kommen können.

K.-D.N.: Ein Pfarrer der Christengemeinschaft kennt ein Gemeindemitglied doch nicht besser als dessen langjährige Freunde, Ehepartner und Familienmitglieder. Man kann doch nicht von einem Pfarrer verlangen, daß er ein Gemeindemitglied auch nur annähernd so gut kennt wie die Menschen, mit denen dieses Mitglied seit Jahrzehnten tief verbunden ist.

W.W.: Zumal die Pfarrer ja auch die Gemeinden wechseln.

W. Gädeke: Na gut, aber das gilt ganz sicher nicht für alle Gemeindemitglieder und auch nicht für alle Lebensfragen. Aber trotzdem sehe ich nicht, daß dadurch gedeihlichere Arbeitsverhältnisse entstünden, wenn der Pfarrer in diesem Wahl- und Vorschlagsverfahren nichts zu suchen hätte. Bisher war es so, daß er in bezug auf die Vorschläge ein Vetorecht hatte, das ja durch die Formulierung „im Einvernehmen" ausgedrückt ist. Ein Vetorecht seitens des Pfarrers, also der geistlichen Leitung, halte ich für verkehrt, in welchen Bereichen auch immer es eingeräumt werden sollte. Denn das Vetorecht ist ein nachträgliches und negatives Recht. Dieses Vorschlagsrecht aber ist ein vorträgliches und positives, und meines Erachtens ist durch die Wahlmöglichkeit für die Gemeinde ein genügend starkes Gegengewicht gegeben.

K.-D.N.: Ich stimme mit Ihnen überein, daß man den Pfarrern dieses nachträgliche, negative Recht nehmen sollte, aber ich sehe nicht ein, daß man ihnen statt dessen nun sogar das Vorschlagsrecht einräumen sollte.

W. Gädeke: Aber warum soll er denn außen vor sein?

K.-D.N.: Das wäre er dann doch gar nicht.

W. Gädeke: Doch natürlich! Weil ihm mehrheitlich etwas aufgezwungen werden kann, womit er nicht leben kann.

W.W.: Es geht doch nur um die wirtschaftlichen Fragen und die daraus resultierenden Rechtsgeschäfte des Gemeinderates.

W. Gädeke: Ich will Ihnen mal ein Beispiel dafür nennen, daß diese auch die geistlichen Angelegenheiten betreffen. Es gibt Gemeinden – und da es weitgehend Vergangenheit ist, kann ich auch ganz offen darüber sprechen –, in denen Menschen Mitglieder sind, die mit der Christengemeinschaft ganz tief verbunden sind und sehr intensiv in ihr leben. In ihrem Beruf haben sie im normalen Wirtschafts- und Finanzleben eine hervorragende Stellung, sind angesehene Kaufleute usw. Für das Wirtschaften im freien Geistesleben und in der Christengemeinschaft sind sie aber überhaupt nicht disponiert. Die Methoden und Usancen der Wirtschafter und Finanzverwalter sollten nicht in die Christengemeinschaft hereingetragen werden, wo sie keinen Sinn und keine Berechtigung haben. Ich selber kenne mehrere Beispiele solcher Persönlichkeiten, die man von ihrer Zugehörigkeit zur Christengemeinschaft und von ihrer Sachkompetenz vom Beruf her sofort für ein solches Gremium vorschlagen und wählen würde. Dadurch können dann aber die allergrößten Schwierigkeiten entstehen, weil ihre Art zu wirtschaften, über Geld zu denken und damit umzugehen, nicht demjenigen adäquat ist, was in der Christengemeinschaft notwendig ist.

W.W.: Dazu ein anderes Beispiel: Ich habe erlebt, wie in einer Gemeinde durch den Pfarrer Gelder zweckentfremdet, d.h. zweckgebundene Spenden für einen anderen Zweck ausgegeben wurden. Ein anderer Pfarrer hat daraufhin in der Gemeindeversammlung, als dieses Thema zur Sprache kam, wortwörtlich gesagt: „In einer christlichen Gemeinde kann man das schon mal machen." Daraus ergibt sich, daß zwei Pfarrer nicht die geringste Ahnung von Wirtschaftsfragen und den damit verbundenen Rechtskonsequenzen haben. Was Sie sagen, setzt aber voraus, daß ein Pfarrer per se in diesen Fragen besser Bescheid weiß, da es doch Sachkenntnis in Wirtschafts- und Finanzfragen voraussetzt, um erstens die Fähigkeiten eines anderen beurteilen zu können und zweitens zu wissen, was das adäquate Wirtschaften und der adäquate Umgang mit dem Geld in der Christengemeinschaft ist.

W. Gädeke: Nein, nein, in den Einzelheiten muß er natürlich nicht besser Bescheid wissen, d.h. er braucht natürlich nicht die Buchhaltung zu beherrschen oder gar bilanzsicher zu sein. Aber die Grundzüge eines adäquaten Wirtschaftens innerhalb der Christengemeinschaft, eines adäquaten Umganges mit dem Geld und des Einsatzes aus geistigen Impulsen heraus sollte er schon kennen und darin leben. Der von Ihnen genannte konkrete Fall einer arglosen Zweckentfremdung, der im übrigen ja auch der Gemeinderat zugestimmt haben muß, ist meines Erachtens eine ganz klare Sache, um die sich dann der Lenker kümmern muß. Aber davon einmal abgesehen: Es geht nicht um den einzelnen konkreten Vorgang der Verwaltung des Geldes, sondern um die Auswahl derjenigen Menschen, die nicht *nur* den Sachverstand haben.

W.W.: Aber es stimmt doch nicht, daß der Pfarrer das besser beurteilen kann als andere Gemeindemitglieder.

W. Gädeke: Er muß sich so weit kundig machen, daß er sagen kann, welche Art von Umgang mit dem Wirtschaftlichen in der Christengemeinschaft vonnöten ist. Das ist etwas, was Rudolf Steiner schon im allerersten Theologenkurs den Pfarrern als Aufgabe gegeben hat, damit sie in anderer, dem Geistesleben angemessener Weise mit Wirtschafts- und Rechtsfragen umgehen können. Das ist eine ganz konkrete Aufgabe, in die die Pfarrer sich laut Rudolf Steiner einarbeiten müssen. Desweiteren ist es die Pflicht des Pfarrers, daß er in der Seelsorge und in der Beziehung zu den Mitgliedern seiner Gemeinde die Menschen so gut kennenlernt, daß er sich ein Bild von ihren Möglichkeiten und Fähigkeiten machen kann.

W.W.: Am Priesterseminar habe ich kein einziges Wort davon gehört, nicht einmal im geringsten Ansatz war es dort Gegenstand der Lehre.

W. Gädeke: Das ist in der Tat ein großes Problem, daß das noch nicht in ausreichendem Maße Bestandteil der Ausbildung ist. Das gestehe ich Ihnen auch gern zu, denn es ist auch meine Überzeugung, daß wir in bezug auf Recht und Finanzen eine intensive Vorbereitung auf das Wirken als Pfarrer in der Ausbildung bekommen müssen. Denn es geht nicht, daß wir die Methoden und Usancen des normalen Wirtschaftslebens und Rechtslebens in die Gemeinden der Christengemeinschaft hereintragen. Das ist völlig ausgeschlossen! In der Vergangenheit ging das so weit – das möchte ich doch einmal ganz konkret benennen –, daß die Gemeinderäte, und dort gerade die Fachleute, gewissermaßen darüber bestimmen wollten, was der Pfarrer anzieht und was er ißt, wie viele Kinder er haben darf usw. Möglichkeiten des Mißbrauchs und der Kompetenzüberschreitung gibt es immer und wird es immer geben, und zwar in beiden Richtungen: sowohl auf seiten der Pfarrer als auch auf seiten der Gemeinde.

Es müssen Menschen auf diesem Felde tätig sein, die bereit sind, neue Wege zu gehen, die sich aus den sehr komplexen und schwer zu verstehenden Ideen der sozialen Dreigliederung ergeben. Und das ist furchtbar schwierig! Für das Gedeihen einer Gemeinde ist es nicht gut, wenn den Pfarrern – ich gehe jetzt davon aus, daß es zwei oder drei sind, weil ich das für ein Ideal halte; wenn einer alleine wirken muß, dann ist es ein Notstand, den wir leider noch nicht überall beheben können – wenn den Pfarrern nicht die Möglichkeit gegeben wird, in Gemeinsamkeit zu sagen: „Wir wollen einen möglichst vielfältigen, aber für diese Aufgabe auch geeigneten Kreis von Menschen vorschlagen.“ Es muß einfach die Aufgabe der Pfarrer sein. Das heißt ja nicht, daß sie nicht auch Vorschläge von Gemeindemitgliedern entgegen nehmen können, um sie in ihren Überlegungen zu berücksichtigen. Ich meine, daß die Teilung in Vorschlags- und Wahlrecht wirklich sachgemäß ist.

Dann ist Schluß!

K.-D.N.: Es ist für mich vollkommen neu, daß dasjenige, was Sie ausgeführt haben, als Absicht zur Verwirklichung innerhalb der Priesterschaft lebt. Sollten Sie recht haben und würde das wirklich eingeführt werden, wäre das für mich das totale Aus, was noch irgendein Interesse für die Gemeinde betrifft. Dann wäre definitiv Schluß! Der Kultus wäre davon vielleicht noch ausgenommen, aber ansonsten: null! Ich bin mir wirklich nicht sicher, ob das stimmt, was Sie sagen, denn ich kann es schlicht und einfach nicht glauben!

Alles, was Sie argumentativ angeführt haben, begründet meines Erachtens in keiner Weise die Notwendigkeit solcher Rechtsstrukturen auf Gemeindeebene. Man kann nicht Rechtsstrukturen einführen, die sich auf Kompetenzen von Pfarrern stützen, die zwar vom Ideal her wünschenswert sind, aber als Fähigkeit noch nicht existieren, ja in der Ausbildung noch nicht einmal veranlagt werden. Zwar gibt es diese Fähigkeiten und die entsprechende Sachkenntnis bei einzelnen Pfarrern der Christengemeinschaft, also in der Pfarrerschaft der Christengemeinschaft in ihrer Gesamtheit, aber ganz gewiß gibt es sie nicht bei jedem Pfarrer, der in einer konkreten Ortsgemeinde tätig ist. Aber selbst wenn dem so wäre – und so ist es noch lange nicht –, so wäre auch das für mich kein Grund, warum ein Gemeinderat sich nicht aus der Initiative der Gemeinde heraus bilden sollte. Der Pfarrer wäre an diesem Prozeß als Gleicher unter Gleichen beteiligt.

Sinnvoll wäre es nur, wenn der Gemeinderat in seiner Gesamtheit, dem ja immer mindestens ein Pfarrer von Amts wegen angehört – die derzeit gültige Satzung läßt den Pfarrern, wenn es mehrere sind, die in der Ortsgemeinde tätig sind, die freie Entscheidung, ob sie dem Gemeinderat angehören wollen oder nicht –, wenn der Gemeinderat in seiner Gesamtheit den Vorschlag zur Wahl eines Mitgliedes ablehnen kann, da er nicht gegen seinen Willen zur Zusammenarbeit gezwungen werden kann. Das ist aber etwas anderes und hebt nicht die Stellung des Pfarrers hervor, vermischt auch nicht die Bereiche der geistlichen Leitung, der Wirtschafts- und Finanzfragen und des Rechtslebens. Bisher hat die Verfassung des Körperschaftsverbandes nichts über die Satzungen der einzelnen Ortsgemeinden innerhalb der jeweiligen Körperschaften ausgesagt, und das wird sie in Zukunft wohl auch nicht tun. Wie kommen Sie nun darauf, daß mit der neuen Verfassung des Körperschaftsverbandes, die demnächst in Kraft tritt, in der Konsequenz auch die Gemeindesatzungen einer Änderung unterworfen sein werden, die in eine Richtung geht, wie Sie es jetzt ausgeführt haben? Stimmt denn das wirklich?

W. Gädeke: Ja! Weil es die konsequente Fortsetzung dieses Grundprinzips wäre: Vorschlagsrecht – aristokratisch, von der Mitte zur Peripherie; Wahlrecht – demokratisch, von der Peripherie zur Mitte.

Ein Nervenstrang von der Gemeinde bis zum Körperschaftsverband

K.-D.N.: Es sind doch aber verschiedene Bereiche und auch verschiedene Entwicklungsstadien, in die dann dieses Grundprinzip ganz undifferenziert und prinzipiell – man könnte auch sagen: bürokratisch – eingeführt würde. Denn es ist doch so: Auf die Verfassung des Körperschaftsverbandes angewendet wäre es ganz sicher ein Fortschritt gegenüber demjenigen, wie es bisher war. Daran besteht kein Zweifel, und das ist auch zu begrüßen, weil es auf jeden Fall eine Verbesserung ist. Wenn man das gleiche Prinzip aber nun auch auf den Gemeindebereich anwendet, so wie Sie es jetzt ausgeführt haben, wäre das meines Erachtens ein erheblicher Rückschritt.

Damit das etwas deutlicher wird, will ich den verfolgten Nervenstrang nun doch einmal in seiner Ganzheit darstellen. Wir gingen aus von der Gemeindesatzung einer Gemeinde in Schleswig-Holstein. Die Satzung der Gemeinden – dies nur zur Ergänzung – wird bisher von der Körperschaft erlassen und geändert, indem die Körperschaftsversammlung darüber beschließt. Ich nehme noch einmal den Anfang des Nervenstranges auf: Die Gemeindeversammlung bildet sich aus allen Gemeindemitgliedern und den dort tätigen Pfarrern. Aus der Gemeinde werden im Einvernehmen mit den Pfarrern Vorschläge zur Wahl in den Gemeinderat gemacht, der dann durch die Gemeindeversammlung gewählt wird. Dem Gemeinderat gehört mindestens ein Pfarrer von Amts wegen an. Wenn mehrere Pfarrer in der Gemeinde tätig sind, können sie selbst entscheiden, ob sie dem Gemeinderat angehören wollen oder nicht. Der Geschäftsführung des Gemeinderates sind durch eine Vollmacht der Körperschaft – sinnvolle – Grenzen gesetzt. Die Vollmacht wird dem Vorsitzenden des Gemeinderates und seinem Stellvertreter erteilt. Die Vollmacht grenzt einige Rechtsgeschäfte aus: „Von der Vollmacht ausgeschlossen sind: Grundstücksgeschäfte, die Vergabe von Bauaufträgen, soweit sie nicht zu den laufenden Geschäften der Grundstücksverwaltung gehören, die Verwendung von Schenkungen und Zuwendungen aus letztwilligen Verfügungen."

W. Gädeke: Das sind die Geschäfte, die nach unserem bundesdeutschen Recht eine Rechtsperson voraussetzen, und Rechtsperson ist nur die Körperschaft und nicht die einzelne Gemeinde.

K.-D.N.: Diese Vollmacht kann jederzeit widerrufen werden, wodurch die Körperschaft abgesichert ist und auch die Möglichkeit zum Eingreifen hat, wenn etwas nicht nach Wunsch gehandhabt wird.

Der Gemeinderat – und jetzt verlassen wir die Gemeindeebene – benennt die Delegierten für die Körperschaftsversammlung. Damit sind wir nun auch in der noch gültigen Verfassung der Körperschaft der Christengemeinschaft in Schleswig-Holstein angelangt, und da finden wir nun die einschränkende Formulierung – die in der Gemeindesatzung nicht zu finden ist! –, daß die Entsendung der Delegierten „im Einvernehmen mit den zuständigen Pfarrern" zu geschehen habe. Auch hier haben die Pfarrer wieder ein größeres Recht und die Möglichkeit einzugreifen, wenn etwas nicht so läuft, wie sie es für gut und richig befinden.

W. Gädeke: Es kann nicht über ihre Köpfe hinweg geschehen, sie können nicht überstimmt werden.

K.-D.N.: In der Körperschaftsversammlung sitzen mindestens ein Delegierter, höchstens aber drei aus einer Gemeinde. Die Körperschaftsversammlung hat nun die Möglichkeit, weitere Mitglieder zu kooptieren, und zwar bis zur Hälfte der Anzahl der Delegierten. Allerdings kann dies nur „im Einvernehmen mit dem Lenker" – also im Einvernehmen mit Ihnen – geschehen. Da die Körperschaftsversammlung grundsätzlich mit einfacher Mehrheit beschließt, kann durch aufmerksame Beobachtung immer gewährleistet werden, daß die Zusammensetzung genehm ist. Notbremsen und Sicherheiten gibt es also genug.

Es geht aber noch weiter: Die Körperschaftsversammlung wählt die Mitglieder des Verwaltungsrates, dem mindestens vier Personen angehören und dessen ständiger Vorsitzender der zuständige Lenker von Amts wegen ist. Das heißt, er gehört dem Verwaltungsrat automatisch an. Der Verwaltungsrat „bereitet die Beschlußfassung der Körperschaftsversammlung vor", was zu deutsch nichts anderes heißt, als daß im Extremfall der Verwaltungsrat die Möglichkeit hat, die Körperschaftsversammlung nur mit entsprechend dosierten und vorbereiteten Beschlußvorlagen zu bedienen. Die Wahrscheinlichkeit der Unstimmigkeiten kann also ein weiteres Mal vermindert werden.

Jetzt gehen wir noch einen Schritt weiter und kommen zum Körperschaftsverband. Da orientiere ich mich jetzt an der Verfassung von 1981/82, die demnächst von der neuen Verfassung abgelöst wird. Jede Körperschaft entsendet einen Vertreter in den Verwaltungsrat des Körperschaftsverbandes. Wobei anzumerken ist, daß aus der bisherigen Verfassung der Körperschaft in Schleswig-Holstein nicht hervorgeht, welches Gremium diesen Vertreter auf welche Weise benennt! Dem Verwaltungsrat des Körperschaftsverbandes gehören die amtierenden Oberlenker wiederum von Amts wegen automatisch an. Der Verwaltungsrat wählt „auf Vorschlag der Oberlenker" seinen ersten und zweiten Vorsitzenden. Des weiteren haben die Oberlenker das Recht, unbegrenzt weitere Persönlichkeiten in den Verwaltungsrat zu berufen und Beschlüsse herbeizuführen, wenn keine Übereinstimmung aller Mitglieder des Verwaltungsrates erzielt werden kann. Die amtierenden Oberlenker können dann entscheiden und bedürfen lediglich der Zustimmung der Vertreter von drei Landeskörperschaften. Das mag vielleicht zur Verdeutlichung genügen, warum auf der Ebene des Körperschaftsverbandes durch die neue Verfassung ein Fortschritt in Richtung Demokratisierung verhältnismäßig leicht herbeizuführen war.

Der Fortschritt der neuen Verfassung des Körperschaftsverbandes

W. Gädeke: In der neuen Verfassung des Körperschaftsverbandes werden auch genau die Dinge, die Sie jetzt genannt haben, ersatzlos gestrichen. Das ist alles nicht mehr praktikabel und auch längst nicht mehr praktiziert worden. Das können Sie also getrost vergessen.

Wie man überhaupt sagen muß, daß die gesamte Verfassung des Körperschaftsverbandes in allen Bereichen radikal und grundlegend erneuert worden ist. Es wird auch innerhalb des Verbandes zukünftig die Gliederung in Körperschaftsversammlung und Verwaltungsrat geben. Die Körperschaftsversammlung setzt sich dann aus je zwei Vertretern der Regionalsynoden und der Regionen (Körperschaften) zusammen. Weitere Kooptationen wird es dann nicht mehr geben, und wenn keine Einmütigkeit in den Beschlüssen erlangt werden kann, entscheidet die Körperschaftsversammlung in einer neuen Sitzung mit Zweidrittel-Mehrheit.

Durch Entsendung eines Vertreters aus jeder Region bildet sich der Verwaltungsrat, in den bis zu zwei weitere Mitglieder mit Zustimmung der Pfarrerschaft kooptiert werden können. Der Verwaltungsrat schließlich beruft den Vorstand, der in der Regel aus drei Persönlichkeiten bestehen soll, von denen eine zur Priesterschaft gehört.

Ohne nun auf weitere Einzelheiten eingehen zu wollen, ist das doch wirklich eine ganz radikale Änderung. Die Eigenständigkeit der Regionen, die als Körperschaften ja auch eigene Rechtspersonen sind, wird hier ganz entscheidend berücksichtigt. Die Regionen haben auch eine weitestgehende Eigenständigkeit in der Gestaltung ihrer Verfassung. Die Zustimmung des Körperschaftsverbandes zur Verfassung einer Region gilt bereits als erteilt, wenn die Körperschaftsversammlung auf ihrer nächsten ordentlichen Sitzung nicht mit einer Zweidrittel-Mehrheit widerspricht. So habe ich zum Beispiel gerade erfahren, daß die Region Westdeutschland, also was früher die Körperschaft der Christengemeinschaft in Nordrhein-Westfalen war, eine Regionalverfassung beschlossen hat, die schon am 01.01.1992 in Kraft treten kann. Die haben nicht die Probleme wie wir hier im Norden, weil sie bisher nur eine Körperschaft in einem Bundesland waren. Es bedurfte also nur der Umwandlung *einer* Körperschaft in die andere.

Wir haben hier im Norden – jetzt mit Mecklenburg-Vorpommern – *fünf* Bundesländer und vier davon sind schon als Körperschaften verfaßt – Bremen, Hamburg, Niedersachsen, Schleswig-Holstein –, mit allen Gremien, die dazu gehören: Körperschaftsversammlung, Verwaltungsrat, Vorstand usw. Wir können also hier im Norden nicht so schnell agieren, zumal wir auch verschiedene Gemeindezusammenschlüsse zu bewerkstelligen haben, zum Beispiel müssen die fünf Gemeinden in Hamburg eine Arbeitsgemeinschaft innerhalb der Körperschaft sein. Diese Regionalverfassungen werden also autonom, auf die entsprechenden Gegebenheiten zugeschnitten, gestaltet, und daher werden sie auch verschieden sein. Sie dürfen natürlich der Gesamtverfassung des Körperschaftsverbandes nicht widersprechen. Dementsprechend wird es auch in den verschiedenen Regionen unterschiedliche Gemeindesatzungen geben. Die Reformierung der Gemeindesatzungen ist also der übernächste Schritt, und der wird sich von Region zu Region verschieden vollziehen. Eine Gemeindesatzung der Region Westdeutschland wird sich also unter Umständen erheblich unterscheiden können von einer Gemeindesatzung der Region Norddeutschland.

Ich fasse nochmal zusammen: Der erste Schritt ist, daß die Rechtsgestalt des gesamten Körperschaftsverbandes der Christengemeinschaft in der Bundesrepublik Deutschland geändert wird und demnächst in Kraft tritt. Der zweite Schritt ist, daß die einzelnen Regionen, entsprechend ihrer Neugliederung, die nicht mehr mit den einzelnen Bundesländern identisch ist, ihre Körperschaftsverfassungen ändern. Der dritte Schritt schließlich ist, daß die Gemeindesatzungen in den jeweiligen Regionen geändert werden.

Dabei ist es noch keineswegs entschieden, wie die Gemeindesatzungen zu reformieren sind. Darüber ist in den Einzelheiten noch gar nicht gesprochen worden, weil dieser Schritt im Moment noch nicht ansteht. Ich kann mir allerdings nicht vorstellen, daß man eine Satzung gestalten wird, die es zuläßt, daß die Bildung des Gemeinderates gegen den Willen des Pfarrers, über seinen Kopf hinweg, möglich sein wird. Wie das im einzelnen aussehen wird, ob der Pfarrer ein Vetorecht oder ein Vorschlagsrecht erhalten wird, mag ja offen sein, aber ich bin mir ziemlich sicher, daß der oder die in den Gemeinden tätigen Pfarrer hier ihren entscheidenden Einfluß behalten werden.

Keine grenzenlose Aufweichung des Begriffs „geistlich“!

K.-D.N.: Wir haben vorhin, was die geistliche Leitung und geistliche Angelegenheit betrifft, insofern eine Übereinstimmung erzielt, daß dieser gesamte Bereich Aufgabe der Pfarrerschaft und geistig in der individuellen Verantwortung des Pfarrers gegründet sein muß. Daß hier keine Mitbestimmung und demokratische Rechtsausübung seitens der Gemeindemitglieder angebracht ist, ist sonnenklar. Die entscheidende Frage dabei ist jedoch, was man unter diesen sehr weitläufigen Begriffen verstehen will. Der Bereich der geistlichen Angelegenheiten muß klar und deutlich zu umreißen sein, wenn nicht die Gefahr bestehen soll, daß durch eine grenzenlose Aufweichung dieses Begriffs jegliche Rechtsausübung und Mitbestimmung seitens der Gemeindemitglieder im Zweifelsfalle torpediert werden kann.

In allen Angelegenheiten, die keine geistlichen sind, kann und darf der Pfarrer nur Gleicher unter Gleichen sein, so daß er in allen diesen Angelegenheiten auch überstimmt werden kann. Wenn in der Gemeinde beschlossen wird, daß der Parkettfußboden bleiben soll, dann kann sich der Pfarrer nicht daran machen – wie es in einer Gemeinde geschehen ist –, ihn auf eigene Faust rauszureißen. Der Parkettfußboden ist keine geistliche Angelegenheit und hat mit dem Kultus nichts zu tun.

W. Gädeke: Er kann sehr wohl mit dem Kultus zusammenhängen. Ich selber bin zum Beispiel in einer Gemeinde großgeworden, in der es einen älteren Parkettfußboden gab, und ich muß sagen, daß dieser nicht gerade vorteilhaft auf den Kultus wirkte, weil er quietschte und knarrte. Außerdem erinnerte er auch rein optisch doch allzu sehr an ein Wohnzimmer.

K.-D.N.: Nun gut, es gibt vielleicht einen besseren Bodenbelag für eine Kirche als einen Parkettfußboden. Aber es berührt die Kultuswirksamkeit nicht in der Weise, daß der Kultus damit steht oder fällt. Auf keinen Fall aber handelt es sich um eine so gravierende Sache, daß der Pfarrer berechtigt wäre, sich über eine Gemeindeentscheidung hinwegzusetzen.

W. Gädeke: Nehmen wir ein anderes Beispiel: Wir haben hier in Kiel eine Kirche gebaut. Wir haben eine Kirchenbauidee entwickelt, die wir im Gemeinderat, in der Gemeindeversammlung und in den regionalen Gremien vorgestellt haben. Dabei haben wir Vorschläge aufgenommen und eingearbeitet und sind immer wieder aufs Neue damit in die verschiedenen Gremien hineingegangen. Dabei ist deutlich geworden, daß es gerade bei diesen größeren Dingen nicht auf den einzelnen Pfarrer ankommt. Bei Kirchenbauten ist sogar das Einvernehmen des Lenkers erforderlich. Der muß einbezogen sein, auch wenn er sich vielleicht nicht in allen Dingen durchsetzen kann.

In manchen Fragen kann und muß er sich sogar durchsetzen. Wenn zum Beispiel die Frage ansteht, wie wir den Altarhintergrund farbig gestalten wollen und die einen unbedingt ein zartes Ultramarin wollen, hat der Lenker das Recht zu sagen, daß das den Gesetzmäßigkeiten des Kultus widerspricht und insofern nicht in Frage kommt. In anderen Fragen – zum Beispiel ob nun ein Parkett- oder Steinfußboden das Bessere wäre – würde er vielleicht eher darauf aufmerksam machen, welche Erfahrungen in anderen Gemeinden und bei anderen Bauten gemacht wurden, würde also Beiträge zur Erkenntnisgrundlage liefern. Er wird also versuchen, den Austausch der Gemeinden und Pfarrer untereinander in Fluß zu bringen. Aber er darf nicht entscheiden, was nun definitiv zu tun ist. Es sei denn, es sind Dinge, die direkt den Kultus betreffen. Gerade beim Kirchenbau kann der Lenker den Gemeinden mit seiner Erfahrung sehr behilflich sein, da eine Ortsgemeinde allermeist nur einmal baut, der Lenker aber in seiner Region jedes Bauvorhaben begleitet. Das gehört zu seinen Aufgaben. Er soll dann darauf achten, daß die sozialen Prozesse in Gang kommen und ein gesundes Zusammenwirken aller Beteiligten möglich wird. – Daher wäre es auch falsch, wenn die Gemeinde allein entscheiden würde, gegen den Willen des Pfarrers, daß sie zum Beispiel einen weißen Keramikfußboden möchte ...

K.-D.N.: Grünes Linoleum mit Noppen!

W. Gädeke: Oder das. Solche einsamen Entscheidungen sind auch von seiten der Gemeinde nicht möglich. Die in der Gemeinde tätigen Pfarrer müssen vor Ort damit leben können. Sie müssen in die Entscheidungen mit eingebunden sein. Es geht nur darum, wie man das Einverständnis, wie man die Gemeinsamkeit erzielen kann. Weder darf die Gemeinde dem Pfarrer gegen seinen Willen etwas aufzwingen, noch darf der Pfarrer dem Gemeinderat alles diktieren, so daß dieser es nur noch auszuführen hat. Deswegen haben die Pfarrer im Gemeinderat ja auch nie die Mehrheit. Dafür ist gesorgt.

Klare Kompetenzen – klare Rechte

K.-D.N.: Bisher ist es so, daß der Gemeinderat mit einfacher Mehrheit entscheidet und bei Stimmengleichheit die Stimme des Vorsitzenden ausschlaggebend ist. Ich denke, daß es so auch bleiben sollte, gerade weil dadurch auch die Möglichkeit gegeben ist, Entscheidungen zu treffen, mit denen nicht alle Mitglieder des Gemeinderates – mindestens drei und höchstens neun – einverstanden sind, also unter Umständen auch nicht der Pfarrer. Eine Einmütigkeit in allen Entscheidungen des Gemeinderates anzustreben ist nicht sachgemäß, da mindestens ein Pfarrer von Amts wegen dem Gemeinderat angehört und nicht in ihn gewählt wird. Einmütigkeit hieße dann, daß nichts mehr gegen den Willen des Pfarrers geschehen könnte. Da aber der Gemeinderat nicht über geistliche Angelegenheiten befindet, ist das überhaupt nicht angebracht.

W.W.: Wenn es klar ist, daß der Pfarrer in allen Fragen, die den Kultus betreffen, bis hin zur Wandgestaltung hinter dem Altar, zu entscheiden hat – sei es nun allein, im Pfarrerkollegium oder nach Rücksprache mit dem Lenker –, dann ist es von der Wirklichkeit her nur logisch, daß der Rest nicht vom Pfarrer zu entscheiden ist, weil alles übrige eben nicht den Kultus betrifft, weil es sich nicht um geistliche Angelegenheiten handelt. Das ist doch nur logisch! Da braucht man doch gar nicht mit Beispielen zu kommen. Das heißt aber auch, daß in allen Bereichen, die nicht den Kultus betreffen, der Pfarrer kein Vetorecht, keine Weisungsbefugnis haben darf und auch sein Einverständnis nicht notwendigerweise erforderlich ist. Daraus wiederum ergibt sich logisch, und es ist auch wirklichkeitsgemäß und demokratisch, daß der Pfarrer für ein Gremium wie den Gemeinderat, der sich ausschließlich mit Dingen zu befassen hat, die nicht die Kultuswirksamkeit betreffen, kein Vorschlagsrecht zu haben braucht und darf.

W. Gädeke: Ich kann mir nicht vorstellen, daß es produktiv sein kann, wenn etwa in einer Frage, wie sich die Christengemeinschaft durch eine Gemeinde präsentieren soll, keine Einigkeit erzielt werden kann: Schaukasten, Beleuchtung, Anstrich des Hauses usw., Dinge, die nicht unmittelbar zum Kultus gehören, die aber meines Erachtens trotzdem nicht an der Pfarrerschaft vorbei entschieden werden dürfen. Da ist die Übereinstimmung einfach notwendig. Ich muß doch als Pfarrer sagen können, daß ich rechts und links vom Kircheneingang keine Gummibäume haben will.

W.W.: Aber warum denn?

W. Gädeke: Weil ein Gummibaum für meine Empfindung und mein Gefühl ein so spießbürgerliches Wohnmöbel der fünfziger Jahre ist, daß ich ihn dort nicht haben will.

W.W.: Dann müssen Sie in einem Organ gleichberechtigter Menschen für ihre Überzeugung kämpfen, aber nicht so, daß von vornherein ohnehin nicht gegen ihre Überzeugung entschieden werden kann. Das ist doch der Unterschied!

W. Gädeke: Wenn ein Pfarrer in einer solchen Frage überstimmt werden kann, halte ich das schon für verkehrt.

J.P.: Wenn Ihre Überzeugung und das, was Sie im Gemeinderat vorzubringen haben, stichhaltig wäre, würden Sie doch auch nicht überstimmt werden. Dazu braucht man kein Netz und keinen doppelten Boden!

Die Christengemeinschaft darf kein Eigenbetrieb der Priesterschaft sein!

K.-D.N.: Genauso ist es! Ich bin überrascht, daß das Gespräch jetzt diesen Verlauf genommen hat, denn eigentlich wollte ich auf etwas ganz anderes hinaus und hatte gehofft, bei Ihnen in dieser Beziehung auf offene Ohren zu treffen, daß nämlich nicht nur im Bereich der Gemeinde, sondern auch in der Region und bis hin zum Körperschaftsverband die alleinigen Entscheidungsbefugnisse der Pfarrer sich mehr und mehr auf ihren eigentlichen Kompetenzbereich beschränken sollten und mehr und mehr die übrigen Mitglieder der Christengemeinschaft in denjenigen Bereichen die Geschicke der Christengemeinschaft mitbestimmen, in denen sich Pfarrer und Laien als Gleiche unter Gleichen begegnen und sehr wohl auch die gleiche Verantwortung tragen können. In Zukunft ist eine Gesamtheit der Christengemeinschaft zu bilden, zu der schließlich auch die Mitglieder gehören, die nicht nur mündig und fähig sind, sondern auch die Christengemeinschaft wirtschaftlich tragen. Das sollte man doch nicht vergessen! Sie erwähnten vorhin, daß Rudolf Steiner gesagt habe, daß die Priester die Urgemeinde gebildet hätten. Das ist sicherlich richtig, doch dies läßt nicht erkennen, wieso denn auch heute die Priesterschaft die Gemeinde sein soll. Die Christengemeinschaft kann und darf kein Eigenbetrieb der Priesterschaft sein. Und es muß sehr streng darauf geachtet werden, daß heute kein einziger Schritt mehr in diese Richtung getan wird.

An den Waldorfschulen existiert eine ganz ähnliche Problematik, wenn es um die Weiterentwicklung der Sozialgestalt und die Gewährung von Elternrechten geht. Die Probleme und Schwierigkeiten im Rechtsbereich entstehen dort gerade aber nicht – wie wohl viele Lehrer meinen –, weil diejenigen, denen die Schulen meiner Auffassung nach gehören, also die Eltern, zuviele Rechte fordern, sondern weil man in dieser Beziehung viel zu ängstlich ist. Die Waldorfschule ist im Grunde genommen ein Betrieb, der den Eltern, den Kindern, den Lehrern und sogar auch dem Staat und der Öffentlichkeit gehört. Das ist ein Faktum, das bisher noch kaum Eingang in die Rechtsstrukturen der einzelnen Waldorfschulen gefunden hat. Statt dessen werden die Dinge so gehandhabt, als wäre die Schule nahezu ausschließlich eine Sache der Lehrerschaft.

Im Grunde wirkt hier eine Tendenz, die man in der gesamten anthroposophischen Bewegung beobachten kann: Es wird versucht, die Demokratie, so lange es nur irgend geht, zurückzuhalten, sei es aus Unsicherheit, aus Gesinnungsgründen oder zur Erhaltung der eigenen Macht. Es ist natürlich jetzt sehr pauschal gesprochen, und trifft beileibe auch nicht auf alle Anthroposophen, die irgendein Amt innehaben, oder auf alle Einrichtungen zu, aber ich könnte Ihnen das an tausend Beispielen belegen. Zur argumentativen Rechtfertigung wird alles mögliche herangezogen, meist werden die Bereiche vermischt, in denen einerseits die Demokratie unangebracht oder gar absurd wäre – der Operationssaal! – oder in denen andererseits sie nicht nur berechtigt, sondern zeitnotwendig ist.

W. Gädeke: Ich denke, man muß es konkret an den einzelnen Beispielen festmachen. Wozu wird welches Geld verwendet? Das ist ja meistens das entscheidende Rechtsproblem im Geistesleben. Das muß in Gemeinsamkeit besprochen werden und es muß Einigkeit herrschen. Im eigentlichen Kern einer Gemeinde gibt es eigentlich nichts, was nicht direkt oder mittelbar den Kultus betrifft. Da können Sie nehmen, was Sie wollen. Fast alles, was unter den Posten Personalkosten, Raumkosten, Sachkosten und Gemeinschaftskosten subsummiert ist, finden Sie in mehr oder weniger direkter Beziehung zum Kultus. Das ist nun mal so. Es ist fast immer ein direkter Bezug zum kultischen Leben gegeben. Und nur von diesen faktischen Lebensvorgängen aus kann ich die Problematik betrachten und mich sachgemäß damit auseinandersetzen. Ich sehe keinen Bereich, der im Gemeinderat beschlossen wird und wo die Priester nicht unmittelbar von der Sache her gefordert sind. Ich will ja gar nicht, daß die Priester alles bestimmen können, denn dann könnte man das Organ des Gemeinderats ja gleich ganz streichen.

W.W.: Das Rechtsleben ist doch eine Sache in sich, und es geht jetzt überhaupt nicht um die Beispiele.

W. Gädeke: Doch, es geht um die Beispiele, denn das Rechtsleben bezieht sich immer auf die Verabredung von Menschen untereinander, und das heißt, daß immer konkrete Anlässe für diese Verabredung vorliegen. Und in diesem Fall handelt es sich immer um Rechtsfragen innerhalb des Geisteslebens, und die haben ein bestimmtes Vorzeichen.

W.W.: Das Rechtsleben ist ein Rahmen, den man gemeinsam aufgrund der Wirklichkeit setzt, und in diesem Rahmen wird das Rechtsleben durch das Für- und Miteinander der Menschen nochmal konkret in einem einzelnen Fall gebildet. Der Rahmen aber besteht bereits. In Ihrem Beispiel wird der Rahmen so abgesteckt, daß die einen für unmündig erklärt werden, die anderen nicht.

K.-D.N.: Dabei ist es doch jetzt bereits schon so, daß es für viele gar nicht mehr auszuhalten ist, wenn sie sehen, wie sich Pfarrer Sonderrechte herausnehmen, die nicht mit dem Geistigen oder Geistlichen zu tun haben und auch in nichts begründet sind. Nur Langmut und Gleichmutübungen halten diese Menschen dann noch auf dem Stuhl, wenn sie erleben müssen, wie sich ein Pfarrer selbst überhöht. Man hat zum Beispiel eine völlig normale Gemeindeversammlung, alle Anwesenden sind Gleiche unter Gleichen, niemand hat ein wie auch immer geartetes Sonderrecht. Ein Pfarrer aus einer anderen Gemeinde ist zu Gast, meldet sich während eines ganz normalen Gespräches zu Wort und – im Gegensatz zu allen anderen Vorrednern – steht in dem Moment auf, als er zu sprechen beginnt. Das empfinde ich schon als eine solche Anmaßung, daß ich entweder rausgehen könnte oder ihn zur Räson bringen müßte. Die dritte Möglichkeit der Gleichmutübung ist da sehr unbefriedigend und dient auch in keiner Weise der Sache. Das fällt aus dem Rahmen des Erträglichen und des Gesunden.

W. Gädeke: Es kann doch jeder aufstehen, der will.

W.W.: Darum geht es ja nicht. Der Pfarrer steht auf, weil er sich ein Sonderrecht per se einräumt.

W. Gädeke: Unsinn.

K.-D.N.: Doch! Er gibt dadurch einen bildlichen Ausdruck, daß er sich selbst überhöht, und möchte dadurch – vielleicht, ohne daß er es weiß – seinem ansonsten dünnen Beitrag – „In einer christlichen Gemeinde kann man das schon mal machen" – das nötige Gewicht kraft Autoritätsanmaßung verleihen. Er stellt sich über die anderen und spricht zu ihnen herunter. So war nun einmal die Situation. Es geht nicht darum, ob dieser oder jener vielleicht gerne steht, während er spricht, oder sonstige Eigenarten vollführt. Nur diese Situation hatte eben genau den Hintergrund, den ich gerade geschildert habe.

Aufgaben und Ämter in der Hierarchie

Kehren wir nun aber zurück zur Betrachtung der Hierarchie. Können Sie ganz kurz einige konkrete Aufgabenbereiche nennen, die mit den Ämtern des Erzoberlenkers, Oberlenkers, Lenkers und Pfarrers verbunden sind?

W. Gädeke: Fangen wir vielleicht mit dem Pfarrer an: Die Aufgabe des Pfarrers ist die Gemeindebildung und das Gemeindeleben und alles, was dazugehört. Das Aufgabenfeld des Lenkers ist das Zusammenwirken von mehreren Gemeinden und Pfarrern und alles, was mit diesem Bereich zusammenhängt, insbesondere auch des Ausgleichs und der gegenseitigen Hilfe unter den Gemeinden. Er hat dafür zu sorgen, daß ein finanzieller Ausgleich geschieht und daß gemeinsame Unternehmungen, Tagungen stattfinden, daß Kirchenbauten und Tagungsstätten betrieben werden usw. Er hat dafür zu sorgen, daß es geschieht, aber er soll es nicht alles machen. Alle gemeinsamen Belange einer Region fallen in diesen Aufgabenbereich. Die Oberlenker, zusammen mit den Lenkern des Siebenerkreises, haben entsprechend die Dinge zu bearbeiten, die die gesamte Christengemeinschaft betreffen. Dazu gehören auch die Entschlüsse für die Priesterweihe, aber auch die letzte Instanz in Disziplinar- bzw. Beurlaubungs- und Suspendierungsfragen. Wenn es um Amtsentzug oder Amtsenthebung geht, ist der Siebenerkreis auf jeden Fall die letzte Instanz. Personalfragen, die die Gesamtheit der Christengemeinschaft betreffen, liegen ebenfalls im Aufgabenbereich des Siebenerkreises, zum Beispiel die Betrauung einer Persönlichkeit mit dem Einkauf, der Verwaltung und dem Verkauf von Gewänderstoffen. Es ist sachgemäß, daß die Gewänder überall aus den einigermaßen gleichen Stoffen und Farben bestehen. Darum muß sich eine Persönlichkeit kümmern, und das tut sie im Auftrage des Siebenerkreises.

Die Entsendung der Pfarrer

K.-D.N.: Wer entscheidet über die Entsendung?

W. Gädeke: Früher entschied das im kleinen Kreis die Oberlenkung bzw. der Siebenerkreis, als die Priesterschaft noch verhältnismäßig klein war. Jetzt ist es so, daß die Erstentsendung vom Siebenerkreis in Absprache mit der Leitung des Priesterseminars beschlossen wird. Die Seminarleitung hat da ein Mitspracherecht, weil sie den Kandidaten ja sehr gut kennt und weil die ersten Jahre der Priestertätigkeit als erweiterte Ausbildung gelten. Deshalb ist sie bei der Erstentsendung einbezogen. Die nächsten Entsendungen werden zunächst in der Region durch den Lenker bedacht und dann in der regionalen Lenkerkonferenz, also zum Beispiel in der deutschen Lenkerkonferenz, beschlossen. Danach werden die Entsendungsbeschlüsse vom Siebenerkreis bestätigt. Auch hier ist der Siebenerkreis, wenn irgendwelche Schwierigkeiten auftreten, die letzte Instanz.

K.-D.N.: Inwiefern ist das Prinzip der Entsendung sinnvoll?

W. Gädeke: Die Christengemeinschaft kann dadurch ihrem Auftrag gerecht werden und Priester in die Gemeinden entsenden, wo sie benötigt und auch getragen werden können. Es kann nicht in die Willkür des einzelnen Priesters gestellt sein, sondern muß aus der sachlichen Notwendigkeit heraus geschehen. Der einzelne Priester kann nicht, wie ein Arzt zum Beispiel, sagen: „Ich laß mich jetzt da oder dort nieder. Ich finde es so schön in Stuttgart, da sind so viele anthroposophische Institutionen, Waldorfschulen, unter denen ich mir sogar eine für meine Kinder aussuchen kann." Schauen Sie sich mal die Verteilung der anthroposophischen Ärzte in Deutschland an, dann können Sie erahnen, was daraus entstehen würde, wenn es individuelle Entschlüsse wären, die diese Entscheidung herbeiführten.

K.-D.N.: Ist das vergleichbar?

W. Gädeke: Die Repräsentanz einer erneuerten Kulturbewegung wird dadurch unterschiedlich dicht verwirklicht und führt dann zu Symptomen, daß zum Beispiel eine alte Waldorfschule wie die in Nürnberg über viele, viele Jahre keinen anthroposophischen Kinderarzt hat und die Leute 100 km weit nach Würzburg fahren müssen. Wenn dann in Stuttgart meinetwegen 15 anthroposophische Ärzte niedergelassen sind, dann ist das ein gewisses Ungleichgewicht. Das wird in der Christengemeinschaft dadurch vermieden, daß die Entsendung nicht Sache des einzelnen ist, sondern in einem Gremium aus gemeinsamer Verantwortung für die gesamte Sache entschieden wird. Das heißt jedoch nicht, daß der einzelne Priester bei seiner Entsendung kein Mitspracherecht hat. Er hat nur kein letztes Entscheidungsrecht.

Ernennungsverfahren

K.-D.N.: Wie ist das Verfahren der Ernennung zum Lenker, Oberlenker und in den Siebenerkreis?

W. Gädeke: Die Ernennung geschieht durch Kooptation nach Anhörung. Ein Lenker einer Region zum Beispiel wird ernannt von den übrigen, bereits amtierenden Lenkern, aber sie haben vorher das Votum der Priester in der betroffenen Region zu hören, wen sie vorschlagen. Die Lenker sind aber an diesem Vorschlag nicht gebunden. Ein ganz „altmodisches", „vorsintflutliches Rechtskonstrukt", das Sie sicher ganz entsetzlich finden.

K.-D.N.: Nicht unbedingt, denn es ist ein ganz anderer Bereich als der, über den wir vorhin sprachen. Aber auch, wenn wir das auf den Bereich des Gemeinderates beziehen, wäre es etwas anderes, wenn der Gemeinderat in seiner Gesamtheit kooptieren würde, als wenn der Pfarrer vorschlägt. Das ist doch gerade der Witz! Ein Gremium, das von sich aus sagt: „Wir würden gern mit diesem oder jenem zusammenarbeiten", hat eine ganz andere Rechtsstellung, als wenn ein einzelnes Mitglied dieses Gremium sagt: „Ich möchte, daß ihr in Zukunft mit diesem oder jenem zusammenarbeitet." Desweiteren meine ich schon, daß Kooptationen durch die Gliederung in Vorschlags- und Wahlrecht ersetzt werden sollten, was gewissermaßen auf eine Kooptation mit Bestätigung hinausläuft. – Wenn wir umgekehrt das Beispiel von der Gemeindeebene auf das Ernennungsverfahren zum Lenker übertragen, dann würde das bedeuten, daß nur ein Lenker oder von mir aus auch zwei oder drei der deutschen Lenkerkonferenz vorschlagen, wer zur Kooptation nur in Frage kommt.

Halten Sie es nicht für denkbar, daß zum Beispiel die Pfarrer einer Region die Kooptation eines Lenkers bestätigen oder die Gesamtsynode eine Ernennung zum Oberlenker?

W. Gädeke: Denkbar ist es, aber es ist von Anfang an so eingerichtet, und das gehört nach Rudolf Steiner zu den unverzichtbaren Elementen der Urgemeinde dazu. Es sollen dort eben keine demokratischen Elemente hineinkommen.

K.-D.N.: Da bleibt mir nichts anderes übrig, als Ihnen zu glauben, daß Rudolf Steiner das gesagt hat, da die Theologenzyklen ja noch nicht veröffentlicht sind. Wie weit hat Rudolf Steiner sowohl die Hierarchie als auch solche Verfahren eindeutig festgelegt?

Festlegungen durch Rudolf Steiner

W. Gädeke: Also einige Elemente hat er eindeutig festgelegt. In bezug auf das Kirchenrecht hingegen – so nenne ich es jetzt einmal – hat er den Priestern weitgehende Freiheit gelassen und gesagt: „Das müssen Sie selber ausgestalten." Aber einige Elemente, die sich auf die Konstitution der Priesterschaft beziehen, hat er festgeschrieben, und dazu gehört die Kooptation der Lenker mit dem Prinzip der Befragung, die aber keine Bindung bedeutet. Zu diesen Elementen gehört auch das Prinzip der Nachfolge des Erzoberlenkers. Das sind alles Dinge, die von ihm angeraten wurden, und die damaligen Priester haben das akzeptiert.

K.-D.N.: Ist es irgendwo schriftlich niedergelegt bzw. nachzulesen?

W. Gädeke: Es ist in den Priesterzyklen enthalten.

K.-D.N.: Wie eindeutig sind denn diese Dinge beschrieben? Ich frage das, weil Rudolf Steiners Anregungen und Intentionen, wie die Sozialgestalt der Waldorfschule oder auch der Anthroposophischen Gesellschaft auszusehen habe, sehr wenig eindeutig sind. Wenn es zum Beispiel in bezug auf die Waldorfschule eine Eindeutigkeit gäbe, dann würde es keine lange Diskussion darüber geben, ob sie nun republikanisch oder demokratisch verfaßt sein sollte. Von der Anthroposophischen Gesellschaft ganz zu schweigen.

W. Gädeke: Das ist sehr interessant, denn gerade bei der Waldorfschule ist ja auffällig, daß er zunächst einmal das Direktoratsprinzip durchgesetzt hat. Er wollte es nur machen, wenn er der Direktor ist und das letzte Wort in Personalentscheidungen hat. Das war knallhartes Direktorium. Er hat alles bestimmt.

Das hat er solange aufrechterhalten, bis er durch einen Brief vom Krankenlager die Verantwortung in den „Eigenrat des Kollegiums", wie es hieß, zurückgegeben hat. Die große Rätselfrage bleibt natürlich, wie es ohne eine Erkrankung Rudolf Steiners weitergegangen wäre. In der Christengemeinschaft hat er von vornherein die Verantwortung an ein Gremium übergeben, das aus mindestens drei Persönlichkeiten bestehen sollte, am besten aber aus sieben. Die Christengemeinschaft hat noch einen gewissen Vorteil, indem sie einen verbindlichen, ganz klar festgelegten Kultus hat. Das kann man natürlich in bezug auf die Pädagogik so nie sagen, und insofern liegt die Vermutung nahe, daß die Waldorfschule gar nicht anders hätte entstehen können als durch die direkte Leitung Rudolf Steiners. Pädagogik ist keine Religion, sondern Kunst, und da ist viel mehr Freiheit und Individuum notwendig. Rudolf Steiner wollte eben eine Musterschule aufbauen, durch die er einmal exemplarisch zeigen wollte, wie man es macht. Das heißt nicht, daß er das Direktoratsprinzip, daß er für die Zeit seiner Leitung der Schule für sich in Anspruch nahm, zum durchgängigen Prinzip der Leitung einer Waldorfschule gemacht haben wollte. Er wollte in den damaligen Zeiten erst einmal hinstellen, wie es gemacht wird. Man müßte da weiter nachforschen, wie die ersten Schulen verfaßt gewesen sind, die nicht in Stuttgart waren, in Hamburg-Wandsbek und Den Haag. Denn die gab es ja schon zu Rudolf Steiners Lebzeiten.

Die Synode

K.-D.N.: Welche Aufgaben und welche Rechte hat die Synode?

W. Gädeke: Die Synode hat vor allen Dingen die Aufgabe, Beschlüsse des Siebenerkreises vorzubereiten bzw. konsensfähig zu machen. Der Siebenerkreis entschließt zum Beispiel in der Frage: Wie lange dauert eigentlich die Pfingstzeit? Eine Frage, die bisher nicht aus den Äußerungen Rudolf Steiners mit absoluter Sicherheit zu beantworten ist. Die Äußerung Rudolf Steiners ist so, daß man sie verschieden interpretieren kann und daß die Interpretation, die man 1923 gemacht hat, heute sehr wohl als fragwürdig anzusehen ist. Jetzt gibt es da also eine Polarität, über die dann in der Synode gesprochen und gearbeitet wird. Es wird darum gerungen, was eigentlich gemeint ist. Aber nicht die 300 oder wieviel lebenden Priester, die es gibt, entscheiden demokratisch darüber, sondern: Wenn alle Beteiligten den Eindruck haben, daß alles, was dazu zu sagen ist, ausgetauscht ist, jeder hat die Möglichkeit gehabt, und es ist lange genug darüber gesprochen worden – zwei, drei Jahre meinetwegen –, dann muß der Siebenerkreis entscheiden. In bestimmten Fällen hat er auch dann noch nicht entschieden, weil er die Sache noch nicht für reif genug befunden hat.

W.W.: Wie lang ist denn nun die Pfingstzeit?

W. Gädeke: Über die Sachfrage brauchen wir jetzt wohl nicht zu sprechen, sie ist auch noch nicht entschieden. Es wird noch immer so gehandhabt, wie es bisher seit 1923 gewesen ist.

W.W.: Zwei Wochen oder wie?

W. Gädeke: Ja.

K.-D.N.: Gibt es noch weitere Aufgaben der Synode?

W. Gädeke: Ja, sie hat zum Beispiel auch die Aufgabe, daß sie zur Fortbildung der Pfarrer beiträgt, daß also auf der Synode gemeinsame Erkenntnisarbeit geleistet wird. Die Synode hat im übrigen das Recht, selbst zu bestimmen, wie oft und wo sie tagen will.

K.-D.N.: Wie oft tagt sie, und wie lange ist es in der Regel?

W. Gädeke: Die allgemeine Priestersynode, zu der alle Priester aller Länder eingeladen sind, in denen die Christengemeinschaft arbeitet, tagt regelmäßig einmal im Jahr für vier, fünf Tage. Dann gibt es noch die regionalen Synoden, die in einer Lenkerregion stattfinden. Je nach Regiongröße und der Möglichkeit, zusammenzukommen, findet eine solche Regionalsynode ein- bis viermal im Jahr statt. Wenn sie einmal stattfindet, dauert sie etwas länger, wenn sie öfter stattfindet, ist sie etwas kürzer.

K.-D.N.: Sehen Sie bestimmte Zukunfts- und Entwicklungsmöglichkeiten für die Synode?

W. Gädeke: Die wesentlichste Aufgabe der Synode ist die Selbstbesinnung auf die eigene Aufgabe der Priesterschaft und der Christengemeinschaft. Gerade weil die Synode das Forum ist, wo die größte Vielfalt an Priesterpersönlichkeiten zusammenkommt, sind da die Grundlagen breiter Entwicklung der Christengemeinschaft überhaupt zu legen. Hier muß die Entwicklung im Bewußtsein und mit dem Bewußtsein der Priester vorangebracht werden. Das geht eben nicht allein durch Rundbriefe, schriftliche Mitteilungen und Austausch usw., das muß auch über die persönliche Begegnung und das Gespräch möglich sein. Da wir noch eine so kleine Religionsgemeinschaft sind, können wir uns auch noch mit den Priestern aus Neuseeland, Argentinien und Kanada treffen. In hundert Jahren ist das hoffentlich in dieser Form nicht mehr möglich, weil es dann hoffentlich zuviele sind.

W.W.: Können Sie einmal ein paar Themen nennen, die auf der Synode besprochen werden?

W. Gädeke: Wie schon erwähnt, zum Beispiel die Frage der Festeszeiten: Wie lange dauert die Pfingstzeit? Wann beginnt Johanni? Wann beginnt Michaeli? Das sind zwar Dinge, die geregelt sind, aber so, daß sie nicht fraglos sind. Gerade die kultischen Fragen müssen in einem möglichst breiten Konsens besprochen werden, um beschlossen werden zu können. Der gesamte Bereich der kultischen Fragen wird auf der Synode behandelt.

Dann wird zum Beispiel ein Erfahrungsaustausch aus der Praxis des Gemeindelebens gepflegt, Fragen der Gemeindeführung, der Seelsorge werden vertieft usw. Auch das ist nicht alles auf schriftlichem Wege machbar. Es braucht die unmittelbare Begegnung von Mensch zu Mensch. Auf Synoden geschieht sehr viel in den Pausen, es werden Verabredungen getroffen, um bestimmte Tagungen vorzubereiten oder über bestimmte Projektplanungen, die Pfarrer gemeinsam durchführen wollen. Die Synode ist auch ein Forum, auf dem sich Initiativen bilden oder Einzelinitiativen in größeren Planungen zusammenfinden können. Die Hauptfunktion aber ist Bewußtseinsbildung, das Arbeiten an den Grundlagen der eigenen Aufgabe.

Die Anfänge einer Mitarbeitersynode

K.-D.N.: Halten Sie es für denkbar oder wünschenswert, daß ein Organ wie die Synode auch von Laien für Laien eingerichtet wird, also eine Laiensynode?

W. Gädeke: Ja, da ist in den letzten Jahren auch einiges in dieser Richtung in Gang gekommen. Wir haben gerade in diesem Sommer zum zweiten Mal die sogenannte Wuppertaler Mitarbeitersynode gehabt, Mitarbeitertagung heißt sie noch, auf der die nichtpriesterlichen Mitarbeiter der Christengemeinschaft zusammenkommen. Auf diesem Felde sind wir allerdings noch sehr am Anfang. Es ist aber allgemein deutlich, daß wir da Schritte unternehmen müssen, weil es ganz klar ist, daß die erste Zeit die Christengemeinschaft eine reine Pfarrerkirche war. Es wird und muß immer mehr so sein, daß auch andere Berufe in der Christengemeinschaft einen Platz haben. Das fing an mit Gemeindehelferinnen, dann mit Organisten, Musikern; in den letzten Jahren wurden ganz besonders stark Religionslehrer notwendig; dann die ganzen Berufe, die mit der Verwaltung zu tun haben, die Berufe, die ganz besonders eng mit dem Sozialwerk zu tun haben usw. Also es gibt eine Fülle von Bereichen, wo Nichtpfarrer beruflich in der Christengemeinschaft tätig sind. Dieser Kreis von Personen findet sich immer mehr zusammen. Sie haben zum Teil ihre eigenen, berufsspezifischen Zusammenkünfte, wie zum Beispiel die Musikertagungen, die Tagungen der Gemeindehelferinnen, die Religionslehrertagungen. Dazu gehören Fortbildungstagungen, Kurse usw. Darüber hinaus gibt es zum Beispiel Fachtreffen, auf denen sich die Anwender von Computern in der Verwaltung zum Erfahrungsaustausch treffen. Das gibt es alles schon. Aber eine umfassende Mitarbeiterkonferenz gibt es noch nicht, dahin wird und muß es auf die Dauer aber kommen.

K.-D.N.: Meinen Sie, daß das auf die Mitarbeiter beschränkt bleiben muß?

W. Gädeke: Es hat auf jeden Fall einen Sinn, wenn Menschen, die sich mit ihrem Berufsleben mit der Christengemeinschaft verbunden haben, ihr eigenes Forum haben. Eine solche Fachtagung hat seinen Sinn in sich. Ansonsten ist bei Tagungen ja immer jedermann zugelassen.

Ideen und Impulse für das Lenkeramt

K.-D.N.: Letzte Frage zur Hierarchie: Sie sind 1990 zum Lenker ernannt worden. Welches sind Ihre Impulse und Ideale für das Lenkeramt?

W. Gädeke: Mein Hauptanliegen zunächst war und ist auch weiterhin, immer mehr zu klären, was die Aufgaben eines regionalen Lenkers überhaupt sind. Denn das ist der Punkt, der bei Rudolf Steiner in den Beschreibungen am allerwenigsten deutlich ist. Welche Aufgaben der einzelne Pfarrer in der Gemeinde und für die Gemeinde hat, darüber ist bei Rudolf Steiner am allermeisten die Rede. Es ist ja auch das Wichtigste. Das Zweitwichtigste, über das auch viel die Rede ist, hat er sogar einmal Zentralgewalt genannt – er war da wenig zimperlich in der Wahl seiner Worte –, das ist der Siebenerkreis mit seinen Aufgaben. Über die ist auch genügend deutlich gesprochen worden, so daß man aus den Äußerungen ein Bild hat. Von den Aufgaben eines regionalen Lenkers ist von Rudolf Steiner aber so wenig gesprochen worden, daß vor zwanzig Jahren, bei einigen bis heute, sogar die Auffassung herrschte, daß Rudolf Steiner eigentlich gar kein regionales Lenkeramt gewollt habe. Inzwischen ist es aber eindeutig nachgewiesen, daß er dieses Amt gewollt hat. Aber die Beschreibungen dieses Amtes sind sehr wenige, so daß man sich für das regionale Lenkeramt am wenigsten auf Äußerungen Rudolf Steiners stützen kann. Insofern ist es also eines meiner Hauptanliegen, das zu klären und immer deutlicher zu machen.

Das Zweite ist ein Ideal, das man sicherlich nur schwer – wenn überhaupt – erreichen kann: in sozialen Prozessen so darinnen zu stehen, daß man sie auf der einen Seite aktiv befördert und auf der anderen Seite doch nicht bestimmt. Weder darf man zum Direktor werden noch zum bloßen Zur-Kenntnis-Nehmer der Prozesse, die sowieso ablaufen. Wie kann der Lenker dafür sorgen, daß Initiative entsteht?

K.-D.N.: Wenn der Lenker dafür Sorge zu tragen hat, daß Initiative entsteht und soziale Prozesse in Bewegung kommen, dann kann das natürlich keine Bewegung sein, die x-beliebig ist oder zum Selbstzweck geschieht. In welcher Richtung würden Sie denn gern als Lenker diese Bewegung sehen, wohin sollte die Entwicklung gehen?

W. Gädeke: Bezogen auf die Region wünsche ich mir, daß das brüderliche Miteinander in Wirtschaftsfragen immer intensiver und bewußter wird. Es gibt zum Beispiel in Schleswig-Holstein noch keinen Pfarrergehaltsverbund, wie er in anderen Regionen zum Teil schon existiert. Alles, was mit dem Umgang mit Finanzen zwischen den Gemeinden zu tun hat, ist ein außerordentlich spannendes Feld, weil sich mit dem Geld sehr schnell ganz bestimmte Tendenzen, man kann auch sagen: Wesenheiten, verbinden. Das im christlichen Sinne zu gestalten, ist ein Lern- und Entwicklungsprozeß, in den ich mich als Lenker gern mit hereinstelle. Des weiteren würde ich gern dafür Sorge tragen, daß die Mitarbeiter, die nicht Priester sind, in die gemeinsame Verantwortung einbezogen und eingebunden werden, auf den verschiedensten Feldern auf je verschiedene Weise. Daß es zum Beispiel die richtigen Persönlichkeiten gibt, die Religionslehrertagungen vorbereiten, tragen und durchführen usw.

Dann ist natürlich ein wesentliches Ideal, aber das ist nicht mein persönliches, sondern das gehört zum Lenkeramt dazu, die Gemeinden und Verhältnisse soviel wie möglich kennenzulernen. Das stößt natürlich auch an rein subjektive Grenzen, aber so viel wie möglich. Mehr sehen und hören als sagen. Auf jeden Fall, so gut man eben kann, dafür sorgen, daß die Christengemeinschaft auf allen Feldern vorankommt, damit die Menschen, die sie eigentlich suchen, sie auch finden können.

XIV. ANGELOBUNG / PRIESTERWEIHE / TREUEGELÖBNIS / BEURLAUBUNG / SUSPENDIERUNG / SPRUCHFÄLLUNG

W.W.: Was ist die Angelobung, wann findet sie statt und was muß der Kandidat versprechen?

W. Gädeke: Die Angelobung ist der Bekenntnisakt dessen, der Priester wird und der vor der Priesterweihe in Gegenwart der Priesterschaft und der geistigen Welt geleistet wird, daß er im Sinne des erneuerten Christentums wirken will. Es ist eine Art Selbstverpflichtung gegenüber der geistigen Welt. Die Angelobung findet wenige Tage vor der Priesterweihe statt.

W.W.: Über das Sakrament der Priesterweihe, das einem Geweihten nicht wieder genommen werden kann, haben wir schon gesprochen. Bei der jesuitischen Priesterweihe liegen die Kandidaten flach auf dem Boden, weil sie ihr Ich für etwas Höheres aufgeben. Gibt es etwas Entsprechendes bei der Priesterweihe der Christengemeinschaft?

W. Gädeke: Nein. Im Gegenteil, es ist so angelegt, als hätte derjenige, der geweiht wird, sich selber geweiht, es muß ganz aus dem Ich des einzelnen mitvollbracht sein.

W.W.: Können Sie sagen, was Sie persönlich bei der Weihe erlebt haben?

W. Gädeke: Das ist schwer zu sagen, weil ich mich kaum daran erinnern kann. Ich weiß nicht, womit ich das vergleichen soll: Wenn man ganz im Gegenwartsmoment lebt, kann man fast überhaupt nicht diesen Moment erinnern, da man noch keine Distanz und Reflexion des Gegenüber hat. Zum Erinnern braucht man immer eine genügende Distanz. Das heißt nicht, daß ich noch heute in der Weihe erlebnismäßig drin wäre, aber damals war ich so in diesen Vorgang eingebettet, daß ich das nicht richtig erinnern kann.

W.W.: Weil Sie damals keine Distanz hatten?

W. Gädeke: Ja. Wenn Sie ein Musikstück anhören, Sie erleben es zum ersten Mal und sind ganz in der Musik aufgegangen, dann können Sie hinterher keinen einzigen Ton nachsingen, das geht erst bei einer Wiederholung mit zwischenzeitlicher Distanz.

Die Macht über die Gemeinde

W.W.: Was ist das Treuegelöbnis, und wann findet es statt?

W. Gädeke: Das Treuegelöbnis findet nach der Priesterweihe statt und beinhaltet die Selbstverpflichtung, den Kultus nicht eigenmächtig zu verändern, sein eigenes Leben im Dienste der Christengemeinschaft zu führen und in bezug auf die Lehre zwar frei, aber auch an den Kultus gebunden zu sein. Die Lehre darf also dem Kultus nicht widersprechen.

W.W.: Ist dieses Treuegelöbnis mit der Barettübergabe verbunden?

W. Gädeke: Nein, das ist noch etwas anderes.

W.W.: Was ist dann die Barettübergabe?

W. Gädeke: Die Barettübergabe geschieht als Zeichen der Amtsvollmacht, der Investitur in das Pfarramt, während dagegen die Priesterweihe eine rein geistliche Angelegenheit ist.

W.W.: Bei der Barettübergabe wird von der „Macht" gesprochen, die dem Pfarrer über die Gemeinde gegeben wird. Was ist damit gemeint?

W. Gädeke: Macht sehe ich nicht als etwas Zwingendes, sondern daß man etwas machen darf, man darf in der Gemeinde mit Vollmacht handeln, man darf die Rituale vollziehen, man darf predigen und darf in der Gemeinde wirken. Für diese Macht, daß man etwas machen darf, bekommt man ein Zeichen, und das Zeichen für diese individuelle Vollmacht ist das Barett. Die Predigt und die Seelsorge zum Beispiel muß ich ganz individuell auf meine eigene Kappe nehmen. Diese zwei außerhalb des Kultus liegenden Aufgaben des Priesters sind vielmehr im Bereich der individuellen Kunst. Macht verstehe ich aber nicht in dem Sinne, daß man die Erlaubnis oder Fähigkeit hätte, die Menschenseelen zu lenken, zu erlösen oder gar zu verdammen. Rudolf Steiner nennt es die Amtsübertragung, die mit der Barettübergabe verbunden ist.

Wenn ein Pfarrer die Gemeinde polarisiert

W.W.: Nun kommt es immer mal wieder vor, daß ein Priester der Christengemeinschaft aus dem vorgegebenen oder gewollten Kurs des jeweils aktuellen Verständnisses des Priestertums bzw. der Gemeindeführung ausschert. Da gibt es drei Stufen der Handlungsmöglichkeit; als erstes die Beurlaubung. Was ist das?

W. Gädeke: Wenn ein Priester aus irgendwelchen Gründen vorübergehend seine Amtstätigkeit nicht mehr wahrnehmen kann, dann kann er sich beurlauben lassen. In den allermeisten Fällen hat dies Krankheitsgründe. Wenn jemand über Monate ausfällt, dann muß jemand anderes an seine Stelle treten, vor allem dann, wenn nicht abzusehen ist, wann der erkrankte Priester wieder in sein Amt zurückkehren kann. In so einem Fall muß sein Amt von jemand anderen übernommen werden, und dann ist er beurlaubt. Beurlaubung kann auch dann einsetzen, wenn irgendwelche Konflikte entstehen, zum Beispiel eines Pfarrers mit seinen Kollegen. Wenn zum Beispiel unter drei Pfarrern ein Streit entsteht, und wenn er sogar in die Gemeinde hineinwirkt und diese polarisiert, dann muß man diese Streiterei beenden, indem man einen oder zwei der Pfarrer beurlaubt. Es kann auch sein, daß sich ein Pfarrer in der Gemeinde so unmöglich gemacht hat, daß er in dieser Gemeinde nicht mehr repräsentativ für die Christengemeinschaft wirken kann.

W.W.: Was beinhaltet die Suspendierung?

W. Gädeke: Wenn dann nach einem solchen Streitfall keine Wiedereingliederung möglich ist, zum Beispiel weil ein Priester mit seiner Ehe oder seiner Familie derartige Schwierigkeiten hat, daß er sich vollkommen in Mißkredit bringt, so daß die Gemeinde zu ihm vollkommen das Vertrauen verliert, dann wird er erst beurlaubt. Ferner muß man erst überlegen, wie man ihm die Neuorientierung in seinem Beruf wiederum ermöglichen kann. Das ist ein ganz schwieriges, aber wichtiges Gebiet. Ist die Krise überstanden, wird er meist neu in eine andere Gemeinde entsandt. In so einem Fall war er nicht suspendiert, sondern nur beurlaubt. Beurlaubung ist ihrem Wesen nach grundsätzlich nur auf Zeit, während Suspendierung auf Dauer ist. Sie liegt dann vor, wenn man nicht mehr die Hoffnung haben kann, daß sich bei einem Pfarrer irgend etwas ändert, zum Beispiel dann, wenn ein Pfarrer unheilbar krank geworden ist. Wenn man über Jahre hinaus alles mit ihm versucht hat, dann muß die Vorläufigkeit, die bei der Beurlaubung immer gegeben ist, in eine Endgültigkeit, eine Suspendierung übergeführt werden.

Wenn das Gelübde gebrochen wird

W.W.: Was ist der Unterschied einer solchen Suspendierung zur Spruchfällung?

W. Gädeke: Die Spruchfällung ist das letzte und äußerste Mittel. Sie kann nur dann ausgesprochen werden, wenn sich der Priester selber von der Christengemeinschaft aktiv lossagt, also sozusagen austritt, wenn er sein Priestertum negiert.

W.W.: Was wird bei der Spruchfällung gesagt?

W. Gädeke: Eine Spruchfällung findet nur nach langwierigen Verhandlungen statt, es sei denn, was selten der Fall ist, dieser Austritt ist sehr plötzlich, eindeutig und endgültig.

W.W.: Ist die Spruchfällung ein Ritual, oder gibt es festgelegte Worte?

W. Gädeke: Nein, die Spruchfällung ist kein Ritual. Rudolf Steiner hat lediglich gesagt, daß man einem solchen Priester sagen können müßte, daß er ein ehrloser

Mensch sei, weil er sein Gelübde gebrochen hat. Die Spruchfällung ist im Grunde eine moralische Tat.

W.W.: Bin ich richtig orientiert, daß einem bei der Spruchfällung nur die „Macht" über die Gemeinde, nicht aber die Priesterweihe entzogen werden kann?

W. Gädeke: Nein, das ist bei der Suspendierung der Fall. Bei der Spruchfällung gibt er seine Priesterweihe sozusagen selber ab, er negiert sie selber.

W.W.: Ich denke, das kann man nicht.

W. Gädeke: In einem gewissen Sinne kann man es tatsächlich nicht, weil es eine karmische Tatsache bleibt, daß er es einmal gemacht hat. Bei der Suspendierung ist es ein Krankheits- oder Unglücksprozeß, bei der Spruchfällung ist es eine aktive Negierung. Verstehen Sie den Unterschied?

Niemand ist ein für allemal Priester

W.W.: Dann muß ich noch einmal fragen, wie man genau das Sakrament der Priesterweihe verstehen muß: Ist es eine bloße Verabredung, ist es Tradition, ist es eine Fähigkeit oder ist es eine spirituelle Substanz, die dem Menschen innewohnt? Ganz naiv gefragt: Was liegt in dem Priester drinnen, was man ihm nicht nehmen kann bzw. durch die Spruchfällung doch wieder nehmen bzw. abgeben kann? Was befähigt einen Priester der Christengemeinschaft trotz Spruchfällung auch außerhalb der Christengemeinschaft andere Menschen zum Priester zu weihen?

W. Gädeke: Das kann er nicht.

W.W.: Aber er ist doch zum Priester geweiht.

W. Gädeke: Nein, denn es wird ihm ja die Vollmacht zum Vollzug der Rituale entzogen.

W.W.: Über die Gemeinde, über die Religionsgemeinschaft Christengemeinschaft, aber er kann doch trotzdem außerhalb der Christengemeinschaft Menschen seiner Wahl zum Priester weihen, wenn auch nicht zu Priestern der Christengemeinschaft.

W. Gädeke: Diese Fragen sind heute umstritten, nach der Suspendierung darf er höchstens noch für sich selber zelebrieren, aber keine Taufen oder andere Sakramente vollziehen, er darf nicht im Namen der Christengemeinschaft predigen oder verkündigen. Das einzige, was man einem suspendierten Priester gelassen hat, war, daß man ihn für sich selber zelebrieren ließ. Genau das wird heute hinterfragt.

W.W.: Entspricht die Priesterweihe der anfangs erwähnten *einen* Kirche, oder bezieht sich die Priesterweihe als Sakrament nur auf die Religionsgemeinschaft Christengemeinschaft?

W. Gädeke: Es bezieht sich nur auf die Christengemeinschaft, nicht auf die *eine* Kirche.

W.W.: Wenn also einem Priester der Christengemeinschaft bei der Suspendierung die „Macht" über eine Gemeinde entzogen wird, kann er dann nicht mehr außerhalb der Christengemeinschaft Menschen zum Priester weihen?

W. Gädeke: Nein. Man kann es natürlich tun, aber nicht mehr im Namen der Christengemeinschaft.

K.-D.N.: Er hätte dann bei der Gründung seiner neuen Kirche einige Schwierigkeiten, wie er die Sukzession begründet.

W. Gädeke: Das ist in der Geschichte der Christengemeinschaft sogar vorgekommen. Es gab Priester, die sich durch Veränderung des Kultus so außerhalb der Christengemeinschaft gestellt haben, damit aber auch ihr Gelübde gebrochen haben, daß die Leitung der Christengemeinschaft ihnen sagen mußte, daß sie ihr Gelübde gebrochen hätten und sie dies bitte zurücknehmen sollten. In diesem Verfahren gab es verschiedene Stufen, bis die Leitung der Christengemeinschaft gesagt hat, daß diese Pfarrer nicht mehr der Christengemeinschaft angehören würden.

W.W.: Wann war das, und was ist dort passiert?

W. Gädeke: Das war im Jahre 1933/34. Diese Pfarrer wurden ausgeschlossen, haben aber weitergemacht.

W.W.: Was haben sie konkret am Kultus verändert?

W. Gädeke: Das einzige, was ich zur Zeit erinnere, ist eine Passage des Vaterunsers: „Und führe uns in der Versuchung“. Das ist in Augsburg geschehen. Diese Menschen haben dann sogar einmal einen weiteren Kandidaten zum Priester geweiht, aber das ist völlig unwirksam geworden und in sich zusammengebrochen.

W.W.: Ich kann immer noch nicht greifen, was das Sakrament der Priesterweihe für ein Element ist.

W. Gädeke: Es ist wie bei der Taufe; die Taufe ist eine Art Samenkorn für das Christwerden des Menschen, es wird ein Samenkorn für seine christliche Wiedergeburt gelegt. Daran knüpfen die Gemeinde, die Eltern und die Paten im Sinne seines weiteren religiösen Lebens an, bis der Täufling selbst als Erwachsener daran anknüpft. Geschieht diese Anknüpfung nicht, so ist es wie ein Samenkorn, das nicht aufgeht bzw. abstirbt. In den Täufling wird also eine geistig-physische Substanz eingesät, entsprechend der Ölung an dem Priester während der Priesterweihe. Das ist eine Verankerung, eine Disposition, ein Samenkorn für etwas, was er jeweils neu und immer wieder pflegen und hereinrufen muß. Niemand ist ein für allemal Priester, ohne daß etwas weiteres geschieht.

W.W.: Sie nannten dieses Sakrament eine geistig-physische Substanz, können Sie diese noch ein wenig konkreter greifen? Ist das ein ätherisches Gebilde, ist es ein Teil des Phantomleibes oder ein anderes geistiges Element?

W. Gädeke: Vielleicht kann man sich das am ehesten bei der Ölsalbung des Priesters klarmachen: Er wird auf der Stirn, auf den Handrücken und oben auf dem Scheitel gesalbt. Die beiden ersten Stellen haben die unmittelbaren Bezüge zum Denken und zum Handeln, durch die Salbung wird also ein Einlaßtor gebildet, das aber immer frei, offen und in Übung gehalten werden muß, damit das Denken des Priesters im Sinne der Fortführung des Mysteriums von Golgatha durch das Sakrament geschehen kann. Bei der Salbung auf dem Scheitel wird das eigene Sein angesprochen, also die eigene Existenz soll in Beziehung zur Existenz des Gemeindegeistes gesetzt werden, d.h. daß der Mensch nicht nur zu seinem eigenen persönlichen Engel in Beziehung stehen soll, sondern auch zu dem Engel der Gemeinde. Dafür wird bei der Priesterweihe ein Tor geöffnet.

Aber es ist eben ganz wichtig, daß man sieht, daß das nichts ist, was für alle Zeiten da ist, sondern wie alles Lebendige kann auch dies sterben. Im Falle der Spruchfällung wird dies ganz deutlich, denn das, was lebendig gesät worden ist, ist bereits abgestorben.

W.W.: Das wäre aber ein Widerspruch dazu, vorausgesetzt das Samenkorn der Priesterweihe ist verrottet und damit weg, wenn man sagt, daß man für alle Zeiten Priester ist.

W. Gädeke: Die Christengemeinschaft kann einem Priester seine Priesterweihe nicht aktiv wegnehmen, aber wenn er sie selbst ersterben läßt, dann wird das mit der Spruchfällung zum Ausdruck gebracht.

W.W.: Können Sie die Frage nach der Substanz des Sakramentes noch ansprechen?

W. Gädeke: Ich denke schon, daß man das als eine in allen Wesensgliedern wirksame Kraft ansehen kann, die ähnlich wie ein Samenkorn zunächst ein ganz kleines äußeres Zeichen ist, aber genau wie jedes andere Sakrament auch bis in die physische Substanz des Leibes hinein wirksam ist. Wenn ich es geistig-physisch genannt habe, so denke ich, daß es alles vom Geistigen bis ins Physische umspannt, eine Totalzeichnung bzw. Imprägnierung mit Lebenskeimen.

Eine bedingte Selbstverfluchung inbegriffen

W.W.: Es heißt, daß der Siebenerkreis bei der Spruchfällung „moralisch bewerten" soll, was mit dem Pfarrer los ist. Wie kann er das, bzw. was ist damit gemeint?

W. Gädeke: Es soll moralisch zum Ausdruck gebracht werden, daß derjenige Kandidat, um den es sich handelt, von seinem Gelöbnis abgerückt ist: „Du hast Dein Gelöbnis gebrochen."

W.W.: Ist das bereits die moralische Beurteilung?

W. Gädeke: Natürlich.

W.W.: Bei dem moralischen Bewerten geht es nicht um die Beurteilung im karmischen Sinne?

W. Gädeke: Ich denke nicht. In den Text des Gelöbnisses ist bereits eine Art von bedingter Selbstverfluchung inbegriffen, das ist ein religionsgeschichtlicher Terminus nach dem Motto: Mir falle die Hand ab, wenn ich dies oder jenes nicht einhalte! Das wäre eine Urform des religiösen Gelöbnisses. An so etwas kann eine Spruchfällung auch anknüpfen. Aber im wesentlichen muß zum Ausdruck gebracht werden, daß derjenige sein Gelöbnis gebrochen hat und sein Leben nicht in dem ursprünglich vorgesehenen Sinne weiterführen will und kann und daß er vorher mit dem Treuegelöbnis gelobt hat, dieses Urteil anzuerkennen.

W.W.: Wenn sich nun der Siebenerkreis bei einer Spruchfällung irrt, was dann?

W. Gädeke: Das ist kaum möglich, weil eine Spruchfällung eine lange Vorbereitungszeit hat, mit entsprechenden Verhandlungen und Gesprächen, auch durch Beistand des Betroffenen und Anhörungen.

W.W.: Die Spruchfällung wurde ja auch an Gertrud Spörri vorgenommen. Soweit ich orientiert bin, war einer der Gründe, daß sie das Vaterunser an der Stelle plaziert hat, an der es heute in der Weihehandlung mittlerweile ist. Müßte man in so einem Falle die Spruchfällung nicht rückgängig machen?

W. Gädeke: Vielleicht müßte man diesen einen Punkt zurechtrücken, aber das war nicht der entscheidende Punkt für die Spruchfällung. Trotzdem, wenn es damals die

Ordnung war, das Vaterunser so zu belassen, dann hätte sie sich daran halten müssen, auch wenn sie der Meinung gewesen ist, daß es falsch ist. Das gehört mit zu den inneren disziplinarischen Ordnungen der Christengemeinschaft.

Sexueller und okkulter Mißbrauch

W.W.: Einer der beiden Priester, die zur „Weißen Quelle" gegangen sind, berichtete mir auf Nachfrage, er hätte seine Zugehörigkeit zur „Weißen Quelle" nicht mit der Tätigkeit als Christengemeinschaftspfarrer in seiner Gemeinde vermischt. Ob es stimmt, vermag ich nicht zu beurteilen. Wird in so einem Fall einer Suspendierung nicht inhaltlich, meinungsbildend geurteilt, oder soll es sogar so sein?

W. Gädeke: Hier geht es in der Tat um eine Suspendierung, und das bedeutet, ob einer im Namen der Christengemeinschaft wirken kann oder nicht. Ob das mit der Christengemeinschaft vereinbar ist, was er tut, liegt nicht allein in seiner eigenen Beurteilung. Es kann einer zwei Frauen bzw. einen ganzen Harem haben wollen und der ehrlichsten Überzeugung sein, daß dies nicht mit seiner Tätigkeit als Pfarrer der Christengemeinschaft in Konflikt steht, trotzdem würde ich ihn beurlauben. Es kommt also nicht auf die subjektive ehrliche Überzeugung an.

W.W.: Das heißt, daß bei der Suspendierung inhaltlich geurteilt wird?

W. Gädeke: Es wird in bezug auf die Amtsausübung geurteilt, natürlich ist es eine inhaltliche Beurteilung. Wenn jemand seine Kinder im Religionsunterricht sexuell mißbraucht, so kann er natürlich sagen, er hätte ein besonderes Vertrauensverhältnis zu diesen Kindern, auch steht es nirgendwo in der Priesterweihe geschrieben, daß er dies nicht darf, trotzdem macht er sich nicht nur im äußeren Sinne strafbar, sondern auch im Innern der Christengemeinschaft, und so muß er beurlaubt werden.

K.-D.N.: Wobei es ein gewisser Unterschied ist, Unzucht mit Abhängigen zu treiben bzw. zur „Weißen Quelle" zu gehen.

W. Gädeke: Das ist noch die Frage, ob das in manchen Punkten so weit auseinanderliegt. Wenn einer auf einer Jugendtagung Praktiken der „Weißen Quelle" einführt, ist das Verführung Minderjähriger, oder nicht? Das sind reale geistige Vorgänge und Praktiken, die man gar nicht von dem abtrennen kann, was man rituell-sakramental zu tun hat, selbst wenn man meint, dies unterscheiden zu können.

XV. SCHIEDSGERICHT / RECHTSLEBEN II

W.W.: Gibt es ein Schiedsgericht im Körperschaftsverband der Christengemeinschaft?

W. Gädeke: Es gibt eine derzeit gültige Schiedsgerichtssatzung, die dazu da ist, Streitigkeiten zwischen dem Körperschaftsverband und einem Pfarrer zu regeln. Durch sie wird den Pfarrern Rechtsschutz gewährt, und zwar „bei Konflikten eines Pfarrers, seines Rechtsnachfolgers oder seiner Hinterbliebenen über die Höhe des

Einkommens, das ihm, seinem Rechtsnachfolger oder Hinterbliebenen von der Pfarrerschaft zugesprochen worden ist", und „bei Konflikten, die sich aus der Amtsführung eines Pfarrers ergeben".

W.W.: Wann kann dann das Schiedsgericht angerufen werden?

W. Gädeke: Das Schiedsgericht kann zum Beispiel dann angerufen werden, wenn ein Pfarrer beurlaubt ist und das ganze Verfahren in Gange kommt, ob er weiter beurlaubt bleibt oder suspendiert werden soll bzw. wieder eingegliedert werden kann. Wenn es dann auf eine Suspendierung zugeht, dann wäre es die Frage, ob er weiterhin von der Christengemeinschaft ein Entgelt bekommt oder nicht.

W.W.: Wie setzt sich dieses Schiedsgericht zusammen, und wer kann wen in dieses berufen?

W. Gädeke: Nach der alten Satzung besteht das Schiedsgericht aus zwei Pfarrern und einem unparteiischen Vorsitzenden.

W.W.: Werden diese beiden Pfarrer von den jeweiligen beiden Parteien gerufen?

W. Gädeke: Ja. „Von jeder der beiden streitenden Parteien wird innerhalb eines Monats nach Eingang der Klage beim Körperschaftsverband ein Pfarrer als Schiedsrichter benannt. Die beiden Schiedsrichter einigen sich auf einen unparteiischen Vorsitzenden, der die Befähigung zum Richteramt besitzen muß." Das muß also jemand sein, der sich in der Rechtspflege auskennt.

W.W.: Ist das auch ein Pfarrer?

W. Gädeke: Nein, meistens kein Pfarrer.

W.W.: Ist es nicht so, daß die Oberlenkung diesen Dritten bestellt?

W. Gädeke: Nein, denn diese zwei Schiedsrichter einigen sich auf den entsprechenden dritten. Zur Zeit wird auch an der Satzung für ein Schiedsgericht gearbeitet, sie ist genauso wie die Körperschaftsverfassung in Arbeit.

W.W.: Gehört die Suspendierung bzw. Beurlaubung eines Pfarrers auch in den Entscheidungsbereich eines Schiedsgerichtes?

W. Gädeke: Nein, das ist keine Frage des Schiedsgerichtes, sondern eine interne pfarrerliche Angelegenheit. Lediglich die wirtschaftlichen Folgen einer Beurlaubung bzw. Suspendierung werden durch die Satzung eines Schiedsgerichtes geregelt.

W.W.: Welche Änderungen gibt es in dem neuen Entwurf?

W. Gädeke: Zunächst ist der Aufgabenbereich erweitert worden: Es regelt nicht mehr nur den Rechtsschutz der Pfarrer, sondern auch Streitigkeiten zwischen dem Körperschaftverband und den Regionen, zwischen Organen des Körperschaftsverbandes und zwischen deren Mitgliedern. Desweiteren ist der Rechtsschutz der Pfarrer noch etwas differenzierter formuliert, so daß es jetzt zum Beispiel heißt, daß er gewährt wird „bei Konflikten aus der Entscheidung des Kollegiums über die Amtsführung eines Pfarrers und über die Zurücknahme des erteilten Auftrages, als Pfarrer zu wirken."

W.W.: Also entscheidet dann das Schiedsgericht doch nicht nur über wirtschaftliche Folgen, sondern auch über Konfliktsituationen bzw. Beurlaubungen, oder wie ist das gemeint?

W. Gädeke: Ja, aber das Schiedsgericht kann in diesem Fall nicht in der Sache entscheiden, sondern es kann nur prüfen, ob formal richtig entschieden worden ist. Also bei Konflikten, bei Beurlaubungen und Suspendierungen regelt das Schiedsgericht die Frage der Bezüge und ob die Suspendierung gemäß der Satzung über die Rechtsstellung des Pfarrers sachgemäß und richtig erfolgt ist. Es ist also keine Berufungsinstanz in der Sache, sondern in der Frage, ob bei der Suspendierung richtig vorgegangen worden ist.

W.W.: Mithin gilt das Schiedsgericht also auch nicht für die Spruchfällung?

W. Gädeke: Die wäre in der Satzung über die Rechtsstellung der Pfarrer festgelegt. Das Schiedsgericht gilt nicht für Spruchfällung, wenn auch für die Formalien bei einem solchen Fall.

W.W.: Die dritte Person, so sagten Sie, sei nicht von der Oberlenkung abhängig. Was passiert aber, wenn sich die beiden Schiedsrichter nicht auf eine dritte Person einigen können? Hat dann die Oberlenkung das Recht, diesen Dritten zu bestellen?

W. Gädeke: „Die beiden Schiedsrichter einigen sich auf einen unparteiischen Vorsitzenden, der die Befähigung zum Richteramt besitzen muß. Tun sie das nicht, erlischt ihr Auftrag innerhalb eines Monats." Die streitenden Parteien haben dann andere Pfarrer zum Schiedsrichter zu bestellen, der Vorgang wiederholt sich also.

W.W.: Dann möchte ich die Frage erweitern: Wäre es nicht angebracht, ein Schiedsgericht für inhaltliche Konflikte innerhalb der Pfarrerschaft einzurichten, und zwar zur Klärung strittiger Fragen inhaltlicher Natur bei Suspendierung und Spruchfällung?

W. Gädeke: Das gibt es schon, es ist nur noch nicht formalisiert. Jeder Suspendierung und jeder Spruchfällung gehen meist Jahre intensiver Bemühungen voran, die nicht immer gleich vom Siebenerkreis letztinstanzlich behandelt werden müssen, sondern es geschieht auf persönlichem Wege, indem zum Beispiel ein Lenker oder ein Siebenerkreis-Mitglied einbezogen wird. Es ist heute auch schon so, daß sich ein Pfarrer im Konfliktfall einen Beistand wählen kann. Das ist eine Art Schiedsgericht, auch wenn es noch nicht formalisiert ist. Es gibt zur Zeit Überlegungen, ob man das in einer sinnvollen Weise stuft, so daß es auch eine Art Instanzenweg geben kann, damit nicht die Erstinstanz gleichzeitig auch die Letztinstanz ist.

In der Gemeinde hat der Pfarrer die gleichen Rechte!

W.W.: Gibt es irgendwo ein Schiedsgericht auf Gemeindeebene?

W. Gädeke: Bisher habe ich davon noch nie gehört.

W.W.: Ich plädiere für ein Schiedsgericht auf Gemeindeebene bzw. zumindest in der Region. Nehmen wir einmal an, es kommt in der Gemeinde zu einem Streitfall zwischen einem Priester und einem oder mehreren Gemeindemitgliedern, so mangelt es nach meiner Kenntnis an Rechtsformen, damit zufriedenstellend umzugehen, zum Beispiel durch eine festumschriebene Instanz eines Schiedsgerichts. Ich habe viele solcher Streitfälle erlebt, entweder einigt man sich irgendwie, oder aber es endet in Flügelkämpfen und ein Flügel oder eine Person wird ausgeschwitzt. Problematisch wird es, wenn der Pfarrer bei einem Streitfall betroffen ist, weil er sich in den meisten Fällen wohl kaum auf dem gleichen Niveau wie die mit ihm streitenden Gemeindemitglieder sehen wird. Könnten Sie sich ein Gemeindeschiedsgericht vorstellen, bei welchem der Pfarrer die gleiche Stellung und die gleichen Rechte hätte – sofern sie nicht das Kultische betreffen – wie jedes Gemeindemitglied auch?

W. Gädeke: Ich möchte nicht von vornherein sagen, daß ich das nicht möchte. Aber wenn ich es mir vorstelle, daß man Konfliktfälle mit einer Rechtsform lösen muß, dann wird in der Regel das Vertrauensverhältnis innerhalb dieser Gemeinde so erschüttert sein, daß durch ein derartiges Verfahren nichts mehr verbessert werden kann. Ich sehe das vielmehr als Aufgabe des Lenkers, der sich dazu auch andere Pfarrer oder Gemeindemitglieder hinzuziehen kann, so daß man Konfliktfälle auf dem Wege des menschlichen Gesprächs ausräumen kann. Wenn das nicht möglich ist, sehe ich die Vertrauensstellung eines Pfarrers in der Gemeinde so erschüttert, daß es in der Regel nicht sinnvoll ist, ihn dort zu belassen. Durch einen rechtlichen Spruch kann man das notwendige Vertrauensverhältnis nicht wieder herstellen. Aber ich will nicht sagen, daß ein Schiedsgericht unmöglich ist.

W.W.: Nehmen wir an, das Vertrauensverhältnis zwischen Pfarrer und einigen Gemeindemitgliedern ist zerstört, oder es kommt zu einem Konfliktfall zwischen Gemeindemitgliedern untereinander, die man ja nicht durch die Lenkerschaft aus der Gemeinde herauslösen kann, so gebe ich Ihnen zwar recht, daß oftmals das Vertrauensverhältnis zwischen den Konfliktparteien erschüttert sein wird, trotzdem halte ich eine Art Schiedsgericht für sehr sinnvoll, um damit auch zu demonstrieren, daß alle Menschen gleiche Rechte haben, und zwar auch der Pfarrer.

W. Gädeke: Ich denke allerdings nicht, daß ein Schiedsgericht ein geeignetes Objekt für Demonstrationen ist. Nehmen wir den zweiten Fall, daß die Gemeindemitglieder einen Streitfall untereinander haben, dann ist es die Aufgabe des Pfarrerkollegiums, dafür zu sorgen, daß sie sich einigen, und wenn sie sich nicht einigen, daß sie sich wenigstens nicht weiter bekämpfen. Es kann ja in einer Gemeinde auch ganz verschiedene und konträre Auffassungen und Haltungen geben. Die erste Instanz für einen solchen Fall wäre für mich das Pfarrerkollegium. Wenn aber die Pfarrer selber an der Polarisierung beteiligt sind und den Konfliktfall mit Hilfe von Lenkern und anderen beteiligten Personen nicht ausräumen können, dann haben die Pfarrer die Konsequenzen zu ziehen und müssen aus der Gemeinde heraus.

W.W.: Das sind natürlich jetzt die Extremfälle, allerdings gibt es auch viele kleinere. Nehmen wir ein Beispiel: Ich kenne eine Gemeinde der Christengemeinschaft, in der der Verkauf der FLENSBURGER HEFTE am Büchertisch vor vier Jahren per Dekret verboten wurde, weil sie angeblich zu politisch seien. Vorher wurden sie dort gerne verkauft. Dieses Verbot besteht noch heute, da es nicht aufgehoben wurde. In der Tat ist dies eine Angelegenheit, die der Pfarrer ohnehin nicht alleine entscheiden kann, obwohl er es in diesem Fall getan hat. So ein Fall wäre gut für ein Schiedsgericht geeignet. Wäre das nicht eine Möglichkeit für ein Schiedsgericht, um dem Pfarrer zu sagen, daß er sowieso nicht das Recht hat, alleine das Verkaufsverbot für bestimmte Bücher auszusprechen, ferner um das einseitige Verbot, das von dem Pfarrer im Zusammenwirken mit der Dame des Büchertisches ausging, zurückzuweisen?

W. Gädeke: Wenn Sie das machen wollen, müssen Sie vorher eine Rechtsgrundlage schaffen, aufgrund der das Schiedsgericht urteilen kann.

W.W.: Das ist vollkommen klar, notwendig und wünschenswert.

W. Gädeke: Das Schiedsgericht innerhalb der Pfarrerschaft stützt sich auch auf die Rechtsstellung des Pfarrers. Ein Gericht kann immer nur bestehendes formuliertes

Recht anwenden und prüfen. Man müßte also erst eine Satzung vom Zusammenwirken der Pfarrer und der Gemeinde erstellen.

W.W.: Ich würde dafür plädieren, die Ausgestaltung der Gemeindesatzung entsprechend in Angriff zu nehmen. Wichtig erschiene mir dabei, daß auf jeden Fall deutlich gemacht würde, daß der Pfarrer keine höheren Rechte hätte als andere Gemeindemitglieder, sofern es sich nicht um Kultusdinge handelt.

Darf der Pfarrer überstimmt werden?

W. Gädeke: Hier schließt sich wieder meine grundsätzliche Frage an, ob das gerechtfertigt ist. Meines Erachtens darf der Pfarrer nicht überstimmt werden, wenn es darum geht, welche Bücher auf einem Büchertisch der Gemeinde verkauft werden. Man könnte ja die Einstellung haben, in dieser Bücherstube der Christengemeinschaft alles, was auf dem Markt ist, zu verkaufen. Aber irgend jemand muß darüber entscheiden, ob es sinnvoll ist, die Rudolf Steiner-Gesamtausgabe in einer Bücherstube der Christengemeinschaft zu verkaufen, wenn am selben Ort eine Buchhandlung ist, die eine anthroposophische Abteilung hat.

W.W.: Man kann grundsätzlich darüber reden, ob in der Christengemeinschaft überhaupt Bücher verkauft werden sollten, da dies im Grunde Aufgabe der Buchhandlungen ist. Aber wenn schon Bücher verkauft werden, dann gibt es nicht den geringsten Grund und Sinn, daß der Pfarrer entscheidet, welche Bücher dies sein sollten. Wenn der Pfarrer bestimmen würde, welche Bücher verkauft werden dürfen und welche nicht, so wäre dies eine Bevormundung und geistige Beschneidung. Man sollte doch dem Käufer die Freiheit lassen zu entscheiden, welche Bücher er kaufen will.

W. Gädeke: Das ist richtig.

W.W.: Aber daraus folgt, daß der Pfarrer dies auch nicht entscheiden darf.

W. Gädeke: Natürlich ist es problematisch, wenn der Pfarrer etwas dekretiert, aber in einem solchen Falle können sich die Verantwortlichen des Büchertisches ja auf die Beine stellen und dem Pfarrer klarmachen, daß er sich dann andere Verantwortliche für den Büchertisch suchen müsse.

Die FLENSBURGER HEFTE auf dem Index?

W.W.: Was sollen wir vom FLENSBURGER HEFTE Verlag denn machen, wenn unsere Bücher zuerst verkauft, dann aber von der Gemeinde bzw. von dem Pfarrer verboten wurden? Wie sollen wir uns denn dazu stellen? Nehmen wir nur einmal theoretisch an, wir wären obendrein auch noch in derselben Gemeinde Mitglieder.

W. Gädeke: Da können Sie als Verlag gar nichts machen, denn das müssen diejenigen bereinigen, die für die Bücherstube verantwortlich sind. Wenn ich in einer Gemeinde die Bücherstube verantworten würde und ich würde ferner sehen, daß die FLENSBURGER HEFTE verlangt werden würden, dann würde ich sie bestellen, selbst wenn ich zum Beispiel der Ansicht wäre, daß die FLENSBURGER HEFTE Außenseiter seien. Aber warum sollten die Käufer nicht mündig genug sein, selber entscheiden zu können, was sie kaufen wollen? Wenn dann die Pfarrer kämen und den Verkauf der FLENSBURGER HEFTE verbieten würden, dann würde ich als Büchertisch-Verantwortlicher sagen: „Dann sucht Euch jemand anders für den Büchertisch!"

W.W.: Das ist natürlich lobenswert. In diesem Fall war es aber so, daß der Pfarrer in trauter Gemeinsamkeit mit den Verantwortlichen des Büchertisches das Verbot erlassen hat. Nehmen wir wiederum den theoretischen Fall an, daß wir in der gleichen Gemeinde Mitglieder wären, so daß wir bei diesem Fall als Gemeindemitglieder wie auch als Gesellschafter der Flensburger Hefte Verlag GmbH vor diesem Problem stünden. Jetzt kämen wir zu der Überzeugung, daß in diesem Fall ein Schiedsgericht sprechen müßte.

W. Gädeke: Das sehe ich nicht so, denn wenn die Verantwortlichen – Frau des Büchertisches, Pfarrer – dieses Verbot erlassen, dann ist es ihre Freiheit, die FLENSBURGER HEFTE nicht verkaufen zu wollen.

W.W.: Auch wenn man prinzipiell die Büchertische innerhalb der Gemeinden der Christengemeinschaft in Frage stellen könnte, so sind sie ja vorhanden und sind insofern als eine Art Buchhandel zu betrachten. Deswegen halte ich es für äußerst problematisch, wenn man die Freiheit des Käufers einschränkt, indem man bestimmte Bücher auf den Index setzt. Das ist Bevormundung. Ein Buchhandel sollte nur vermittelndes Organ zwischen Käufer und Verlag sein.

W. Gädeke: Richtig, aber die Büchertische der Christengemeinschaft haben diese Sonderstellung und sind eben kein Buchhandel, sie haben eine ganz gemeindespezifische Zuordnung. Insofern sehe ich es als nicht verkehrt an, wenn die Verantwortlichen des Büchertisches bestimmte Bücher nicht verkaufen wollen.

W.W.: Dann werden wir noch konkreter: Ihr Buch „Anthroposophie und die Fortbildung der Religion" ist durch unseren Verlag verlegt worden, aber alle Verlagsprodukte des Flensburger Hefte Verlags wurden in der angesprochenen Gemeinde verboten. Finden Sie etwa, daß Ihr Buch nicht gemeindespezifisch genug ist, um auf den Büchertischen der Christengemeinschaft verkauft werden zu können?

W. Gädeke: Doch, sicher. Aber wenn derjenige, der die Bücherstube verantwortet, das für verfehlt hält, dann muß er dazu das Recht haben.

Der Pfarrer hat kein höheres Recht

W.W.: Wir argumentieren jetzt zu spezifisch. Im Grunde geht es darum, ob ein Pfarrer oder jemand anders aus der Gemeinde der Christengemeinschaft das Recht haben darf bzw. sich einräumen kann, zu entscheiden, was in der Gemeinde gemacht wird oder nicht. Es geht darum, daß sich jemand ein Recht zumißt, welches er nicht hat bzw. nicht haben dürfte. Weil auf diesem Sektor Mißbrauch getrieben wird, plädiere ich für ein Schiedsgericht, das derartige Fragen regelt.

W. Gädeke: Dann müßte man – wie gesagt – beschreiben, was das Recht aller bzw. der einzelnen ist. Das halte ich für sehr schwierig. Ich glaube nicht, daß es von Vorteil ist, per Rechtsleben zu dekretieren und in einer Gemeindesatzung festzulegen, was in der Gemeinde geschehen soll und was nicht. Das wäre genauso, als wenn man im juristischen Recht beschreiben würde, was Ehe sein soll und was nicht. Früher war das so, davon ist man aber zum Glück abgerückt, denn Ehe ist keine Sache des Rechtslebens, sondern des Geisteslebens. Man kann in einer Gemeinde nicht rechtlich festlegen, ob es einen Büchertisch, Feste usw. geben soll oder nicht.

W.W.: Sie sind auf einem falschen Gleis. Rechtsleben in der Ehe wäre zum Beispiel, wenn sich beide Eheleute morgens um acht Uhr für irgend etwas verabreden. Nicht aber sollte ein Paragraph vorschreiben, wie oft die Eheleute Tisch und Bett zu teilen hätten. Es geht im Rechtsleben innerhalb einer Ehe darum, daß beide Partner das gleiche Recht haben, daß sie beide mit einer Verabredung einen zwischenmenschlichen Vertrag schließen, an den sie sich dann halten müssen, weil sie beide es selber so wollten. Aber niemand darf über den anderen bestimmen, denn dann hätte er das sogenannte höhere Recht.

Genauso ist es in der Gemeinde. Bei allen Fragen, die nicht den Kultusbereich betreffen, haben alle Gemeindemitglieder, inklusive der Pfarrer, das gleiche Recht und müssen miteinander ringen, um zu einem Kompromiß bzw. zu einem Beschluß, also zu einer Rechtssetzung zu kommen. Man muß sagen dürfen, daß der Pfarrer in allen Fragen, die nicht den Kultusbereich betreffen, kein höheres Recht hat als die Gemeindemitglieder.

W. Gädeke: In diesem Vergleich ist es natürlich richtig. Wenn sich der Pfarrer zum Beispiel mit dem Gemeinderat verabredet, dann ist er in diesem Falle kein Priester, sondern in bezug auf seine Verabredung Gleicher unter Gleichen.

W.W.: Sehen Sie!

W. Gädeke: Die Form ist Rechtsleben, der Inhalt ist kein Rechtsleben. Wenn sich zum Beispiel der Pfarrer mit einem Festeskreis trifft und mit ihm verabredet, daß man in der Gemeinde Feste für Kinder und Eltern durchführen will, dann muß er sich an diese Verabredung halten. Wenn er hinterher sagen würde, daß er es gar nicht so gewollt habe, dann entstünde ein Rechtskonflikt. Die Frage, ob es in einer Gemeinde einen Festeskreis geben darf oder nicht, ist aber etwas völlig anderes, das kann kein Rechtsstreit sein.

K.-D.N.: Wieso nicht? Wenn der Pfarrer sagen würde, es dürfe kein Fest stattfinden, die Gemeinde will es aber ...

W. Gädeke: ... dann würde die Gemeinde die Feste eben woanders feiern.

Papsttum auf Pfarrerebene

K.-D.N.: Nein, denn jetzt weichen Sie dem Prinzip aus. Sie sagen, daß die Gemeinde sich dann woanders hinzubegeben habe, das Prinzip ist aber, daß ein Pfarrer nicht das Recht haben dürfte zu sagen, daß in der Gemeinde kein Fest stattzufinden habe. Ich bin der Meinung, daß ein Pfarrer nicht einmal das Hausrecht ausüben darf, das Haus gehört nicht ihm, also hat er auch kein Hausrecht, denn das Hausrecht hat die Gemeinde oder aber der Körperschaftsverband in seiner Gesamtheit. Mit derselben Argumentation könnte man auch sagen: Dann muß der Pfarrer eben woanders hingehen, wenn es ihm nicht gefällt, daß wir in unserer Kirche ein Fest gestalten. Da sind wir drei eben ganz erheblich unterschiedlicher Auffassung, weil Sie der Ansicht sind, daß der Pfarrer Sonderrechte haben sollte, ganz im Gegensatz zu uns.

W. Gädeke: Ich betrachte das allerdings nicht als ein Sonderrecht. Wenn es zwischen Pfarrer und Gemeinde keinen Einklang gibt, dann ist es auf keinen Fall gut, ein Rechtsinstrument einzuschalten, das Mehrheitsentscheidungen gegen den Pfarrer möglich macht.

K.-D.N.: Warum nicht? Das würde ja eine Unfehlbarkeit der Pfarrer voraussetzen und liefe auf eine Dogmatik zu, die katholische Züge annimmt, und holt sogar das Papsttum auf die Pfarrerebene herunter.

W. Gädeke:*(lacht).*

K.-D.N.: Sie haben gesagt, daß ein Pfarrer bzw. ein Kollegium von Pfarrern nicht überstimmt werden darf. Das setzt voraus, daß sich ein Pfarrer bzw. ein Pfarrerkollegium nicht irren kann.

W. Gädeke: Natürlich können sich Pfarrer irren.

K.-D.N.: Warum sollen dann die Gemeindemitglieder nicht die Möglichkeit haben, die irrenden Pfarrer zu überstimmen? Hinzu kommt noch, daß es beim Rechtsleben nicht um Wahrheitsfragen geht, sondern um den Willen der entsprechenden Menschen.

Wenn ich mir die Rechtssatzung der Körperschaft Westdeutschland anschaue, dann heißt es dort zum Beispiel: „Die Gemeinden regeln ihre Angelegenheiten selbst und bilden gemäß den eigenen Bedürfnissen Organe." Sie regeln zum Beispiel die Vertretungen der Gemeinde in anderen Organen der Region usw. Was dort zum Ausdruck kommt, müßte meines Erachtens ganz konsequent durchgezogen werden, denn die Gemeinden bilden ihre Organe, nicht die Pfarrer.

Der Elefant auf dem Tisch

W. Gädeke: Aber was ist damit gewonnen, wenn die Gemeinde den Pfarrer überstimmen kann?

W.W.: Es geht nicht um Gewinn, sondern um demokratische Rechtsstrukturen. Sie können genauso fragen, was damit gewonnen wäre, wenn jetzt hier auf dem Tisch statt der Kaffeetasse ein Elefant stünde. Das geht völlig an unserer Fragestellung vorbei. Es geht darum, daß alle Menschen die gleichen Rechte haben müssen. Sie aber entwerfen ein Konstrukt, indem Sie dem Pfarrer das höhere Recht einräumen, weil er angeblich nicht überstimmt werden dürfe.

W. Gädeke: Es geht also genau um die Frage, ob Demokratie an dieser Stelle des Gemeindelebens sachgemäß ist.

Beim Recht geht es nicht um die Wahrheit

W.W.: Demokratie ist überall sachgemäß, man muß nur wissen, was damit gemeint ist. Rechtsleben beruht auf der Gleichheit, die Rechtssetzung ist ein gemeinsam gefundener Wille aller Beteiligten bei gleicher Voraussetzung, die jeweilige Rechtssetzung sagt aber nichts über den inhaltlichen Wahrheitsgehalt aus. Ich würde mich als Mensch in einer Gemeinde bei einer derartigen Satzung, die dem Pfarrer unverhältnismäßige höhere Rechte einräumt, als unmündiges Nichts fühlen und werde mir überlegen müssen, ob ich bei einer derartigen Satzung aus der Christengemeinschaft austreten müßte, wobei ich einräume, daß ich im Grunde nur aus einer Gemeinde bzw. aus unserer Körperschaft austreten müßte, nicht aber aus der Christengemeinschaft als Ganzer.

W. Gädeke: Das bleibt Ihnen natürlich unbenommen. Wir können aber den konkreten Fall nehmen, daß in einer Gemeinde Konflikte entstehen und dann darüber abgestimmt wird, wer recht hat.

W.W.: Es geht nicht darum, wer recht hat, sondern darum, was die Gemeinde in ihrer Mehrheit will. Nehmen wir den Volksentscheid. Ein Volksentscheid ist aufgrund des Grundgesetzes Art. 20, 2 möglich, es fehlen nur die näheren Ausführungsbestimmungen. Durch einen Volksentscheid würde dem Volk das Recht eingeräumt, welches es ohnehin hat. Eine Sachfrage steht zu einem Gesetzesvorschlag an, er wird genügend öffentlich diskutiert, verschiedene Meinungen werden kundgetan, vielleicht liegen verschiedene Gesetzesvorschläge vor, dann aber stimmt das Volk ab und setzt damit Recht. Diese Rechtssetzung darf man aber dem einzelnen Bürger nicht nehmen, denn die einzelnen Bürger bzw. das Volk sind der Souverän, haben dieses Recht also ohnehin. Was aber das Volk als Recht setzt, durch einen demokratischen Mehrheitsbeschluß, muß überhaupt nicht mit der Wahrheit oder der eigenen Auffassung übereinstimmen. Es geht nicht darum, daß man darüber abstimmt, was richtig ist, das wäre ja unsinnig. Es geht darum, daß man darüber abstimmt, was die einzelnen Menschen in ihrer Mehrheit wollen. Nimmt man aber dem Volk dieses Recht, so beschneidet man ein dem Souverän ureigenes Recht und richtet damit antidemokratische Schranken auf. Gleichermaßen müßte die Rechtssetzung durch Willensbildung im kleineren Kreise einer Gemeinde möglich sein.

W. Gädeke: Genau das ist die Frage, ob das, was für das gesamte Volk durch einen Volksentscheid möglich sein müßte, auch auf der Gemeindeebene gelten sollte. Das Recht muß sich immer auf konkrete Sachgebiete beziehen. Deswegen müßten wir uns bei Einrichtung eines Schiedsgerichtes erst einmal fragen, was denn in der Satzung der Gemeinden enthalten sein müßte und was nicht. Das müßte man dann erst einmal formulieren, denn sonst könnte jeder sagen, daß er in der Gemeinde auch das machen will, was nun mal nicht in die Gemeinde gehört.

Es gibt kein Unabstimmbares

W.W.: Das ist meines Erachtens ein Denkfehler. Wir können es ohne weiteres mit dem Volksentscheid vergleichen: Ganz konsequent müßte man sich vorstellen, daß das Volk über alle Fragen, die es betreffen, abstimmen können muß, über Kriegsführung, über die Diäten im Bundestag, über ein Abtreibungsgesetz, über die Todesstrafe usw. Ich wähle bewußt provozierende Themen. Es ist aber ein Recht, welches das Volk hat, und demzufolge müßte es ihm auch eingeräumt werden. Wichtig ist, daß das Volk bereits dieses Recht hat, wenn man überhaupt denken will, daß alle Menschen die gleichen Rechte haben. Wenn sich nun irgendwer im Staat dazu aufschwingt zu verbieten, daß über Todesstrafe und alle anderen Fragen abgestimmt werden darf, dann schreibt sich dieser Mensch, also zum Beispiel ein Diktator oder ein sonstiges Organ, ein Recht zu, welches er bzw. es nicht hat, denn niemand hat es ihnen gegeben; ausschließlich das Volk wäre dazu berechtigt gewesen. Dieser Mensch oder dieses Organ mißt sich dann ein gottgesetztes Recht zu. Man muß so mutig sein zu denken, daß es kein Unabstimmbares gibt. Das ist im Grunde die Voraussetzung, die wir uns für alle Fragen denken müssen.

Jetzt kann man das auf die Gemeindeebene der Religionsgemeinschaft Christengemeinschaft an einem Ort heruntertragen. Dort sagen wir, daß wiederum alles abstimmbar sein müßte, aber wir klammern vorher einen Bereich aus – nämlich den Kultusbereich –, aber alles andere bleibt abstimmbar, und das wird gerade inhaltlich nicht festgesetzt. Denn das ist das Entscheidende. Wenn alles in einer Gemeinde abstimmbar ist, entwickelt die Gemeinde ein Sachgespräch über eine anstehende Frage in Formen, die man dann noch konkret ausgestalten muß, bemüht sich um eine Entscheidung, setzt also Recht aufgrund eines demokratischen Mehrheitswillens bzw. einer demokratischen Mehrheitsentscheidung.

W. Gädeke: So ist es ja auch grundsätzlich in den Satzungen enthalten.

W.W.: Eben nicht.

W. Gädeke: Doch, insofern in den Satzungen enthalten ist, daß über die geistlichen Dinge der Verwaltungsrat oder die Körperschaftsversammlung keine Beschlüsse faßt, ebenfalls die Gemeindeversammlung auf örtlicher Ebene nicht. Es ist aber heute nach den Satzungen auch schon möglich, daß der Gemeinderat oder auch die Gemeindeversammlung etwas anderes beschließen, als der Pfarrer will. Eine Gemeindeversammlung kann zum Beispiel einberufen werden, wenn ein Drittel der Gemeindemitglieder dieses verlangt.

Wenn der Pfarrer die Gummibäume rausreißt

W.W.: Wenn die Gemeindeversammlung und der Gemeinderat dann aber ein beschlußfähige Organe für alle Fragen, außer denen, die den Kultus betreffen, wären, so daß auch die Pfarrer überstimmt werden könnten, dann hätten wir die ganze Zeit umsonst geredet, denn das ist genau das, was wir anstreben. Sie argumentierten doch aber, daß zum Beispiel in bezug auf die Gummibäume vor der Kirche der Pfarrer das letzte Wort haben müßte. Was soll denn nun gelten?

W. Gädeke: Ich persönlich würde bis zum Geht-nicht-Mehr kämpfen, daß die Gummibäume vor der Kirche verschwänden.

W.W.: Darum geht es aber wiederum nicht. Kämpfen sollen Sie ja vor der Abstimmung. Sie hatten sich aber das Recht eingeräumt, dies allein entscheiden zu dürfen. bzw. gesagt, daß ein Pfarrer in solchen Fragen nicht überstimmt werden dürfte.

K.-D.N.: Ich würde es auch begrüßen, wenn ich in allen Fragen das letzte Wort hätte!

W.W.: Sie wollten die Gummibäume wegnehmen, und dieses Recht haben Sie sich zugesprochen.

W. Gädeke: Und wenn ich das Recht nicht hätte, dann würde ich sie abschneiden.

W.W.: Aber das können Sie doch nicht machen!

W. Gädeke: Natürlich könnte ich das, ich könnte doch „Terrorist“ werden ...

W.W.: Sicherlich könnten Sie das, aber das hätte keine Rechtsgrundlage. Verlassen Sie jetzt bitte nicht den roten Faden, denn es geht nach wie vor darum, ob der Pfarrer ein Recht hat, welches höher ist als das der anderen Gemeindemitglieder in bezug auf Sachfragen, die den Kultus nicht betreffen. Bisher habe ich Sie so verstanden, daß Sie der Meinung sind, daß der Pfarrer ein höheres Recht haben müsse, daß er nicht überstimmt werden dürfe, nun aber sagen Sie, daß die Gemeindeversammlung und der Gemeinderat beschlußfähige Organe in bezug auf alle Fragen außer dem Kultischen seien, und zwar so, daß auch die Pfarrer überstimmt werden könnten. Das ist ein Widerspruch. Was ist nun richtig bzw. was ist Ihre Meinung? Bitte am Beispiel der Gummibäume!

W. Gädeke: Ich würde notfalls zurücktreten! Ich würde die Gemeinde damit konfrontieren, daß ich ganz felsenfest der Meinung bin, daß die Gummibäume weg müßten. Wenn die Gemeinde auf den Gummibäumen bestände, dann würde ich zurücktreten. Wenn es mir nicht gelingt, die Gemeinde davon zu überzeugen, daß sie Quatsch macht, dann entscheidet sie sich gegen mich.

W.W.: In der Konsequenz wäre dies natürlich möglich, wenn Sie diese Meinung haben.

W. Gädeke: Insofern hat der Pfarrer ein Übergewicht, vielleicht nicht auf der Rechtsebene, vielleicht habe ich das nicht richtig gesehen bzw. formuliert. Natürlich meine ich, daß der Pfarrer in allen Dingen zwar Mitspracherecht, aber kein Entscheidungsrecht hat. Der Pfarrer könnte zum Beispiel die Meinung haben, daß auf dem Büchertisch der Christengemeinschaft die FLENSBURGER HEFTE nicht verkauft werden dürften, aber der Verantwortliche des Büchertisches braucht sich danach nicht zu richten, bzw. wenn er sich danach richtet, könnten die Gemeindeversammlung bzw. der Gemeinderat beschließen, daß die FLENSBURGER HEFTE doch auf dem Büchertisch der Christengemeinschaft verkauft werden sollten.

Sind die Gemeinden der Christengemeinschaft undemokratische Organe?

W.W.: Ich könnte also, um diesen Fall konkret zu machen, auf die Gemeindeversammlung gehen, wenn ich in dieser Gemeinde Mitglied wäre, in welcher die FLENSBURGER HEFTE verboten sind, um darüber abstimmen zu lassen, ob die FLENSBURGER HEFTE auf dem Büchertisch der Christengemeinschaft verkauft werden dürfen oder nicht? Stimmt das denn?

K.-D.N.: Nein. Wenn man streng nach der Satzung geht, hat die Gemeindeversammlung nur die dort beschriebenen Aufgaben, das wären zum Beispiel die Wahl und Entlastung des Gemeinderates, die Entgegennahme des Haushaltsplans, des Jahresberichts usw. Der Gemeinderat könnte nach der jetzigen Verfassung jederzeit sagen, daß es ja schön und gut sei, wenn die Gemeindeversammlung irgend etwas beschließt, müßte sich aber nicht danach richten.

W.W.: Damit sind wir also wieder bei der Gemeinde als einem weitgehend undemokratischen Organ, denn die Gemeindeversammlung hat nur sehr wenige Rechte.

W. Gädeke: Richtig.

Auf dem Wege zur Pfarrerdiktatur?!

W.W.: Um es milde zu formulieren: Es besteht ein Rechtsungleichgewicht zwischen den einzelnen Gemeindemitgliedern auf der einen Seite und dem Gemeinderat bzw. den Pfarrern auf der anderen.

K.-D.N.: Der Gemeinderat wäre im günstigsten Fall ein gewähltes Organ, wenn er frei aus der Gemeinde heraus gewählt werden würde, aber bisher ist es so, daß dies nur im Einvernehmen mit dem Pfarrer geschehen darf. Und so, wie Sie es wollen, würde es eines Tages sogar so sein, daß die Pfarrer den Gemeinderat vorschlagen. Das wäre eine erhebliche zusätzliche Beschneidung der Gestaltungsmöglichkeit der einzelnen Gemeindemitglieder. Ich sehe das überhaupt nicht als gerechtfertigt an, sehe auch nicht, daß das so durchkommen wird, zumindest hoffe ich das.

W.W.: Natürlich kommt das durch, die Pfarrer werden es durchsetzen, die Gemeindemitglieder schlafen!

K.-D.N.: Ich kann mir nicht vorstellen, daß das so ohne weiteres an den Gemeindemitgliedern vorbeirauschen würde und die sich alle im Tiefschlaf befinden.

W. Gädeke: Doch, das glaube ich schon, daß das durchkommt, Wolfgang Weirauch sieht das realistischer.

W.W.: Die lassen doch mit sich machen, was die Pfarrer wollen! Wir hätten also eine Pfarrerdiktatur! Ich kann überhaupt nicht glauben, daß Sie so etwas wollen! Ich verstehe das nicht!

Von nun an habt Ihr keine Rechte mehr!

K.-D.N.: Man sieht ja in der gesamten anthroposophischen Bewegung, daß diejenigen, die gegen demokratische Verhältnisse sprechen bzw. Demokratie aus weitesten Bereichen heraushalten wollen, nicht gerade diejenigen sind, die mit „gutem" Beispiel vorangehen und sich ihrer Rechte entledigen! Ganz im Gegenteil: Es wird gegen die Demokratie geredet, um die Rechte ganz auf die eigene Seite zu ziehen.

Im Grunde müßte man diesen Menschen aber sagen: „Wenn ihr keine Demokratie wollt, so geht mit gutem Beispiel voran, von nun an habt ihr überhaupt keine Rechte mehr! Und das letzte Wort haben jetzt immer die anderen!" Das ist genau die gleiche Position, nur mit umgekehrten Vorzeichen. Wohin die Demokratiefeindlichkeit führt, wurde uns ja nun über viele Jahrzehnte in Osteuropa vorgeführt. Dort war dasselbe Motiv vorhanden: Die Lehre durfte nicht verunreinigt werden, man meinte, besser zu wissen, was für das Volk gut sei, und aus Angst, daß alles aus dem Ruder laufen würde, wenn das Volk entscheiden würde, beschnitt man dem Volk jegliches Recht.

Was wir nun im Verlauf des Gesprächs über die Christengemeinschaft gesagt haben, liegt ganz ähnlich. Natürlich muß eine gewisse Gewähr vorhanden sein, daß man nicht mit Mehrheitsbeschluß aus der Christengemeinschaft einen Sportverein macht, das ist ja ganz klar. Aber wenn man den Menschen die demokratischen Rechte beschneidet, dann läuft es in der anderen Richtung aus dem Ruder und zerfällt, das haben wir nun im Osten zur Genüge gesehen. Und in den Gemeinden der Christengemeinschaft würde es früher oder später genauso kommen. Diese antidemokratischen

Tendenzen beinhalten ja im Grunde, daß man kein Vertrauen in die Gestaltungskraft der Gemeinde und die Kompetenz des einzelnen hat.

W. Gädeke: Ich kann mir durchaus vorstellen, wenn sich das Bewußtsein der Gemeindemitglieder zu einem Gestaltungswillen verstärkt, daß dann die Satzungen der Gemeinden entsprechend geändert werden.

W.W.: Aber man sollte doch mit leuchtendem Beispiel seitens der Priesterschaft vorangehen und nicht genau das Gegenteil einrichten, indem man eine Verschärfung der Gemeindesatzungen beschließen will.

W. Gädeke: Eine Verschärfung ist das nicht.

W.W.: Natürlich ist es eine Verschärfung. Früher wurde das Mitglied in den Gemeinderat im Einvernehmen mit dem Pfarrer gewählt, nun aber soll lediglich der Pfarrer vorschlagen. Das ist eine Verschärfung, ob Sie es so nennen wollen oder nicht, und es ist ein antidemokratisches Element.

K.-D.N.: In der Anthroposophischen Gesellschaft liegt die Sache ähnlich. Ich weiß nicht, ob es das überhaupt sonst noch irgendwo gibt, daß zum Beispiel ein Vorstand gegen die Abwahl durch die Mitglieder abgeschottet ist. Die Mitgliedschaft hätte überhaupt keine Möglichkeit zu sagen, daß der Vorstand nun genügend lange die Anthroposophie verhindert bzw. die Stühle blockiert habe, oder was auch immer vorgebracht werden würde. Die Mitgliedschaft hat keine Möglichkeit der Abwahl. Wenn man in der anthroposophischen Bewegung die Furcht hat, daß durch eine demokratische Öffnung die Dinge aus dem Ruder geraten, zum Beispiel daß aus einer Waldorfschule eine völlig andere Schule gemacht werden würde, so mag daran ja noch einiges berechtigt sein, trotzdem müßte man experimentieren, ob diese Befürchtungen überhaupt zutreffen.

Die Gemeinden können ihre eigenen Satzungen entwerfen

W. Gädeke: Genau das findet aber schon in dem Gesamtbereich des Körperschaftsverbandes der Bundesrepublik statt. Zum Beispiel sollen die Oberlenker kein Vetorecht mehr haben. Der Prozeß des Vertrauenszuspruches in die nichtpfarrerlichen Gremien hat schon angefangen. Ich kann mir durchaus vorstellen, daß das auch in bezug auf die Gemeinden weitergeht. In Hamburg ist es schon so, daß einzelne Gemeinden, die zum Teil sehr groß sind, ihre eigenen Satzungen entwerfen, mit der einzigen Auflage, daß sie der Gesamtsatzung nicht widersprechen dürfen. Da ist also auch schon etwas in Bewegung. Im Grunde sollte man darauf hoffen, daß die Aktivität der einzelnen Gemeinden so weit geht, daß sie ihre eigenen Satzungen entwerfen. Damit würde eine gewisse Vielfalt und Freiheit der Verfassungen garantiert.

Dieser Prozeß könnte auch weiter in Gange kommen, wenn die Gemeinden es wollen, und zwar dann, wenn die Regionalverfassung verabschiedet werden soll. Die Gemeinden in Schleswig-Holstein könnten dann zum Beispiel sagen, daß sie alle eine eigene Satzung haben wollen, sie können aber auch eine gemeinsame Satzung verabschieden. Im Zuge dessen können alle Fragen, die wir jetzt besprochen haben, erneut aufgerollt werden. Insofern könnte man neu betrachten, wie man die Wahl der Gemeinderatsmitglieder, die bisher im Einvernehmen mit dem Pfarrer zu geschehen hat, in diese Satzung hineinnehmen will.

Was ich damit sagen will, ist, daß meine gegenwärtige Empfindung bzw. mein gegenwärtiger Standpunkt nicht für alle Zeiten gültig sein soll, sondern daß es durchaus in die von Ihnen gewünschte Richtung weitergehen kann, daß wir also durchaus davon wegkommen müssen, daß der Pfarrer alles bestimmt. Das ist sicherlich richtig. Nur ist es für mich ein Problem, ob das mit der Abstimmung richtig ist, daß also der Pfarrer überstimmt werden kann.

W.W.: Entweder – oder!

W. Gädeke: Das ist zu abstrakt. Wenn man immer weniger Angstsicherungen einbaut, so wird man wahrscheinlich Erfahrungen machen, die positiv sein werden. Im Methorst e.V. haben wir es auch so gemacht. Früher gab es einen Gründerkreis, der eine entsprechende Sicherung war, aber den haben wir auch aufgelöst. An mehreren Ecken ist also schon eine entsprechende Bewegung in Gange. Deswegen kann ich mir durchaus vorstellen, daß es auch in bezug auf die Gemeindesatzung einmal so weit kommt.

K.-D.N.: Nur, im Moment ist es nicht gegeben. Und noch kann man sich auf die Körperschaftssatzung berufen, die die Gemeindesatzung erläßt.

W. Gädeke: Noch ist es so, aber die neue Regionalverfassung wird dann anders werden.

K.-D.N.: Nun noch einmal das Grundsätzliche: Sie sagen, daß man vom Ideal her dazu kommen müßte, daß die Pfarrer nicht alles bestimmen. Darin sind wir wohl mittlerweile einig. Nun müßte aber im Bewußtsein der Pfarrer hinzukommen, daß, wenn sie nicht mehr alles bestimmen, sie auch ertragen müssen, daß etwas beschlossen wird, womit sie nicht einverstanden sind. Denn man kann nicht sagen, daß die Gemeindemitglieder alles bestimmen dürfen, aber nur solange sie das beschließen, womit der Pfarrer einverstanden ist.

W.W.: Deswegen müssen diese Fragen bzw. Rechte durch eine Satzung klar geregelt werden.

W. Gädeke: Letztlich hätte ich keine Schwierigkeiten damit, wenn in einer Satzung geschrieben wäre, daß Gemeindeversammlung bzw. Gemeinderat in nichtkultischen Dingen mit Mehrheit entscheiden. Dem Pfarrer bleibt dann natürlich noch das Recht zu gehen, wenn etwas beschlossen wird, womit er nicht einverstanden ist.

Vorschlags- und Wahlrecht für den Gemeinderat

W.W.: So ist es. Wenn man versteht, daß es sich um Grundrechte handelt, dann muß man auch eine Satzung entsprechend formulieren.

W. Gädeke: Wenn das Bewußtsein so weit sein sollte, kann man das ja machen.

W.W.: Aber das Bewußtsein ist doch schon so weit, denn Sie und Ihre Pfarrerkollegen dürften es ja im Grunde haben, und die Pfarrer entwerfen auch die Satzungen.

W. Gädeke: Nein, Sie haben keine Ahnung, wer bei diesen Versammlungen alles sitzt. Da sind die Pfarrer in der Minderzahl.

W.W.: Entschuldigung, ich kann mir nicht vorstellen, daß eine Mehrheit von Nichtpfarrern das Recht haben soll, eine Satzung zu formulieren, wie diese es wollen.

W. Gädeke: Alle sollen zusammenwirken, das ist das Wesentliche! Diese Kommission hat sich ja gerade das Miteinander von Vorschlags- und Wahlrecht in bezug auf die Gemeinderatsmitglieder ausgedacht, weil damit eine Parität von geistlicher Leitung und Gemeindeseite erreicht wird.

W.W.: Die ist aber nicht erreicht, das haben wir ja nun mittlerweile festgestellt.

W. Gädeke: Das stimmt eben nicht!

W.W.: Doch.

W. Gädeke: Diejenigen, die in den Gemeinderat gewählt sind – sei es im Einvernehmen mit den Pfarrern, wie es jetzt noch geregelt ist, sei es auf Vorschlag der Pfarrer, wie ich meine, daß es werden soll –, die haben ja nicht die Interessen der Pfarrer zu vertreten, sondern wenn sie gewählt sind, haben sie die Interessen der Gemeinde zu vertreten.

W.W.: Der Pfarrer kann aber verhindern, daß eine Person, die ihm nicht genehm ist, in den Gemeinderat kommt, indem er entweder sein heutiges Vetorecht ausübt oder zukünftig sein Vorschlagsrecht entsprechend handhabt.

W. Gädeke: Genauso kann in Zukunft die Gemeinde einen Kandidaten, den der Pfarrer vorschlägt, nicht wählen. Sie spitzen das immer auf diesen einen Pfarrer zu, aus Ihrer Erlebnisweise ist das natürlich verständlich. Aber Sie müssen auch ein Pfarrerkollegium in Betracht ziehen. Ein Pfarrerkollegium kann verschiedene Vorschläge vorbingen, die Gemeinde kann sagen, daß sie damit nicht einverstanden ist. In meinen Augen ist diese Idee im Grundsatz richtig, die geistliche Leitung in allen Bereichen – Oberlenkung, Lenkung oder Pfarrer auf Gemeindeebene – kann nicht alleine Ihre Kandidaten bestimmen, sondern nur vorschlagen. Wenn die Gemeinde aber diese Vorschläge nicht annehmen will, weil ihnen diese Menschen als zu große Duckmäuser erscheinen, dann werden sie eben nicht gewählt. In so einem Falle müssen die Pfarrer so lange Vorschläge vorbringen, bis die Gemeinde einverstanden ist.

Dieselbe Auseinandersetzung, die wir hier haben, hatten wir auch unter uns Pfarrern. Ich habe vorgeschlagen, nach dem neuen Gestaltungsprinzip zwei Pfarrer in den Regionalrat des Körperschaftsverbandes zu entsenden, was dem Verwaltungsrat auf regionaler Ebene entspricht, aber da wurde mir vorgeworfen, daß ich diktieren wolle. Da habe ich gesagt: Nein, Sie müssen sich nur daran gewöhnen, daß Sie meinen Vorschlag ablehnen können, daß Sie von Ihrem Wahlrecht aktiv Gebrauch machen können, und daß ich das dann gefälligst zu akzeptieren habe. Sie haben meinen Vorschlag als Vorschlag zu akzeptieren, und ich habe zu akzeptieren, daß sie wählen. Das ist für mich Parität. Ich will nicht sagen, daß das der Weisheit letzter Schluß ist, sondern wenn wir es erst einmal so machen, dann ist das Wahlrecht viel stärker als wir meinen. Ich bin der Meinung, daß dies als Modell nicht undemokratisch ist. Denn auch das Volk hat nicht das Recht, die Kandidaten aufzustellen, die gewählt werden sollen.

W.W.: Es geht aber nicht nur um die Kandidaten, sondern auch um die Sachfragen. Es werden künstlich zwei Gremien – auf der einen Seite die Pfarrer, auf der anderen Seite die Gemeinde – herausgelöst und in ein halbwegs demokratisches Modell von Vorschlags- und Wahlrecht gegenübergestellt. Es wird aber nach Bildung der Organe bei Abstimmungen immer um Sachfragen gehen, von denen man annehmen muß, daß ein Pfarrer in bezug auf diese keine größere Kompetenz hat und deswegen auch keine höheren Rechte haben kann und darf als jedes einzelne Gemeindemitglied.

W. Gädeke: Richtig, und deswegen sage ich, wenn der Gemeinderat auf die von mir vorgeschlagene Weise gewählt worden ist, daß dann der Gemeinderat über Sachfragen entscheiden kann, auch gegen den Willen des Pfarrers. Im Gemeinderat sind ja die Nichtpfarrer in der Mehrheit.

W.W.: Der Mangel bleibt, daß nur Personen im Gemeinderat sind, die der Pfarrer vorgeschlagen hat. Wollte man das Wahlverfahren so einrichten, müßte nebenbei die Gewähr gegeben sein, daß die Gemeindeversammlung als Organ an Pfarrer und Gemeinderat vorbei auch direkt Sachfragen entscheiden darf, wobei der Pfarrer und die Mitglieder des Gemeinderates jeweils nur eine Stimme haben, wie jedes andere Gemeindemitglied auf der Gemeindeversammlung auch. Wenn diese Gemeindeversammlung über jede Sachfrage von sich aus – mit Ausnahme des Kultischen – bestimmen und entscheiden darf, ohne daß der Pfarrer oder der Gemeinderat intervenieren kann, so wäre das in Ordnung.

W. Gädeke: Das wäre eine Möglichkeit, die man zusätzlich einrichten könnte. Wenn man es überhaupt vergleichen kann, so haben wir in der Christengemeinschaft nur repräsentative Demokratie, weil die Entscheidungen im Gemeinderat fallen. Die Gemeindeversammlung entscheidet keine Einzelsachfragen, es fehlt demzufolge das direktdemokratische Element.

Ich möchte es trotzdem erst bei der Kombination von Vorschlags- und Wahlrecht belassen. Man kann sehen, ob in einem zweiten Schritt der Gemeindeversammlung die Kompetenz eingeräumt werden kann, über einzelne Sachfragen zu entscheiden. Es ist die Frage, ob das praktikabel ist, aber man könnte es ausprobieren. Ich erinnere noch, wie wir das einmal für die Auswahl der Bestuhlung in der Gemeinde vor etwa zwanzig Jahren durchgeführt haben. Etwa zehn bis zwölf Personen waren daran beteiligt, aber es war ein Horrortrip, mit diesen ganzen Menschen den richtigen Stuhl auszusuchen.

W.W.: Dieses Beispiel trifft noch nicht ganz, wie ich es gemeint habe. Es sollten nicht aus der Gemeindeversammlung heraus alle Menschen daran beteiligt sein, welchen Stuhl man aussuchen möchte.

Das ist völlig unpraktikabel, das kann eine eingesetzte Kommission oder auch der Gemeinderat bewerkstelligen, die dann zwei oder drei konkrete Vorschläge vorlegen, darüber wird dann abgestimmt. Abgestimmt werden kann nur über Sachfragen, die jedem Menschen klar sind, wo nicht lange diskutiert werden muß und wo eine genügend lange Zeit der Vorbereitung, Einsichtnahme und Kenntnisnahme des einzelnen Menschen möglich gewesen ist.

W. Gädeke: Das wäre natürlich möglich. Darin sähe ich kein Problem.

K.-D.N.: Das Problem ist nur, daß das in den gegenwärtigen Satzungen der Christengemeinschaft nicht enthalten ist, und daß man sich in jedem Streitfall auf diese Satzungen berufen kann.

W. Gädeke: In bezug auf die jetzige Gemeindesatzung ist dies ausgeschlossen, weil die Gemeindeversammlung nur ganz bestimmte Rechte hat, insofern haben Sie recht. Trotzdem könnte in Zukunft die Gemeindesatzung so verändert werden, daß die Gemeindeversammlung in nichtkultischen Angelegenheiten die Vorschläge des Gemeinderates entgegennimmt und darüber letztgültig befindet.

W.W.: Oder auch die Vorschläge selbst erbringt.

Schrittweise Demokratisierung

K.-D.N.: Aber davon ist die Christengemeinschaft noch weit entfernt. Auch bleibt unser Widerspruch bestehen, denn es ist überhaupt nicht in Ordnung, daß der Pfarrer die Vorschläge macht, wer in den Gemeinderat gewählt wird. Das ist von vornherein deswegen schon nicht in Ordnung, weil der Gemeinderat ein Organ ist, das mit dem Kultus überhaupt nichts zu tun hat. Die Aufgaben, die dem Gemeinderat durch die Satzung zukommen, sind bereits durch die Körperschaft so eng gezogen – Haushaltsführung, Buchhaltung, Einstellung von Mitarbeitern in der Verwaltung –, daß sich daraus nicht im geringsten die Notwendigkeit ergibt, den Pfarrern das Vorschlagsrecht zur Wahl in den Gemeinderat zu geben. Selbst darüber, ob mindestens ein Pfarrer von Amts wegen dem Gemeinderat angehören muß, könnte man sprechen.

In einer gewissen Abstufung könnte man sich verschiedene Verfahren denken. Das Schlechteste wäre, daß der Pfarrer den Gemeinderat bestimmt. Ein nächster Schritt zur Besserung wäre, daß der Gemeinderat neue Mitglieder kooptiert, das wäre insofern ein nächster Schritt zur Besserung, weil dann nicht der Pfarrer allein, sondern der Gemeinderat als Ganzer bestimmt, wer ihm zusätzlich angehören soll. Ein weiterer Schritt zur Besserung wäre, daß der Pfarrer einen Vorschlag unterbreitet und die Gemeindeversammlung wählt. Noch besser wäre, wenn der Gemeinderat als Ganzer die Vorschläge, nicht der Pfarrer allein, treffen würde und die Gemeinde dann wählen könnte ...

W. Gädeke: So wird es in Holland in der Christengemeinschaft praktiziert!

K.-D.N.: Der noch bessere Schritt, eigentlich der normale, wäre, daß die Gemeindeversammlung vorschlägt und wählt. Die Vorschläge würden dann, wie bisher auch, in einem ausreichenden Zeitraum vor einer Mitgliederversammlung den Mitgliedern schriftlich mitgeteilt werden.

W. Gädeke: Und wenn es eine so große Gemeinde ist, daß man gar nicht alle unbedingt kennt bzw. wenn dreißig Vorschläge vorliegen?

W.W.: Dann führt man eben zwei Gemeindeversammlungen durch, auf der einen stellen sich die Kandidaten vor, auf einer nächsten wird die Wahl durchgeführt. Das ist alles überhaupt kein Problem, es geht um das Recht, ob man als Gemeindeversammlung die Kandidaten vorschlagen und wählen kann oder nicht.

K.-D.N.: Ich sehe nach wie vor keine Begründung dafür, daß der Pfarrer in bezug auf den Gemeinderat eine herausgehobene Stellung haben sollte und nicht zumindest neue Gemeinderatsmitglieder im Einvernehmen mit dem gesamten Gemeinderat, nicht aber nur im Einvernehmen mit dem Pfarrer gewählt werden dürfen. Das Beste wäre nach wie vor, daß die Gemeinde den Gemeinderat selbst konstituiert, also vorschlägt und auch wählt.

W. Gädeke: Ich kann mir alles so denken, wie Sie es ausgedrückt haben, aber da gibt es verschiedene Empfindungen, und zur Zeit sind wir an dem Punkt, wie ich es bisher dargestellt habe. Es kann gut sein, daß es sich in den nächsten zehn Jahren in diese Richtung entwickeln wird.

W.W.: Sie haben vorhin ganz richtig gesagt, daß ein Recht das beschreiben sollte, was gerade empfindungsgemäß unter den betroffenen Menschen lebt. Nun sagen Sie, daß der Inhalt der neuen Satzungen dem Stand entsprechen wird, auf dem man entwicklungsgemäß in der Christengemeinschaft zur Zeit steht, also was dort empfindungsgemäß lebt. Das ist aber nur auf einen kleineren Kreis bezogen richtig, auf die Pfarrer und auf diejenigen, die an den Satzungen mitarbeiten. Die Satzungen betreffen aber einen sehr viel größeren Kreis, nämlich die gesamten Mitglieder der Christengemeinschaft, also auch Klaus-Dieter Neumann und mich. Wenn man eine neue Gemeindesatzung entwirft, so muß man mit allen beteiligten Menschen darüber sprechen und sie alle fragen, was bei ihnen empfindungsgemäß lebt. Zum Beispiel lebt bei den Menschen dasjenige, was wir beide hier versuchen vorzutragen, sicherlich aber auch anderes. Ich fühle mich genau wie alle Gleichdenkenden ausgeklammert, weil uns die Rechte beschnitten werden.

W. Gädeke: Deswegen sage ich ja, daß die Diskussion über die Gemeindesatzung weitergeführt werden muß, auch in den Gemeinden.

Doch nur ein Kindergarten?

W.W.: Nach meiner Beobachtung wird bisher weder dazu angeregt, noch wird es praktiziert. Zwar kenne ich nicht die gesamte Christengemeinschaft, selbstverständlich auch nicht jede Gemeinde, aber ich habe noch nie in meinem ganzen Leben in einer Gemeindeversammlung gehört, daß man grundlegend über Satzungsfragen sprechen wolle, noch nie habe ich in der Zeitschrift *Die Christengemeinschaft* darüber einen Artikel gelesen, daß sämtliche Gemeindemitglieder dazu aufgefordert worden wären. Ich habe also noch nie eine Aufforderung erhalten, an diesen Fragen mitzuwirken. Es wird einfach nicht gemacht, wahrscheinlich auch nicht gewollt. Sie sagen zwar, daß dies unter gewissen Menschen lebt, Sie sagen auch, daß es durchgeführt werden könnte, aber wenn man es wirklich will, muß man viel stärker dazu aufrufen.

W. Gädeke: Es gibt auf sehr vielen Regionalversammlungen ausführliche Gespräche über die Satzungsfragen, jüngst hatten wir eine Regionalversammlung in Kiel, wo wir den Entwurf und den Vorschlag einer Regionalverfassung besprochen haben. Der wird jetzt niedergeschrieben und für die nächste Regionalversammlung im Frühjahr 1992 vorgelegt, wo dann wiederum erneut darüber gesprochen wird. Daran nehmen Vertreter aus allen Gemeinden teil. Es sind dazu alle diejenigen eingeladen, die sich in den Gemeinden für diese Fragen verantwortlich fühlen.

W.W.: Davon weiß ich nichts. Das kann natürlich daran liegen, daß ich zu wenig am Gemeindeleben teilnehme. Ist es denn so gewesen, daß alle Gemeindemitglieder dazu aufgerufen worden sind, sich über diese Fragen Gedanken zu bilden, dann einen Vertreter ihrer Gemeinde zu bestimmen, der auf dieser Regionalkonferenz die Vorschläge der Gemeindemitglieder vorträgt?

W. Gädeke: Nein, denn meistens ist es noch so, daß die Gemeinderatsmitglieder untereinander bestimmen, wer an diesen Regionalkonferenzen teilnimmt. Wenn es sich aber um eine Gemeindesatzung handelt, muß sie meines Erachtens auch auf der Ebene der Gemeindeversammlung besprochen werden.

W.W.: Wann wird denn diese Regionalverfassung verabschiedet?

W. Gädeke: Wahrscheinlich zum 01.01.1993. In dieser Regionalverfassung wird es wahrscheinlich freigestellt sein, wie die einzelnen Gemeindesatzungen ausfallen.

Das Zustandekommen der Gemeindesatzungen ist damit noch gar nicht bestimmt. Insofern müssen diese Fragen auf den Gemeindeversammlungen besprochen werden. Es muß ebenfalls auf der Gemeindeversammlung besprochen werden, ob jede Gemeinde ihre eigene Satzung haben will oder ob man diese Aufgabe delegieren möchte. In Hamburg gibt es, wie gesagt, für jede Gemeinde eine Extrasatzung. Insofern sehe ich es in der Entwicklung, und vielleicht geht es ja in die Richtung, wie Sie es wollen. Damit könnte ich leben, auch wenn alle sogenannten Sicherheitsbremsen aufgelöst werden. Das ist eine ganz eindeutige und letztlich von mir begrüßte Tendenz, denn diese Bremsen haben sich bisher als völlig unnötig erwiesen.

W.W.: Ich hoffe, wir setzen mit diesem Heft ein Signal, daß sich die Gemeindemitglieder ihrer Rechte bewußt werden.

K.-D.N.: Wenn es keine entsprechenden fortschrittlichen Rechte innerhalb der Christengemeinschaft gibt, werden viele Anthroposophen und andere Menschen in ihrer Meinung bestärkt, daß es sich bei der Christengemeinschaft um einen Kindergarten handelt, in den man sich nicht hineinbegeben kann, weil man dort nicht einmal die elementarsten Rechte hat. Allerdings müßten die Anthroposophen dabei verdrängen, daß es in der Anthroposophischen Gesellschaft keinen Deut besser ist.

W. Gädeke: Das Hauptproblem ist für mich ein ganz anderes, nämlich ob es genügend Menschen in der Christengemeinschaft gibt, die sich aktiv, phantasievoll und kontinuierlich für diese Fragen einsetzen werden.

XVI. GEMEINDEBILDUNG

K.-D.N.: Was heißt Gemeinde?

W. Gädeke: Gemeinde ist eine Wirklichkeit, die sich aus dem Zusammenkommen von Menschen bildet, die etwas Bestimmtes miteinander tun wollen. Und in diesem Falle: Religiöse, christliche Gemeinde heißt, daß die Menschen zusammen religiös tätig sein wollen, daß sie ein Gefäß bilden wollen, durch das die religiöse Tätigkeit und letztendlich die Anwesenheit eines Gemeindegeistes ermöglicht werden kann.

Impulse und Gesetzmäßigkeiten der Gemeindebildung

K.-D.N.: Zum Prinzip der Gemeinschaftsbildung in den Gemeinden der Christengemeinschaft äußert sich Rudolf Steiner am 27.02.1923 (GA 257) unter dem bereits zitierten Aspekt des vorgeburtlichen Erlebens (siehe Kap. V. Menschenweihehandlung). Es seien gemeinsame Erinnerungen an das vorirdische Dasein, die während des Kultuserlebens in den unterbewußten Tiefen der Seele auftauchen würden. Das sei die gemeinschaftsbildende Kraft im Wesen des Kultus der Christengemeinschaft. Obwohl die Thematik bereits angesprochen wurde, möchte ich nochmals darauf eingehen. – Ist damit das Prinzip der Gemeinschaftsbildung in der Christengemeinschaft bereits erschöpfend erklärt?

W. Gädeke: Der Zusammenhang, in dem Rudolf Steiner hier das Prinzip der Gemeinschaftsbildung schildert, ist ja der, daß er das Prinzip der Gemeinschaftsbildung in der Christengemeinschaft abhebt von der Gemeinschaftsbildung in der Anthroposophischen Gesellschaft. Es ist nur ein Gesichtspunkt. Er wird zwar immer wieder hervorgeholt, aber wenn man noch andere Äußerungen Rudolf Steiners dazu zusammenträgt, dann sieht man, daß auch die Gemeinschaftsbildung in der Anthroposophischen Gesellschaft auf vorgeburtlichen Erlebnissen beruht, also Stichwort: Michaelschule. Das heißt, es ist schon in der Vergangenheit in der geistigen Welt etwas geschehen, woran diese Menschen, die später in der Anthroposophischen Gesellschaft zusammenfinden, teilgenommen haben.

Die Polarität, die er hier aufstellt, ist also keine absolute. So hat auch die Gemeindebildung in der Christengemeinschaft nicht nur einen vorgeburtlichen, sondern auch einen nachtodlichen Aspekt, wie jede religiöse Gemeindebildung. Das kann man ja auch in den Vorträgen Rudolf Steiners über das nachtodliche Leben nachlesen. Man darf also diesen einen Aspekt, den er hier hervorhebt, nicht generalisieren. Damit ist lediglich gesagt, daß das Zusammenfinden einer Menschengruppe in einer christlich-religiösen Gemeinde sowohl vorgeburtliche Anlässe, vielleicht sogar Entschlüsse, als auch nachtodliche Auswirkungen hat.

K.-D.N.: Welche Impulse zur Gemeindebildung aus dem gegenwärtigen Leben lassen sich benennen?

W. Gädeke: Der gegenwärtige Impuls zum religiösen Leben in der Christengemeinschaft muß ja derjenige sein, daß man sich sagt: „Ich will diese Art von religiösem Leben in Gemeinschaft, wie sie in der Christengemeinschaft gepflegt wird, zu meinem Lebenselement machen. Die will ich mitleben." Das ist der entscheidende Gegenwartsimpuls. Es kann ja vorgeburtlich wer weiß was stattgefunden haben, und der gegenwärtige Impuls wird doch nicht gefaßt. Denn das gibt es ja, daß vorgeburtliche Impulse gar nicht durchkommen.

K.-D.N.: Wovon geht die gegenwärtige gemeinschaftsbildende Kraft aus? Nach welchen Gesetzen bildet sich die Gemeinschaft einer Gemeinde?

W. Gädeke: Was im Kultus an gemeinsamer Gedankenform gegeben ist, was an gemeinsamer Empfindungs- und Gefühlsform, an gemeinsamer Tätigkeit angeregt wird, das bildet die Gemeinschaft. Also das Zusammenklingen und Zusammenströmen von Gedanken, Empfindungen und Willensimpulsen in der gemeinsamen Tat des Kultusvollzugs.

K.-D.N.: Spielen die Rhythmen bei der Gemeindebildung eine Rolle?

W. Gädeke: Selbstverständlich. Wenn jemand immer nur zu Silvester kommt oder am Karfreitag, dann ist das kein Rhythmus. Religion hat mit dem Ätherleib und seiner Umwandlung zu tun. Da gehört Religion hin. Da ist das Zentrum, und natürlich gehört, wie zu jedem Leben, Rhythmus dazu. Es soll ja Gemeinde ein Wesen sein, eine Art Lebewesen, und das muß selbstverständlich in Rhythmen gepflegt werden.

K.-D.N.: Dadurch entsteht eine Ätherhülle in der Gemeinde?

W. Gädeke: So könnte man sagen, aber nicht nur eine Ätherhülle, sondern auch ein Seelengefäß durch das Zusammenklingen der Gedanken, Empfindungen und Willensimpulse. Wir haben also einerseits ein geistig-seelisches Gemeinsames und andererseits durch den Rhythmus ein ätherisches Gemeinsames, indem das religiöse Leben immer wieder gepflegt wird. Das gemeinsame Geistig-Seelische entsteht durch den Inhalt des Kultus und durch das Erfassen dieses Inhaltes und sein Durchdringen mit allen Seelenkräften.

K.-D.N.: Kann man analog zur Ätherhülle von einem Seelischen oder Astralen so sprechen, daß es nicht nur individuell erscheint, sondern durch die Gemeinde als Gesamtheit hervorgebracht wird und sie auch repräsentiert?

W. Gädeke: Das ist schwer zu sagen, aber vielleicht ist es das, was ich in dieser Richtung erleben kann: Obwohl es an allen Orten dieselbe Menschenweihehandlung ist, so herrscht doch an den einzelnen Orten eine jeweils verschieden gefärbte, tingierte Stimmung. Man kann überall eine spezifische Gemeindeatmosphäre oder Gemeindestimmung wahrnehmen. Diese Unterschiede kann man als gemeindespezifisch erleben.

K.-D.N.: Welche Stellung hat der Priester innerhalb der Gemeindebildung?

W. Gädeke: Insofern er derjenige ist, der den Kultus nach Wort und Tat äußerlich vollzieht, ist er sozusagen der Mund der Gemeinde.

K.-D.N.: Ist er Träger bzw. Vermittler des Gemeindegeistes?

W. Gädeke: Ja, es ist schon eine urchristliche Auffassung, wie sie in der Offenbarung des Johannes, in den Sendschreiben, zum Ausdruck kommt, daß der den Kultus Vollziehende der Inkarnationspunkt des Gemeindegeistes sein soll. Vermittler ist nicht mehr ganz zutreffend, er ist eher das Eingangstor.

K.-D.N.: Kann man etwas Adäquates für das einzelne Gemeindemitglied benennen?

W. Gädeke: Natürlich ist die Tragekraft der einzelnen Gemeindemitglieder für den Kultus unterschiedlich. Wenn jemand neu in den Kultus hereinkommt, und sei es mit noch so viel Begeisterung, dann ist das etwas anderes, als wenn jemand den Kultus bereits vierzig Jahre zu seinem Lebenselement gemacht hat. Wenn derjenige, der ganz neu hereinkommt, vielleicht auch frischer, geistig beweglicher, intelligenter oder auch moralischer ist, dann hat doch trotzdem derjenige, der das in Treue vierzig Jahre geübt hat, eine größere Tragekraft, auch wenn er vielleicht ein größerer Sünder oder dümmer ist. Denn darauf kommt es ja gerade nicht an. In der Gemeinde kommt es darauf an, daß alle in diesem Augenblick dasselbe wollen und tun. Das ist das Entscheidende, was ja auch in der Kommunion zum Ausdruck kommt, indem alle dasselbe erhalten. Wie im Gleichnis von den Arbeitern im Weinberg: Wer mitarbeitet, bekommt das eine – in diesem Fall die Kommunion. Im Mittragen und Mitvollbringen ist natürlich der, der den Kultus länger kennt und den Mitvollzug gewohnt ist, in einem gewissen Sinne im Vorsprung, und zwar nicht qualitativ, sondern einfach zeitlich. Er hat einfach mehr mitgearbeitet. Das ist aber kein Verdienst, daß ihm irgendwie angerechnet wird.

Der Gemeindeorganismus

K.-D.N.: Wenn ich an den Begriff des Gemeindeorganismus denke, habe ich immer Schwierigkeiten, in bezug auf eine Gemeinde der Christengemeinschaft eine Ganzheit zu sehen. Wie Sie bereits erwähnten, war früher eine Gemeinde – insbesondere natürlich im Urchristentum – eine Solidargemeinschaft, eine ganze Dorfgemeinschaft. Das alltägliche Leben, das gesamte Leben war durchdrungen vom Gemeindeleben, bzw. gehörte mehr oder weniger direkt dazu.

W. Gädeke: Es war fast identisch!

K.-D.N.: Das sehe ich heute auch als modifizierte Form dieses Urbildes nicht mehr. Was also ist der Gemeindeorganismus?

W. Gädeke: Es ist wirklich die Frage, ob dieses ursprüngliche Bild eines Gemeindeorganismus noch zeitgemäß ist. Wenn wir zum Beispiel das gesamte Geistesleben nehmen, dann ist es schon in Kunst, Wissenschaft und Religion gegliedert. Das ist doch gerade das Wichtige, das nicht jeder, der einer bestimmten Religion angehört, auch gleichzeitig eine bestimmte wissenschaftliche Überzeugung haben muß. Er muß auch nicht gleichzeitig bestimmten künstlerischen Empfindungen folgen. Es kann das nicht mehr in eins fallen, schon das Geistesleben nicht. Und genauso kann auch nicht mehr das Rechts- und Wirtschaftsleben, sagen wir einmal, die Ortskommune in eins fallen mit der Glaubensgemeinschaft. Das geht nicht mehr. In diesem Sinne kann ein Dorf nicht mehr eine Gemeinde der Christengemeinschaft sein.

Auf der anderen Seite muß man sich aber fragen, ob in Zukunft aus der Religionsgemeinschaft nicht auch wieder ganz andere Formen der übrigen Kommune, eine neue Gemeinsamkeit der Lebensformen erwachsen kann und soll. Ich meine, daß das in der sechsten Kulturepoche eigentlich dran ist, daß sich das alles wieder mehr durchdringen soll. Ich sehe allerdings nicht, daß wir das schon heute unmittelbar anstreben können. Es ist eine Zukunftsperspektive, was in der urchristlichen Gemeinde mal urbildlich gegenwärtig war, daß das durchaus seinen Zielbildcharakter beibehalten wird.

K.-D.N.: Wie kann man sich das konkret denken?

W. Gädeke: Mal ganz platt gesprochen: Zur Zeit ist es doch ein Horror zu denken, wir hätten ein Dorf mit lauter Anthroposophen oder nur mit Christengemeinschaftsmitgliedern, oder?

W.W.: Das wäre doch schön ...!

W. Gädeke: Schön fänden Sie das? Das würden Sie doch gar nicht aushalten. Sie schon gar nicht! Ein Dorf mit tausend Anthroposophen!

K.-D.N.: Dornach!

W. Gädeke: Dazu möchte ich mich jetzt nicht äußern. – Verstehen Sie, das ist im Moment einfach nicht dran.

K.-D.N.: Was ich bisher nur sehen kann, ist, daß man aus dem religiösen Leben – wir sprechen ja jetzt über die Christengemeinschaft – Impulse und Lebensnahrung erhält, was sich dann auch in anderen Lebensbereichen auswirkt, in denen man tätig ist.

W. Gädeke: Genau, so ist es jetzt.

K.-D.N.: Mehr kann ich gegenwärtig einfach nicht sehen. Wenn ich den Begriff des Organismus auf eine Gemeinde der Christengemeinschaft oder auf die Christengemeinschaft insgesamt anwende, ergibt sich für mich nur ein sinnvolles Gesamtbild im Zusammenhang mit dem Gesamtorganismus der anthroposophischen Bewegung.

W. Gädeke: Und dieser schließlich auch wieder nur im Zusammenhang mit dem gesamten sozialen Leben.

K.-D.N.: In bezug auf die gesamte anthroposophische Bewegung wird deutlich, wie Impulse in alle Lebensbereiche hineinwirken, und daß ein geistig-irdischer Organismus vom Ideal her komplett da sein kann. Die Christengemeinschaft wäre demzufolge nur ein Teil dieses Gesamtorganismus. Würden Sie dem zustimmen?

W. Gädeke: Ja, nur kann jeder Teil eines Organismus auch selber ein Organismus sein. Das schließt sich nicht aus. Ich kann Ihnen also zustimmen, daß die Christengemeinschaft Teil eines umfassenderen Organismus ist. Trotzdem meine ich, daß auch eine Gemeinde der Christengemeinschaft eine Art Organismus in umfassenderem Sinne werden sollte. Das Gemeindeleben ist nicht nur und ausschließlich der Kultus, obwohl er das Zentrale und die Hauptaufgabe ist. Wenn man zum Beispiel die Pflege der Jugendarbeit für das dritte Lebensjahrsiebt in der Gemeinde als Aufgabe sieht – was ja sehr schwierig ist –, dann öffnet das den Blick auf etwas Umfassenderes. Diese Jugendarbeit zum Beispiel kann doch keine Aufgabe der Anthroposophischen Gesellschaft sein, die Jugendsektion ist nicht für 14- oder 15jährige geeignet. Also da ist ein Bereich, der zum Gemeindeleben eigentlich dazugehört, aber nicht Kultus ist. Und so kann es viele Bereiche geben, auch das von Ihnen verachtete Festefeiern mit Kindern und Eltern ...

W.W.: Das habe ich nicht gesagt! Nur wenn es ausschließlich ist.

W. Gädeke: Das ist doch klar. – So kann es also viele Bereiche geben, die zum Gemeindeleben dazugehören, ob nun eine Bücherstube, Pfadfindergruppen oder was auch immer.

W.W.: CG-Pfadfinder?

W. Gädeke: Ja, wir haben jetzt hier zwei Gruppen.

W.W.: Wir fanden einen Pfad!

W. Gädeke: Gar nicht so verkehrt. Es gab Menschen, die den Impuls hatten, das zu tun, und wir haben keinen Grund gesehen, warum das nicht auch möglich sein sollte. Warum nicht? Wenn die Personen, die das leiten, ausgesprochenermaßen auch die religiöse Seite der Christengemeinschaft wollen, dann sollten sie es doch auch tun. Wir würden also nicht sagen, daß es das in einer Gemeinde nicht geben darf, genauso wenig wie man auf die Idee kommen würde, daß das nun das Entscheidende sei, das die Christengemeinschaft voranbringt.

Zum Organismus einer Gemeinde kann also sehr viel gehören, muß aber nicht. Wenn sich das dann aber einlebt, wenn es zum Beispiel eine Jugendgruppe gibt, wenn es Mütterkreise gibt usw., dann kann das ungeheuer bereichern. So kann es vieles geben, was zwar nicht *die* Christengemeinschaft ist, was aber berechtigt und vielleicht auch förderlich in ihr leben kann. Das gehört zur Entwicklung eines Gemeindeorganismus dazu, daß man sie nicht so klein-klein denkt, wie heute noch unsere meisten Gemeinden sind, sondern daß sie viel mehr Platz hat.

Pluralismus und Offenheit sind gefordert

K.-D.N.: Einerseits ist eine Gemeinde der Christengemeinschaft Teil des Gesamtorganismus der anthroposophischen Bewegung, andererseits muß sie aber zur Öffentlichkeit hin völlig offen sein. Jeder Mensch, der dieses relgiöse Leben pflegen will – und das ist die einzige Bedingung –, muß unabhängig von seiner wissenschaftlichen oder weltanschaulichen Überzeugung die Möglichkeit eines Zugangs finden können. Meinen Sie, daß diese Offenheit schon in aller Konsequenz verwirklicht ist? Könnten wirklich Menschen am Gemeindeleben teilnehmen, die inhaltliche Aussagen, also Erkenntnisstandpunkte, die zum Beispiel in einer Predigt oder in einem Vortrag des Pfarrers ausgesprochen werden, für glatten Humbug halten und dies auch mal äußern würden?

W. Gädeke: Das gibt es doch schon. Es gibt doch Mitglieder, die dann zwar nicht sagen, daß sie es für Humbug halten, die aber die Ohren zumachen, wenn der Pfarrer predigt.

K.-D.N.: Die Predigt ist wieder ein spezielles Problem!

W. Gädeke: Nun, es gibt auch Mitglieder, die zwar zum Kultus gehen, aber nicht zu Gemeindeabenden und Vorträgen. Warum auch nicht? Trotzdem ist die Christengemeinschaft noch nicht offen genug für alle Menschen, die diesen Kultus suchen. Wenn zum Beispiel die räumlichen Verhältnisse noch hinterwäldlerisch und sektiererisch sind – weil wir eben noch nicht anders können –, dann wird eine ganze Reihe von Menschen einfach ausgeschlossen. Sie fühlen sich mit Recht in irgend einer Weise ausgeschlossen, weil sie zum Kultus keinen Zugang finden. Denken Sie an unsere alten Räume in der Beselerallee: Wer da die enge steile Treppe raufgegangen ist, der mußte sich schon überwinden, weil er in der Enge als Neuer natürlich auch Blicke auf sich zog. Wenn Sie aber jetzt in unsere Raphael-Kirche gehen, so ist das eine völlig andere Situation. Fast jeden Sonntag kommen Menschen zum Kultus, die wir hier noch nie gesehen haben.

Die Christengemeinschaft muß also auf verschiedenste Weise versuchen, sich so zu öffnen, daß sie möglichst allen, die zum Kultus hinstreben, keine Hindernisse in den Weg legt. Da hängt sehr vieles an Dingen, die gar nicht zum Kultus gehören. Da kann alles mögliche eine Rolle spielen: die Programmgestaltung, der Schaukasten, die Zeitschrift und ganz besonders natürlich der Kirchenbau. Das alles ist nicht unmittelbar Kultus, gehört aber doch dazu, ist Vorhof und Hinleitung. Und dieser Bereich ist außerordentlich wichtig. Da muß sehr genau auf das Spezifische der gegenwärtigen Zeit, des jeweiligen Ortes und auch der jeweiligen Kultur geachtet werden, damit man nicht unnötige Hindernisse auftürmt.

K.-D.N.: Die Christengemeinschaft muß ganz offen, tolerant und pluralistisch sein, ganz besonders, was Überzeugungen und Bekenntnisse betrifft.

W. Gädeke: Der Pluralismus der politischen Meinungen und Überzeugungen ist heute auf jeden Fall schon gegeben. Da ist in jeder größeren Gemeinde eigentlich alles vertreten. Wissenschaftliche Überzeugungen und künstlerische Empfindungen sowieso; danach fragt doch keiner. In dieser Beziehung ist der Pluralismus doch voll da.

Das bürgerliche Ambiente und die Hutschnur

K.-D.N.: Trotzdem gibt die Christengemeinschaft ein sehr einheitliches und vielleicht auch einengendes Bild. Der Pluralismus mag vielleicht insofern gegeben sein, als daß jeder zumindest prinzipiell am Kultus teilnehmen kann. Im Gemeindeleben aber wird der Pluralismus doch sehr wenig erlebbar. Es ist doch ein oft stark bürgerliches Ambiente vorhanden, eine Tendenz, Dinge schönzureden, bis hin zu einer manchmal sogar kindlichen und süßlichen Sprache, so daß man vielleicht beim Lesen eines Gemeindebriefes nicht weiter kommt als drei Zeilen, weil man mehr nicht verkraften will. Man fühlt sich nicht selten in der Ansprache durch einen Pfarrer – sei es auf einem Gemeindeabend, in einer Predigt, in einem Gemeindebrief oder auch in einem Vortrag – auf die Stufe eines Kindes zurückversetzt. Das legendäre „Wir" an allen Ecken und Enden – „Nun wollen wir die Fenster schließen" – trägt auch nicht gerade zum Wohlbefinden bei. Das sind ja nun keinesfalls Dinge, die ich mir ausdenke oder die nur ich so empfinde. Ich kenne eine ganze Reihe von Menschen, die dem Seelischen nun wahrlich nicht abgeneigt sind und die trotzdem meinen, daß es wirklich über jede Hutschnur geht. Wie stellen Sie sich eine moderne Gemeinde vor?

W. Gädeke: Um Ihre Beispiele gleich aufzugreifen: Ein Gemeindebrief muß ja nicht unbedingt von einem Pfarrer geschrieben werden. Das gibt es ja auch zum Teil schon, daß Mitglieder das in die Hand genommen haben. Die Gemeindebriefe in Hannover und Braunschweig haben in meinen Augen nichts Süßliches und nichts von einem „alles nur der Pfarrer, und schön und gut". Es wird einfach dargestellt, was es alles gibt, und dies in einer offenen und ansprechenden Art. In unserer Gemeinde sind Mitglieder nicht nur beim Gegenlesen des fertigen Programms behilflich, sondern es werden auch zunehmend Vorschläge unterbreitet, was man einmal ins Programm aufnehmen könnte. Darüber hinaus gibt es auch immer mehr Mitglieder, die Vorträge für die Mitglieder halten. Es reden also nicht immer nur die Pfarrer. Und in dieser Weise kann man sich vieles vorstellen, was der Pluralität und Vielfalt entgegenkommt. So gibt es zum Beispiel einen Pfarrer, der besonders stolz ist, weil er in der Gemeinde 150 Mitarbeiter hat. Die haben alle irgend eine Tätigkeit und Verantwortung in der Gemeinde übernommen.

Unter einer modernen Gemeinde stelle ich mir vor, daß sich die Aufgaben immer mehr differenzieren, immer mehr auch Nichtpriester an den Tätigkeiten in der Gemeinde beteiligt werden, wie zum Beispiel beim Religionsunterricht. Da geschieht es einfach durch die Not, weil wir von Pfarrerseite einfach nicht mehr durchkommen, den ganzen Religionsunterricht selber zu geben. Das finde ich gut. Aber auch in der Verwaltung und in allen anderen Bereichen sehe ich die Modernität darin, daß sich das in die Differenzierung entfaltet. Dadurch werden auch die Pfarrer ihre zentralen Aufgaben im Kultus, in Lehre und Seelsorge immer mehr wahrnehmen können. Selbst auf dem Felde des Vortrags muß nicht alles vom Pfarrer ausgehen. Natürlich gibt es auch Pfarrer, die sagen, das sei ein ureigenes Aufgabengebiet der Pfarrer und die Gemeindemitglieder hätten auf diesem Felde nichts zu suchen. Aber das würde ich nicht unbedingt als modern ansehen. Dabei könnte man sich sogar vorstellen, daß Teile der Seelsorge – also auch ein ureigenes Aufgabengebiet der Priester –, die nicht unmittelbar auf das Sakrament der Beichte zuführen, durchaus allmählich von Mitgliedern übernommen werden können. Der Kultus ist das unantastbare Monopol der Pfarrer, die beiden anderen Aufgabenbereiche – Seelsorge und Verkündigung – können teilweise auch von Nichtpriestern übernommen werden.

K.-D.N.: Es müßte meines Erachtens sogar möglich sein, daß auch Aufgaben von Menschen übernommen werden, die weder Anthroposophen sind, noch irgend etwas mit der Anthroposophie zu tun haben wollen.

W. Gädeke: Das ist etwas schwierig, denn wie wollen Sie Religionsunterricht der Christengemeinschaft geben, Altes und Neues Testament, ohne jedenfalls einen anfänglichen geisteswissenschaftlichen Hintergrund zu haben, um das zu verstehen?

K.-D.N.: Völlig klar. Ich dachte jetzt zum Beispiel an einen Vortrag, die Gestaltung eines Gemeindeabends oder eines Artikels im Gemeindebrief.

W. Gädeke: Da muß man kein Anthroposoph sein, das sehe ich auch so. Das wird in unserer Gemeinde auch zum Beispiel auf den Gemeindeabenden praktiziert, daß dort Mitglieder sprechen, die nicht zur Anthroposophischen Gesellschaft gehören und auch nicht gehören wollen. Das muß möglich sein.

Schallmauer zur Modernität

K.-D.N.: Ich sehe da noch eine Art Schallmauer, und zwar nicht nur in bezug auf die Christengemeinschaft, sondern auch in bezug auf die anthroposophische Bewegung in ihrer Gesamtheit. Die anthroposophische Bewegung ist nicht rückhaltlos offen für Menschen, die offen und ehrlich sagen, daß sie mit der Anthroposophie nichts zu schaffen haben wollen, obwohl sie die anthroposophischen Einrichtungen in Anspruch nehmen und sich vielleicht sogar in ihnen engagieren wollen. Am ehesten gibt es das vielleicht noch beim Konsumenten von Produkten, wo das offenkundig nicht so sehr ins Gewicht fällt, wenn jemand sagt: „Ich möchte eine Zahnpasta kaufen, aber keine Weltanschauung", oder: „Mir schmeckt die biologisch-dynamische Wurzel, aber nicht die Anthroposophie". Das ist eine Haltung, die in bezug auf alle anthroposophischen Einrichtungen möglich sein müßte.

W. Gädeke: Genau, das soll auch in bezug auf den Kultus möglich sein. Wenn man den Kultus als Produkt der Christengemeinschaft versteht – als die Wurzel, das ist gar kein schlechtes Bild –, dann muß es eben auch hier möglich sein, daß jemand sagt: „Ich will die Wurzel, aber alles andere will ich nicht." Wenn ein Mensch sich in dieser Haltung der Christengemeinschaft nähert, dann muß sie unbedingt dafür offen sein. Es ist aber etwas anderes, wenn jemand in ihr tätig sein will, dann geht das in dieser Form sicher nicht mehr. Dann muß man sich doch schon mit den Grundlagen der Christengemeinschaft beschäftigen und sich vertiefen.

K.-D.N.: Das stimmt gewiß um so mehr, je größer und verantwortungsvoller eine Aufgabe ist, die jemand übernehmen will. Und für Aufgaben in der Gesamtheit der Christengemeinschaft heißt das ganz sicher, daß jemand nicht nur Sachkenntnis mitbringen, sondern auch tief mit der Christengemeinschaft verbunden sein muß. Innerhalb einer Gemeinde gibt es aber Möglichkeiten, wo eine Tätigkeit nicht an tiefgreifende Voraussetzungen gebunden sein muß, weil die Folgen dieser Tätigkeit auch nicht so gravierend sind. Warum soll nicht mal jemand die Buchhaltung machen, Sekretariatsaufgaben oder auch andere Tätigkeiten erledigen, der mit der Anthroposophie rein gar nichts zu tun hat und auch sonst nicht unbedingt Feuer und Flamme ist für alles, was in der Christengemeinschaft geschieht? Warum soll nicht auch einmal ein Mitglied meinen, daß es uns am Gemeindeabend mit seinen parteipolitischen Anschauungen belämmern müßte? Warum denn nicht? Offenheit und Toleranz bedeuten doch im Grunde genommen nichts anderes als das ertragen zu können. So etwas findet sich noch viel zu wenig als Farbtupfer innerhalb des Gemeindelebens, zumal dies doch eigentlich ein großer Bereich sein sollte. Dann würden sicherlich viele Menschen unbeschwerter in die Gemeinde gehen können.

W. Gädeke: Ein solch bunter und vielfältiger Bereich bildet sich mit der Zeit von ganz alleine, wenn eine Gemeinde genügend groß wird und verschiedene Aktivitäten angeboten werden. Dann kommen die Leute eben zu dem, was sie interessiert. Je größer eine Gemeinde ist, desto vielfältiger wird natürlich auch das Gemeindeleben, weil einfach auch die Vielfalt der Menschen das mit sich bringt. Es entfaltet sich mehr oder weniger ganz von alleine, wenn die Pfarrer da nicht eine Angstbremse einbauen. Allerdings tritt auf der anderen Seite nicht selten auch die Schwierigkeit auf, die Gemeindemitglieder zu Aktivitäten zu animieren.

K.-D.N.: Könnten Sie sich vorstellen, daß eines Tages – entsprechende Größe und Kraft vorausgesetzt – auch Aktivitäten aus den Gemeinden der Christengemeinschaft entfaltet werden, die direkt in die gewachsenen Strukturen eines Stadtteils hineinwirken, wie es zum Beispiel in vielen evangelischen Gemeinden der Fall ist? Es gibt dort Beratungen, Gesprächsgruppen und sonstige Aktivitäten in der Stadtteilarbeit, die überhaupt nicht daran orientiert ist, ob jemand Mitglied ist oder nicht.

W. Gädeke: Dafür sind wir einfach zu schwach, da brauchen wir uns keinen Illusionen hinzugeben. Denn eine solche Arbeit erfordert in einem engen Umkreis eine dichte Struktur. Ich glaube, da müssen wir noch weit vorausblicken, ehe das von den Kräften her möglich wäre.

Der hinderliche Zuschnitt auf bestimmte Menschengruppen

K.-D.N.: Wenn wir auf die Gegenwart zurückkommen, möchte ich doch noch einmal herausstellen, daß das Gemeindeleben auf eine bestimmte Art von Menschen zugeschnitten zu sein scheint.

W. Gädeke: Das ist richtig, aber irgendwo muß man ja auch anfangen. Hagen Biesantz, Vorstandsmitglied der Anthroposophischen Gesellschaft, hat vor vielen Jahren bei einer Synode in Dornach der Christengemeinschaft empfohlen, sie solle doch eigentlich viel mehr zu der arbeitenden Bevölkerung, zu den Proletariern gehen, „mit einem Schuß Billy Graham" – so wörtlich – sich also neuen Bevölkerungsschichten öffnen. Dieselbe Tendenz kam in der ersten Nummer der Zeitschrift *Lazarus* heraus: Die Christengemeinschaft solle sich doch bitte auf diejenigen Menschen beschränken, die außerhalb der anthroposophischen Bewegung leben, und hier in Kiel sollten wir doch nach Gaarden und nach Ellerbek gehen.

K.-D.N.: Und in Ellerbek, in Ellerbek sind dann plötzlich alle Teller weg, wie Bernd Hansen sagen würde ... – Die Ausrichtung auf bestimmte Bevölkerungsgruppen, die Enthaltsamkeit gegenüber Anthroposophen, die Begrenzungen gegenüber wem auch immer – das ist gerade nicht, was ich meine. Die Christengemeinschaft sollte eben überhaupt keine Grenzen ziehen, sondern für alle Menschen offen sein. Dafür muß auch in der Pfarrerschaft selbst eine größere Vielfalt Platz greifen. Nehmen Sie nur das Predigtwesen. Warum herrscht dort diese Einförmigkeit der Wald- und Wiesenpredigt, wie sie Friedrich Benesch einmal genannt hat?

W. Gädeke: Predigen ist eine schwierige Aufgabe. Und Predigen für eine Gemeinde, so daß jeder etwas davon hat, ist eine noch schwierigere Aufgabe.

K.-D.N.: Man muß es ja nicht so machen, daß während einer Predigt eines Pfarrers alle etwas davon haben. Es würde doch schon genügen, wenn ein bißchen Abwechslung hineinkäme. Sicherlich ist Predigen schwer, auch die Naturpredigten sind schwer, aber es ist nicht schwerer, auch mal ein anderes Thema aufzugreifen.

W. Gädeke: Ich gestehe Ihnen ohne weiteres zu, daß wir auch auf diesem Felde noch Fortschritte machen müssen, aber diese Notwendigkeit besteht auf allen Feldern: das betrifft den Kirchenbau, die Rechtsstruktur, das Finanzgebaren usw. usf. Überall stehen wir vor der Notwendigkeit, uns in richtiger Weise in die Zukunft weiter zu entwickeln. Ich habe da keine Probleme zuzugeben, daß wir noch auf allen Feldern Erhebliches zu leisten haben.

Konkrete Aufgabenstellungen und deutliche Willensbekundungen gegenüber den Mitgliedern!

K.-D.N.: Mag sein, daß ich nun etwas unbescheiden bin, aber dieses Zugeständnis allein genügt eigentlich nicht. Verstehen Sie mich bitte nicht falsch. Für Ihre Person und hier und jetzt akzeptiere ich das voll und ganz, wenn Sie das sagen. Was ich meine, gilt wiederum nicht nur für die Christengemeinschaft, sondern für die gesamte anthroposophische Bewegung. Die Einsicht, daß noch viel zu tun ist, ist weit verbreitet. Und jeder gesteht einem sofort zu, daß noch gewaltige Aufgaben vor uns liegen. Aber in ganz entscheidenden Fragen geschieht nichts oder aber viel zu wenig.

Christof Lindenberg erinnerte kürzlich in einem Artikel in den *Mitteilungen aus der anthroposophischen Arbeit in Deutschland* (Nr.3/1991) daran, daß Rudolf Steiner konkrete Aufgabenstellungen und klare Willensausrichtungen seitens der Vorstände der Anthroposophischen Gesellschaft forderte. Man kann sich dem nur anschließen. Und das gilt ganz gewiß nicht nur für die Vorstände der Anthroposophischen Gesellschaft, sondern überhaupt für Verantwortungsträger in leitenden Stellungen. Die sollen doch endlich einmal, zum Beispiel in Artikeln ihrer Zeitschriften, deutlich und ganz konkret sagen, was sie eigentlich wollen.

Solche Willensäußerungen findet man viel zu selten, und wenn, dann sind sie sprachlich dermaßen vermummt und unkonkret, daß sie nur derjenige versteht, der ohnehin auf dem laufenden ist. Diese Leute haben doch ein Gewicht, daß sie in die Waagschale werfen können. Natürlich ist dies nicht so gemeint, daß Rechtsansprüche ausgesprochen werden sollten, durch die Menschen auf eine bestimmte Richtung zu verpflichten wären. Also die Oberlenkung oder der Vorstand der Anthroposophischen Gesellschaft hätten nicht vorzuschreiben, was zu geschehen hat, sondern nur ihren Willen zu bekunden.

Das würde doch seine Wirkung nicht verfehlen, wenn zum Beispiel der Erzoberlenker oder ein Mitglied des Siebenerkreises einen Artikel veröffentlichen würde, aus dem zu entnehmen wäre, was seine ganz konkreten Ziele und Wünsche in bezug auf die Entwicklung der gesamten Christengemeinschaft sind. „Ich wünsche mir, daß wir in den nächsten zehn Jahren ganz konkrete Fortschritte in folgenden Punkten machen

...“ Es stünde den Gemeindemitgliedern und Pfarrern dann ja frei, ob sie in dieser Richtung mitwirken wollen oder nicht.

W. Gädeke: Aber das geschieht, wenn vielleicht auch nicht in dem Maße, wie es Ihren Erwartungen entspricht. Allerdings ist es auch immer eine Gratwanderung, einerseits dafür Sorge zu tragen, daß etwas geschieht, und andererseits darauf zu achten, daß man nicht alles diktiert und bestimmt bzw. es sogar noch selber machen muß. Aber es geschieht doch schon eine ganze Menge, und nicht nur durch die Initiative von Oberlenkern oder Lenkern. Trotzdem sagen auch die ganz klar, welche Aufgaben ihrer Ansicht nach zu bearbeiten sind. So hat zum Beispiel Taco Bay, der Erzoberlenker, vor einigen Jahren auf einer Synode deutlich gemacht, daß auf den ersten Aufgabenfeldern der Christengemeinschaft das Gebiet der Seelsorge im Verhältnis zur Gründung des Kultus in der Welt und zur Grundlegung der Verkündigung durch die Literatur am wenigsten entwickelt ist. Auf diesem Felde der Seelsorge wünschte er sich in den nächsten zehn, zwanzig Jahren theoretisch, praktisch und in der Schulung einen erheblich intensivierten Einsatz. Das ist gut und richtig. Nur, dadurch daß er das sagt, passiert noch nichts. Es kann nur angestoßen, es kann nicht gemacht werden.

Solche Anstöße gibt es viele. So hat zum Beispiel vor rund zehn Jahren Erhard Kröner mit anderen zusammen das jährlich zweimalige Treffen über Fragen des Kirchenbaus initiiert. Das geht doch in diese Richtung, denn es ist der Ausdruck eines ganz konkreten Willens. Alles weitere funktioniert dann nur aufgrund freiwilliger Nachfolge eines gemachten Vorschlags. Und jeder weiß, wie schwierig das ist, sich freiwillig und mit voller Kraftentfaltung hinter einen Vorschlag zu stellen, den ein anderer gemacht hat. Das gehört zu den schwierigsten Dingen in unserer ganzen Bewegung, denn jeder macht das, was ihm selber einfällt. Aber, etwas zu tun und seinen Willen anzuspannen für etwas, was ein anderer vorgeschlagen hat, ist sehr viel schwieriger.

K.-D.N.: Es muß doch nur einsehbar gemacht werden.

W. Gädeke: Ja, *nur!* Gucken Sie sich mal um, wo es Menschen mit einigem Format gibt, die das können.

K.-D.N.: Es ist doch einsehbar, daß die anthroposophische Bewegung, wenn sie schon kein Vortrupp ist – wie Rudolf Steiner es erwartete –, dann doch jedenfalls nicht die Nachhut bilden soll.

W. Gädeke: So lange Sie das so allgemein sagen, wird Ihnen jeder folgen. Nehmen wir wieder das Beispiel aus dem Kirchenbau, weil ich es am besten kenne: Wenn ich sage, daß die Bauformen der Kirche der Menschenweihehandlung entsprechen sollten, stimmen alle sofort zu. Wenn man aber dann fragt, was das konkret heißt, dann fängt die Schwierigkeit erst an. Wenn jemand eine Idee bis in das Konkrete hinein ausgestaltet, dann driften die Ansichten sofort auseinander. Und das betrifft nicht nur Baufragen, sondern gilt in gleicher Weise für Finanz- und Rechtsfragen usw. Selbst wenn Sie eine Sache gut erklären können, ist es schwierig, als Sozialprozeß die Akzeptanz zu finden. Sie können völlig richtig liegen und recht haben, mit dem was Sie sagen, das heißt noch lange nicht, daß es auch sozial akzeptiert wird. Denn das hängt noch von ganz anderen Faktoren ab als von der Einsicht in die Richtigkeit und Wahrheit einer Darstellung.

K.-D.N.: Was ich möchte, ist, daß der Wille zum Beispiel der Oberlenkung oder des Vorstandes der Anthroposophischen Gesellschaft den ganz normalen Mitgliedern bekannt wird. Bei den Mitgliedern müssen diese Willensäußerungen ankommen. Auf die Christengemeinschaft bezogen heißt das, daß es wünschenswert wäre, wenn man in ihrer Zeitschrift entsprechende Artikel lesen könnte. Welche Ziele anzugehen sind, welche Defizite herrschen – das muß den Mitgliedern deutlich werden, damit auch von der Basis bzw. Peripherie eine entsprechende Schubkraft kommt.

W. Gädeke: Das wird doch auch gemacht. Zum Beispiel die Aufrufe für die Kirchenbauten in Übersee, für den Aufbau der Gemeinden in Australien, in Osteuropa usw. Früher wurde zur Unterstützung der Gemeinden in der DDR aufgerufen ...

K.-D.N.: Das sind nicht die Dinge, die wir meinen.

W.W.: Nehmen Sie doch alle Fragen und Bereiche, die wir in diesem Interview entwickelt haben. Die meinen wir doch.

W. Gädeke: Aber das ist doch auch ein Beispiel, daß ich hier mit Ihnen dieses Interview mache.

W.W.: Ja, Sie sind ja auch eine Ausnahme. Trotzdem verharmlosen auch Sie immer Dinge – obwohl Sie eigentlich fortschrittliche Ansichten haben –, die im Argen liegen und aus denen schleunigst Konsequenzen gezogen werden müßten. Notwendig wäre, daß von seiten des Siebenerkreises, der Lenkung oder auch der Pfarrer vehement das in Gang gesetzt wird, was wir jetzt erfragen, und das passiert eben nicht.

W. Gädeke: Das kann man so nicht sagen. Ich muß Ihnen allerdings recht geben, daß nicht alles per Mitteilungsblatt oder Zeitschrift an die Mitglieder geht.

W.W.: Ich habe von den allermeisten Fragen, die wir jetzt gestellt haben, noch nie etwas gelesen.

W. Gädeke: Sie lesen ja auch erklärtermaßen die Zeitschrift gar nicht ...

W.W.: Ich habe sie aber lange gelesen.

W. Gädeke: Nun gut, aber auch das ist jetzt im Gespräch, wie man zum Beispiel das Mitteilungsblatt noch zu einem wirksameren Organ der Kommunikation machen kann. Also auch auf diesem Gebiet sind durchaus Impulse da. Nur, es geht eben auch langsam in einem Organismus, wenn man nicht nur neun Mitarbeiter hat – ich weiß nicht genau, wie viele Sie haben –, und Sie wissen doch selber, wie schwierig soziale Prozesse in einer Gruppe zusammenarbeitender Menschen sind. Wir sind jetzt ein paar hundert Pfarrer und wie viele Zehntausende von Mitgliedern, und etwas in Gang zu bringen, geht immer nur über das bewußte Mitwollen anderer.

Ist in manchen Bereichen Unwille wirksam?

W.W.: Ich bin nicht der Meinung, daß das nur so zu beantworten ist, wie Sie es sagen, daß alles schwierig ist, daß man verschiedene Meinungen hat, daß alles langsam geht usw., das trifft es nicht. Ich mache nachher mal einen praktischen Vorschlag, wenn wir über die Zeitschrift reden.

W. Gädeke: Christof Lindenberg bezieht sich in seinem Artikel ja auf eine Äußerung Rudolf Steiners von 1923, mit der er forderte, daß die anthroposophischen

Führer sich ihrer Aufgabe bewußt sein müssen, daß sie führen sollen. Worin aber diese Führung besteht und wie sie heute zu machen ist, das ist doch das große Problem.

W.W.: Wir glauben, man will nicht.

K.-D.N.: Wenn wir über die Anthroposophische Gesellschaft sprechen würden, hätten Sie uns höchstwahrscheinlich schon lange zugestimmt. Dort aber ist die Situation eine ganz ähnliche. Es wird einfach nicht aus den Vorständen heraus unterstützt, was an einzelnen Orten an Umgestaltungsprozessen läuft. In fast allen Zweigen landauf, landab, kracht's und knallt's, und es wird nicht genügend unterstützt, daß sich ein Gestaltwandel innerhalb der anthroposophischen Bewegung vollziehen kann. Irgendwann heißt es dann mal als Überschrift eines kleinen Artikels im *Goetheanum:* „Beuge dich der Zeit – räume deinen Platz ... Zum Seniorenproblem in unseren Zusammenhängen", jedoch nicht von einem Vorstandsmitglied verfaßt und zu schwach, als daß man damit etwas wirklich Zielgerichtetes verbinden könnte. Das Manko ist für jeden offenkundig, der sich auch nur ein wenig mit diesen Fragen beschäftigt: Es findet kein gesunder Generationswechsel statt, kein organischer Wandel, und u.a. deswegen geht es nicht voran. Man kann sich eigentlich kaum vorstellen, daß das vom Vorstand nicht gesehen wird. Tatsache ist aber, daß in keiner Weise dazu aufgefordert wird, die Sachen neu zu greifen und jedenfalls denjenigen, die sich darum bemühen, keine Steine in den Weg zu legen. Statt dessen wird aber an viel zu vielen Orten der beständig gleiche Zirkus durchgemacht. Im Grunde genommen steht schon seit einigen Jahren auf dem Spiel, daß die Prozesse auseinanderfallen, und zwar mit schmerzvollen Konsequenzen. Allzu viele anthroposophische Freunde verpassen den Moment, in dem sie in das zweite Glied zurücktreten sollten, damit jüngere mit ihrer Hilfe in die Aufgaben hineinwachsen können. Das geschieht aber viel zu selten. Das führt dann oft zu sehr unsanften Aufwacherscheinungen. Das sind Dinge, die man schon vor zwanzig Jahren hätte sehr deutlich sich abzeichnen sehen können.

W.W.: Was fehlt, sind Impulse, Ideale und Anregungen, die in klarer und deutlich vernehmbarer Sprache vom Zentrum ausgehen und auch noch die äußerste Peripherie kraftvoll erreichen.

W. Gädeke: Was sollte denn die Oberlenkung den Mitgliedern als notwendig verkünden?

K.-D.N.: Ihren Willen! Wenn sie nichts wollten, hätten sie nichts zu verkünden. Das ist das Problem, und das hat Rudolf Steiner an den Vorständen der Anthroposophischen Gesellschaft kritisiert. Wir können nicht sagen, was die Oberlenkung oder sonstige Vorstände für einen Willen haben sollen. Ein Wille wird zweifellos vorhanden sein, nur welcher Art dieser *konkret* ist, wissen die Mitglieder nicht.

Rudolf Steiner hämmert den Vorständen der Anthroposophischen Gesellschaft ein, daß sie sich ihrer Aufgabe bewußt sein sollen und daß die Anthroposophische Gesellschaft eine Aufgabe braucht. Wenn ich dann vor rund zehn Jahren dieselben Worte in einem anthroposophischen Gremium in den Raum stelle und die versammelten Anwesenden über mich herfallen, weil sie es so absurd finden, daß die Anthroposphische Gesellschaft eine Aufgabe haben soll, dann kann man eigentlich nur zu dem Ergebnis kommen, daß die falschen Leute auf den Stühlen Platz genommen haben. Es ist absurd, einem Vorstand zu sagen, was er wollen soll. Denn entweder ist ein Wille vorhanden, der mit den Aufgaben verbunden ist, oder er ist nicht vorhanden. Wenn aber ein Wille da ist, dann ist auch klar, was zu artikulieren ist.

W. Gädeke: Was die Leitung der Christengemeinschaft betrifft, kann ich nur sagen, daß ein eindeutiger Wille vorhanden ist, daß die Christengemeinschaft den Herausforderungen entgegenkommt, modernes Gemeindeleben zu gestalten, die Gemeinden in Osteuropa zu begründen, die Kirchenbauten voranzutreiben, die Rechts- und Wirtschaftsformen zu reformieren, die theologische Weiterbildung zu unterstützen usw. Letzteres sogar, indem sie dann noch eigene Werke dazu beitragen. Hier ist also eine ganz deutliche Richtung zu sehen, und ihr Wille ist deutlich erkennbar. Wie gesagt, ein Mehr kann man sich immer noch vorstellen, und von der Quantität ist es bestimmt noch nicht ausreichend, was wir in der Christengemeinschaft machen, aber grundsätzlich wird es gemacht und wird auch gesehen.

K.-D.N.: Das dauert alles wahnsinnig lange.

W. Gädeke: Das ist eine Frage, wo die einen atemlos werden, weil es ihnen zu schnell geht, und die anderen Beklemmungen kriegen, weil es ihnen zu langsam geht.

Das Beispiel eines Archives

K.-D.N.: Dafür gibt es doch aber einen Maßstab. Man kann doch sehen, daß die Anthroposophie am Anfang dieses Jahrhunderts in vielen Dingen, auch in sozialen Fragen der Zeit weit voraus war. Mit Rudolf Steiners Tod hat ein Prozeß eingesetzt, der heute als Ergebnis zeitigt, daß die Anthroposophie bzw. die anthroposophische Bewegung in vielen Bereichen hintendran ist. Nehmen Sie nur die Frage eines Archives. Daß die Anthroposophische Gesellschaft kein funktionierendes für die Öffentlichkeit zugängliches Archiv besitzt, ist so verrückt, daß man das einem Außenstehenden kaum verständlich machen kann. Dabei sind nun fast siebzig Jahre seit Rudolf Steiners Tod ins Land gestrichen. Dabei dürfte die Erstellung eines Archives im Grunde genommen nicht wesentlich länger dauern als die Bauzeit.

W. Gädeke: Allein die Kosten und die Personen und dann noch die Einigung darüber, was das Archiv leisten soll, dauert eben seine Zeit. Natürlich dauert das, weil wir pluralistisch organisiert sind.

K.-D.N.: Ich glaube, daß es vielmehr daran liegt, daß ein öffentliches Archiv, in dem wirklich alles zugänglich gemacht wird, von einigen entscheidenden Leuten schlicht und einfach nicht gewollt wird. Man will es nicht!

W. Gädeke: Wir sind ja in der Christengemeinschaft selber in der Lage, ein Archiv einzurichten. Das fängt gerade langsam an. Aber eine Einigung darüber, was das Archiv überhaupt leisten soll, sehe ich noch überhaupt nicht. Da muß erst ein gemeinsamer Prozeß in Gang kommen, und da können Sie natürlich wieder sagen, daß Ihnen das zu lange dauert. Aber wenn Sie das nicht abwarten wollen, bleibt eben nur, daß sie eine Aristokratie einrichten.

K.-D.N.: Nein, also das wäre gewiß nicht nötig. Sich darüber zu verständigen, was ein Archiv leisten soll, könnte eigentlich keine größeren Diskussionen hervorrufen. Ein Archiv soll das leisten, was ein Archiv leisten soll. Wenn man natürlich Fragestellungen mit einbezieht, was man weiterhin sekretieren will bzw. nur einem kleinen

Kreis zugänglich machen will usw., dann sind natürlich lange Diskussionen möglich. Ansonsten bräuchte man sich nur anzuschauen, wie ein Archiv in der normalen wissenschaftlichen Welt aufgebaut ist, und versuchen, einen ähnlichen Standard zu erreichen. Das ist eine Frage des Geldes und der Mitarbeiter. Daß die Anthroposophische Gesellschaft finanzielle Gründe dafür anführen würde, daß es kein Archiv gibt, wäre einfach nicht zu akzeptieren. Die Tatsache, daß es kein Archiv gibt, ist Ausdruck von Willen bzw. Unwillen. Ebenso ist ein Wille bzw. Unwille wirksam, daß es nicht zu einer genügenden anthroposophischen Forschung kommt. Es ist ein Wille wirksam, der bewirkt, daß das Geld in Bauten und nicht in die Forschung geht.

W. Gädeke: So sehr ich ein Freund der Forschung bin, muß ich bezogen auf die Christengemeinschaft sagen, daß gegenüber der Einrichtung eines Archives doch andere Aufgaben absolute Priorität haben. Als allererstes natürlich das Leben der Gemeinden, schließlich hätten die es auch letztendlich zu bezahlen. Mag sein, daß in manchen Fragen auch konkreter Unwille wirksam ist, man muß aber auch sehen, daß angesichts der konkreten Mängel, die da sind, ebenso konkrete Prioritäten gesetzt werden müssen. Und die allererste Priorität und entscheidendste Frage ist nun einmal: Wachsen unsere Gemeinden?

XVII. ZEITSCHRIFT: *DIE CHRISTENGEMEINSCHAFT*

W.W.: Bei dem heutigen inhaltlichen und äußeren Erscheinungsbild der Zeitschrift *Die Christengemeinschaft* stellt sich mir nicht erst heute die Frage, wer so etwas überhaupt noch liest und ob es nicht für die Christengemeinschaft im allgemeinen eher abträglich ist, mit einer derartigen Zeitung an die Öffentlichkeit zu treten. – Ein erster Punkt, der auffällt, sind die Artikel mit religiösem Inhalt, die sich in Großdruck – so als wären sie wichtiger – von denen über aktuelle Fragen abheben. Es liegt über den meisten Artikeln, besonders den religiösen, ein ewig gleicher Duktus: Man kreist im eigenen Saft, wiederholt ewig gleich die Jahreszeitenartikel, schaut immer mal wieder einen religiösen Fachbereich an und verliert dabei völlig den Blick für eine weitere Leserschaft. Ist es überhaupt anzunehmen, daß die Bezieher der Zeitschrift *Die Christengemeinschaft* mit dieser Art Zeitung noch einverstanden sind?

W. Gädeke: Ich denke schon, denn sonst wäre die Zeitschrift schon eingegangen. Immerhin wird sie auch in Kreisen außerhalb der Christengemeinschaft gelesen. Ich denke, daß ein großer Mangel darin liegt, daß diese Zeitschrift zu viele verschiedene Funktionen erfüllen muß. Ist es zum Beispiel eine theologische Fachzeitschrift? Nein, aber wenn etwas in dieser Hinsicht veröffentlicht werden soll, kann es nur in dieser Zeitschrift geschehen. Ist es eine Zeitschrift zur religiösen Erbauung als Gottesdienst- und Predigtersatz? Für viele Menschen trifft dies bestimmt zu. Ist es eine Zeitschrift, in der sich die Christengemeinschaft durch markante Persönlichkeiten mit den aktuellen Fragen der Zeit auseinandersetzt? Das war früher viel stärker im Vordergrund, als Kelber und Schütze noch aktiv mitwirkten. Es liegt also auch an den Personen. Ist es eine Zeitschrift zur Lebensberatung? Teilweise. Diese Zeitschrift versucht also, jedem etwas zu geben. Auf lange Sicht bin ich der Überzeugung, daß wir verschiedene Zeitschriften brauchen, sowohl was die Zielgruppe innerhalb der Christengemeinschaft, als auch was die fachliche Richtung, ferner den Stil angeht usw. Auf Dauer muß es auch hier eine Pluralität geben. Das, was jetzt vorliegt, ist genau das, was mit den vorhandenen Menschen möglich ist.

Schmalzig-süßlicher Stil

W.W.: Das sehe ich vollkommen anders. Zuerst einmal muß man doch davon ausgehen, was vorliegt, und nicht etwas ins Auge fassen, was vielleicht möglich oder sogar notwendig wäre. Etwas, was vorliegt, ist die Sprache bzw. der Stil vieler Artikel dieser Zeitschrift. Die Sprache ist oft – natürlich nicht immer – sehr lieblich, oft sogar schmalzig-süßlich, vor Bürgerlichkeit triefend, sie gleitet immer mal wieder in die moralisch-pastorale Bevormundung oder in den Predigtstil ab. Begriffe wie zum Beispiel Gnade, Christus, Sünde, Heil, Herr, Blut usw. werden vorausgesetzt, aber nicht konkret erklärt oder auch nicht daraufhin abgeprüft, ob sie eventuell abschrekkend wirken, weil der unvorbereitete Leser sie mißdeutet. Ich denke, daß man mit dieser Art der Darstellung schleunigst einhalten sollte, weil man sonst die Menschen, die man ansprechen möchte, völlig aus den Augen verliert. Fehlt hier nicht die konkrete Wahrnehmung des modernen Lesers, seiner Probleme, seines Kenntnisstandes, seines Rechtsbewußtseins und seiner Interessen?

W. Gädeke: Sicherlich werden in der Sprache bzw. dem Stil der Artikel in dieser Zeitschrift keine anthroposophischen Voraussetzungen gemacht, sicherlich werden auch viele Begriffe, zum Beispiel diejenigen, die Sie erwähnt haben, benutzt, die sehr vielen Lesern heute nichts mehr sagen. Daran zeigt sich, daß es im Grunde nur ein Organ für die Mitglieder der Christengemeinschaft ist. Insofern müßte es ein zweites Blatt geben, welches mit anderer Sprache in das Umfeld hineinwirkt.

W.W.: Ich denke aber auch, daß sehr viele Mitglieder der Christengemeinschaft diese Begriffe nicht richtig verstehen: Blut, Heil, Herr, Transsubstantiation. Man nimmt es hin, versteht es in Wirklichkeit aber nicht.

W. Gädeke: Natürlich ist es eine Frage, wann das Verständnis erreicht ist. Das Verständnis eines Wortes kann sich auch dadurch vermitteln, daß es innerhalb eines bestimmten Kontextes auftritt. Ich denke, daß alles eine Frage der wirklichen Konkretisierung der jeweiligen Zielgruppe ist. Nicht alle empfinden den Stil dieser Zeitschrift als süßlich. Der erste Teil im Großdruck, den Sie ansprachen, hat den Charakter einer Predigt, und als solcher hat er für viele Menschen eine ganz bestimmte Funktion, und diejenigen, die das mögen, die lesen es.

W.W.: Wiederum müssen wir davon ausgehen, was Fakt ist. Es ist eine Zeitung für alle Leser, für alle Mitglieder der Christengemeinschaft und für Menschen im Umfeld. Es gibt keine zweite Zeitschrift, wenn man mal von dem *Mitteilungsblatt* für die Mitglieder absieht. Ferner ist es deswegen der einzige Teil, der in dieser Zeitschrift von der Christengemeinschaft ausgehend Religiöses vermittelt, und dieser religiöse Teil ist eben so, wie ich ihn beschrieben habe, nämlich oftmals süßlich und pastoral.

W. Gädeke: Das stimmt nicht, es gibt eine große Vielfalt von Artikelschreibern und entsprechenden Artikeln. Natürlich kommen darin auch Dinge vor, die bestimmt nicht die Spitze unserer Bewegung ausmachen, das ist doch ganz klar. Ich denke allerdings nicht, daß alles an den Bedürfnissen der Leser vorbeigeht, denn sonst hätte sie längst ihre Abonnenten verloren.

Bevormundung?

W.W.: Auffällig ist ferner, daß in den Artikeln kaum Anthroposophie gebracht wird. Nun ist es zwar nicht die Aufgabe der Christengemeinschaft, von vornherein Anthroposophie zu bringen, aber es kann doch nicht schaden, wenigstens in einigen Artikeln – zum Beispiel in einer Extrasparte für anthroposophisch Interessierte – religiöse Fragen mit anthroposophischer Geisteswissenschaft zu vertiefen!

W. Gädeke: Das könnte man sich grundsätzlich vorstellen. Auf der anderen Seite ist natürlich vieles bzw. alles, was in den Artikeln geschrieben ist, auf anthroposophischer Grundlage verfaßt, nur nicht genau mit Zitatangaben nachgewiesen. Das meiste von dem, was in den Artikeln beschrieben ist, könnte gar nicht ohne Anthroposophie geschrieben worden sein.

W.W.: Das ist ja gerade das Problem, es wird in die Artikel durch den Autor, der meist Anthroposoph ist, anthroposophisches Wissen eingegossen, ohne aber die Quellen nachzuweisen. Das kann man natürlich mal machen, aber durchweg ist dies kein akzeptables Arbeiten, auf jeden Fall kein wissenschaftliches, weil es nicht nachprüfbar ist. Es grenzt oft auch an Bevormundung, weil oft der Eindruck erweckt wird, als würde man das eigene Wissen und nicht Erkenntnisse Rudolf Steiners verkünden.

W. Gädeke: Das sehe ich nicht so. Diesen Vorwurf hat 1923 auch Marie Steiner im „Dreißigerkreis" gemacht, aber Rudolf Steiner wollte durchaus, daß man im anthroposophischen Sinne redet und schreibt, ohne immerzu die Quelle anzugeben. Ein Artikel soll ja in sich selber überzeugen, nicht aber dadurch, daß man auf Rudolf Steiner verweist. Deswegen ist *Die Christengemeinschaft* in erster Linie keine theologische Fachzeitschrift. Wenn es eine derartige sein sollte, würde ich Ihre Forderung und Kritik voll unterstützen.

W.W.: Theologisches Fachblatt könnte diese Zeitschrift ja zu einem Teil sein.

W. Gädeke: Sicher, aber das ist nicht die Zielrichtung dieses Blattes. Das würde auch die meisten Leser nicht interessieren.

W.W.: Woher wissen Sie das?

W. Gädeke: Man kann es probieren, wenn Menschen auf dieser Grundlage eine Zeitschrift machen wollen, warum nicht? Von der Sache her halte ich es für richtig, aber ich denke, daß die Basis dafür zur Zeit zu schwach ist. Denken Sie zum Beispiel an die Zeitschrift *Bühnenkunst*, damit wollte man auch eine bestimmte Fachrichtung ansprechen, ebenfalls die Zeitschrift *Individualität* auf andere Weise, aber beide Zeitschriften sind eingegangen.

W.W.: Das aber gerade meine ich nicht. Vielleicht könnte es auch eine theologisch-fachspezifische Zeitschrift der Christengemeinschaft geben. Ich denke daran, daß ein Autor den Inhalt verschiedener Vorträge Rudolf Steiners in seinen Artikel einbaut, zum Beispiel die Inkarnationen der Heiligen Drei Könige, die er ohne Rudolf Steiner nur schwerlich gekannt hätte, dann aber nicht die Quelle aus dem Gesamtwerk Rudolf Steiners angibt, vielleicht nicht einmal mitteilt, daß diese Erkenntnisse von Rudolf Steiner kommen, und so den Ursprung des eigenen Wissens verschleiert. Es gibt doch eine ganze Reihe von Lesern, die Interesse daran haben, religiöse Fragen mit Hilfe der Anthroposophie zu vertiefen, wie wir das in diesem Interview zu Beginn gemacht haben. Diese Zielgruppe von Menschen hatte ich im Auge.

W. Gädeke: Genau, das ist eine ganz bestimmte Zielgruppe, die nicht unbedingt durch diese Zeitschrift angesprochen wird.

W.W.: Das ist also schon die zweite Zielgruppe von Menschen, die von dieser Zeitschrift nicht angesprochen wird. Die erste Gruppierung sind meines Erachtens diejenigen Menschen, die auch religiöse Orientierung, jedoch ohne ausgeprägte religiöse Begrifflichkeit suchen, ich denke dabei an alle diejenigen Menschen, die sich heute im Sektenbereich, auf okkulten, schwarzmagischen oder spiritistischen Wegen tummeln. Die aber werden ebenfalls von dieser Zeitschrift nicht angesprochen. Aber auch sehr viele Menschen aus der Christengemeinschaft, die nicht unbedingt diese Begrifflichkeit wollen, werden meines Erachtens ebenfalls nicht angesprochen.

W. Gädeke: Es gilt für alles, was die Christengemeinschaft tut, daß die weitaus größere Zahl sich davon nicht angesprochen fühlt.

Können sie nicht, oder wollen sie nicht?

W.W.: Weitere potentielle Leser sind neben den Anthroposophen alle diejenigen Menschen, die von außen auf die Christengemeinschaft zukommen könnten, aber durch die Sprache und den religiösen salbungsvollen Stil abgeschreckt werden: Dies ist natürlich eine ganz breite Palette vom Politiker über die alleinerziehende Mutter bis zum Punker. Genauso wären hier Menschen mit biographischen Krisen oder im Leben Gescheiterte zu nennen. Wäre es nicht wichtig, eine Zeitschrift mit einem religiösen Anspruch für diese Menschenschichten zu öffnen, indem man sie und ihre Probleme wahrnehmen lernt, zu ihnen geht, mit ihnen spricht, sie interviewt und nicht nur den pastoralen Deckel der Besserwisserei drüberstülpt?

W. Gädeke: Selbstverständlich, Sie haben völlig recht. Es ist doch ganz klar, daß Sie zum Beispiel mit den FLENSBURGER HEFTEN ganz andere Menschen erreichen oder erreicht haben, ähnlich wie *Info3.* Es ist ja sehr gut, daß es dergleichen andere Impulse und Initiativen gibt, die in dieser Hinsicht weitere Schritte der Öffnung gegenüber anderen Menschenschichten tun. Auf diesem Felde des Geisteslebens geht es nur mit Pluralität und Konkurrenz. In der Redaktion der *Christengemeinschaft* gibt es immerhin vier Redakteure, die versuchen, was sie können, und sie können nur das, was sie tun, bzw. sind darauf angewiesen, was ihnen an Artikeln zugeschickt wird. Sie können nicht die Schöpfung aus dem Nichts durchführen. Daß ich zum Beispiel bisher öfter in den FLENSBURGER HEFTEN publiziert habe als in der *Christengemeinschaft,* das hat ja auch seinen Grund.

W.W.: Sie glauben doch nicht im Ernst, daß die Redakteure der *Christengemeinschaft* oder auch andere Priester, die es sein könnten, nicht in der Lage wären, annähernd die gleichen Interviews mit Ihnen zu machen wie wir. Ich denke, daß der Wille fehlt.

W. Gädeke: Ich denke, daß die Leserschaft der *Christengemeinschaft* die Zeitschrift so will, wie sie ist. Herr Heidenreich hat ja sogar einmal Interviews geführt.

Aber Herr Weirauch, warum wollen Sie anderen etwas vorwerfen, daß die etwas nicht tun, was Sie tun? Freuen Sie sich doch, daß Sie etwas tun, und werfen Sie denen nicht vor, daß die nicht das tun, was Sie tun.

W.W.: Wir tun es nur deswegen, weil es andere nicht tun.

W. Gädeke: Das ist doch gut.

W.W.: Natürlich ist es gut.

K.-D.N.: Aber wollten wir je Verleger oder Redakteure werden?!

Vom Ochsen kann man nur Rindfleisch verlangen

W.W.: Ihre Argumente leuchten mir nicht ein, auch wenn sie irgendwo zutreffen. Ich verstehe mich langsam so, als hätte ich mit der Christengemeinschaft überhaupt nichts zu tun. Ich bin aber Mitglied der Christengemeinschaft, genauso wie der Anthroposophischen Gesellschaft, ich bin Anthroposoph, und deswegen fühle ich mich mitverantwortlich dafür, wie die Christengemeinschaft, die Anthroposophische Gesellschaft oder die Anthroposophie im allgemeinen in der Welt steht bzw. was durch die Anthroposophen in die Welt gebracht oder auch nicht gebracht wird. Nur deswegen frage ich dies hier alles, es ist konstruktive Kritik, und man sollte nicht dabei stehenbleiben, daß man konstatiert, daß alles so ist, wie es ist. Ich möchte auch neue Impulse geben und muß doch daher auch das Recht bzw. die Möglichkeit haben, Dinge anzusprechen, die an der Zeit wären.

W. Gädeke: Das tun Sie ja auch!

W.W.: Aber doch nur deswegen, weil wir uns eine eigene Zeitschrift und einen eigenen Verlag geschaffen haben, sonst könnten wir das doch nicht sagen.

W. Gädeke: Sie können vom Ochsen nichts anderes als Rindfleisch verlangen.

W.W.: Sind denn in der Christengemeinschaft nur Ochsen?

W. Gädeke: Nein. Jeder tut das, was er kann.

K.-D.N.: Ich schlage gerade das letzte Heft der *Christengemeinschaft* auf und sehe dort als letzten Satz des Vorwortes: „Herzenswachheit wünscht uns allen in dieser Herbstzeit." Das können Sie natürlich völlig normal finden, aber allein ein derartiger Satz ist sehr vielen Zeitgenossen vollkommen gegen den Strich gebürstet.

Geheuchelte Vollkommenheit ohne Kontroversen

W.W.: Überhaupt scheint es mir ein Problem dieser Zeitschrift zu sein – aber auch beim sonstigen öffentlichen Auftreten der Christengemeinschaft –, daß man von vornherein keine Kritik zuläßt und eine heile Welt bzw. wirklichkeitsfremde hohe Ideale saugnapfartig über alles stülpt. Kann man nicht auch einmal Schwächen zugeben, persönliche wie auch Dinge, die in der Christengemeinschaft oder in der jeweiligen Gemeinde nicht so klappen? Würde man sich damit nicht ganz anders in die Welt stellen, sich den Menschen ganz anders öffnen, statt daß man immer diese geheuchelte Vollkommenheit vorgaukelt? Es wäre doch außerordentlich erfrischend, wenn man dem Leser einmal vermitteln würde, daß man als Pfarrer ebenfalls Schwächen hat, nicht alles kann, denn das schafft gleich eine ganz andere Verbindung zu dem Leser.

W. Gädeke: Völlig richtig. Das gehört zu dem, was ich für wichtig halte und auch immer wieder zu sagen versuche. Das ist etwas, was wir uns in der ganzen anthroposophischen Bewegung sehr hinter die Ohren schreiben müssen, weil wir immer den Eindruck erwecken, daß wir eine heile Welt sind, in der alles gut und in Ordnung ist und in der es keine Kontroversen gibt. Wie muß zum Beispiel der Redakteur der *Erziehungskunst* kämpfen, um auch nur einmal eine kritische Rezension eines Buches veröffentlichen zu können. Überhaupt, daß man Kontroversen zuläßt bzw. Schwächen oder noch nicht Vorhandenes zugibt, ist dringend erforderlich. Natürlich kann man damit allein keine Zeitschrift machen, aber es müßte an dieser oder jener Stelle auftauchen. Auch in der *Christengemeinschaft* gab es einmal vor kurzem eine Kontroverse zu der Frage der Elementarwesen, wo man es fertiggebracht hat, kontroverse Meinungen zu veröffentlichen. Das ist eine Bemühung in die richtige Richtung. Natürlich muß sich auch das Bewußtsein aller Beteiligten in dieser Richtung ändern, und das geht nicht von heute auf morgen. Daß das in Ihren Augen noch nicht weit genug ist, das sehe ich auch. Aber die Bemühungen sind vorhanden. Es gibt in dieser Richtung Entwicklungen.

W.W.: Diese Entwicklung geht mir viel zu langsam. Ich habe noch nie einen Artikel gelesen, in dem ein Pfarrer sich selbst oder irgend etwas in seiner Gemeinde kritisch dargestellt hätte. Sollte man nicht zusätzlich in der Zeitschrift auch Kritik zulassen, zum Beispiel eine Sparte „Kritische Briefe aus den Gemeinden"? Wenn man nicht kontroverse Leserbriefe zuläßt bzw. die eigenen Schwachstellen aufs Korn nimmt, erzeugt man übersteigerte Kritik von außen bzw. gerät in ein so seichtes Fahrwasser, daß man gar nicht mehr mitbekommt, daß woanders überhaupt noch Wellen schlagen. Kontroverse Diskussionen über Elementarwesen sind nicht weitgehend genug und sollten nicht als positive Entwicklung dargestellt werden.

W. Gädeke: Natürlich könnte man auch eine derartige Sparte einrichten, nur würde ich das eher dem *Mitteilungsblatt* zuordnen. Dort werden auch entsprechende kontroverse Dinge gebracht. Sie haben immer einen gewissen Absolutheitsanspruch, und das ist in meinen Augen ja auch sympathisch, nur müssen Sie auch die Anfänge und Bemühungen der anderen sehen. Und diese Anfänge gehen durchaus in diese Richtung, wie Sie es sich wünschen, es reicht nur noch nicht. Wenn es ausreichen würde, dann säßen wir jetzt nicht hier, wir würden jetzt kein Interview über die Christengemeinschaft führen, wenn wir nicht alle der Meinung wären, daß noch viele Dinge in Richtung einer Verbesserung notwendig wären. Ich denke, daß die meisten von uns noch gar keinen Begriff davon haben, was eigentlich freies Geistesleben heißt. Die meisten von uns denken, daß wir immer eine heile Welt darstellen müßten, daß wir immer einer Meinung sein sollten. Es ist doch ganz einfach, daß man unterschiedliche Meinungen nebeneinander stehen läßt, wie wir drei zum Beispiel durchaus zugeben können, daß wir in bezug auf Vorschlags- und Wahlrecht der Gemeinderatsmitglieder nicht ganz einer Meinung sind. Wir haben aber doch auch gesehen, wie schwer uns diese Diskussion gefallen ist.

K.-D.N.: Mir ist daran lediglich der Gedanke schwergefallen, daß Sie sich mit Ihren Vorstellungen durchsetzen könnten. Ansonsten können Sie meinen, was Sie wollen.

W. Gädeke: Na bitte. Wir müssen doch nicht alles harmonisieren wollen. Wir können es kontrovers stehenlassen und daran glauben, daß die Kraft des Geistes, für den wir alle tätig sein wollen, die Sache schon weiter in Bewegung hält. Ich möchte nur einmal ein Beispiel nennen: Emil Bock hat ein Buch geschrieben, wo es um die drei Tage bis zur Auferstehung Christi geht, Rudolf Meyer hat ebenfalls ein Buch darüber geschrieben, wo er Emil Bock einen Fehler nachweist, aber ohne Emil Bock dabei zu nennen. Daß es nicht möglich ist, daß dann in dem Buch von Rudolf Meyer darinnensteht, daß er anderer Meinung als Emil Bock ist, ist für mich ein Zeichen dieser genannten Schwäche. Warum sollen wir nicht ganz offen sagen, daß der Gädeke eine andere Auffassung als andere hat. Das Zentrale ist, daß wir den gleichen Gottesdienst feiern, das übrige kann Pluralität sein. Dafür setze ich mich seit vielen Jahren ein, aber ich kann nur dafür sorgen, daß diese pluralistische Auseinandersetzung wächst. Daß Ihnen das zu langsam geht, ist mir auch klar.

Von Pflänzchen und Flenschen

W.W.: Sie sehen kleine Pflänzlein, die zunehmend wachsen, aber in ihrem Wachstum auch noch behindert werden. Ich sehe es so, daß diese Pflänzlein gar nicht erst zugelassen werden, weil man sie gar nicht will.

W. Gädeke: Dann sollen sich die Pflänzchen mit ihrer Kraft durchsetzen, genauso wie Sie mit Ihren PFLÄNZBURGER HEFTEN. Wenn diese Flenschen sich durchsetzen, und Sie haben sich zu einem Großteil schon durchgesetzt, dann werden weitere folgen.

W.W.: Mag ja sein, bloß wir von den FLENSBURGER HEFTEN sind wirtschaftlich und rechtlich von der Christengemeinschaft unabhängig und ein eigenständiger Verlag mit einer eigenständigen Redaktion und einem unabhängigen Willen. Zwar machen wir jetzt ein Interview für die FLENSBURGER HEFTE, aber ich rede auch jetzt als Mitglied der Christengemeinschaft über die Christengemeinschaft, und da sehe ich – ich wiederhole mich – derartige Pflänzchen nicht. Im Grund ist mir die Christengemeinschaft ja noch ein Anliegen, denn sonst würde ich nicht mehr über sie reden.

W. Gädeke: Sicher.

Testläufe für die Zeitschrift

W.W.: Eine sehr wichtige Aufgabe der Zeitschrift *Die Christengemeinschaft* sehe ich darin, sich selbst bei anderen gesellschaftlichen Gruppen oder Religionsgemeinschaften ins Gespräch zu bringen, denn daran würde sich zeigen, wie man gesehen wird, aber auch, wie man die eigene Sache für andere darstellen kann. Das kann in Interviews, Streitgesprächen in der Zeitung, natürlich auch unabhängig davon in Diskussionsforen geschehen. Wie stehen sie dazu?

W. Gädeke: Das wäre eine gute Möglichkeit, warum nicht! Das muß nur menschenmöglich sein, und wenn ich mir die vier Redakteure der *Christengemeinschaft* betrachte, gleichzeitig aber weiß, was sie außerdem noch als Pfarrer leisten müssen, so ist es gar nicht möglich.

W.W.: Diese vier meine ich die ganze Zeit im Grunde gar nicht. Mir geht es nur ums Prinzipielle. Man müßte dann eben hauptamtliche Redakteure einstellen.

W. Gädeke: Die Idee finde ich gut, aber wenn ich daran denke, wer dies machen soll, dann fällt mir kaum jemand ein.

W.W.: Wenn man die Wichtigkeit erkennt, kann man die vier Redakteure ganz für diese Aufgabe freistellen bzw. das Gremium erweitern.

W. Gädeke: Natürlich, aber dann sind wir wieder bei dem Problem, daß wir derartige Dinge nur langsam durch das Wachstum der Gemeinden, und damit der Zentralbeiträge usw., hinbekommen werden.

W.W.: Vielleicht wird sich eine derartige Zeitschrift mit dem Gehalt der Redakteure selbst tragen. Warum denn nicht?

Ein Testlauf wäre für mich, einmal 1.000 Exemplare der *Christengemeinschaft* an Abonnenten, 1.000 an Jugendliche in der Christengemeinschaft, 1.000 an außerhalb der Christengemeinschaft stehende Jugendliche zu schicken mit der Bitte um unverblümte Kritik und alternativen Verbesserungsvorschlägen, wie man sich die Zeitung einer Bewegung für religiöse Erneuerung vorstellt. Ich fürchte, das Ergebnis wäre vernichtend.

Wie sehen Sie das? Wäre das nicht einmal eine Aufgabe für den Siebenerkreis, einen derartigen Testlauf anzuregen?

W. Gädeke: In bezug auf die zweite und dritte Zielgruppe gebe ich Ihnen vollkommen recht, da kann man den Testlauf gleich unterlassen, denn für diese Menschen ist die Zeitschrift nicht. Das Ergebnis steht vorher fest. Da würde ich sogar auf den Test verzichten. Ich denke sogar, daß die Herausgeber es genauso sehen.

W.W.: Trotzdem würde sich ein derartiger Testlauf lohnen, denn es geht nicht nur um die Kritik, sondern auch um Verbesserungsvorschläge, aus denen man sehr gut lernen könnte.

W. Gädeke: Das wäre sicherlich nützlich. Sie sehen es zum Beispiel an der Gestaltung des Covers der *Christengemeinschaft,* da hat man eine derartige Befragung durchgeführt und sogar repräsentative Meinungen veröffentlicht. Es war natürlich sehr schwierig, die einen finden es so, die anderen so. So kommt man nie auf einen grünen Zweig. Daraus ist überhaupt nichts zu entnehmen, deswegen meine ich, daß es nur zielgruppenspezifisch geht.

W.W.: Das stimmt sicherlich. Der Hintergrund kann durchaus der sein, den Sie anstreben, daß man verschiedene Zeitschriften für verschiedene Zielgruppen macht. Ich möchte aber noch einmal wiederholen, daß wir von dem ausgehen, was vorliegt. Die Zeitung ist ja das offizielle Organ der Christengemeinschaft und könnte widerspiegeln, was in der Christengemeinschaft lebt und aus ihr werden kann. Wie würden Sie sich dieses Organ wünschen: daß es die Gemeindeentwicklungen mit neuen Ideen befruchtet, der Christengemeinschaft neue Impulse gibt, oder umgekehrt, daß es lediglich darstellt, was gerade in der Christengemeinschaft Sache ist? Soll es also ein Organ des Werdenden oder des Seienden werden?

W. Gädeke: Ich denke, daß die Zeitschrift Impulse geben sollte, zumal der erste Teil mit den religiösen Artikeln ist dafür gedacht. Ob das gelingt, ist eine andere Frage.

W.W.: Wir wurden vor einigen Jahren zu einem Gremium im Rahmen der Christengemeinschaft eingeladen, in dem wir während zweier Tage alle diese Fragen, die wir in diesem Interview in bezug auf die Öffentlichkeitssprache der Christengemeinschaft und die Zeitschrift *Die Christengemeinschaft* angesprochen und dargestellt haben. Dieses Gremium wäre durchaus entscheidungsbefugt, zumindest hätten davon Impulse ausgehen können. Seitdem habe ich aber so gut wie keine Änderung festgestellt. Von daher leitet sich mein Gedanke ab, daß man dergleichen Änderungen nicht will.

W. Gädeke: Dazu kann ich nichts sagen, weil ich bei diesem Treffen nicht dabei gewesen bin. Trotzdem möchte ich noch einmal betonen, daß ich es für gut und richtig halte, daß Sie Ihre eigene Zeitschrift machen. Und ich halte es auch für vergebliche Liebesmüh zu meinen, daß man innerhalb der Christengemeinschaft eine Zeitschrift herausgibt, die allen gerecht wird. Ich setze auf Pluralität, die sich dadurch ergibt, daß andere Zeitschriften entstehen, die außerhalb der Christengemeinschaft oder der Anthroposophischen Gesellschaft existieren. Denn dann wird die Problematik der Christengemeinschaft von außen her beleuchtet, und das kann sehr heilsam sein. Das ist sogar absolut notwendig.

W.W.: Irgendwie kommen wir nicht auf eine Linie.

W. Gädeke: Müssen wir ja auch nicht.

W.W.: Selbstverständlich müssen wir das nicht in einzelnen Sachfragen; aber bei dem, was ich jetzt meine, sollten wir es doch. Denn uns allen liegt die Christengemeinschaft am Herzen, und es stört uns – zumindest mich –, wenn die Christengemeinschaft in der Öffentlichkeit in einer Weise auftritt, wie es für mich nicht mehr akzeptabel ist. An diesem Punkt setze ich an mit Fragen, Kritik und Verbesserungsvorschlägen. Alle meine konstruktiven Verbesserungsvorschläge, wie auch in diesem Interview, sage ich seit annähernd zehn Jahren, stoße meistens auf offene Ohren, aber ich bemerke keine Änderungen. Das ist mir zu wenig, das kann irgendwie nicht angehen. Das ist für mich ein Haken, denn ich glaube nicht, daß man alles getan hat, was man tun könnte.

W. Gädeke: Das kann ich nicht alles bestätigen. Natürlich ist es klar, daß vieles Ihrer Kritik nicht ankommt, das habe ich selber auch bemerkt. Deshalb ist es gut, wenn es verschiedene Zeitschriften gibt, die in Pluralität und Konkurrenz zueinander treten.

W.W.: Im Rahmen der Gesamtheit der anthroposophischen Bewegung stimme ich Ihnen zu, im Rahmen der Christengemeinschaft nicht, denn dort gibt es keine Pluralität.

K.-D.N.: Es gibt ja keine zweite Zeitschrift.

W.W.: Sie nehmen immer die FLENSBURGER HEFTE als Beispiel, die haben aber mit der Christengemeinschaft nichts zu tun.

W. Gädeke: Dann müßten wir eine zweite Zeitschrift innerhalb der Christengemeinschaft begründen, aber die gibt es deswegen nicht, weil wir keine Menschen haben, die das machen. Daß es anzustreben ist, ist in meinen Augen völlig ohne Frage.

K.-D.N.: Die zweite Zeitschrift haben ja nun auch Sie ins Spiel gebracht, wir reden aber von dem einzigen Organ der Christengemeinschaft, das vorliegt, welches offizielles Organ der Christengemeinschaft ist. Diese Zeitschrift repräsentiert die Christengemeinschaft, wir selber sind Mitglieder derselben, deswegen stellen wir uns auch mal die Frage: Was ist nun, wenn Freunde oder Bekannte, die keine Anthroposophen sind, die Christengemeinschaft nicht kennen, eine solche Zeitschrift in die Hand bekommen, wie denken die dann von uns?

W. Gädeke: Ich stimme Ihnen ja zu, trotzdem meine ich, daß das, was vorliegt, immer der Spiegel dessen ist, was konkret zur Zeit möglich ist. Wenn jemand etwas ändern will, dann muß er sich engagieren. Wenn Sie nichts ändern können, dann müssen Sie eben anerkennen, daß die Christengemeinschaft noch nichts anderes ist, als was sich zur Zeit zeigt.

XVIII. DIE ÖFFENTLICHKEITSSPRACHE DER CHRISTENGEMEINSCHAFT

W.W.: Die Tendenz des Stils der *Christengemeinschaft* ist symptomatisch für die Ausrichtung großer Teile der Christengemeinschaft; man findet dies in verstärktem Maße in den *Mitteilungen*, in Vortragsankündigungen und vor allem in Gemeindebriefen wieder. Ich kenne da sehr viele Beispiele, und mir pellt sich beim Lesen solcher Werke hin und wieder die gesamte Haut ab, es grenzt oft an Volksverdummung, man hat oft den Eindruck als würden seelisch-geistig Behinderte oder höchstens Zehnjährige angesprochen. Woher kommt dieser ewig gleiche – im Grunde menschenverachtende – Stil? Lernt man das irgendwo in der Christengemeinschaft, oder wabert da irgendwo eine bürgerliche Gruppenseele herum, aus der der einzelne Priester sich oft nicht befreien kann, wenn er Gemeindebriefe entwirft?

W. Gädeke: Dann lesen Sie doch die Gemeindebriefe nicht mehr!

W.W.: Aber ich bin doch trotzdem Mitglied der Christengemeinschaft und diese Briefe werden an mich gerichtet.

W. Gädeke: Aber das Mitgliedsein heißt nicht, daß Sie sich von jedem Gemeindebrief angesprochen fühlen müssen.

Verpflichtung aus geistiger Verbundenheit

W.W.: Ich bin Mitglied und habe deswegen die Verpflichtung, die Einrichtung, bei der ich dabei bin, zu einer fortschrittlichen positiven Kraft zu machen. Wenn ich es nicht tue, dann schließe ich meine Augen vor denjenigen Dingen, die verbesserungsbedürftig sind.

W. Gädeke: Vielleicht ist das der Kern, wo wir uns unterscheiden. Ich sehe es nicht als Verpflichtung des Mitgliedes eo ipso, sondern ich engagiere mich als Mitglied, wo ich will und kann. Das einzige, wo jeder mitgestalten sollte, was er sich selber auferlegen müßte, ist das Mitgestalten, das innere geistige Mitbauen am Kultus. Alles übrige ist nicht Ihre Pflicht als Mitglied, sondern höchstens deswegen, weil Sie sich in diesem oder jenem besonders engagieren. Es wird in der Christengemeinschaft immer Dinge geben, die diejenigen Menschen, die nur am Kultus teilnehmen wollen, überhaupt nicht ansprechen. Das läßt sich nicht vermeiden.

K.-D.N.: Was er meint, ist nicht die Verpflichtung eines jeden Mitgliedes, in alle Dinge der Christengemeinschaft mitgestaltend einzugreifen, sondern die Verpflichtung aus einer geistigen Verbundenheit, was einem selbst als eigene Verpflichtung erwächst, nämlich für das Wohl des Ganzen mitzuarbeiten.

Wenn der Winter kommt, ist es zu spät

So sehr ich es verstehe, so sehr es auch richtig ist, wenn Sie sagen, es hänge von den Menschen ab, so gibt es obendrein aber doch gewisse Gesetzmäßigkeiten. Man kann einfach nicht sagen, daß alles in der anthroposophischen Bewegung nun einmal so lange dauere, wie es dauert. Man kann nicht immer sagen, daß alles noch nicht so weit sei und daß man nicht alles könne, denn irgendwann wird man an einem Punkt stehen, an dem man bemerken wird, daß es zu spät ist.

Wenn ich das Bild vom Pflänzchen aufgreifen darf, so muß diese Pflanze – wenn es eine einjährige ist – bis zum Herbst ihre Frucht bringen, sonst kommt der Winter, dann stirbt dieser Pflanzenkeim. Es gibt auch gewisse Notwendigkeiten, wenn wir persönlich Kritik an der Öffentlichkeitssprache oder der Zeitschrift der Christengemeinschaft üben, so geht es gar nicht um uns, denn wir können gerne auf die Lektüre dieser Zeitschrift verzichten. Wenn wir auf Defizite in der anthroposophischen Bewegung hinweisen, so haben wir eine Grundbeziehung zur Anthroposophie und zur Christengemeinschaft und ertragen deswegen mit einer gewissen Dickfelligkeit alle im Grunde nicht mehr zu ertragenden Begleiterscheinungen. Das ist der Grund, daß wir überhaupt noch dabei sind. Ich kenne aber sehr viele Menschen, die der Anthroposophie oder dem religiösen Leben im Grunde nicht abgeneigt wären, die aber diese Grundbeziehung noch nicht haben, für die es aber vollkommen undenkbar wäre, sich bei dem heutigen Erscheinungsbild der Christengemeinschaft mit dieser zu identifizieren. Denen würde der Peinlichkeitsschweiß ausbrechen.

W. Gädeke: Das ist natürlich völlig richtig. Ich habe ja auch gesagt, daß das der ganze Umkreis der Christengemeinschaft ist, und daß wir sehen müssen, daß wir so wenig wie möglich die Menschen daran hindern, zum Zentrum, zum Kultus zu kommen. Ich bin völlig mit Ihnen einig, das Problem liegt nur in der Frage der sozialen Umsetzung.

K.-D.N.: Man kann sich aber nicht nur damit bescheiden, darauf hinzuweisen, daß die Menschen und die Kräfte nicht vorhanden sind, denn nun treten innerhalb der anthroposophischen Bewegung Situationen ein, wo man sich fragen muß, was man falsch gemacht hat. Es leeren sich zum Beispiel die Seminare, und es ist keineswegs zufällig, daß das im Rahmen der Heilpädagogik beginnt. Man kann wirklich nicht behaupten, daß der Heilpädagoge heute kein Beruf oder keine Aufgabe mehr wäre. Das spricht eine deutliche Sprache.

W. Gädeke: Das ist doch gut, daß dies geschieht.

K.-D.N.: Es kann aber doch eines Tages, und ich denke, daß dieser Tag nicht allzu fern liegt, zu spät sein. Man geht seit Jahrzehnten an den Zeitereignissen vorbei.

W. Gädeke: Daß es zu spät ist, das klingt mir zu absolut. Es ist gut, daß in allem, was wir tun, die Reaktion aus der Umwelt kommt. Wenn die Zeitschrift der Christengemeinschaft eines Tages die Hälfte ihrer Abonnenten verliert, dann wird man sich die Frage stellen müssen, was man ändern muß.

W.W.: Das ist nicht der Punkt. Ich denke, daß die Leserschaft aus einem mir allerdings vollkommen unerklärlichen Grund die Zeitschrift so hinnimmt, weil sie scheinbar davon ausgeht, daß nichts anderes möglich ist. Sie nannten vorhin das Beispiel des ehemaligen Hauses der Christengemeinschaft in Kiel, welches zu muffig und zu hinterstübisch gewesen sei. Sie sagten, daß ein Gremium eingerichtet worden ist, welches die Notwendigkeit eines Kirchenbaus erkannt hat. Diese Kirche steht mittlerweile da, und die Öffnung nach außen ist vorbildlich gegeben. Ein gleiches Gremium für die Öffnung der *Christengemeinschaft* bzw. für das öffentliche Auftreten der Christengemeinschaft im Ganzen könnte doch genauso eingerichtet werden, wenn man die Notwendigkeit erkennen würde. Von einem derartigen Gremium habe ich noch nichts gehört.

Der Leidensdruck ist noch nicht groß genug

W. Gädeke: Das ist richtig, trotzdem gibt es bereits seit einiger Zeit ein sogenanntes Beauftragtentreffen, wo das Problem Verlag und Zeitschrift besprochen werden wird. Daraus könnte sich noch einiges weitere erbilden. Natürlich muß man sich, auch ich, den Vorwurf machen, daß man die Verantwortung für die Zeitschrift den vier Redakteuren überläßt und sich nicht genügend darum kümmert, weil man glaubt, daß es noch nicht am Null- bzw. Alarmpunkt angelangt ist. Dahin wird es aber eines Tages kommen. Wir brauchen auch die Korrektur durch die tatsächliche Resonanz, die wir erhalten. Solange die Resonanz noch weitgehend positiv ist, wird der Leidensdruck nicht groß genug, weil es tatsächlich immer noch genügend Menschen gibt, die die Zeitschrift so wollen, wie sie ist. Jeder sollte sich klar werden, auf welchem Gebiet er sich ganz besonders engagiert.

Ich selbst habe mich zum Beispiel sehr stark mit dem Kirchenbau beschäftigt, ich könnte zeigen, daß das biographisch seit meiner Jugend ein Thema ist. Deswegen halte ich es für nötig und gerechtfertigt, daß ich mich auf diesem Sektor einsetze. Die Zeitschrift ist nicht mein Thema, obwohl ich fast alles, was Sie sagen, einsehe. Deswegen muß ich mich als Einzelperson fragen, ob ich mich auf diesem Gebiet wirklich engagieren will. Das sind individuelle Entscheidungen, die man einfach abwarten muß. Daß man in größeren Gremien fragt, ob unsere Zeitschrift noch dem genügt, was sie sein sollte, das ist bereits geschehen und wird weiter geschehen. Aber dann kommt die entscheidende Frage: Bist du bereit, wenn du etwas kritisierst, dich hineinzustellen, um es zu deiner Sache zu machen? Wenn die FLENSBURGER HEFTE pleitegehen sollten ...

W.W.: ... da sei Gott vor.

W. Gädeke: ... ich will es auch nicht hoffen, aber gesetzt den Fall: Wären Sie bereit und in der Lage, in eine dieser Institutionen existentiell hineinzugehen, um sie von innen her zu verändern?

W.W.: In der Lage wäre ich, bereit aber nur unter ganz bestimmten Voraussetzungen, die ich hier nicht darstellen möchte.

K.-D.N.: Es hängt natürlich weitgehend von der Institution ab, und die Frage ist, ob man es dort überhaupt aushalten könnte, vielleicht würden wir dort keine zwei Wochen alt werden. Entweder wäre dann die Institution erledigt oder man selbst.

W. Gädeke: Genau. Ist man sich bewußt, daß es schmerzvolle Umwandlungsprozesse gibt, oder ist es vielleicht viel besser, daß man getrennte Wege geht? Das gilt genauso für die verschiedenen Seminare. Wir müssen einfach die Pluralität aushalten, denn wir sind von den Personen und von der karmischen Ausrichtung so weit voneinander entfernt, daß wir nicht alle gleichzeitig an derselben Sache bzw. in derselben Institution arbeiten können, obwohl unser Herz für dieselbe Sache schlägt.

W.W.: Aber die Pfarrer sind verschieden genug, um diese Fragen erfolgreich zu bewältigen. Deswegen ist es mir ein tiefes Rätsel, warum das nicht schneller gelingt.

Last exit to Brooklyn

K.-D.N.: Auffällig ist, daß der Begriff der Kritik immer als etwas Negatives aufgefaßt wird. Im Grunde heißt es aber nichts anderes, als eine Sache sachgemäß zu beurteilen. Wir sprachen davon, daß der Leidensdruck so stark werden müßte, bis man endlich merkt, daß sich etwas ändern muß. Das ist die letzte Bremse, last exit to Brooklyn, aber als Arbeitsprinzip für die anthroposophische Bewegung kann man das nicht gelten lassen. Denn notwendig ist die ständige Wandlung. Auch eine Institution muß sich permanent wandeln, damit sie noch in der Lage ist, intuitive Zukunftsimpulse zu erfassen. Nur dann kann sie sich heilsam bewegen. Wenn sie sich nur dann bewegt, wenn der Leidensdruck so stark geworden ist, daß sie sich bewegen muß, führt das in die Mumifizierung.

W. Gädeke: Sie haben völlig recht.

K.-D.N.: Bewußt wandeln kann man sich aber nur, wenn man über Selbsterkenntnis verfügt, man kann es nur dann, wenn man Kritik als etwas völlig Normales betrachtet. In den Institutionen muß begriffen und umgesetzt werden, daß das Wandlungsprinzip das Urprinzip einer institutionellen Gestaltung innerhalb der anthroposophischen Bewegung ist. Es ist ein Grundgesetz, daß die Anthroposophische Gesellschaft und alle anderen Einrichtungen der anthroposophischen Bewegung ihren Aufgaben nur gerecht werden, wenn sie sich fortwährend wandeln können.

W. Gädeke: Ich bin vollkommen mit ihnen einig, ich denke lediglich, daß unsere Uneinigkeit darin beruht, daß Sie die Grundstimmung in sich tragen, die ich gut verstehen kann, daß alles zu langsam geht und daß etwas verpaßt werden könnte. Nur darin sind wir im Dissenz, aber das ist nicht mehr mit logischen Mitteln auslotbar. Ich denke, daß es genügend Menschen gibt, die etwas wollen, und Sie unterstellen, daß sie es nicht wollen. Ich unterstelle, daß sie es wollen, aber natürlich geht es zu langsam. Aber wann es zu spät ist, ist rational nicht mehr zu erfassen. Stellen Sie sich vor, wir würden mit der Tatsache konfrontiert, daß die Auflage der *Christengemeinschaft* in der letzten Zeit um 10 Prozent gestiegen ist.

W.W.: Und wenn die Auflage um 100 Prozent gestiegen wäre, an meiner Kritik würde sich nichts ändern.

W. Gädeke: Das würde aber bedeuten, daß sehr viele Menschen die Zeitschrift so wollen, wie sie ist. Natürlich würde es auch sehr viele andere geben, die sie nicht so wollen.

„Wir sind machtpolitisch zu klein und unbedeutend"

W.W.: Die Art des Auftretens der Christengemeinschaft, das in manchen Tendenzen ans Hinterwäldlerische grenzt, wirkt für mich sektiererisch. Was unterscheidet die Christengemeinschaft von einer Sekte?

W. Gädeke: Eine Sekte würde alles uniformieren, und es würde kein Freiraum für Vielfalt entstehen können. Die Christengemeinschaft wird nicht dadurch zu einer Sekte, daß es nur die eine Form des Gottesdienstes gibt. Wenn sie in allen anderen Teilen einheitlich würde, wenn sie zentral gelenkt würde, wie zum Beispiel die Zeugen Jehovas von New York aus, dann wäre sie eine Sekte. Wenn man aber die Vielfalt der Christengemeinschaft bedenkt, dann sehe ich darin nichts Sektiererisches. Vom Prinzip her ist die Christengemeinschaft keine Sekte, sie könnte höchstens sektiererische Züge annehmen, weil die Vertreter nicht weitherzig genug wären.

W.W.: Bei Problemen und Konflikten in unserer Gesellschaft oder auch bei Zukunftsprojekten wie zum Beispiel bei Engholms Denkfabrik findet man oft Vertreter vieler gesellschaftlicher Gruppierungen bzw. fähige Einzelpersonen, die zu Rate gezogen werden, so gut wie nie aber Vertreter der Christengemeinschaft. Haben ihre Vertreter nichts für die Öffentlichkeit zu sagen?

W. Gädeke: Der erste Grund ist der, daß wir viel zu klein und unbedeutend sind. Von der Zahl her haben wir keine gesellschaftliche Relevanz. Rudolf Steiner hat gesagt, daß wir erst dann für die katholische Kirche interessant wären, wenn wir 3.000 Priester hätten. Das ist ganz schlicht eine Machtfrage.

Früher war der Pfarrer eine Amöbe

W.W.: Sollte sich die Christengemeinschaft nicht sehr viel moderner ausstatten? Ich finde es zum Beispiel ein Unding, daß Sie und viele bzw. alle Ihre Kollegen nicht mindestens eine Sekretärin oder einen Sekretär haben, daß Sie nicht mit modernen Medien – Computer, Fax usw. – ausgestattet sind. Ist das nicht ein erstrebenswertes Ziel?

W. Gädeke: Sicher, das wird auch probiert, es ist völlig klar, daß das notwendig ist. Leider sind wir noch lange nicht so weit, daß jeder Pfarrer seine Sekretärin hat. Auf Zukunft gesehen müssen sich die Aufgaben des Pfarrers differenzieren, so daß er sich auf seine eigentlichen Aufgaben beschränken kann. Früher war der Pfarrer wie eine Amöbe und hat alles alleine gemacht. Wie eine Amöbe als Einzeller alle Funktionen des Organismus übernimmt, so hat der Pfarrer alles selber gemacht. So etwas darf natürlich nur ein Anfangsstadium sein. Ich kann mich noch an die Zeiten erinnern, in welchen manche Pfarrer darüber schimpften, daß andere Pfarrer bereits ein Telefon bzw. ein Auto hatten, das war vor 35 bis 40 Jahren. Ich wurde verlacht, als ich als erster Lenker ein Faxgerät hatte: „Der Gädeke will eben Faxen machen." Was gab es damals für Diskussionen über die Einführung von Computern in der Buchhaltung, inzwischen ist das längst kein Thema mehr.

W.W.: Im weiteren sehe ich für die Christengemeinschaft die Notwendigkeit von mindestens einem Pressesprecher und einem eigenen Christengemeinschafts-Pressedienst, um den Anschluß an die Medien zu erhalten. Ist so ein Mitarbeiterstab nicht Minimalvoraussetzung, um Anschluß an die Zeit zu bekommen?

W. Gädeke: Auf lange Sicht ist es garantiert notwendig, auch dort stellt sich nur die Frage: Wann, wer?

XIX. FORSCHUNG

Theologische Sektion am Goetheanum

K.-D.N.: Warum gibt es keine theologische Sektion am Goetheanum?

W. Gädeke: Das ist ein ganz schwieriges Problem. Auf jeden Fall gibt es zunehmend Menschen, die glauben, daß es sie geben müßte.

W.W.: Zunehmend, sagten Sie?

W. Gädeke: Ja, nach meiner Wahrnehmung. Aber das ist natürlich ein rotes Tuch für viele in der Anthroposophischen Gesellschaft. Ich habe in unserer Studie darüber geschrieben, wie sich die Einrichtung aus der Quellenlage ergibt und wie Rudolf Steiner darüber gesprochen hat. Aber es ist heute noch nicht so weit, weil die Überzeugung, daß es die theologische Sektion nach den inneren Gesetzmäßigkeiten der Anthroposophischen Gesellschaft geben könnte oder gar sollte, noch nicht allgemein ist und weil auch die Kraft nicht dazu da ist. Bedenken Sie nur, daß wir ja noch nicht einmal eine theologische Forschungsstelle haben.

K.-D.N.: Die theologische Sektion wäre dann doch die theologische Forschungsstelle am Goetheanum.

W. Gädeke: Ja, das könnte sie sein. Und da müßten zum Beispiel ja auch nicht nur Priester mitarbeiten, obwohl ich weiß, daß es sicherlich einige Kollegen von mir gibt, die sagen würden, daß es nur Priester sein könnten, die dort mitarbeiten. Damit sind viele Fragen verbunden.

K.-D.N.: Es liegt doch eigentlich in der Logik der Sache, daß zum Beispiel auch in der Pädagogischen Sektion die Mitarbeit nicht auf Waldorflehrer beschränkt sein sollte, sondern auch Staatsschullehrer, die Anthroposophen sind, dort mitarbeiten sollten. Das wäre eigentlich auch das Interessante an einer theologischen Sektion, daß dort im Grunde genommen auch Priester und Pastoren aller Konfessionen, die Anthroposophen sind, die Möglichkeit bekommen müßten, mitzuarbeiten.

W. Gädeke: Ja, warum nicht. Man braucht nur an Gerhard Wehr und Binder zu denken. Das wäre sicher eine Bereicherung.

K.-D.N.: Warum hat Rudolf Steiner durch seine Handlungsweise nicht auf eine Einrichtung einer theologischen Sektion gedrängt, sondern es dabei belassen, wie es war?

W. Gädeke: Das ist ganz klar, denn er hat immer davon gesprochen, daß die Sache nur nach und nach zu entwickeln sei. So hat er auch nicht sofort eine Sektion für das Geistesstreben der Jugend eingerichtet, sondern erst ein paar Monate nach Gründung der Hochschule.

Er wollte sich das real nach den Möglichkeiten entwickeln lassen, bis hin zu der konkreten Frage, welche Persönlichkeit ständig in Dornach anwesend sein kann, um die Sektion am Goetheanum zu leiten. Das war eine seiner Bedingungen zur Einrichtung einer jeglichen Sektion. Insofern braucht man sich nicht zu wundern, daß es zu Rudolf Steiners Lebzeiten eine theologische Sektion mit Sitz am Goetheanum in Dornach noch nicht gab. Außerdem hat er Friedrich Rittelmeyer gegenüber diesen Ausspruch getan, daß man die theologische Sektion ja *am* Goetheanum *in* Stuttgart haben könne, und da sei sie ja auch schon. Er hat also zumindest das, was die Christengemeinschaft damals in Stuttgart getan hat, als den Keim und Anfang einer theologischen Sektion angesehen.

Mitfinanzierung der Forschung durch die Anthroposophische Gesellschaft?

K.-D.N.: Sie erwähnten vorhin in bezug auf ein Archiv bereits die Kostenseite der Forschung und sagten, daß diese nur aus den wachsenden Gemeinden zu finanzieren sei. Wenn nun aber eine Verbindung durch eine theologische Sektion am Goetheanum zur Anthroposophischen Gesellschaft bestehen würde – was nicht nur sachgemäß, sondern auch wünschenswert wäre –, d.h. wenn allgemein und insbesondere vom Vorstand der Anthroposophischen Gesellschaft und von der Leitung der Christengemeinschaft akzeptiert werden würde, daß es eine theologische Sektion gibt, dann wäre es doch auch vorstellbar, daß aus der Anthroposophischen Gesellschaft ein Teil dieser Forschung finanziert wird.

W.W.: Welch Sakrileg!

W. Gädeke: Ja, das wäre natürlich auch möglich. Das würde zu dem schönen Gedanken führen, daß die Anthroposophische Gesellschaft über die Hochschule einen Priester der Christengemeinschaft freistellen könnte, um ein bestimmtes anthroposophisch-theologisches Thema zu bearbeiten. Das wäre doch großartig!

K.-D.N.: Bis dahin ist noch ein weiter Weg! – Warum geschieht es mit den jetzigen Möglichkeiten noch nicht, daß Priester durch die Christengemeinschaft für ganz bestimmte Forschungsaufgaben freigestellt werden?

W. Gädeke: In Einzelfällen ist es schon mal geschehen. Aber das ist derzeit natürlich sehr schwierig, weil die Pfarrer alle in der konkreten Gemeindearbeit gebraucht werden.

K.-D.N.: Gibt es überhaupt eine Theologie der Christengemeinschaft?

W. Gädeke: Nein, die kann es auch eigentlich gar nicht geben. Die Theologie ist der Bereich des freien Forschens und der freien Erkenntnis. Und die Erkenntnis ist immer erst die Sache des einzelnen, kann also nie institutionell sein. Deswegen kann auch die Christengemeinschaft als Institution keine Lehrmeinung haben, wie zum Beispiel die katholische Kirche. Ein Lehramt kann es in dieser Weise bei uns nicht geben. Rudolf Steiner hat das in seinen letzten Äußerungen den Priestern gegenüber sogar so gesagt, daß es – etwas überspitzt – so viele Theologien wie Priester-Iche bzw. Menschen-Iche gäbe. Die Annäherung an die Wahrheit – das ist ja die Aufgabe der Wissenschaft – kann nicht institutionalisiert sein. Die Institution kann lediglich die Forschung fördern, sie aber nicht gewissermaßen besitzen oder haben. Das wäre katholisch gedacht.

K.-D.N.: Theologie muß nicht notwendigerweise auch Lehrmeinung sein. Es kommt genauso wie zum Beispiel in der philosophischen Forschung nicht darauf an, daß alle, die in dieser Richtung wissenschaftlich arbeiten, auch derselben Meinung sind. Das sind individuelle Forschungsleistungen, die in keiner Weise bindend sind. In diesem Sinne wäre es auch gut, wenn es eine Theologie in der Christengemeinschaft gäbe.

W. Gädeke: Ja, wenn die Pluralität gewährleistet und es auch deutlich wäre, daß es sich um individuelle Forschungsleistungen handelt, dann wäre das sicher zu begrüßen. In dieser Weise gibt es ja auch schon erste Ansätze, sozusagen verschiedene Theologien auch zu ein- und derselben Sache, wie ich das vorhin am Beispiel der Karwoche und den unterschiedlichen Auffassungen dazu von Emil Bock und Rudolf Meyer bereits erwähnt habe. Es ist natürlich alles noch sehr anfänglich.

Die Anthroposophie für eine umfassende Theologie fruchtbar machen

K.-D.N.: Ich vermisse eine Systematik, die zu einer wissenschaftlichen Theologie unverzichtbar dazu gehört. Dazu wäre es notwendig, daß an bestimmte Themenstellungen strenger in einem wissenschaftlichen Sinne herangegangen würde. Was es jetzt an vorliegenden Arbeiten gibt, scheint mir doch mehr im Bereich der Essayistik beheimatet zu sein.

W. Gädeke: Da haben Sie völlig recht. Ich sehe da eine gewisse Parallele zum Urchristentum, in dem auch erst anlaßgebunden eine Theologie entwickelt wurde. Richtig systematisch wurde eine Theologie eigentlich erst im zweiten, dritten Jahrhundert entwickelt, d.h. da wurde erst ein Anfang gesetzt. Zunächst muß erst einmal viel – wie Sie es nennen – essayistische Einzelarbeit geleistet werden, wie Emil Bock es beispielhaft in seinem sieben Bände umfassenden großen Wurf zum Alten und Neuen Testament versucht hat. Daran kann man sicherlich manche Einzelheit kritisieren, manches ist auch unwissenschaftlich, und vielleicht ist auch dieses oder jenes historisch nicht haltbar, aber es ist mal ein großer Wurf gewesen, der die wesentlichen Grundlinien aufzeigt.

Ich glaube, daß sich eine wissenschaftliche Theologie, wie Sie sie jetzt angesprochen haben, auch erst im Laufe der Zeit schrittweise herausbilden wird. Denn was Anthroposophie wirklich an Gedankenbildung über die Tatsachen des Christentums, des religiösen Lebens, des Sakramentes usw. möglich macht, das ist ja bei weitem noch nicht ausgeschöpft. Rudolf Steiner war ja auch kein systematischer Theologe. Allein seine Betrachtungen über das Alte und Neue Testament, seine Auslegungen der Evangelien einmal systematisch darzustellen, ist bisher noch nicht geleistet worden, wenn man einmal von dem Ansatz des evangelischen Theologen Klaus von Stieglitz absieht, der sein Buch „Die Christosophie Rudolf Steiners“ (Witten/Ruhr 1955) in der Absicht verfaßt hat, Rudolf Steiner als nichtchristlich abzuqualifizieren. – Da liegt also noch eine große Aufgabe vor uns, die Anthroposophie für eine umfassende Theologie fruchtbar zu machen. Was Emil Bock in dieser Beziehung geleistet hat, war ein wichtiger Schritt in diese Richtung, aber eben nur einer, und das reicht natürlich noch nicht.

K.-D.N.: Wie wäre denn innerhalb einer solchen Theologie die Handhabung der Anthroposophie denkbar? Vorausgesetzt, daß die Ergebnisse der theologischen Forschung auch für jedermann in Buchform zugänglich wären, könnte dann nicht ein Widerspruch dazu entstehen, daß die Christengemeinschaft für alle Menschen offen sein muß, ganz gleich wie diese zur Anthroposophie stehen?

W. Gädeke: Das ist zweierlei. Ein Mensch braucht ja die Theologie, die unter Umständen sogar ein Arbeitsfeld der Anthroposophischen Gesellschaft wäre, wenn sie innerhalb einer theologischen Sektion der Hochschule geleistet werden könnte, in der Christengemeinschaft nicht anzuerkennen. Das besondere ist doch gerade, daß es kein Lehramt gibt und niemand auf die Theologie verpflichtet wird.

K.-D.N.: Warum erscheint dann in den gegenwärtigen Schriften von Pfarrern der Christengemeinschaft die Anthroposophie verhältnismäßig selten?

W. Gädeke: Das sehe ich nicht so, denn wenn Sie genauer hinsehen, ist doch ein ganz großer Teil dessen, was in den Schriften enthalten ist, Anthroposophie. Die Anthroposophie erscheint nur selten in einem heute üblichen wissenschaftlichen Sinne, indem man Rudolf Steiner zitieren würde, wie meine Brüder und ich es in unserer Studie gemacht haben. Das haben wir auch nur deshalb so gehandhabt, damit die vorwiegend anthroposophischen Leser nicht meinen, wir hätten uns irgend etwas ausgedacht. Wir haben Schritt für Schritt gezeigt, was Rudolf Steiners originäre Aussagen und Absichten sind.

Dieses Vorgehen entspricht aber nicht dem Ideal Rudolf Steiners, das er bezüglich der Verarbeitung der Anthroposophie durch seine Schüler und Nachfolger hatte. Sein Ideal hat er am Beispiel Albert Steffens und des Weihnachtskurses für die Lehrer deutlich gemacht: Es ist das freie Referieren, das auf der inneren geistigen Aneignung der Anthroposophie beruht. So wünschte er sich die Verarbeitung und Weitergabe von anthroposophischen Inhalten.

K.-D.N.: Allerdings unter der Voraussetzung, daß dies auf eigener Erfahrung und Erkenntnissen beruht.

W. Gädeke: Richtig, daß es verarbeitet ist – was auch immer das im einzelnen heißt –, und darum bemühen sich doch eigentlich fast alle, die im Rahmen der Christengemeinschaft theologische Bücher geschrieben haben. Man kann schon voraussetzen, daß in diesem Sinne Anthroposophie überall darinnen ist. Nehmen Sie zum Beispiel die Aufsätze von Rudolf Frieling über das Alte und Neue Testament: Da finden Sie äußerlich nicht viel an anthroposophischen Zitaten und Ausdrücken, aber innerlich! Die Methode, die Voraussetzungen und die Ergebnisse, die daraus erwachsen, sind völlig anthroposophisch.

K.-D.N.: Eine systematische Theologie, die wissenschaftlichen Ansprüchen genügen wollte, könnte aber, um nachprüfbar zu sein, ohne ein Zitieren Rudolf Steiners nicht auskommen.

W. Gädeke: Ja. Deswegen sind diese Werke, die ich genannt habe, auch nicht mit dem Anspruch geschrieben worden, theologisch-wissenschaftlich zu sein, sondern sozusagen theologisch-populär. Die Autoren hatten eine andere Zielgruppe als den wissenschaftlich-theologisch Interessierten im Auge. Auch hier gilt wieder, was ich vorhin schon in bezug auf die Zeitschrift sagte, daß sich das zukünftig noch differenzieren muß. Einerseits wird es Schriften geben müssen, die wissenschaftlich exakt nachweisen, was sich aus der Anthroposophie für die Theologie ergibt, mit allen wissenschaftlichen Standards. Andererseits wird es Schriften geben müssen, die diese Ergebnisse menschlich-religiös aufschließen und sie, zumindest prinzipiell, für jeden Menschen fruchtbar machen. Das ist eine andere Aufgabe. Es liest doch auch nicht jedes Gemeindemitglied der katholischen Kirche ein Liturgiehandbuch über die Entwicklung der Liturgie vom 4. bis zum 19. Jahrhundert oder was auch immer. Theologie ist von ihrer ganzen Ausrichtung her etwas anderes als religiöse Literatur. Diese Unterscheidung wird sich auch in der Christengemeinschaft im Laufe der Zeit immer deutlicher herausgestalten. Bisher bestand sogar eine besondere Leistung und Fähigkeit darin, daß zum Beispiel Rudolf Frieling exakte Theologie mit religiösem Empfinden verbinden konnte. Das war seine ganz besondere, nicht zu überschätzende Leistung.

K.-D.N.: Wie weit ist denn noch der Weg zu einer zentralen Forschungsstätte der Christengemeinschaft, mal abgesehen von einer möglichen theologischen Sektion am Goetheanum?

W. Gädeke: Hoffentlich erlebe ich die noch.

W.W.: Wie lange wollen Sie leben?

K.-D.N.: Wollen Sie ein biblisches Alter erreichen?

W. Gädeke: Nein, aber im Sinne einer richtigen Forschungsstelle sehe ich eine Konkretisierung noch nicht. Um die Möglichkeiten der Christengemeinschaft realistisch einzuschätzen, brauchen Sie zum Vergleich nur einmal auf den Bund der Freien Waldorfschulen zu schauen, wie viele Menschen dort beschäftigt sind, welches Budget ihm zur Verfügung steht und welche Finanzkraft von seiten der Schulen dahintersteckt. Bei uns ist es leider noch so, daß Forschung mehr oder weniger privat und nebenbei betrieben werden muß. Und obwohl ich die Forschung für sehr wichtig halte, sehe ich derzeit einfach noch keine konkrete Möglichkeit, sie professioneller zu handhaben. Am Willen jedenfalls mangelt es ganz sicher auch in dieser Beziehung nicht. Ich bin mir sicher, daß jedes Mitglied der Oberlenkung und auch des Siebenerkreises Ihnen sofort zustimmen würde, daß das notwendig sei.

Wenn auch in Zukunft die Menschen so zahlreich den Priesterberuf in der Christengemeinschaft ergreifen wie in den letzten Jahren, dann haben wir ja vielleicht auch bald so viele Pfarrer, daß einige zur Forschung freigestellt werden können. Und wenn erst einmal die Persönlichkeiten da sind, die auf diesem Gebiet etwas Überzeugendes leisten, dann kommt vielleicht auch das Geld. Ich bin überzeugt, daß man erst dann Geld dafür einwerben kann, wenn eine Persönlichkeit da ist, die diese Aufgabe auch wirklich ergreift und der sie gewissermaßen auch schicksalsmäßig auf den Leib geschnitten ist.

XX. VERHÄLTNIS ZU ANDEREN RELIGIONSGEMEINSCHAFTEN

K.-D.N.: Die Ökumene erkennt die Christengemeinschaft nicht an, weil ihre Taufe nicht expressis verbis die trinitarische Taufformel enthält und mit der Anthroposophie Rudolf Steiners eine neue Offenbarungsquelle neben die Bibel getreten sei. Ich zitiere dazu eine Darstellung aus Sicht der evangelischen Kirche aus dem „Handbuch Religiöse Gemeinschaften":

„Von seiten der evangelischen Kirche blieb das Verhältnis zur CG lange Zeit ungeklärt. 1948/49 befaßte sich eine Kommission der Studiengemeinschaft der Evangelischen Akademien mit dem Verhältnis von CG und Kirche. Aufgrund des erarbeiteten Gutachtens beschloß der Rat der EKD am 31. Mai 1949, 'die in der Christengemeinschaft vollzogene Taufe nicht als christliche Taufe anzuerkennen und eine Klärung der Abgrenzung der EKD und ihrer Gliedkirchen von der Christengemeinschaft mit geistlichen und seelsorgerlichen Mitteln herbeizuführen' (Hutten, Seher ..., 12. Aufl., S.711). Hauptbegründung für diese Abgrenzung war, daß in der CG eine neue Offenbarungsquelle, die Anthroposophie Rudolf Steiners, neben die Bibel tritt. – 1950 wurde nach nochmaligen Gesprächen mit leitenden Theologen der CG der Ratsbeschluß wiederholt. Die Führung der CG bemerkte zu dieser Stellungnahme, die Kirche entscheide sich damit gegen ihre eigene Zukunft. 'Man kann ... mit Recht von einer neuen Offenbarungsquelle sprechen, die durch das Lebenswerk Rudolf Steiners erschlossen ist. Aus dieser Quelle fließt aber kein Dogma. Sie gibt nicht „Offenbarung", ... sondern sie erweckt und pflegt im Menschen zugleich ein Organ für Offenbarung ... ' (Die Christengemeinschaft, Heft 5/6 in Ev. und CG 57). Seit 1962 sind neue Gespräche zwischen evangelischer Kirche und CG aufgenommen worden. Die Bischofskonferenz der VELKD sowie der Rat der EKD haben sich 1968 und 1969 erneut mit der Frage befaßt. Beide Gremien sahen sich nicht veranlaßt, von der Entscheidung vom 31. Mai 1949 abzugehen, da in der Zwischenzeit keine wesentliche Neuentwicklung innerhalb der CG eingetreten sei, die sich vor allem auf die Taufpraxis ausgewirkt hätte. Doch solle damit die weitere Besinnung über das Verhältnis der evangelischen Kirchen zur Christengemeinschaft nicht abgeschnitten sein." (H. Rellers/M. Kießig: Handbuch Religiöse Gemeinschaften: Freikirchen ... Gütersloh ^{3}1985. Zit. nach: Hans-Werner Schroeder: Die Christengemeinschaft. Stuttgart 1990, S.184)

Gibt es hier Bestrebungen seitens der Christengemeinschaft, weiter im Gespräch zu bleiben und eine im Sinne der Christengemeinschaft befriedigende Klärung dieser Frage herbeizuführen?

W. Gädeke: Es gibt einen mehr privaten Arbeitskreis in Stuttgart, der sich darum bemüht. Ob er damit auch Erfolg haben wird, wird sich zeigen. Offizielle Kontakte gibt es in dieser Beziehung nicht. Die Christengemeinschaft betreibt nicht offiziell die Anerkennung durch die Ökumene, indem diesbezügliche Initiativen von ihr ausgehen würden. Es ist nicht unser Problem, ob die evangelische Kirche unsere Taufe anerkennt oder nicht. Das Problem liegt doch auf Seiten der evangelischen Kirche bzw. der Ökumene.

Gibt es Möglichkeiten der Zusammenarbeit?

K.-D.N.: Ich weiß nicht, ob man das so einfach sagen und sich damit zufrieden geben kann. Eine ähnliche Auffassung vertrat Johannes Lenz im Interview im FLENSBURGER HEFT Nr.14 „Erneuerung der Religion", als er dort sagte, daß jetzt der erste Schritt von der EKD ausgehen müsse und man sich von der Christengemeinschaft aus nicht in Auseinandersetzungen auf diesem Felde einlassen wolle. Abgesehen davon, daß solche Auseinandersetzungen derzeit vielleicht nicht erfolgversprechend wären, hielte ich es doch für anstrebenswert, die Zusammenarbeit mit anderen Religionsgemeinschaften zu suchen. Sehen Sie Bereiche, sei es auf lokaler oder auf überregionaler Ebene, in denen eine Zusammenarbeit interessant und auch fruchtbar sein könnte?

W. Gädeke: Wir hatten gerade eine Tagung in unserer Schulungsstätte auf dem Methorst zum Thema „Wie christlich ist die Anthroposophie?", an der ein evangelischer und ein katholischer Theologe mitgewirkt haben. Eine Begrenzung der Möglichkeiten war allerdings dadurch gegeben, daß es sich bei beiden um Theologen handelte, die Anthroposophen sind. Das heißt, sie haben bereits eine Beziehung zur Anthroposophie, so daß ihnen nicht alles, was aus der Anthroposophie und aus der Christengemeinschaft kommt, total fremd ist und sie sich da nicht hineindenken könnten.

K.-D.N.: Wenn man eine Zusammenarbeit – auf welchem Felde auch immer – mit anderen Religionsgemeinschaften wünscht, wird man nicht nur darauf warten können, daß einzelne Theologen oder auch offizielle Vertreter anderer Religionsgemeinschaften an die Christengemeinschaft herantreten. Dazu wären doch gewiß auch Schritte aus der Christengemeinschaft heraus notwendig.

W. Gädeke: Sie müssen sehen, daß sowohl die evangelische als auch die katholische Kirche so viel mit sich zu tun haben, daß es für sie bestimmt kein vordringliches Problem ist, sich in ein konstruktives Verhältnis zur Christengemeinschaft zu setzen. Aber immer, wenn ich in einen individuellen Kontakt zu einzelnen Theologen anderer Religionsgemeinschaften gekommen bin, habe ich nur die allerbesten Erfahrungen gemacht. Da gibt es überhaupt keine Schwierigkeiten.

Was aber heißt Zusammenarbeit? Die setzt doch zunächst einmal voraus, daß ich den anderen als Christen anerkenne und daß diese Anerkennung auf Gegenseitigkeit beruht, ungeachtet der verschiedenen Wege, auf denen man strebt, Christ zu sein. Erst dann kann man von einer realen Grundlage einer partnerschaftlichen Zusammenarbeit sprechen, denn die kann doch nur von gleich zu gleich stattfinden. Erst dann macht es einen Sinn, dem anderen keine Steine in den Weg zu legen und ihn zu fördern, wo man kann.

K.-D.N.: Da sich dann auch Aufgabenfelder ergeben würden, von deren gemeinsamer Bearbeitung die Christengemeinschaft auch profitieren könnte, halte ich es nicht für völlig abwegig, daß die Christengemeinschaft aus eigenem Antrieb sich um die Anerkennung ihrer Taufe bemüht. Nicht nur, daß damit ein gesteigertes Renommee in der Öffentlichkeit verbunden wäre, sondern die Christengemeinschaft kann doch auch auf manchen Gebieten von den Leistungen und Möglichkeiten der anderen Religionsgemeinschaften profitieren.

W. Gädeke: Das ist sicher richtig und geschieht auch bereits jetzt, daß wir ganz bestimmte Dinge nutzen, die die Kirchen aufgebaut und hervorgebracht haben, die sie jetzt noch leisten und die auch uns zugute kommen. Ich nenne nur die Bibelübersetzungen, die theologische Grundlagenliteratur oder auch den *Evangelischen Materialdienst* usw. Das wird von uns wirklich dankbar entgegengenommen. Viele Dinge könnten wir gar nicht leisten. Darüber haben wir ja nun ausführlich gesprochen. Nun sehen Sie es aber auch mal anders herum: Was haben denn die anderen Religionsgemeinschaften von uns, so daß ihnen eine Zusammenarbeit mit uns anstrebenswert erschiene?

K.-D.N.: Das wollte ich gerade fragen: Was könnte die Christengemeinschaft anderen Religionsgemeinschaften geben?

W. Gädeke: Geben kann man zunächst jemanden nur etwas, wenn er auch etwas haben will. Und von offizieller Seite sehe ich dafür eigentlich keine Anzeichen. Ich weiß aber von einer ganzen Anzahl evangelischer Pastoren, die von sich sagen, daß sie mit unserer Zeitschrift *Die Christengemeinschaft* ihre Predigten bestreiten. – Ja, da können Sie so komisch gucken, wie Sie wollen, das ist nun einmal eine Tatsache. Ich habe gerade vor ein paar Tagen einen Studenten der Philosophie und der Theologie aus Berlin getroffen, der mir erzählt hat, daß die Anthroposophie und die Schriften der Christengemeinschaft in einem weit größeren Maße für die Theologie ausgeschlachtet werden, als wir das vermuten würden. Das kann man natürlich nicht nachprüfen, was da im einzelnen ohne Quellenangabe zur Anregung dient, aber dieser Student hat das jedenfalls so behauptet.

Auf dem Wege zu einer wie auch immer gearteten Zusammenarbeit sollte man also erst einmal eine Atmosphäre des gegenseitigen Verständnis und der Toleranz schaffen. Dazu sind alle Kontakte und Gespräche, seien sie nun persönlicher Natur oder auch von Berufs wegen notwendig, geeignet und dienlich. Es bieten sich ja auch immer wieder die Möglichkeiten zum Gespräch in Akademien oder auf anderen Foren, die dann auch gern aufgegriffen werden, zum Beispiel auch von meinem Bruder Rudolf und von mir. Das Verständnis füreinander muß wachsen, das ist das allerwichtigste. Denn die damalige Entscheidung zur Nichtanerkennung der Taufe ist im Grunde eine politische gewesen, die von der Sache her inhaltlich nicht zu begründen, sondern Ausdruck eines Willens ist. Zur Rechtfertigung der Entscheidung hat man sich auf die fehlende Taufformel berufen und nicht würdigen wollen, daß die Taufe der Christengemeinschaft sie dem inneren Sinne nach voll enthält.

K.-D.N.: Wenn von Pfarrern der Christengemeinschaft oder auch von Anthroposophen im allgemeinen über die evangelische Kirche gesprochen wird, dann ist das meist völlig pauschal und trifft schon von daher nicht die Sache. Es wird nie zwischen den verschiedenen aus der Reformation hervorgegangen Kirchen unterschieden, wenn zum Beispiel der Predigtgottesdienst „der evangelischen Kirche“ kritisch erwähnt wird. Das Kirchen- und Amtsverständnis und das Verständnis der Sakramente ist aber in den reformierten, den unierten und den evangelisch-lutherischen Kirchen immerhin so verschieden, daß Pastor Andreas Rüß in einem Interview im FLENSBURGER HEFT Nr.14 dazu feststellt: „Ich denke, daß uns Lutheraner diesbezüglich von den Katholiken in der Tat weniger trennt als von den Reformierten.“ (S.125)

W. Gädeke: Das reicht bis hin zur Michaelsbruderschaft, die einen ganz reichen Kultus hat. Das ist ganz klar, daß man der Vielfalt und Breite innerhalb der evangelischen Kirche mit einer pauschalen Betrachtung nicht gerecht wird. Wenn man einmal durch persönliche Beziehungen hier oder da eine Trauung, Taufe, Konfirmation oder Bestattung mitmacht, kann man diese Unterschiede ja auch in den Grundzügen erleben. Für die Christengemeinschaft kann es derzeit aber keine vordringliche Aufgabe sein, Konfessionskunde und Ökumene zu betreiben.

K.-D.N.: Erachten Sie theologische Auseinandersetzungen für notwendig?

W. Gädeke: Ganz gewiß ist die Auseinandersetzung in theologischen Fragen wichtig, weil sie auch immer zur eigenen Standortbestimmung hilfreich ist. Insofern müßte die theologische Auseinandersetzung auch in einer anzustrebenden Forschungsstelle geleistet werden. Da gibt es eine ganze Menge aufzuarbeiten, denn auch die evangelischen und katholischen Theologen waren ja seit Steiners Zeiten nicht untätig. Wir haben gerade auf der erwähnten Tagung auf dem Methorst erlebt, was seitdem in den beiden großen Kirchen zu dieser Auseinandersetzung schon alles bewegt worden ist. Das ist hochinteressant. Auf der einen Seite ergeben sich natürlich erhebliche Divergenzen, auf der anderen Seite sind aber auch Konvergenzen festzustellen. Aber schon an den Vorträgen dieser beiden Theologen konnte man erleben, welche ungeheure Materialkenntnis und Belesenheit notwendig ist, um diese Fülle und Vielfalt auch nur einigermaßen vor Augen zu haben. Das ist eine ungeheuer große Aufgabe. Rudolf Steiner hat solche Auseinandersetzungen ja immer als notwendig erachtet: die Auseinandersetzung mit der Wissenschaft unserer Zeit, insbesondere mit der Naturwissenschaft, um einerseits einbeziehen zu können, was in der Wissenschaft entwickelt und entdeckt wird, und um andererseits das Neue und Zusätzliche der Anthroposophie auch als Anregung vermitteln zu können. Die wissenschaftliche Aufgabe der Theologie bleibt insofern natürlich auch für die Christengemeinschaft bestehen, und wir sind noch lange nicht so weit, daß wir uns mit dem Erreichten auf diesem Felde zufrieden geben könnten.

XXI. DIE LETZTE FRAGE

K.-D.N.: Kommen wir zu einer letzten, provokanten Frage, die mit unserem Thema eigentlich nur am Rande etwas zu tun hat. Wir können sie als Beispiel dafür nehmen, wie aus dem Gegenwartsbewußtsein eine zunächst völlig abwegig und ungeheuerlich erscheinende Frage sich dann doch zu einer theologisch interessanten Fragestellung vertiefen läßt. Wenn man das Leben Jesu Christi betrachtet, und in ihm die

Menschwerdung Gottes erkennt, dann kann sich einem die Frage stellen, in welchem Umfang dies geschah und wie weit diese Menschwerdung herabreichte. Das Christuswesen, aufgenommen von Jesus von Nazareth, mußte das gesamte Menschsein durchdringen und kennenlernen, bis hin zur schmerzvollen Erfahrung des Todes. Wenn also das Christuswesen in und durch Jesus von Nazareth das gesamte Menschsein, mit all seinen Höhen und Tiefen, kennenlernen mußte, dann ergibt sich daraus doch fast logisch, daß auch der Bereich der Sexualität dazugehören müßte. Hatte Jesus Geschlechtsverkehr?

W. Gädeke: In der sogenannten Versuchungsgeschichte gibt es ja ganz deutlich Dinge, die der Christus Jesus abgelehnt hat, die aber normalerweise zum Menschenleben dazugehören. Dazu gehört zum Beispiel die Ausübung von Macht, das Wirken durch Macht, das ansonsten im Menschenleben normal ist. Daraus ergibt sich, daß er nicht alles, was – theologisch gesprochen – dem sündenkranken Menschen innewohnt oder was zumindest auch als Möglichkeit in ihm lag, ausgelebt hat. Der Christus Jesus hat also manches von vornherein von sich gewiesen, wie zum Beispiel die Manipulationsmöglichkeit durch Magie, die er auf der Zinne des Tempels zurückweist. Er hat auf etwas verzichtet, was möglich ist. Die Aktualität und Modernität dieser Handlungsweise liegt darin, daß die Menschheit endlich anfangen muß, dies zu lernen. Bisher hat die Menschheit immer das, was sie machen konnte, auch getan. Im Zurückweisen der Versuchungen der Widersachermächte durch Christus Jesus wurde erstmals menschheitlich sichtbar, daß der Mensch aus bestimmten Gründen bewußt auf Dinge verzichten kann und muß, die als Möglichkeiten vor ihm liegen. Diesen Verzicht hat der Christus Jesus geleistet.

Darüber hinaus führt Ihre Frage, die zunächst nur einen engen Bereich berührt, zu der interessanten, umfassenderen Fragestellung aus der anthroposophischen Christologie: Wenn der Menschenleib des Jesus von Nazareth extra dafür bereitet worden ist, daß er den Christus als göttliches Wesen aufnehmen konnte, was ist dann in dieser Vorbereitung, in dieser Leibbildung schon alles anders geworden, als es normalerweise ist? Wie war zum Beispiel seine Ernährung? Wie waren überhaupt die physiologischen Prozesse dieses Leibes?

K.-D.N.: War er ein Mann?

W. Gädeke: Natürlich war er in einem gewissen Sinne ein Mann. Aber ob er das auch in dem umfassenden Sinne war, wie wir das gemeinhin verstehen, ist tatsächlich eine schwierige Frage. Denken Sie nur an die Darstellungen Rudolf Steiners in „Wie erlangt man Erkenntnisse der höheren Welten?“ (GA 10), wie bei einem Eingeweihten die Leibesvorgänge sich allmählich ändern, bis sie schließlich ganz anders verlaufen als beim normalen Menschen. Sie müssen beim Eingeweihten zum Beispiel vom Bewußtsein ergriffen und gesteuert werden. Wenn Sie sich das nun noch in einer Steigerung in bezug auf einen Menschen vorstellen, der ein Gotteswesen aufgenommen hat, der vom Christuswesen durchdrungen ist, dann müssen Sie zu dem Schluß kommen, daß bei diesem Menschen alle Leibesvorgänge anders verlaufen sind, als dies normalerweise der Fall ist. Das reicht bis hin zur Ernährung. Wir stellen uns das Menschsein des Christus Jesus zu analog zu unserem Menschsein vor, das vom Geist noch nicht sehr durchdrungen und verändert ist. Ich meine, daß sich die Bereitung des Jesusleibes bis in die Leibesfunktionen hinein erstreckt hat. Diese Vorbereitung des

Leibes wird ja auch im Credo der Christengemeinschaft angesprochen, wenn es heißt, daß der Heilige Geist den Sohn der Maria zur Hülle des Christus bereitete. Diese Bereitung betrifft die gesamte Hüllennatur: seelisch, ätherisch, physisch.

K.-D.N.: Hat Jesus Christus sich denn überhaupt mit einer normalen Verdauung ernährt?

W. Gädeke: Ich glaube, daß die Ernährung, wenn wir sie mit heutigen Mitteln untersuchen könnten, doch erheblich von dem abgewichen ist, was wir heute unter Ernährung verstehen. Das ist jetzt nur meine persönliche Vorstellung. Ich glaube nicht, daß wir einfach unsere Art der Ernährung auch beim Christus Jesus voraussetzen dürfen, etwa nach der Art, daß er sich zu Tisch gesetzt und ein Schnitzel gegessen hat. Natürlich hat er gegessen und war auch darauf angewiesen. Das hat Rudolf Steiner ja auch mit der Schilderung der Versuchungen beschrieben, daß der Christus Jesus darauf angewiesen war, Erdenspeise zu sich zu nehmen. Aber das ist ja nur der ganz allgemeine Rahmen.

Wie anders die Ernährung innerhalb dieses Rahmens sein kann, wird schon deutlich, wenn sie nur an Therese von Konnersreuth denken, die jahrzehntelang nur von der Hostie gelebt hat. Das heißt, die Ernährung des Menschen funktioniert auch noch auf eine ganz andere Art und Weise, als sie üblicherweise vorgestellt und auch wissenschaftlich beschrieben wird. Rudolf Steiner arbeitet ja auch drei Arten der Ernährung in der Physiologie heraus, die Ernährung über die Wahrnehmung, über die Atmung usw.

Und so glaube ich auch, daß in bezug auf die Leiblichkeit des Jesus von Nazareth Zustände und Vorgänge gegeben waren, die wir uns heute noch nicht im entferntesten konkret vorstellen können. Trotzdem war aber diese Leiblichkeit menschlich. Einerseits entstammte sie einer Urmenschheit, in der die Konstitution des Menschen noch eine ganz andere war, und andererseits wurde sie durch die Durchdringung mit dem Christuswesen ein Zukunftskeim für die Menschheit, die auch wiederum eine ganz andere werden wird.

Neuerscheinungen

eine Auswahl

Wilhelm Hoerner

Der Schmetterling

Metamorphose und Urbild. Eine naturkundliche Studie mit einer Lebensbeschreibung und Bildern aus dem Werk der Maria Sibylla Merian

408 Seiten, 101, davon 34 farbige Abb., Ln. DM 88,–

Elke Blattmann

Geheimnisvolle Sternenwelt

Eine phänomenologische Betrachtung des Fixsternhimmels

236 Seiten, 14 Tafeln, 50 Abb., kart. DM 48,–

Waldorfkalender 1992: Wälder der Erde

32 Seiten, 23 farbige Fotos und erläuternde Texte von Andreas Suchantke, Format 40 × 58 cm, DM 27,–

Nögge und seine vier Temperamente

Neue Sensübelitäten

Fotos von Friedemann Simon
160 Seiten, 91 meist ganzseitige Fotos, davon 3 farbig, kart. DM 29.80

Volker Fintelmann

Alterssprechstunde

Ein Ratgeber zum Umgang mit dem Alter

440 Seiten, Pappband DM 48,–

Weihnachten

Bildmappe

Texte von Brigitte Barz und Barbara Nordmeyer
6 Kunstdrucke 30 × 40 cm, 12seitiges Begleitheft, in Mappe DM 38,–

Unser neues Gesamtverzeichnis (64 Seiten farbig) ist erschienen!

VERLAG Urachhaus
Postfach 13 10 53 · 7000 Stuttgart 13